Концептуал

Евгений Стефанский

Концептуализация негативных эмоций

в мифологическом и современном языковом сознании (на материале славянских языков)

LAP LAMBERT Academic Publishing

Impressum / Выходные данные

Bibliografische Information der Deutschen Nationalbibliothek: Die Deutsche Nationalbibliothek verzeichnet diese Publikation in der Deutschen Nationalbibliografie; detaillierte bibliografische Daten sind im Internet über http://dnb.d-nb.de abrufbar.
Alle in diesem Buch genannten Marken und Produktnamen unterliegen warenzeichen-, marken- oder patentrechtlichem Schutz bzw. sind Warenzeichen oder eingetragene Warenzeichen der jeweiligen Inhaber. Die Wiedergabe von Marken, Produktnamen, Gebrauchsnamen, Handelsnamen, Warenbezeichnungen u.s.w. in diesem Werk berechtigt auch ohne besondere Kennzeichnung nicht zu der Annahme, dass solche Namen im Sinne der Warenzeichen- und Markenschutzgesetzgebung als frei zu betrachten wären und daher von jedermann benutzt werden dürften.

Библиографическая информация, изданная Немецкой Национальной Библиотекой. Немецкая Национальная Библиотека включает данную публикацию в Немецкий Книжный Каталог; с подробными библиографическими данными можно ознакомиться в Интернете по адресу http://dnb.d-nb.de.
Любые названия марок и брендов, упомянутые в этой книге, принадлежат торговой марке, бренду или запатентованы и являются брендами соответствующих правообладателей. Использование названий брендов, названий товаров, торговых марок, описаний товаров, общих имён, и т.д. даже без точного упоминания в этой работе не является основанием того, что данные названия можно считать незарегистрированными под каким-либо брендом и не защищены законом о брендах и их можно использовать всем без ограничений.

Coverbild / Изображение на обложке предоставлено: www.ingimage.com

Verlag / Издатель:
LAP LAMBERT Academic Publishing
ist ein Imprint der / является торговой маркой
AV Akademikerverlag GmbH & Co. KG
Heinrich-Böcking-Str. 6-8, 66121 Saarbrücken, Deutschland / Германия
Email / электронная почта: info@lap-publishing.com

Herstellung: siehe letzte Seite /
Напечатано: см. последнюю страницу
ISBN: 978-3-8454-2043-1

Zugl. / Утверд.: Волгоград, Волгоградский государственный педагогический университет

Copyright / АВТОРСКОЕ ПРАВО © 2011 AV Akademikerverlag GmbH & Co. KG
Alle Rechte vorbehalten. / Все права защищены. Saarbrücken 2011

ОГЛАВЛЕНИЕ

4

Светлой памяти Софьи Залмановны Агранович

> ...Западно- и южнославянские летописные
> предания о братьях Чехе, Лехе и Русе – вождях,
> выведших свои дружины из общего гнезда, –
> свидетельствуют о осознании распада
> первоначального единства уже в
> праисторические времена. Нам же необходимо
> осознать, *чем* и *почему* разнятся «чех», «лех» и
> «рус» во времена исторические и нынешние.
> Необходимо не только для адекватного
> восприятия славянских соседей, но и самих себя.
>
> А.Липатов

ВВЕДЕНИЕ

На рубеже двух тысячелетий в языкознании происходит смена научных парадигм. Если XIX век был веком сравнительно-исторического языкознания, а в XX господствовал системно-структурный метод, то в XXI веке складывается антропоцентрическая парадигма. В центре внимания языковедов оказывается человек как носитель языка, являющийся представителем той или иной культуры.

В рамках этой научной парадигмы сформировались два научных направления: лингвокультурология, изучающая язык как носитель определенной национальной ментальности, и когнитивная лингвистика, рассматривающая отражение в языке познавательных процессов (см. подробнее В.Маслова 2001: *5-8*).

Объектом исследования в когнитивной лингвистике является **концепт**. Ю.С.Степанов определяет концепт как «сгусток культуры», в виде которого она входит в ментальный мир человека (Степанов 2001 : *43*). Из концептов той или иной культуры, словно из мозаики, складывается концептосфера определенного языка, рисующая национальную картину мира.

Термины *концепт* и *понятие* в настоящее время получили четкую дифференциацию. Понятие - это совокупность существенных признаков объекта, отличающих его от сходных объектов. Например, понятие 'предмет мебели в виде широкой доски на ножках' включает в себя все те признаки, которые отличают стол от другой мебели: стула, кресла, табуретки и т.д. Концепт же - это понятие, погруженное в культуру, концепт всегда национально специфичен даже в том случае, если слова, в которых он вербализовался, оказываются эквивалентами друг друга в переводных словарях.

«Язык и культура, - пишет Д.Б.Гудков, - находятся в сложных отношениях взаимовлияния и взаимозависимости. Несмотря на универсальность некоторых когнитивных процессов, существуют различия в восприятии и категоризации окружающего мира представителями различных лингвокультурных сообществ. Различия эти находят отражения в языке» (Гудков 2000: *16*).

В этом отношении весьма показательны размышления актрисы Елены Сафоновой о жизни с мужем-швейцарцем в Париже: «Дело не только в чужом языке. Дело в том, что, когда я говорю слово *стол*, я вижу перед собой круглый деревянный стол на четырех ногах с чайными чашками. А когда французы говорят *стол*, они видят стол стеклянный, на одной ножке, но с цветочками. И винить их бессмысленно, они с таким же успехом могут обвинить в этом меня. Они не хуже, они просто другие» (цит. по: Тер-Минасова 2000: *56*).

Настоящее исследование выполнено в русле лингвокультурологии. Его объектом являются концепты, обозначающие негативные эмоции в русской, польской и чешской лингвокультурах. Предмет изучения – лингвокультурные характеристики указанных концептов в мифологическом и современном языковом сознании.

Актуальность исследования определяется следующими моментами.

Лингвокультурное моделирование концептов является одним из наиболее активно развивающихся направлений современного языкознания. Вместе с тем многие вопросы в лингвоконцептологии относятся к числу дискуссионных, в частности соотношение концептов и ключевых идей лингвокультуры, динамика развития концептов, их вариативность.

Мифологический пласт лингвокультуры через подсознательные структуры определяет коммуникативное поведение наших современников. Выявление древнейших ментальных структур в языковой картине мира, которая выражается в разных типах современной коммуникативной практики, остается одной из нерешенных задач лингвоконцептологии.

Изучение и описание эмоций находится в центре интересов антропологической лингвистики, эмотивная лингвистика является интегративной областью гуманитарного знания, синтезируя в себе достижения психологии, этнологии, социологии, философии, литературоведения и языкознания. Однако в науке о языке лишь фрагментарно представлены характеристики эмоциональных концептов в славянских картинах мира.

Цель исследования состоит в многоаспектном изучении эмоциональных концептов с негативным значением в русской, польской и чешской лингвокультурах с выходом на структуры мифологического сознания, обусловившие их формирование и вербализацию, и в конечном счете в установлении доминантных черт эмоциональных картин мира в сопоставляемых лингвокультурах.

Данная цель предполагает решение следующих задач:

- провести системный сопоставительный лингвокультурологический анализ эмоциональных концептов с негативным значением в трех языковых культурах, выявляя концепты, лингвоспецифичные для отдельных лингвокультур, а также особенности вербализации концептов со сходным семантическим содержанием;

- выявить структуры мифологического сознания, обусловившие формирование данных концептов;

- в процессе дискурсивного анализа исследовать функции эмоциональных концептов в художественном дискурсе; выявить разноуровневые языковые средства, с помощью которых передается та или иная эмоция; рассмотреть культурные сценарии реализации рассматриваемых концептов и их национальное своеобразие;

- установить доминантные черты, обусловившие своеобразное функционирование эмоциональных концептов в сопоставляемых лингвокультурах;

- установить сходства и различия в сопоставляемых фрагментах русской, польской и чешской языковых картин мира.

Методы анализа языковой картины мира, использованные в работе, базируются на принципах, касающихся соотношения научной и языковой картины мира, выработанных Ю.Д.Апресяном и его школой (см. Апресян 1995). В процессе анализа используются подходы к исследованию славянских языковых моделирующих семиотических систем, разработанные Вяч. Вс. Ивановым и В.Н Топоровым (Иванов, Топоров 1965), процедуры реконструкции картины мира, разработанные авторами монографии «Роль человеческого фактора в языке. Язык и картина мира» (1988), и учитываются сформулированные В.И.Карасиком (см. Карасик 2002) онтологические характеристики языковой картины мира. Одним из важнейших инструментов анализа является сформулированное Анной А.Зализняк, И.Б.Левонтиной и А.Д.Шмелевым (2005) понятие «ключевые идеи языковой картины мира», а также введенное В.Ю.Михайлиным (2000, 2001) понятие «социальной матрицы».

Указанные методологические принципы лежат в основе комплексной методики описания материала. Для решения поставленных задач использованы общенаучные методы – наблюдение, анализ, синтез, сравнение, моделирование, интроспекция, а также частные лингвистические методы компонентного, контекстуального, дискурсивного, этимологического анализа.

Новизна поставленных задач потребовала уточнения ряда перечисленных частных лингвистических методов и приемов. Особенности предлагаемого в настоящей монографии подхода к анализу эмоциональных концептов в русском, польском и чешском языках заключаются в следующем.

1. В процессе исследования активно используется *метод этимологического анализа*. Этот метод применительно к сопоставительному изучению эмоциональных концептов детально разработан в монографии Н.А.Красавского «Эмоциональные концепты в русской и немецкой лингвокультурах». Ученый придерживается концептуального положения о том, что современные лексемы с такими абстрактными значениями, как эмоциональные, «первоначально номинировали факты, явления, предметы, реально существующие в жизни, в природе». По мнению исследователя, «указанные номинации носили комплексный характер; ими могли обозначаться фрагменты самых различных концептосфер языка – сама эмоция, ее каузатор, в целом вся ситуация, сопряженная с эмоциональной поведенческой реакцией раннего Homo sapiens» (Красавский 2001: *127*).

В настоящей работе этимологический анализ существенно дополнен *анализом ментальных мифологических структур*, который должен семантически объяснить ту или иную этимологию. Такой подход был разработан в совместной с С.З.Агранович монографии «Миф в слове: продолжение жизни». Рассматривая мысль В.Ю. Апресян и Ю.Д.Апресяна о том, что при метафорическом подходе к описанию эмоции «между физической мотивацией и самой метафорой отсутствует языковое, семантическое звено» (В.Апресян, Ю.Апресян 1995: *II; 456*), мы высказали гипотезу о том, что таким звеном являются миф и ритуал, которые, по словам В.Н. Топорова, выступают «и как последние шаги биологической эволюции, приведшей к антропогенезу, и как первые шаги человеческой культуры» (Топоров 1988: *44*).

2. Для **контекстуального анализа** в работе привлекаются *параллельные художественные тексты.* Их использование дает возможность исследователю установить соответствия между языками (которые не всегда отражены в переводных словарях) и типичные контексты (вплоть до мельчайших деталей), в которых употребляются те или иные имена эмоций.

3. В диссертации предпринят **дискурсивный анализ** эмоциональных концептов (на материале художественных дискурсов произведений русских, польских и чешских писателей). В процессе такого анализа предполагается:

- установить роль тех или иных эмоциональных концептов в структуре художественного произведения;

- рассмотреть художественный дискурс как культурный сценарий реализации эмоциональных концептов;

- выявить разноуровневые (как лексические, так и грамматические) языковые средства выражения тех или иных эмоций.

4. При дискурсивном анализе повести А.И.Куприна «Поединок» **в рамках новой научной парадигмы применен сравнительно-исторический подход.** Его цель состоит в выявлении древнейших ментальных структур, которые, существуя в дискурсе повести в виде «социальной матрицы» (термин В.Ю. Михайлина), во многом определяют эмотивное поведение героев.

В качестве материала для исследования использованы параллельные художественные тексты: трехъязычные (прозаические произведения А.Пушкина, роман М.Булгакова «Мастер и Маргарита» и их переводы на польский и чешский языки, а также цикл рассказов М.Кундеры «Смешные любови» и его переводы на русский и польский языки), двухъязычные (произведения русских писателей И.Бабеля, И.Бунина, А.Куприна, А.

Чехова и их переводы на польский язык, а также произведения Н.Гоголя и их переводы на чешский язык; проза польских писателей Б.Пруса, Г.Сенкевича, Е.Сосновского и ее переводы на русский язык; романы М.Кундеры и Я.Гашека и их переводы на русский язык). Кроме того, привлекались стихи А.Пушкина, проза М.Салтыкова-Щедрина, М.Горького, М.Шолохова, Ю.Олеши, А.Н.Толстого, В.Войновича, Ю.Полякова, а также извлеченные из русского, польского и чешского сегментов Интернета фрагменты текстов преимущественно публицистического характера. В работе использовались также материалы толковых, исторических и этимологических словарей русского, польского и чешского языков.

Завершая свою работу о русских культурных скриптах, А.Вежбицкая написала, что «семантика может служить не только поискам истины, но и быть полезной для взаимопонимания людей из разных культур и разных стран» (Вежбицкая 2005: *499*). Словно вторя ей, польский культуролог А. де Лазари, в статье, открывающей сборник «Польская и русская душа», замечает: «Люди из разных культур не обязательно должны друг друга понимать, лишь бы они дружелюбно друг друга воспринимали. Ведь так, например, большинство поляков воспринимает японцев. Не понимаешь, но интересно и красиво. Так же все чаще поляки воспринимают русских (как культуру). Не напрасно ведь они решили во время социологического опроса, что самым выдающимся шедевром мировой литературы является «Мастер и Маргарита» Булгакова; не случайно всегда толпы на концертах русских православных хоров и икон» (де Лазари 2003: *14*).

Если русскому читателю этой книги станут понятнее чехи и поляки, а польскому и чешскому – русские, то, возможно, древнейшая оппозиция *свой – чужой*, для актуализации которой, к сожалению, было так много сделано в XX да и в начавшемся XXI веке, уйдет на задний план, сменившись идущим из глубины веков воспоминанием о братьях Лехе, Чехе и Русе.

Глава I.
МИФОЛИНГВИСТИКА В РЯДУ МЕТОДОВ ИЗУЧЕНИЯ ЯЗЫКОВОЙ КОНЦЕПТУАЛИЗАЦИИ ЭМОЦИЙ

Понятие «картина мира» - одно из ключевых в современных гуманитарных науках. Стремясь проникнуть в тайники сознания человека европейского средневековья, А.Я.Гуревич в классическом труде «Категории средневековой культуры» попытался проанализировать системные связи этих категорий, которые как раз и образуют «"модель мира" - ту "сетку координат", при посредстве которых люди воспринимают действительность и строят образ мира, существующий в их сознании» (Гуревич 1972: *15-16*). Подчеркивая, что понятия «модель мира», «картина мира», «образ мира», «видение мира», «мировидение» он использует в своей книге как равнозначные, исследователь обращает внимание на то, что многие категории средневековой культуры (в частности, время и пространство) воспринимаются сознанием не как нейтральные координаты, а как могущественные таинственные силы, поэтому они «**эмоционально-ценностно насыщены**: время, как и пространство, может быть добрым и злым, благоприятным для одних видов деятельности и опасным и враждебным для других, существует сакральное время, время празднества, жертвоприношения, воспроизведения мифа, связанного с возвращением «изначального» времени, и точно так же существует сакральное пространство, определенные священные места или целые миры, подчиняющиеся особым силам» (Гуревич 1972: 29. Выделено мною. – *Е.С.*).

Эта эмоциональная насыщенность средневекового сознания – прямое наследие сознания мифологического. «Мифологическое сознание, - отмечает В.М.Пивоев, - поначалу не столько "сознание" (совместное знание, обмен знаниями), сколько **совместное переживание**

коллективных эмоций и представлений необыкновенной внушающей и заражающей силы» (Пивоев 1991: *40. -* Выделено мною. – *Е.С.*).

Эмоциональная составляющая играет важную роль и в современной картине мира. «Картина мира приобретает "новые краски" в ракурсе эмоциональной сферы сознания, - пишет К.О.Погосова. - Выделить *эмоциональную картину мира* нам позволяет эмоциональное восприятие окружающего мира. *Эмоциональная картина мира* представляет собой мировидение, спроецированное эмоциональной сферой сознания и отражающее аксиологические приоритеты в национальной картине мира. В эмоциональной картине мира объективно существующая реальность отражается сквозь призму человеческих эмоций. Основополагающее место в эмоциональной картине мира отводится собственно эмоциям, в которых проявляется эмоциональная сторона психики человека». (Погосова: www; курсив автора. – *Е.С.*).

И.А. Волостных вводит понятие «эмоциональная языковая картина мира», понимая под ним разновидность языковой картины мира - совокупность эмоциональных представлений, эмоциональных понятий, эмоциональных концептов. «Эмоциональная языковая картина мира, - отмечает исследовательница, - предстает как оценочная деятельность человеческого сознания при ментальном освоении мира. Поскольку эмоциональная языковая картина мира проецируется в нашем языковом сознании, ее зарождение, становление, развитие обусловлены самим языком» (Волостных 2007: *10*).

Таким образом, эмоциональная составляющая имела основополагающее значение в формировании как мифологической, так и современной картин мира.

Язык как семиотическая система является мощным фактором формирования картины мира. Как подчеркивает В.И.Шаховский, «именно язык формирует эмоциональную картину мира представителей той или иной лингвокультуры» (Шаховский: www).

§ 1. Подходы к изучению эмоциональных концептов
в современной лингвистике

Определив языковую картину мира как «исторически сложившуюся в обыденном сознании данного языкового коллектива и отраженную в языке совокупность представлений о мире, определенный способ концептуализации действительности», Анна А. Зализняк приводит в энциклопедии «Кругосвет» два важнейших положения по поводу языковой картины мира, сформулированных академиком Ю.Д.Апресяном и его школой: 1) картина мира, предлагаемая языком, отличается от «научной» (в этом смысле употребляется также термин «наивная картина мира») и 2) каждый язык «рисует» свою картину, изображающую действительность несколько иначе, чем это делают другие языки (Зализняк: www).

Характеризуя онтологические характеристики языковой картины мира, В.И.Карасик выделяет следующие из них: «1) наличие **имен концептов**, 2) **неравномерная концептуализация** разных фрагментов действительности в зависимости от их важности для жизни соответствующего этноса, 3) **специфическая комбинаторика** ассоциативных признаков этих концептов, 4) **специфическая квалификация** определенных предметных областей, 5) **специфическая ориентация** этих областей на ту или иную сферу общения» (Карасик 2002: *129-130*; выделено автором. – *Е.С.*).

Как подчеркивает Г.В.Колшанский, «значения отдельных слов не создают картины мира – картина мира есть прежде всего познавательный, когнитивный феномен, и он может быть сопоставим только в масштабе глобальной семантической системы языка» (Колшанский 1990: *62*). По словам З.Д.Поповой и И.А.Стернина, «языковой образ мира создается:

- номинативными средствами языка – лексемами, устойчивыми номинациями, фразеологизмами, фиксирующими то или иное членение и классификацию объектов национальной действительности, а также значимым отсутствием номинативных единиц (лакунарность разных типов);

- функциональными средствами языка – отбором лексики и фразеологии для общения, составом наиболее частотных, то есть коммуникативно релевантных языковых средств на фоне всего корпуса языковых единиц языковой системы;

- образными средствами языка – национально-специфической образностью, метафорикой, направлениями развития переносных значений, внутренней формой языковых единиц;

- фоносемантикой языка;

- дискурсивными средствами (механизмами) языка – специфическими средствами и стратегиями текстопостроения, аргументации, ведения спора, диалога, построения монологических текстов, особенностями стратегий и тактик коммуникативного поведения народа в стандартных коммуникативных ситуациях, приемами построения текстов разных жанров (например, афоризмов, анекдотов, рекламы и т.д.);

- стратегиями оценки и интепретации языковых высказываний, дискурса, текстов разных жанров, критериями оценки их как образцовых или не образцовых, убедительных и неубедительных, удачных или неудачных и т.д.» (Попова, Стернин 2003: 6-7).

Поскольку картины мира как объекта изучения, непосредственно данного наблюдению, не существует, то для ее исследования необходимо предварительно произвести ее *рациональную реконструкцию*. Авторы монографии «Роль человеческого фактора в языке. Язык и картина мира» описывают две процедуры для такой реконструкции. С одной стороны, это объективирование и осмысление образов мира, лежащих в основе жизнедеятельности человека, а с другой – разработка новых образов мира, которая осуществляется в ходе специальной рефлексии, носящей систематический характер. «Экспликация картины мира в первой процедуре, - подчеркивается в монографии, - происходит по естественным "следам", которые картина мира оставляет в естественном языке и других своих семиологических воплощениях» (РЧФЯ 1988: *24*).

В лингвокультурологии, в свою очередь, выработались ***процедуры исследования*** языковой картины мира. Это, во-первых, реконструкция системы представлений о мире, отраженных в том или ином языке, а во-вторых, анализ лингвоспецифичных (т.е. характерных только для определенного языка) концептов, которые дают ключ к пониманию соответствующей культуры (Зализняк: www).

Еще одним продуктивным подходом к реконструкции языковой картины мира оказывается ***концептуальный анализ***, важнейшей составляющей которого является «анализ метафорической сочетаемости слов абстрактной семантики, выявляющий "чувственно воспринимаемый", "конкретный" образ, сопоставляемый в наивной картине мира данному "абстрактному" понятию и обеспечивающий допустимость в языке определенного класса словосочетаний». Этот прием впервые был независимо применен в книге Н.Д.Арутюновой «Предложение и его смысл» (1976), в статье В.А.Успенского «О вещных коннотациях абстрактных существительных» (1979) и в работе Дж. Лакоффа и М. Джонсона «Метафоры, которыми мы живем» (1980). Например, русские фразеологизмы *его гложет тоска, тоска заела, тоска напала наводят на мысль о том,* что *тоска* в русской языковой картине мира предстает как некий *хищный зверь.* (Зализняк: www).

Обосновывая методологию концептуальных исследований, М.В.Пименова отмечает, что анализ фрагментов картины мира осуществляется путем выделения языковых единиц, репрезентирующих исследуемые концепты. По мнению исследовательницы, «концепт – это представление о фрагменте мира. Такое представление (образ, идея, символ) формируется общенациональными признаками, которые дополняются признаками индивидуального опыта и личного воображения». Одним из этапов изучения концептов М.В.Пименова считает исследование сценариев, т.е. событий, разворачивающихся во времени и/или пространстве, предполагающих наличие субъекта, объекта, условий возникновения, времени и места действия (см. Антология концептов: *14-16*).

Анна А.Зализняк, И.Б.Левонтина и А.Д.Шмелев вводят понятие *ключевые идеи языковой картины мира*. По их мнению, «то, что некоторая идея является для данного языка ключевой, подтверждается, с одной стороны, тем, что эта же идея повторяется в значении других слов и выражений, а также иногда синтаксических конструкций и даже словообразовательных моделей, а с другой стороны – тем, что именно эти слова хуже других переводятся на иностранные языки» (Зализняк, Левонтина, Шмелев 2005: *10*).

В.В. Красных оперирует понятием *код культуры*, понимая его как «сетку», которую культура «набрасывает» на окружающий мир, членит, категоризирует, структурирует и оценивает его. «Коды культуры, - замечает исследовательница, - соотносятся с древнейшими архетипическими представлениями человека». В.В. Красных выделяет целый ряд кодов культуры (соматический, пространственный, временной, предметный, биоморфный, духовный), отмечая, что коды культуры универсальны по своей природе, но удельный вес каждого из них детерминирован определенной культурой (Красных 2002: *232-233*).

Д.Б.Гудков и М.Л.Ковшова полагают, что в основе кода культуры лежит миф. Например, в основе зооморфного кода лежит «животный» миф, согласно которому мир животных тождествен миру людей, те или иные качества животных являются воплощением человеческих качеств, мир животных организован по принципам социальной иерархии (Гудков, Ковшова 2007: *71*).

О.А.Корнилов называет коды культуры вербализованной системой «матриц», в которых запечатлен национальный способ видения мира, формирующий и предопределяющий национальный характер. «Без знания этой системы «матриц» национального сознания, - подчеркивает ученый, - трудно понять многое из того, что и составляет национальную культуру, в частности: этические, нравственные и ценностные приоритеты, систему образности, систему ассоциативного мышления» (Корнилов 1999: 79).

Анализу одной из таких социальных матриц – «песье-волчьей» маргинальности, определявшей в том числе и эмотивное поведение членов первобытных охотничье-воинских коллективов, – посвящены две статьи В.Ю.Михайлина (см. Михайлин 2000, 2001). Автор убедительно показывает, как в определенных социально-исторических условиях или в некоторых субкультурах происходит актуализация данной матрицы.

Е.В. Петрухина отмечает, что в последнее десятилетие наметилось *сближение когнитивной лингвистики и этнолингвистики*. В славистике эта тенденция проявляется в сопоставлении славянских языковых картин мира. Данные исследования показали, что отраженные в разных языках различия мировосприятия во многом носят системный характер, что проявляется в существовании в различных языковых картинах мира своего рода семантических доминант, т.е. некоторых фундаментальных идей, категориальных концептов, представляющих собой семантическое микрополе, хорошо разработанное и тонко дифференцированное в том или ином языке. «Такие фундаментальные концепты, - отмечает Е.В. Петрухина, - в отдельном языке характеризуются разнообразием форм реализации (лексической, словообразовательной, морфологической, синтаксической формами), частотностью выражения, а также пониженной осознанностью (интенциональностью). В другом же языке они могут существенно понижаться в ранге, вообще редко выражаться» (Петрухина₂: www).

Исследования в области *этнолингвистики*, представленные такими мощными школами, как московская (Н.И.Толстой и С.М.Толстая[1]) и

---

[1]О базовых принципах московской этнолингвистической школы см статью С.М.Толстой «Постулаты московской этнолингвистики» (Толстая: www).

люблинская (Е.Бартминьский[1]), а также этнографические исследования, неизбежно привлекающие для анализа факты языка (см. работы А.К.Байбурина 2001, 2005), ведутся в настоящее время весьма интенсивно. Блестящим примером анализа эмотивной составляющей традиционной культуры могут служить многие статьи энциклопедии «Славянские древности» (см. СД), анализирующие роль ряда эмоций в славянских картинах мира.

Наиболее пристальное внимание к эмоциям как факту традиционной культуры проявляет Е.Е.Левкиевская. В статье «Агрессия как форма защитной магии в славянской и традиционной культуре» исследовательница анализирует одну из форм апотропеической магии - агрессию как форму магического и ритуального поведения, направленного на защиту человека и его мира от потенциального зла. Такого рода агрессия, проявляемая как на акциональном, так и на вербальном уровне, по мысли автора, должна уничтожить опасность, угрожающую человеку (см. Левкиевская 2004). Активно привлекает факты славянских языков для исследования славянской мифологии и польский ученый А.Гейштор (Gieysztor 1982).

В.А.Маслова вводит понятие *мифологемы*, определяя ее как «то, что забыто человеком, но сохранено в сокровенных смыслах слова и сознания». По мнению исследовательницы, *«в языке в большинстве своем закрепляются и фразеологизируются те аспекты, которые ассоциируются с культурно-национальными эталонами, стереотипами, мифологемами»* (выделено автором. – *Е.С.*).

Одновременно, подчеркивая важность анализа текста и дискурса для лингвокультурологических исследований, В.А.Маслова отмечает: «Язык … является лишь механизмом, способствующим кодированию и трансляции культуры. *Истинными хранителями культуры являются*

---

[1] См. сборник важнейших работ этого исследователя в переводе на русский язык в (Бартминьский 2005).

тексты. Не язык, а текст отображает духовный мир человека. Именно текст напрямую связан с культурой, ибо он пронизан множеством культурных кодов, именно текст хранит информацию <...> обо всем, что составляет содержание культуры. Текст – набор специфических сигналов, которые автоматически вызывают у читателя, воспитанного в традициях данной культуры, не только непосредственные ассоциации, но и большое количество косвенных <...> Текст создается из языковых единиц низких уровней, которые при соответствующем подборе могут усилить культурный сигнал (выделено автором. – *Е.С.* См.: В.Маслова 2001: *87*).

Рассматривая этноязыковое кодирование смысла в зеркале культуры, Н.Ф.Алефиренко подчеркивает *важность определения архетипов архаического мышления для лингвокульторологических исследований*. «Устойчивые модели семиотизации объектов культуры, - пишет ученый, - возникают и укрепляются в сфере бытовых и социальных отношений. Такие модели служили формой культурного освоения мира в наиболее древние эпохи человеческой истории» (Алефиренко 2002: *73*).

Анализируя мифологические истоки образности восточнославянской идиоматики, исследователь полагает, что «мифопоэтическая система ономатопоэтической образности идиом может быть представлена в единстве взаимосвязанных между собою парадигм: а) конструирования первобытного представления об устройстве мира (К.Леви-Стросс); б) реконструкции зафиксированного в дискурсивных идиомах мифопоэтического архетипа (М.Элиаде); в) лингво-прагматического моделирования сакрального и светского мировосприятия (В.В.Иванов и В.Н.Топоров); г) семиотического описания системы кодирования обыденного поведения славян по данным современной идиоматики» (Алефиренко: 2002: *296*). Думается, что перечисленные в работе Н.Ф.Алефиренко парагдигмы применимы не только к исследованию фразеологических единиц, но и к анализу концептов.

По справедливому замечанию В.И.Карасика, эмоциональная точность дискурса может быть представлена как динамика образов в тексте. Благодаря такой ассоциативной точности автору удается «актуализировать ту или иную деталь, по которой у читателя или слушателя возникает адекватная конкретная картина целостного обозначения пережитого автором впечатления». Другим способом передачи эмоциональной точности является, по мысли автора, передача чувства, для понимания которого требуются прецедентные тексты (Карасик 2002: *355*).

Литературоведы, однако, идут еще дальше, обращаясь к мифологическим ментальным структурам. Открывая книгу о фольклорно-мифологических истоках трагедии А.С.Пушкина «Борис Годунов», С.З.Агранович и Л.П.Рассовская утверждают: «История трагедии Пушкина, как и всех художественных произведений, началась задолго до рождения ее автора и даже его героев. Чем богаче прошлое явлений искусства, тем значительнее их будущее. История произведения (до его рождения) включает в себя, прежде всего, процесс формирования основных мировоззренческих представлений человечества с древнейших времен. Эти представления вошли как важная часть в различные области мировой культуры. Они нашли свое отражение и в художественных образах международного фольклора, образах, продолжающих жить и в литературе, и в сознании человека нового времени». Исследователи видят генетические истоки, например, образа царя в архаическом животном тотеме, которому был свойствен целый комплекс устойчивых признаков, главные среди которых – сакральность и обреченность на насильственную смерть. Эти же признаки после разрушения первобытного строя приняла на себя фигура царя. «Царь расценивался как сакральный избранник, как существо, обладающее симпатической магической связью с природой, и поэтому его биологическая мощь была залогом равновесия природных циклов, плодородия земли и скота, а значит, основой жизни человеческого коллектива. Отсюда – обреченность царя. По логике первобытного сознания, начавшееся одряхление царя могло неблагоприятно повлиять на жизнедеятельность природных сил. Требовалась замена старого царя новым, молодым; старый царь умерщвлялся и как бы возрождался в преемнике» (Агранович, Рассовская 1992: 4-6).

В работах С.З.Агранович и ее соавторов (см. Агранович, Рассовская 1989, 1992; Петрушкин, Агранович 1997; Агранович, Саморукова 1997, 2001) реализован подход к литературоведческому анализу текста именно на основе обращения к мифологическим ментальным структурам, актуализирующимся в современной культуре в определенных условиях.

В нашей совместной с С.З.Агранович монографии «Миф в слове: продолжение жизни» (см. Агранович, Стефанский 2003) были выработаны подходы к изучению лингвокультурных концептов путем анализа их мифо-ритуального происхождения.

Вместе с тем лингвокультурные концепты могут быть проанализированы в художественном дискурсе и с точки зрения реализации в нем их культурных сценариев, определяющих логику эмотивного поведения героев. Причем реализоваться в художественном дискурсе могут не только современные «культурные сценарии», но и древнейшие «социальные матрицы», возрождая к жизни на новом витке сознания и культуры мифологические мыслительные структуры.

Анализируя недостатки в современных исследованиях языковой картины мира, известный психолингвист А.А. Залевская отмечает: «Языковая картина мира много беднее образа мира и отображает лишь его часть. Анализ языковой картины мира, нередко отождествляемой с лексико-семантической системой языка, обычно реализуется через расчленение, препарирование, классифицирование, упорядочение в таксономию того, что извлекается из материи языка, причем языка, абстрагированного от его носителей (независимо от того, насколько настойчиво декларируется необходимость антропоцентрического подхода в современных исследованиях)» (Залевская 2001: 43).

Для более достоверного анализа языковой картины мира при *психолингвистическом подходе* исследовательница предлагает разграничивать два пути переработки одного и того же исходного материала. С одной стороны, формирование у индивида системы концептов и стратегий пользования ими путем переработки и упорядочения речевого опыта, с другой – выведение системы конструктов и правил их комбинирования через метаязыковую деятельность лингвиста, включающую анализ, систематизацию и описание языкового материала. «Получаемые в этих двух случаях продукты, - отмечает А.А. Залевская, - принципиально различны в том отношении, что одни из них представляют собой функциональные ориентиры и опоры, выработанные в процессе психической деятельности индивида, а другие обеспечивают описательную модель языка, построение которой происходит в соответствии с постулатами некоторой научной теории, а также с требованиями, предъявляемыми к исследованию такого рода» (Залевская 2001: *37*).

Н.В. Уфимцева описывает подход к сопоставительному исследованию языкового сознания славян с позиций *этнопсихолингвистики*, когда образы сознания одной национальной культуры анализируются в процессе контрастивного сопоставления с образами сознания другой культуры. Теоретической основой исследований, по ее словам, служит «обоснованное в психологии представление о том, что явления реальной действительности, воспринимаемые человеком в структуре деятельности/общения, отображаются в его сознании таким образом, что это отображение фиксирует причинные и пространственные связи явлений и эмоций, вызываемых восприятием этих явлений, и образ мира меняется от одной культуры к другой» (Уфимцева 2001: *66*). Основным инструментом исследования при таком подходе оказывается широко используемая в психологии и психолингвистике методика свободного ассоциативного эксперимента. Его результаты, по словам исследовательницы, можно рассматривать «и как специфичный для данной культуры и языка "ассоциативный профиль" образов сознания, интегрирующий в себе умственные и чувственные знания, которыми обладает конкретный этнос» (Уфимцева 2001: *67*). Созданный в результате такого эксперимента «Славянский ассоциативный словарь» позволяет, по мнению Н.В. Уфимцевой, по-новому посмотреть на различия и сходства в образах мира славян и на проблему славянской общности.

Гендерный подход к изучению языковой картины мира в русском и английском языках разработан А.А. Гвоздевой. Результаты, полученные ею, весьма интересны. Так, по ее данным, типичные дифференциальные признаки женских и мужских языковых картин мира являются проявлением гендерных поведенческих стереотипов. В частности, женщинам, говорящим как на русском, так и на английском языке, свойственна повышенная эмоциональность и склонность к оценке деятельности окружающих, тогда как мужчины, говорящие на английском языке, более склонны к описанию объектов и их признаков, чем мужчины, говорящие на русском языке (Гвоздева 2004: *4*).

Применяя гендерный подход к исследованию внутреннего мира человека, М.В.Пименова приходит к выводу о том, что «в языковой картине мира чаще встречаются примеры рациональных концептов с показателем «женских» признаков, которыми определяются качества, связанные с отклонением от нормы; норме соответствуют «мужские» признаки концептов (*женская логика*). В русском языке существенна гендерная дифференциация между антропоморфными признаками концептов внутреннего мира – женщинам приписываются особые характеристики *души, ума* и *сердца*» (Пименова: www).

Важнейшим инструментом анализа эмоциональной картины мира является *анализ эмоциональных* концептов. В отечественном языкознании существуют два основных подхода в понимании концепта – лингвокогнитивный (Е.С. Кубрякова, М.В. Пименова, Е.В. Рахилина,

И.А.Стернин и др.) и лингвокультурный (В.И. Карасик, Н.А. Красавский, В.В.Красных, В.Т. Клоков, В.П. Нерознак, Н.Н. Панченко, Г.Г. Слышкин, А.Д.Шмелев и др.). В настоящей монографии применяется лингвокультурный подход, вслед за В.И.Карасиком в концепте выделяются три стороны – понятие, образ и ценность (Карасик 2002).

«Лингвокультурный концепт, - отмечают В.И.Карасик и Г.Г.Слышкин, - отличается от других ментальных единиц, выделяемых в различных областях науки (например, когнитивный концепт, фрейм, сценарий, скрипт, понятие, образ, архетип, гештальт, мнема, стереотип), акцентуацией ценностного элемента. Центром концепта всегда является ценность, поскольку концепт служит исследованию культуры, а в основе культуры лежит именно ценностный принцип» (Карасик, Слышкин 2002: 77).

Анализ концептосферы русского языка весьма плодотворно ведется в отечественном языкознании с 1980-ых годов в рамках группы «Логический анализ языка» под руководством Н.Д.Арутюновой. Эмоциональные концепты подробно были рассмотрены в сборнике 2000-го года, посвященном языкам этики.

Предпринятые в последние десятилетия теоретические исследования в области *теории эмотивности* языка, речи и текста, а также сопоставительные исследования эмоциональных концептов в разных языках обогатили эмотиологию значительными достижениями.

В развитии (сценарии) эмоций Ю.Д.Апресян выделяет пять фаз:

1. Первопричина эмоции – обычно физическое восприятие или ментальное созерцание некоторого положения вещей.

2. Непосредственная причина эмоции, как правило, интеллектуальная оценка этого положения вещей как вероятного или неожиданного, желательного или нежелательного для субъекта.

3. Собственно эмоция, или состояние души, обусловленное положением вещей, которое человек воспринял или созерцал, и его

интеллектуальной оценкой этого положения вещей.

4. Обусловленное той или иной интеллектуальной оценкой или собственно эмоцией желание продлить или пресечь существование причины, которая вызывает эмоцию.

5. Внешнее проявление эмоции (см. Ю.Д.Апресян 1995).

В.И.Шаховским разработана оригинальная концепция коннотации как семантического компонента языкового знака; проведена категоризация эмоций по типам языковых и речевых знаков, эмотивной семантики и ее компонентов; описано функционирование лексико-семантической системы языка при выражении эмоций, в отличие от их обозначения и описания; предложены понятия эмотивного текста и эмотивности текста; предложена гипотеза об эмоции как первопричине внутренней формы слова, о существовании эмоциональных концептов, их параллелях и контрастах на уровне межкультурного общения.

Исследователем была предпринята попытка выявить сущность эмотивного компонента семантики слова: его языковые статусы и речевые реализации, его референции, составляющие, его представленность в различных типах лексики, участие в эмотивной номинации «я» в развитии словарного и семантического состава языка и другие проблемы.

По мнению В.И.Шаховского, эмоции тесно связаны с квалификативно-оценивающей деятельностью человека и являются компонентами структуры его мыслительной деятельности. Эмоции формируют в некоторых понятиях индуктивно-прагматический сектор, находящий отражение в эмотивной семантике слова, соотносимого с данным понятием.

Ученым выделены три типа эмотивности слова: собственно эмотивность, эмотивность как одна из реализаций семантики слова и контекстуальная эмотивность. В соответствии с данными типами установлены и три уровня выражения эмотивности: 1) эмотивное значение; 2) коннотация как компонент, сопряженный с логико-предметным компонентом значения; 3) уровень эмотивного потенциала (см. подробнее Шаховский 1987).

В коллективной монографии «Эмотивный код языка и его реализация» (2003) рассмотрены эмоции в разных жанрах речевой деятельности и в тексте. Авторы коллективного труда показали, что «потенциал эмотивного кода языка безграничен и многообразен в своей речевой манифестации и входит в эмоциональную / эмотивную компетенцию и в эмоциональный интеллект языковой личности, рядовой и творческой, выражающей эмоции и описывающей их вербально и через язык тела» (Эмотивный код 2003: *157*).

В исследовании Н.А.Красавского (2001), посвященном эмоциональным концептам в немецкой и русской лингвокультурах, впервые комплексно, с лингвокультурологической и когнитивной позиций, в динамике описаны базисные эмоциональные концепты, вербализованные в немецком и русском этносах; выявлены основные языковые способы и средства формирования концептосферы эмоций в сопоставляемых лингвокультурах; установлены интра- и экстралингвистические факторы, определяющие развитие данной концептосферы; определена архитектоника разнотипных эмоциональных концептов; предложена комбинированная лексикографическая модель толкования слов, оформляющих лексический тип концептов эмоций. Комплексный (лингвокогнитивный и лингвокультурологический) подход к динамическому исследованию концептосфер национальных языков стал новой моделью описания языка эмоций.

Диссертационная работа Е.В. Димитровой (2001) «Языковые средства трансляции эмотивных смыслов русского концепта «тоска» во французскую лингвокультуру» не только содержит контрастивное описание средств, с помощью которых данный концепт вербализуется в сравниваемых языках, но и выявляет основные принципы интеркультурной трансляции концептуального содержания смыслового потенциала русского концепта «тоска» и его французских эквивалентов. По мнению исследовательницы, русский концепт «тоска» не имеет абсолютных эквивалентов во французской культуре, а трансляция эмотивных смыслов осуществляется за счет подбора его частичных эквивалентов во французской лингвокультуре.

В монографии М.К.Голованивской «Французский менталитет с точки зрения носителя русского языка» (1997) отдельная глава посвящена анализу концептов страха, гнева и радости в русском и французском языках. Исследовательницей, в частности, отмечена повышенная отрефлексированность поведения при переживании эмоций у французов и наличие специальных понятий, отражающих непосредственную реакцию в русском языке (Голованивская 1997: *270*).

Предметом исследования в диссертации Е.А.Дженковой стали концепты «стыд» и «вина» в русской и немецкой лингвокультурах. В работе выделены общие и специфические характеристики концептов «стыд»/«Scham» и «вина»/«Schuld» в научном и обыденном сознании русских и немцев применительно к лексическим, метафорическим, фразеологическим средствам их лингвистической объективации (см. Дженкова 2005).

Диссертационные исследования концептов (в том числе и эмоциональных), проведенные представителями Волгоградской и Воронежской лингвистических школ на материале русской, английской, немецкой, французской и китайской лингвокультур, нашли отражение в «Антологии концептов» - концептуарии культурно значимых смыслов, закрепленных в языковом сознании и коммуникативном поведении (см. Антология концептов 2007).

На изучении эмоций в представлении русского языка сосредоточиваются работы Анны А.Зализняк. В ряде случаев исследовательница выходит на сопоставление некоторых эмоциональных концептов в славянских языках (см., например, ее анализ русск. *сочувствие* и чешск. *soucit*) в монографии (Зализняк 2006). Семантическое представление таких эмоций, как «зависть», «ревность», «счастье», «любовь» в русском и английском языках является предметом научных интересов С.Г.Воркачева (см. Воркачев 1998, 2001, 2002, 2003).

Исследуя национальную специфичность концептов, А.Вежбицкая убедительно показала различия между английским *sadness* и русскими *грусть* и *печаль*, продемонстрировала лингвоспецифичность нем. *Angst* (см. Вежбицкая 2001).

Выход подобных исследований за узкие рамки лингвистики, включенность их в общекультурные, гуманитарные процессы обусловил интерес к такого рода проблемам и у писателей. Так, Милан Кундера, чешский писатель, много лет живущий во Франции, являющийся по существу гражданином мира, с одной стороны, не раз обращается в своих художественных произведениях к сопоставлению концептов, относящихся к различным лингвокультурам, а с другой - создает своеобразный словарь «Семьдесят три слова» (см. Кундера: www), где собраны значимые для его творчества концепты.

Заслуживают внимания ***диахронические исследования эмоциональных концептов***. На древнерусском материале этот аспект представлен в трудах В.В.Колесова (2000, 2004, 2006). Автор подробно анализирует последовательность возникновения слов и соответствующих понятий, обозначающих сходные эмоции. Для доказательства выдвигаемых им положений исследователь многократно обращается к славянским языкам.

Исследование концепта «страх» в средневековой картине мира на материале германского эпоса, проведенное В.И.Чечеткой, позволило сделать вывод об определенных тенденциях в вербальном отражении эмоциональной картины мира в Средние Века и выделить наиболее частотные типы эмоциональных концептов, являющихся системообразующими элементами эмоционального мира человека.

Выделенные вербальные компоненты, по словам автора, отражают специфику когнитивных механизмов экспликации эмоциональной средневековой картины мира (Чечетка: www).

И.Г.Заяц изучала особенности вербализации эмоционального концепта «горе» в средневерхненемецкий период. «Исследование эмоциональных концептов на историческом материале, - отмечает исследовательница, - сопряжено с рядом трудностей, вызываемых как абстрактным характером этих ментальных сущностей, так и неразработанностью методов изучения подобных объектов применительно к диахроническому аспекту. Часть современных методов исследования концептов в силу различных причин оказывается неприменимой при выходе из синхронической плоскости в область диахронии (к таким относится, прежде всего, психолингвистический анализ)» (Заяц: www).

Тем значительнее выглядит синхронно-диахронное исследование семантического поля эмотивности в русском языке, выполненное Л.А.Калимуллиной (2006). Автор детально рассматривает историю лексем, обозначающих эмоции, на протяжении всех основных периодов истории русского языка, постоянно привлекая материал других славянских языков. Исследовательница отмечает синкретичность семантики многих эмотивов в древнерусском языке. Так, весьма характерным в этот период было выражение посредством одного слова представлений о страхе, гневе, стыде, удивлении или жалости, с одной стороны, и уважении – с другой. Л.А.Калимуллина полагает, что это обусловлено «таким объективным фактором, как нерасчлененность мировосприятия, которая представляет собой важнейший принцип архаичного, или «дологического» мышления (Л.Леви-Брюль). Средневековому мышлению также присущи черты синкретизма, среди которых можно выделить изначальную нерасчлененность понятий, их слияние с представлениями, которое проявляется, в частности, в совпадении таких категорий, как онтологическое и аксиологическое, бытие и ценность, явление и сущность, объект и субъект, причина и следствие и т.д. (С.С. Аверинцев, О.М. Фрейденберг)» (Калимуллина 2006: *16*).

Большой интерес представляют исследования И.П.Петлевой, посвященные этимологии славянских имен эмоций и представленные в них доказательства отражения в названиях ряда эмоций славянских погребальных ритуалов (см. Петлева 1972).

Проблемы эмотивности (в диахронии, синхронии и сопоставительном плане) активно изучаются *лингвистами славянских стран.*

Чешская исследовательница Г.Карликова на XII Международном съезде славистов в Кракове (1998 г.) прочитала доклад «Типы и происхождение семантических изменений слов, обозначающих психологические состояния и их проявления в славянских языках». В докладе на конкретных примерах объясняется проблематика семантического развития обозначений психологических состояний. Исследовательница приходит к выводу о том, что значения отдельных выражений в большинстве случаев развивались путем абстрагирования названий конкретных процессов. В качестве доказательства она приводит наименования негативных эмоций, которые отражали элементы старых погребальных ритуалов (Karlíková 1998). Г.Карликовой принадлежит и исследование, посвященное лексике со значением гнева в древнечешском языке (Karlíková 2005).

В чешской лингвистике исследования эмоций, языковой картины мира, отражения в языке национального менталитета только набирают обороты. Так, в статье И.Ваньковой исследуется телесная метафора души (см Vaňková: www); исследование Л.Беднаржиковой посвящено образу гнева в чешском языке (см. Bednaříkova 2003); предметом научных изысканий К.Кедрон стал образ мира и национальный менталитет белорусов (Kedron: www); И.Марешова анализирует образ страха в чешском языке (Marešová: www).

В польском же языкознании изучение эмоций как на материале польского языка, так и в сопоставительном плане ведется весьма интенсивно. Следует прежде всего назвать целый ряд научных сборников, посвященных эмоциям. Прежде всего это отдельный том из выпускаемой во Вроцлавском университете серии «Язык и культура», посвященный выражению эмоций в языке и тексте (см. Język a kultura 2000). В материалах международной конференции по эмотиологии, прошедшей в Лодзи (см. Wyrażanie emocji 2006), в которой приняли участие лингвисты из Польши, Чехии, Словакии и Болгарии, затронуты как теоретические проблемы эмотиологии, так и проблемы эмотивности в языке СМИ (в т.ч. и в Интернете), эмоции в географических, социальных и функциональных разновидностях языка, вопросы изучения эмоций в рекламном, политическом и художественном дискурсах, а также проблемы сопоставительного изучения эмоций. Ряд коллективных монографий посвящен отдельным эмоциям. Так, в Слупске выпущен коллективный труд, посвященный специфической польской эмоции, обозначающей иррациональный страх (см. Przestrzenie lęku 2006). В Варшавском университете издана работа «Анатомия гнева», в которой многоаспектному анализу подвергается эмоция гнева. Большое внимание авторы публикаций уделяют гневу в религиозном (христианском, исламском, буддийском) и политическом дискурсе, а также вопросам сопоставительного изучения концепта гнева (см. Anatomia gniewu 2003).

Активно исследует эмоцию гнева в польском языке (в том числе и в сопоставлении с английским языком) А.Миколайчук (см. Mikołajczuk 1999, 2000, 2003). Сопоставлению имен эмоций со сходной семантикой в польском и французском языке посвящены работы А.Кшижановской (см. Krzyżanowska 2006, 2007). М.Якубович исследует славянские имена эмоций в диахроническом аспекте (см. Jakubowicz 1994). Э.Сятковская сопоставляет названия эмоций и чувств в польском и чешском языках (см. Siatkowska 1989, 1991). На материале польского языка рассматривает эмоции стыда и страха Э.Енджейко (Jędrzejko 1983, 2000), эмоцию ненависти анализирует А.Либура (Libura 2000), конструкции с лексемами *strach* и *bać się* исследует К.Томчак (Tomczak 1997).

Следует также назвать две монографии, рассматривающие польские имена эмоций в сопоставительном плане. Это исследование предикатов, выражающих психический дискомфорт, которое выполнила на материале польского и русского языков М.Борек (см. Borek 1999), и работа А.Спагиньской-Прушак, посвященная эмоциям страха и гнева в русском, польском и сербохорватском языках (Spagińska-Pruszak 2005).

Хорватская исследовательница Н.Поляк анализирует способы выражения эмоций в русском и хорватском языках, обращая особое внимание на безличные конструкции, передающие эмоциональные состояния (см. Poljak 2006).

Эмоциональные концепты «зависть» и «ревность» в ряде лингвокультур оказываются в центре внимания исследовательницы из *Литвы* Э.Лассан. Анализируя многочисленные факты языков и культур, автор приходит к интересному, хотя и не бесспорному выводу о том, что общечеловеческая зависть обычно возникает при «горизонтальных отношениях» между фигурантами зависти: они должны находиться в одном хронотопе и принадлежать «близкому кругу». Русская же лингвокультура в некоторых текстах «меняет координату зависти: теперь это – "вертикаль", взгляд в другую плоскость. Завидуют не благу, а благим делам. Нет соревнования, есть тяга к идеалу. Возможно, только эту зависть следует отграничить от всех других зависⳳей, сопровождаемых уколами досады и ревности. И возможно, это стремление к иной зависти соотносится именно с «крайностями» русского сознания: состязаться не с «мужем Марьи Ивановны», но с «Коперником», с устремленностью русского сознания «вверх», вырастающей из крайне характерной для него оппозиции в ы с о к о е – н и з к о е» (Лассан 2005: *198-199*).

Активно изучается эмоциональная сфера славянских языков и *российскими славистами*.

Прежде всего следует назвать два сборника, посвященные этой проблематике, обобщившие материалы конференций, прошедших в РГГУ (см. Агрессия в языке и речи 2004 и Эмоции в языке и речи 2005).

Глагольной метафоре в процессе языковой объективации мира эмоций и чувств в чешском языке посвящено диссертационное исследование Ю.А.Каменьковой (2007). В данной работе проанализированы не просто концепты как языковые феномены в их соотношении с феноменами психологическими, а исследовался характер отражения онтологических свойств психологических сущностей в языке. Автором исследования установлено, что процесс эмоционального реагирования включает следующие компоненты: переживание (импрессивный компонент); физиологический компонент (изменение вегетативных показателей и психомоторики); экспрессию (выражается через речевые, мимические, пантомимические, жестикуляционные средства). На материале чешского языка было проанализировано отражение указанных составляющих: *smutek vzruší* – печаль взволнует (импрессивный компонент); *vzrušení rozechvívalo* – волнение заставляло трепетать, *radost lomcuje* – радость трясет, *žárlivost zalomcovala* – ревность затрясла (физиологический компонент); *strach rozesmál* – страх рассмешил (экспрессия – мимическое проявление) (Каменькова 2007: 9).

Н.Клочко исследует эмоциональные картины политических дискурсов Сербии, Черногории, Хорватии, Боснии и Герцеговины в семантических пространствах прошлого и будущего. Исследовательницу прежде всего интересуют ценностные оппозиции в фокусе эмоций. Выявленная автором типология эмоций, зафиксированных в сербском, хорватском и боснийском дискурсах, позволила сделать вывод о доминирующих в обществах эмоциональных состояниях, которые могут быть обозначены как агональные, свойственные обществам тоталитарным (см. Клочко: www).

Завершая свою работу о русских культурных скриптах, А.Вежбицкая написала, что «семантика может служить не только поискам истины, но и быть полезной для взаимопонимания людей из разных культур и разных стран» (Вежбицкая 2005: *499*).

Весьма важное в этом отношении направление научных исследований, неизбежно повлиявшее и на направленность учебного процесса, развивается на факультете иностранных языков и регионоведения МГУ имени М.В.Ломоносова. Понимание того, что в современном мире становится важным не просто перевод с языка на язык, но и с культуры на культуру, превратило лингвистические специальности, ориентированные на изучение иностранных языков, в специальность «Лингвистика и межкультурная коммуникация». Важнейшие принципы этого направления изложены в работах декана факультета С.Г.Тер-Минасовой (2000, 2007). Важными аспектами этих исследований являются особенности русского менталитета (в отличие от западного) и эмоциональные особенности русской и западной языковой личности.

В работе «Язык и межкультурная коммуникация» С.Г.Тер-Минасова попыталась определить различия в идеологии Востока и Запада, понимая под ней не столько сиюминутные политические лозунги, свойственные определенной политической системе, сколько систему ценностей, веками складывавшуюся у определенного этноса.

Исследовательница считает, что «идеология Советской России была сконцентрирована на идее коллективизма, общинности, коммунизма, что привело к игнорированию индивидуальности индивидуума, к растворению отдельного человека с его нуждами, желаниями, потенциями в коллективе». Однако, по мнению С.Г.Тер-Минасовой, «система коллективизма, социального равенства, уравниловки была распространена в русском обществе задолго до установления социалистического строя и вошла в плоть и кровь. В этих условиях принцип взаимной поддержки становится даже более важным, чем инстинкт самосохранения». С другой стороны, «в основе идеологии Запада, наоборот, лежит культ индивидуума, уважение к потребностям и чувствам отдельного человека и игнорирование коллектива. Идеология Запада полностью подчинена этому своеобразному культу индивидуального человека, его воле и потребностям. Соответственно, и все системы - экономика, политика, культура, основанные на этой идеологии, - направлены на максимально полное обслуживание индивидуума» (Тер-Минасова 2000: *207-209*).

Противопоставленность западного индивидуализма русскому коллективизму распространяется на самые разные области культуры и языка. Например, по данным Н.Л.Шамне, «в немецком языке при вербализации восприятия категории пространства выражена в большей степени индивидуальная активность субъекта действия, а в русском языке - коллективная. Так, в немецком языке каждый новый вид и способ движения, специфика перемещения в пространстве получает индивидуальное обозначение, в отличие от русского, где главным является среда, способ, средства, интенсивность перемещения в пространстве, спецификация же этого перемещения содержится непосредственно в контексте» (Шамне 2006: *180 - 181*).

Повышенную эмоциональность русских, под которой понимается «ярко выраженный акцент на чувствах и на их свободном изъявлении, высокий эмоциональный накал русской речи, богатство языковых средств для выражения эмоций и эмоциональных оттенков», отмечает А.Вежбицкая. По мнению исследовательницы, эта эмоциональность ярко проявляется в языке на уровне лексического состава, грамматики и функционирования эмоциональных глаголов, в употреблении имен и суффиксов субъективной оценки (Вежбицкая 1996).

В подтверждение этого тезиса С.Г.Тер-Минасова приводит образное выражение английского переводчика Роберта Даглиша: «Английский язык предпочитает негромко свистнуть в темноте там, где русский язык громко кричит при свете дня» (Тер-Минасова 2000: *206*).

Во многом аналогичные данные относительно русской и западных культур приводит Н.А. Багдасарова. По ее мнению, индивидуалистические западные культуры являются низкоконтекстными, для них характерен когнитивный стиль обмена информацией, иными словами, их представители обращают большее внимание на то, *что* сказано, а не на то, *как* сказано. Тогда как представители русской культуры, как культуры высококонтекстной, «склонны больше обращать внимание на контекст сообщения, на то, с кем и при какой ситуации происходит общение» (Багдасарова: www).

Весьма показательно в связи с этой особенностью русской лингвокультуры исследование индивидуального стиля Б.Н.Ельцина. Его автор А.Потсар замечает: «Индивидуальный стиль Ельцина полностью укладывается в русскую языковую картину мира. Нет другого политика, чья речевая манера с такой точностью воспроизводила бы все без исключения свойства русского менталитета». Так, исторический процесс в его мемуарах предстает как иррациональный и практически неуправляемый, неподконтрольный человеку. Эмоциональное начало в мировосприятии автора вытесняет рациональное: ряд решений объясняется эмоционально; в мемуарах преобладает психологическая оценка политиков - анализ личности и ее поступков с человеческой, а не рационально-прагматической точки зрения; лозунг «Голосуй сердцем» как воплощение иррационального президентского имиджа, по мнению автора исследования, был возможен только тогда, во времена преобладания чувства над разумом. «И даже в своем последнем, прощальном обращении, которое обозначило появление новой модели власти, более рациональной и прагматичной, - подчеркивает А.Потсар, - Ельцин все равно апеллирует к «удивительной мудрости» россиян, а вовсе не к их уму или интеллекту.

Ведь мудрость для русского - это некое иррациональное природное свойство» (Потсар: www).

Весьма плодотворны исследования Междисциплинарной группы советологических исследований под руководством профессора Лодзинского университета Анджея де Лазари. Объектом исследований этого научного коллектива являются в широком смысле *Идеи в России*. Это не только название словаря важнейших концептов русской культуры (см. Idee w Rosji 1999-2003), но и тот угол зрения, под которым российские и польские ученые, являющиеся представителями разных гуманитарных наук (философы, культурологи, лингвисты, литературоведы, историки, теологи, религиоведы), рассматривают русскую картину мира и русский менталитет сквозь призму своих областей знания. Одновременно непосредственно или опосредованно они сопоставляют русский менталитет с польским. Характерна в этом отношении коллективная монография «Польская и русская душа. Современный взгляд» (см. Dusza polska i rosyjska: 2003). Так, в статье А.В.Липатова «Государственная система и национальная ментальность (Русско-польская альтернатива)» исследуется влияние особенностей государственной власти в России и Польше на национальный менталитет русских и поляков. По мысли автора, русский менталитет во многом определила вера в эффективность самодержавия, основанная на беспрекословном подчинении воле царя как помазанника Божьего. Отсюда исключение самостоятельного – личностного – мышления и отсутствие гражданской дееспособности у всех социальных слоев. Тогда как характерная для польской ментальности трактовка государства для личности, а не личности для государства коренится в сложившемся в XV-XVI вв. государственном устройстве под названием *Речь Посполитая* (калькировавшим в польский язык лат. *res publica*). Суть этого устройства - в утрате королем, избиравшимся на трон представителями локальных шляхетских сеймиков, суверенной власти, в равноправии всего правящего сословия – от короля до безземельного шляхтича, создававшем атмосферу сословного братства. Именно поэтому, по словам А.В.Липатова, «государство как "общественное дело" (*res publica*) осознавалось в качестве института, призванного служить шляхте – сообществу индивидуумов, обладающих равными правами, - а тем самым и каждому члену этого общества в отдельности» (Липатов 2003: *85*).

Аналогичные мысли высказывает и В.А.Маслова: «Польский характер – это прежде личная свобода, собственное достоинство, государство для личности, личная независимость, патриотизм. В сравнении с ними русским присущ мистический реализм и духовная трезвость, ибо поляки значительно романтичнее. *Русак не дурак: поесть захочет – скажет, присесть захочет – сядет*». Характеризуя особенности русского характера, исследовательница отмечает, что важным моментом в поведении русских является стремление «быть как все». По ее мнению, это связано с представлением о том, что «личность важна не сама по себе (как у европейцев), а является частью целого общества» (В.Маслова 2007: *133, 145-146*).

Думается, что эти ментальные особенности – игнорирование личностного мышления (у русских) и приоритет личности (у поляков) - можно рассматривать в качестве одной из ключевых идей, повлиявших на эмоциональную картину мира в соответствующих лингвокультурах. Этот тезис будет далее доказан в исследовательских главах настоящей монографии.

§ 2. Мифологическая составляющая
в лингвоконцептологических исследованиях

Включение мифа как древнейшей мировоззренческой системы в орбиту лингвистических исследований прежде всего заставляет по-новому взглянуть на **проблему генезиса языка**, а именно – проанализировать ритуал, миф и язык как семиотические системы и рассмотреть мифо-ритуальную основу возникновения многих языковых явлений.

В современной науке все настойчивее проводится мысль о том, что *языку* как семиотической системе предшествовали такие средства хранения и передачи информации, как *миф* и *ритуал*. По мнению современных исследователей, ритуальное действие было первым семиотическим процессом, на основе которого формировались мифологические представления и язык. «Язык символических действий ... предшествует словесному языку и служит базой для усвоения последнего», - пишет Вяч. Вс. Иванов (Иванов 1985: *351*).

Ритуал как семиотическая система состоял в совершении в установленном порядке ряда символических действий. По мнению Н.Б.Мечковской, он содержал в себе «во-первых, ту или иную *картину мира* и, во-вторых, некоторую *модель* (стереотип, образец) *поведения* людей в особо значимых ситуациях». Смысл ритуала - в повторении, воспроизведении сложившейся у племени картины мира и представлений и должном поведении в критических ситуациях (Мечковская 1998: *54*).

Рассматривая ритуал как древнейшую из социальных семиотик, Н.Б.Мечковская подчеркивает, что в своих основных проявлениях он составляет и с х о д н у ю форму знакового поведения первобытного человека. В ритуале, по мысли автора, есть три обязательных компоненты разной семиотической природы: 1) ритуальное (символическое) действие; 2) мифологическое представление о значении совершаемого действия; 3) сопровождающие действие словесные формулы (Мечковская 2004: *279-297*).

Нам представляется, что эти три компоненты имеют не только разную семиотическую природу, но и стадиально разные этапы возникновения. Сначала на основе простейших, но уже семантизированных животных действий возникли ритуальные символические действия, затем у наших «волосатых предков» появились мифологические представления, связанные с этими действиями, а с возникновением языка эти действия получили вербальное сопровождение (см. подробнее: Агранович, Стефанский 2003: *154-160*).

Ритуализации жизни первобытного человека во многом способствовали многочисленные источники различных простейших эмоций (например, страха и гнева). Ритуал должен был, с одной стороны, социализировать эти эмоции, подчинив их интересам нарождающегося человеческого общества, а с другой – в определенные моменты нивелировать их. Наконец, эмоции были инструментом ритуала, они вызывались у участников ритуала в его процессе.

Эти функции ритуала отразились, например, в названии такой чешской эмоции, как *neklid* 'беспокойство'. Соответствующее слово могло обозначать чистоту, в том числе и в ритуальном смысле этого слова. Семантическая эволюция соответствующего корня в разных славянских языках шла в сторону этической и эстетической оценки состояния мира и человека, обладающего данным качеством (см. др.-русск. **КЛЮДЬ** 'порядок, приличие, красота', русск. *неуклюд* 'неудачник, глупый хвастун', *неуклюжий* 'неловкий в физическом и нравственном смысле' чешск. *klid* 'покой, спокойствие'), а также в сторону обозначения ритуального очищения и социализации «нечистого» и потому «беспокойного» члена общества (см. в.-лужицк. *kludzić* 'делать кротким, спокойным').

В основе ритуала лежало не слово, а жест. Ритуальные жесты стали основой для формирования языка. Звуковой язык складывается как перевод и закрепление в звуке значений, которые выражались жестами.

Понятно, что наиболее естественными и многочисленными жестами были те или иные движения рук человека. Так, по данным Н.Б.Мечковской (см. Мечковская 1998: *51-52*), прикосновение ладонью к сакральному предмету - один из древнейших ритуальных жестов, получивший на более позднем этапе фиксацию в языке. С ним, в частности, связано слово *присяга*, восходящее к глаголу *сягать* 'доставать до чего-то, хватать' (ср. однокоренные слова в русском языке: *по-**сяг**-ать, быть в пределах до-**сяг**-аемости, о-**сяз**-ать,* а также польск. *sięg-ać* 'доставать что-л., достигать чего-либо'). Следовательно, ритуал присяги изначально заключался в прикосновении к обрядовому символу для получения от него магической силы. Таким символом могли быть земля, камень, стена пещеры или дома, печь, оружие, книга, сердце (ср. вербальный эквивалент этого жеста - фразеологизм *положа руку на сердце*).

Прикосновение к ладони другого человека было символом единения социума (ср. танцы разных народов, предполагающие контакт рук танцующих, а также ритуальные шествия – от древнего освоения культурного локуса до крестных ходов, парадов, гуляний и современных тусовок), способом сакрализации неких договоренностей (см. вербализацию этих жестов в русском языке: *ударить по рукам, ручаться, порука, обручиться*). Наконец, оставление отпечатков ладоней на стене пещеры рядом с такими же отпечатками своих предков или прикосновение к ладоням воображаемого человека (например, при посещении могилы) символизировало преемственность поколений, т.е. в конечном счете единство социума во времени.

Подобным же образом совершают «контакт» со зрителями изображенные на иконах святые. Обычно они держат согнутые в локте руки, приподняв их вверх и слегка расставив в стороны чуть ниже или на уровне лица, протягивая к молящимся раскрытые ладони.

Эти жесты до сих пор сохраняются в современной культуре. Присяга в любой армии принимается с оружием в руках, с целованием знамени. Должностные лица, а также свидетели в суде принимают присягу, касаясь Библии или Конституции. Характерно, что вторая рука (обычно правая) поднята при этом на уровень лица и развернута ладонью в сторону слушателей и зрителей.

Этот жест - протянутые руки и открытые ладони, прижатые к печи, стене пещеры, камню, дереву, листу бумаги, к Стене Плача в Иерусалиме, к бетонным плитам Голливуда и т.д. - весьма распространен и несет в себе древнейшую глубинную информацию, связанную с представлениями о встрече и общении ранних человеческих сообществ с предками, о встрече на границе миров в переломные моменты существования социума.

Как нам удалось показать в совместной с С.З.Агранович монографии «Миф в слове: продолжение жизни», глухие отзвуки древних ритуалов обнаруживаются даже в детских играх, предполагающих активные движения руками. Так, в игре в «ладушки» (в ладошки) играющие (обычно взрослый и почти не умеющий говорить ребенок) касаются ладонями друг друга. При этом произносится следующий текст:

> Ладушки, ладушки,
>
> Где были? - У бабушки.
>
> Чего ели? - Кашку.
>
> Чего пили? - Бражку.
>
> Кашка сладенькая.
>
> Бражка пьяненькая.

О том, что это далеко не невинная песенка об угощении бабушкой внучки, говорят четвертая и шестая строчки, описывающие отнюдь не предназначенный для ребенка алкогольный напиток[1]. Скорее всего, этот текст стал вербальным сопровождением тризны и ритуального общения с предками на могиле. При этом касание ладонями могилы было сакральным актом, позволяющим преодолеть черту между мирами. В этой связи весьма показателен приводимый В.И.Далем (Даль: *III; 25*) обычай *могилы пахать*, что означает 'тщательно подмести могильный холм, застелить его платком (возможно, в древности на ткань ставилась еще еда и питье) и беседовать вслух с безответным покойником' (см. подробнее: Агранович, Стефанский 2003: *76, 136*).

Второй древнейшей семиотической системой стал **миф**. «Миф, - писал В.Н.Топоров, - это то состояние души, которое стучится в мир слова.., не довольствуясь ритуалом» (Топоров 1988: *60*). Под мифом обычно понимают исторически первую форму коллективного сознания народа, целостную картину мира, в которой элементы религиозного, практического, научного, художественного познания еще не различаются и не обособлены друг от друга. Миф объяснял, откуда возник мир и люди, почему происходят те или иные явления, наблюдаемые человеком.

Мифологическое сознание, по мысли В.М.Пивоева, представляло собой «аксиологическую, эмоционально-ценностную картину мира родовой общины, обитающей на освоенной территории». Исследователь полагает, что и сам миф является формой объективации «результатов эмоционально-ценностного освоения мира, объективной природно-социальной среды в одной из знаковых систем» (Пивоев 1991: *99-100*).

Мифологическая картина мира, по словам Вяч. Вс. Иванова и В.Н.Топорова, была основана на многочисленных ***бинарных оппозициях***:

[1] Показательно, что в одном из детских фильмов-сказок «по этическим соображениям» две последних строчки были опущены, а четвертая произносилась в трансформированном виде: «Пили простоквашку». Известную мудрость о том, что «из песни слова не выкинешь» подтверждает тот факт, что в результате этой «правки» нарушается диалогический параллелизм второй, третьей и четвертой строк.

жизнь – смерть, мужской – женский, верх – низ, правый – левый, освоенный – неосвоенный, прямой – кривой, сакральный – мирской, свой – чужой, человеческий – звериный и под. (Иванов, Топоров 1965: *6*). Легко заметить, что в основе всех этих оппозиций лежит ценностный признак и что все они восходят в конечном счете к противопоставлению хаоса и космоса.

Именно ценностная сторона, согласно современной лингвоконцептологической теории, является важнейшей в концепте как единице лингвокультурологии. Она является определяющей для того чтобы концепт можно было выделить. «Показателем наличия ценностного отношения является применимость оценочных предикатов, - отмечают В.И.Карасик и Г.Г.Слышкин. - Если о каком-либо феномене носители культуры могут сказать «это хорошо» (плохо, интересно, утомительно и т.д.), этот феномен формирует в данной культуре концепт» (Карасик, Слышкин 2003: *51-52*).

Поэтому ценностную характеристику в традиционной культуре получают, казалось бы, нейтральные с точки зрения современной культуры явления (*правый-левый, верх-низ, прямой-кривой*).

Так, положительные ценностные характеристики получает верх и ассоциирующиеся с ним горы, скалы, вершины деревьев как место пребывания богов и, наоборот, - отрицательно оценивается низ и связанные с ним болото, овраг, омут, пещера как место пребывания хтонических (подземных) сил, демонов, дьявола, душ нечистых покойников. Позитивно характеризуется правая сторона, сторона сильной (в норме) руки, и негативно - левая сторона, сторона слабой (в норме) руки и наиболее уязвимой стороны тела, где находится сердце (см. подробнее СД: *I, 345-346; III, 557-558; IV, 233-234*).

Эти ценностные характеристики пространства находят отражение в современной культуре: обычно все круговые движения мы совершаем против часовой стрелки, слева направо, т.е. в сторону жизни. Так мы водим хоровод вокруг елки, символизирующей Мировое дерево, центр мира, отделяя своими телами обитаемый космос от враждебного хаоса. Так движутся демонстранты (если наблюдать за их движением с трибуны), так бегут по стадиону легкоатлеты и конькобежцы, так вращаются фигуристы.

Именно эти ценностные характеристики пространства оказываются базой для формирования многих этических концептов, находя отражение в языке. Например, о человеке, чья карьера стремительно развивается, мы говорим, что *он пошел в гору, на повышение, высоко поднялся, вошел в высшее общество*. А о том, чье поведение и образ жизни являются недостойными, говорят, что он *опустился, низко пал*, что *его опустили ниже плинтуса, что он подлец* (ср. значение предлога *под* и слова *под* 'низ печи'), *падла*.

Аналогично работает в языке противопоставление *правый-левый*. С одной стороны, мы говорим *наше дело правое, право, правда*, а с другой - *сходить налево, левый товар, встать с левой ноги, писать задней левой*.

На оппозицию *правый – левый* накладывается противопоставление *восток-запад*. Восток, находящийся в системе географических координат справа, - это сторона, где встает солнце, сторона света, сторона Бога (известно, что церкви сориентированы на Иерусалим, мечети – на Мекку), тогда как Запад – это сторона тьмы, куда уходит солнце. В этом отношении показателен фрагмент любовного заклинания, сохранившийся в следственном деле 1769 года по обвинению в колдовстве:

«Во имя сатаны и судьи его демона… пойду я … не путем, не дорогою, заячьим следом, собачьим набегом и вступлю на злобное место и посмотрю на чистое поле в **западную сторону под сыру матерую землю**» (цит по: Иванов, Топоров 1965: *111-112*).

Показательно, что «злобное место» сориентировано на «запад» и «подземный мир» - мифологические полюса зла, хтонического хаоса, смерти. Путь к этому месту лежит через хаотическое пространство, мир зверя, нечеловеческий мир. Несомненно, что и советские идеологические штампы вроде «тлетворное влияние Запада», накладываясь на негативную ценностную характеристику запада в традиционной культуре, усиливали воздействие на массы.

Еще одна пространственная оппозиция, породившая многочисленные культурные (а значит, в конечном счете, этические запреты) – это оппозиция центра (связанного со святой горой Афон, святой рекой Иордан, святым городом Иерусалимом) и периферии (связанной с рубежами и границами). Такие объекты, как граница села, дорога, межа, перекресток, мост, река, порог, забор, дверь, окно, труба, печь, мыслились как каналы связи с другим миром, где, с одной стороны, должны совершаться ритуальные действия (например, при отправлении в дорогу, при входе невесты в дом жениха), а с другой – где запрещено находиться лицам, пребывающим в переходном состоянии (невесту переносит через порог жених, у беременной, побывавшей на границах, могут быть неудачные роды) См. подробнее СД: *IV, 304-308*.

Эта оппозиция порождает еще один пространственный концепт – концепт *черты* (*границы, линии, межи, рубежа, ограды*), который приобретает сакральный смысл как ритуально непреодолимое препятствие между своим и чужим, природой и культурой – в конечном счете между хаосом и космосом.

В языке концепт черты наиболее показательно нашел отражение в этимологическом корне *mĕd- 'середина'. Ср.: лат. *medius* 'средний' *медиана* 'линия, соединяющая вершину треугольника с серединой противоположной стороны', англ. *middle* 'середина'). Собственно славянские слова с этим этимологическим корнем – русск. *межа* и предлог *между*, польск. *miedza* 'межа' и предлог *między* 'между', чешск. *mez* 'межа', *mezi* 'между' и под. Таким образом, изначально *межа* - это линия, проведенная посередине пространства и разделяющая его надвое, на два мира - свой и чужой.

Показательно, что в русском и других славянских языках многие слова и устойчивые выражения, включающие предлог *между, меж* или корень *меж-, межд-* передают некую неприятную ситуацию, отражающую напряженное или незавидное положение человека или общества. См., например, русск. *междуцарствие, междоусобица*, чешск. *mezník* – межевой знак, столб; поворотный пункт, переломный момент; устойчивые выражения: русск. *меж двух огней, между молотом и наковальней, между небом и землей, между Сциллой и Харибдой, Межи да грани – ссоры да брани;* польск. *Nie kładź palca między drzwi* 'не клади палец между дверьми'.

Характерно при этом, что в славянских языках трудно найти устойчивые выражения, которые бы положительно характеризовали расположение на границе между каким-либо субстанциями.

Особенно много таких выражений образует чешское слово *mez*, которое фонетически соответствует русск. *межа*, но может обозначать не только межу, но и предел, границу, причем в нравственном смысле. См., например: *v mezích možnosti* 'в пределах возможного', *v mezích slušnosti* 'в рамках приличия', *to přesahuje všechny meze* 'это переходит все границы', *jeho drzost nemá mezí* 'его дерзость не имеет границ', *odkázat koho do patřičných mezí* [букв. направить кого-либо в надлежащие границы] 'поставить кого-либо на место'.

Как видно из этих примеров, пространственный концепт границы оказывается очень важным для формирования многих концептов, связанных с моралью и правом. Более того, по мнению многих мыслителей, постоянное напряжение, вызванное положением на границе, и рефлексия по поводу границы (приличий, морали, допустимого и т.п.) – одно из важнейших свойств человека.

Возникновение **языка** как семиотической системы стало мощным фактором формирования картины мира. «Язык, - пишет А.Я.Гуревич, - не только система знаков, он воплощает в себе определенную систему ценностей и представлений» (Гуревич 1972: *116*). По мысли Е.В.Петрухиной, «в языке запечатлена наиболее существенная и важная часть этих общих представлений, поэтому говорят о языковой картине мира, которая выступает как своего рода "коллективная философия", – язык ее "навязывает" в качестве обязательной всем носителям этого языка. Вот почему считается, что язык дает важные сведения о специфике национального мировосприятия и национального характера» (Петрухина: www).

К числу источников, на которые должна опираться реконструкция языковой картины мира, Ежи Бартминьский относит так называемые «околоязыковые» данные, а именно записи устоявшихся верований и ритуальных действий (Bartmiński 2006: *230*). Учет данного культурного фона, как считает исследователь, позволяет правильно интерпретировать языковые факты. Например, фразы типа *Солнце радуется,* по мнению ученого, должны рассматриваться не как метафора (анимизация солнца), а как отражение принятого в традиционной культуре отношения к солнцу как к живому существу (Бартминьский 2005: *28*).

Аналогично представляется ошибочным метафорическое толкование русск. *устье* как слова, в котором запечатлен образ моря, пьющего реку (см. Булаховский 1953: *11-12*). Логическая ошибка такого объяснения заключается уже в том, что устье (т.е. губы, рот) принадлежит реке, а не морю. Мы говорим *устье реки,* а не *устье моря; Обская губа,* а не *губа Карского моря.* Следовательно, не море пьет реку, а река через свой рот извергается в море. Таким образом, *устье* (т.е. губы, рот) *реки* кажется метафорой только современному человеку. Для возникновения подобной метафоры требовалось бы слишком смелое и высокоразвитое индивидуальное художественное сознание у массы носителей разных языков, живших в разное время и в разных культурах

Образ реки, извергающей из своего *устья* (т.е. рта, губ) поток воды в море, восходит к архаической коллективной картине мира, асинхронно возникавшей у разных народов в результате сходных объективных законов формирования мифологического сознания и раннего языка. Водный источник буквально мыслился как живое существо (например, наяда). Причем это представление существовало относительно долго. Так, в Древнем Риме водоразборные колонки никогда не перекрывались. И это происходило не из-за технической отсталости: винные бочки кранами снабжались, а сами водопроводные системы были предельно сложны и технически совершенны. Дело в том, что в сознании человека той эпохи любой источник (даже искусственный) понимался как живое существо, которое просто погибнет, если его временно перекрыть (как погибнет человек, которому пережали горло). Показательно, что водоводная труба в таких колонках оформлялась человеческим ликом, изо рта которого вытекала вода. Сейчас мы воспринимаем эти лики как освященные длительной традицией скульптурные украшения декоративных водных источников (в первую очередь, фонтанов). Однако для людей той эпохи их функция была не эстетической, а сакральной. Следовательно, до тех пор пока подобные мифологические представления были живы в сознании людей, даже элементарные технические нововведения, связанные с его отрицанием, были невозможны.

Актуальной для весьма интенсивных сегодня лингвокогнитивных исследований оказывается **проблема соотношения концептов, существующих в современном сознании, и древних мифологических ментальных структур, существующих на его переферии**. Очевидно, многие исследователи культурных концептов используют в качестве рабочего определения данного термина дефиницию Ю.С.Степанова, который определяет концепт как «сгусток культуры», в виде которого она входит в ментальный мир человека (Степанов 2001: *43*). Это определение вполне приемлемо, если считать культуру чем-то неизменным или достаточно стабильным. Если же культура рассматривается в достаточно протяженных временных рамках, то возникает вопрос: существуют ли в сознании современного человека такие основополагающие концепты древности, как, скажем, «тотемное животное», «мировое дерево», «трикстер»? Ответить на этот вопрос однозначно невозможно. С одной стороны, они не существуют в современном сознании, потому что не составляют его мировоззренческих основ. Например, русские или испанцы знают, что они не произошли от медведей или быков, что ни одно дерево не связывает подземный, срединный и верхний миры, что шутник не может подорвать своими шутками основы мироздания. И вместе с тем многие древние модели мышления, преломляясь, продолжают жить в современной культуре. Так, русские восхищаются человекоподобным поведением медведей в цирке, испанцы регулярно воспроизводят негуманный с точки зрения современного сознания ритуал убиения тотемного животного во время корриды. Весь мир на Новый год наряжает мировое дерево и воспроизводит древний танец, объясняющий мироустройство. Образ трикстера продолжает жить в библейском блудном сыне, в героях плутовских романов. А если из эфира уходят некоторые сатирические программы, то у тех, кто принимает такие решения, по-видимому, срабатывает древнее отношение к трикстеру как к десакрализующей деструктивной силе.

Эти древние модели мышления, мифологические ментальные структуры в древности формировались, по-видимому, на ритуальной основе. Ритуал был не инструкцией (которую невозможно было вербализовать из-за отсутствия или неразвитости естественного языка), а своеобразным тренингом, культурным сценарием поведения в важных для коллектива ситуациях. Эти древние ментальные структуры передаются через культуру и в трансформированном виде (в терминологии В.Ю.Михайлина (2000, 2001)– в виде *социальных матриц*) сохраняются на периферии современного сознания – в виде суеверий, обычаев, запретов, которые никак логически не объясняются, но неукоснительно соблюдаются («не нами заведено, не нам и отменять»). Среди них можно назвать строгую регламентацию современного похоронного и поминального обряда, запрет показывать пальцем и здороваться через порог, примету, что разбившееся в доме зеркало предвещает смерть одного из членов семьи и т.п. В определенных социальных условиях эти социальные матрицы могут актуализироваться. Например, в повести А.И.Куприна «Поединок» особенно часто это происходит с поручиком Бек-Агамаловым, черкесом по национальности, в «варварской душе» которого, по словам автора, «тайно дремала старинная, родовая кровожадность». Таким образом, можно, перифразируя эту цитату, сказать, что мифологические ментальные структуры – это древние концепты «сценарного» типа, которые «дремлют» в коллективном сознании определенного социума, но при наступлении определенных социальных условий актуализируются и нередко определяют логику человеческого поведения.

* *

*

Подведем итоги. Рассмотренные в первой главе теоретические положения, касающиеся эмоциональной картины мира и подходов к ее изучению, позволяют сделать следующие выводы.

1. Эмоциональная составляющая выполняет основополагающую роль в формировании как мифологической, так и современной картин мира. Это проявляется в том, что:

- мифологическое сознание представляет собой эмоционально-ценностную картину мира;

- эмоциональная картина мира отражает ценностные приоритеты в национальной картине мира;

- эмоциональная языковая картина мира возникает в результате оценочной деятельности человеческого сознания, осваивающего окружающий мир.

2. Языковая картина мира отличается от научной. В языковой картине мира отражается «наивная картина мира» В каждой национальной культуре средствами национального языка создается своя языковая картина мира.

3. Языковая картина мира создается как посредством языковых единиц (лексико-фразеологических, образных, фоносемантических), так и с помощью функциональных и дискурсивных средств языка.

4. В современной лингвистике выработались следующие подходы к исследованию языковой картины мира:

- реконструкция системы представлений о мире, отраженных в том или ином языке;

- анализ лингвоспецифичных концептов, дающих ключ к пониманию соответствующей культуры – «ключевых идей языковой картины мира» (Анна А.Зализняк, И.Б.Левонтина, А.Д.Шмелев), семантических доминант (Е.В.Петрухина), кодов культуры (В.В.Красных, Д.Б.Гудков, М.Л.Ковшова), вербализованных систем матриц (О.А.Корнилов, В.Ю.Михайлин);

- концептуальный анализ, т.е. выявление типичных метафорических моделей, представляющих те или иные абстрактные понятия.

5. Анализом языковой картины миры занимаются многие направления современной лингвистики: лингвокультурология, когнитивная лингвистика, этнолингвистика, психолингвистика, этнопсихолингвистика, гендерная лингвистика. Нередко эти направления сближаются между собой. В славистике при сопоставлении языковых картин мира это сближение особенно ярко проявляется между когнитивной лингвистикой и этнолингвистикой.

6. Современная наука активно обращается к изучению мифа и ритуала как знаковых систем, предшествовавших языку, и к мифологическим ментальным структурам, которые в трансформированном виде сохраняются в современном сознании, «законсервированы» в различных

языковых единицах и актуализируются в определенных социально-психологических условиях. Среди возможных подходов к этой проблематике можно выделить следующие:

- определение архетипов архаического мышления (Н.Ф.Алефиренко);

- лингво-прагматическое моделирование сакрального и светского мировосприятия на основе бинарных оппозиций (Вяч. Вс. Иванов и В.Н.Топоров);

- изучение этнографии, стереотипов традиционной культуры (в т. ч. зафиксированных в языке) и объяснение их через миф, ритуал, фольклор (Н.И. и С.М.Толстые и их школа, Е.Бартминьский и его школа, А.К.Байбурин, А.Гейштор);

- обращение к древнейшим «социальным матрицам», актуализирующимся в современной культуре (В.Ю.Михайлин, С.З.Агранович).

7. Огромный пласт современных исследований эмоциональной картины мира связан с исследованием эмотивности (Ю.Д.Апресян, Е.Ю.Мягкова, В.И.Шаховский) и эмоциональных концептов (как на материале одного языка, так и в сопоставительном плане).

8. Системные исследования эмоциональных концептов предпринимались на материале русского и немецкого языков (Н.А.Красавский), русского и французского языков (М.К.Голованивская); сопоставительное изучение отдельных концептов выполнено в работах С.Г.Воркачева (на материале позитивных эмоций в русской и английской лингвокультурах), Е.В.Димитровой (на материале концепта «тоска» в русской и французской лингвокультурах), Е.А.Дженковой (на материале концептов «вина» и «стыд» в русской и немецкой лингвокультурах) и другими. Российскими славистами исследованы различные аспекты эмотивности в славянских языках (см. работы Ю.А.Каменьковой, Н.Клочко и др.). Сопоставительное исследование эмоциональных концептов активно ведется лингвистами в славянских странах (см. работы

Г.Карликовой, А.Миколайчук, А.Кшижановской, Э.Сятковской, Э.Енджейко, М.Борек, А.Спагиньской-Прушак и др.). Имена эмоций в диахронии исследовали В.В.Колесов, Л.А.Калимуллина, В.И.Чечетка, И.Г.Заяц, И.П.Петлева и др. Вместе с тем системного сопоставления эмоциональных концептов в нескольких славянских языках не предпринималось.

9. Большую актуальность в современной науке приобретает сопоставительное изучение языков с позиций межкультурной коммуникации (см. работы А.Вежбицкой, С.Г.Тер-Минасовой, Д.Б.Гудкова, Н.Л.Шамне, В.И.Тхорика и Н.Ю.Фанян, В.А.Масловой, В.И.Шаховского, А. де Лазари и его междисциплинарной группы). Авторами данных исследований установлены важнейшие (в том числе и отражающиеся в языке) культурные измерения, отличающие русский менталитет от западного. Важнейшие среди этих измерений – приоритет коллективизма и повышенная эмоциональность в русской культуре в отличие от приоритета личности и рационализма в культуре западной.

10. Мифолингвистика дает возможность проанализировать ритуал, миф и язык как семиотические системы и рассмотреть мифо-ритуальную основу возникновения многих языковых явлений. Так, одна из важнейших сторон концепта – ценностная – складывалась, по-видимому, еще в эпоху мифологического сознания на основе древнейших бинарных оппозиций, аксиологически противопоставлявших древнейшие концепты, связанные с хаосом либо космосом.

11. Рассмотрение эмоциональных концептов в русской, польской и чешской лингвокультурах с выходом на мифологическую картину мира позволит проанализировать генезис многих эмоций и их имен.

12. Дискурсивный анализ даст возможность увидеть эмоции в динамике, а также рассмотреть роль древнейших ментальных структур, определяющих эмотивное поведение героев.

ГЛАВА II.
ЛИНГВОКУЛЬТУРОЛОГИЧЕСКИЙ АНАЛИЗ
ЭМОЦИОНАЛЬНЫХ КОНЦЕПТОВ
В РУССКОЙ, ПОЛЬСКОЙ И ЧЕШСКОЙ ЯЗЫКОВЫХ КУЛЬТУРАХ

Психолог, исследующий эмоции, вольно или невольно оказывается в плену родного языка, который навязывает ему взгляд на изучаемую эмоцию. Однако современные российские психологи - исследователи эмоций с сожалением вынуждены признать, что в русской психологической терминологии, описывающей, например, эмоцию страха, пока не выработалось «конкретного и обоснованного содержания в каждом термине» (Ильин 2001: *150*). Более того, в обширном семантическом поле со значением 'страх' ими до сих не выделены термины, обозначающие действительно различные виды страха, и их синонимы, существующие в языке, но передающие в сущности те же понятия. Характерно, что и определения тех или иных видов страха, попадающие в психологические труды, нередко слово в слово воспроизводят словарные толкования соответствующих лексем.

Еще сложнее оказывается найти общий знаменатель психологам, для которых родными оказываются разные языки и - что важнее - разные культуры.

Возьмем всего лишь одну фразу из монографии американского психолога Кэррола Изарда: «Эмоция печали переживается как грусть, уныние, хандра» (Изард 2006: *199*). Сразу возникает несколько невольных вопросов. Как соотносятся четыре перечисленных эмоции? *Грусть, уныние* и *хандра* - это частные проявления *печали* или эмоции, сопровождающие *печаль*? Почему вне этой системы оказалась *тоска*?

Однако многое станет понятным, если вспомнить, что в данном случае мы имеем дело лишь с русским переводом упомянутой монографии К.Изарда. В оригинале, очевидно, использовались такие английские слова, как *sadness* (печаль, уныние), *grief* (горе, печаль), *sorrow* (сожаление, грусть), *melancholy* (уныние, подавленность, меланхолия). А.Вежбицкая, исследовавшая семантику данных концептов, убедительно показала, что русские *грусть* и *печаль* при всем сходстве их значений с перечисленными английскими словами не могут считаться абсолютными эквивалентами ни одного из них (см. Вежбицкая 2001). А *тоска* оказалась вне этой системы в силу своей абсолютной лингвоспецифичности.

В плену родного языка неизбежно оказывается и языковед-контрастивист, исследующий эмоции или семантику их имен. Весьма показательным примером в этом отношении может служить монография польской исследовательницы Малгожаты Борек «Предикаты, выражающие психический дискомфорт, в русском языке в сопоставлении с польским» (Borek 1999). Основным объектом изучения в указанной монографии являются имена эмоций в русском языке. Об этом можно судить как из названия работы, так и из того факта, что материалом для исследования послужили именно русские оригинальные тексты и их польские переводы (тогда как сопоставления польских оригинальных текстов с их русскими переводами не проводилось).

С другой стороны, описание материала в рассматриваемой монографии ведется от польского языка к русскому. Об этом говорит тот факт, что в названиях глав фигурируют лишь польские имена эмоций. Например, глава шестая озаглавлена следующим образом: «Predykaty, wyrażające żal, przykrość, obrazę». Вместе с тем из русского резюме, приведенного в конце монографии, следует, что в данной главе рассматриваются и русские имена эмоций *сожаление, неприятность, обида*. Таким образом, автор (по крайней мере, имплицитно) дает понять, что такие пары, как *żal – сожаление, przykrość – неприятность, obraza – обида*, являются эквивалентами друг друга в сравниваемых языках и обозначают одну и ту же эмоцию.

Однако в первых же строках главы эта иллюзия эквивалентности разрушается. Опираясь на один из польских психологических словарей, исследовательница характеризует польскую эмоцию *żal*: «*Żal* – это психическое состояние, определяемое чаще всего как грусть вследствие не зависящей от данного субъекта утраты кого-либо или чего-либо, а также как неприятное чувство на фоне обнаружения неблагоприятных последствий, неосмотрительных действий, либо неиспользованных возможностей» (Borek 1999: *80*). Нетрудно заметить, что под это определение попадают такие русские имена эмоций, как *грусть, печаль, тоска* (которые анализируются в предыдущей главе рассматриваемой монографии), *досада, зависть, ревность* (которые в монографии вообще не упоминаются), *раскаяние, сочувствие* (которые вскользь упоминаются, но не вынесены в заголовок), а также *сожаление* и *обида*.

В этой связи представляется маловероятным, что в палитре эмоций поляков существует столь всеобъемлющее душевное состояние. Авторы упомянутого определения, по-видимому, оказались в плену многозначности польской лексемы *żal*, разным значениям которой (как свидетельствуют польско-русские словари) в русском языке могут соответствовать *печаль* и *скорбь*, *сожаление* и *раскаяние*, а также *обида*. Эта многозначность рассматриваемой польской лексемы развивалась на протяжении веков, при этом в каждом новом лексико-семантическом варианте лексемы *żal* обязательно присутствует семантический компонент 'жалость, сожаление' (см. подробнее § 2 настоящей главы).

«Я не могу согласиться с Виктором Ерофеевым.., - пишет А. де Лазари, - что между нами (поляками и русскими) "нет общего дискурса", хотя одновременно соглашаюсь с ним, что наша "система понятийности разнится кардинально"» (де Лазари 2003: *9*).

Думается, что именно в силу этих различий в «системах понятийности» возникают проблемы точности перевода имен эмоций с одного славянского языка на другой. В самом деле, одинаковые или разные эмоции обозначаются русским *тревога* и польским *trwoga*? Какому из чешских обозначений 'тоски': *tesknota, stesk, tíseň,* или *touha,* - наиболее точно соответствует русское *тоска*? Когда поляк говорит об эмоции *smutek,* он имеет в виду *грусть* или *печаль*? И, наконец, самое сложное: как перевести на русский язык такие специфические эмоции, как польск. *lęk,* чешск. *úzkost, zášť* или *lítost,* у которых нет точного соответствия в русском языке?

Для этого необходимо установить семантическое и – что важнее – культурологическое содержание соответствующих концептов в сопоставляемых языках.

Во второй главе как раз и будут рассмотрены эмоциональные концепты, обозначающие страх, печаль, гнев, а также ряд концептов, сценарий которых предполагает динамику развития от жалости и сожаления к различным формам агрессии.

§ 1. СТРАХ

1.1. Центральные и периферийные средства

В одной из своих ранних семантических работ Анна Вежбицкая на материале родного для нее польского языка, делая первые подходы к выработке метасемантического языка, проанализировала семантику трех польских лексем, составляющих ядро концепта «STRACH» в польском языке. Ядро польской системы составляют 3 лексемы: *strach, lęk* и *trwoga*. По мнению исследовательницы, *strach* – это рациональная эмоция, возникающая в результате осознания грозящей субъекту опасности (например, со стороны вооруженного человека, злой собаки и т.п.), тогда как *lęk* и *trwoga* иррациональны. Их человек не осознает, а чувствует. Например, *trwoga* возникает, когда человек чувствует приближение бури, во время пожара или вообще смерти. «Если я чувствую, что со мной случится что-то плохое, и жажду (*pragnę*), чтобы со мной этого не случилось, – я тревожусь», - пишет А.Вежбицкая. Человек, испытывающий эмоцию *lęk*, чувствует уже не надвигающуюся, а потенциальную, нередко необъяснимую угрозу (ср. польск. *nocne lęki* 'ночные страхи', *lęk przestrzeni* 'боязнь открытого пространства', *nieokreślony lęk* 'неопределенный, необъяснимый страх'). См. Wierzbicka 1971: *37-42*.

Схематично семантические компоненты данных польских эмоций представлены в таблице1[1].

Таблица 1

Семантические различия между лексемами, обозначающими различные виды страха в польском языке (по А. Вежбицкой)

Эмоция	Тип эмоции	Характер угрозы	Источник угрозы
Strach	рациональная	потенциальная	реальный
Trwoga	иррациональная	надвигающаяся	реальный
Lęk	иррациональная	потенциальная	неопределенный

---

[1] В данной главе нумерация таблиц и примеров в каждом параграфе начинается заново.

На фоне польского языка в центре русской и чешской систем находятся не три, а две лексемы: русск. *страх* и *тревога*; чешск. *strach* и *úzkost*. При этом семантика русск. *страх* и чешск. *strach* в основном соответствует польск. *strach*, тогда как сферы употребления польск. *lęk* и *trwoga* в русском языке в основном занимает *тревога*, а в чешском – *úzkost*. См. таблицу 2.

Таблица 2

Способы обозначения различных видов страха в русском, польском и чешском языках

Виды страха	Польский язык	Русский язык	Чешский язык
Конкретный страх	STRACH	СТРАХ	STRACH
Иррациональный страх	LĘK	ТРЕВОГА	ÚZKOST
Надвигающийся страх	TRWOGA		

Показанное в таблице соотношение достаточно убедительно демонстрируют примеры из параллельных текстов[1]:

В польских текстах	В русских текстах	В чешских текстах
(1) Lecz choć ta przemiana ucieszyła Havla, podobnie jak cieszyli go wlepione w niego z **trwożnym** wyczekiwaniem oczy młodzieńca.	Это ее превращение порадовало Гавела, как порадовали и глаза молодого человека, прикованные к нему с **тревожным** вопрошанием.	I když ta proměna Havla potěšila a stejně ho potěšily mladíkovy oči visící na něm s **úzkostnou** tázavostí (Кундера).
(2) Patrzył na prokuratora z **lękliwą** ciekawością	Приведенный с **тревожным** любопытством глядел на прокуратора (Булгаков).	-
(3) I tak chudy dyrektor jak gdyby jeszcze schudł i nawet zestarzał się, a jego oczy w rogowej oprawie straciły swój zwykły ostry wyraz, pojawił się w nich **lęk**, a nawet smutek	И без того худой финдиректор как будто еще более похудел и даже постарел, а глаза его в роговой оправе утратили свою обычную колючесть, и появилась в них не только **тревога**, но даже как будто печаль (Булгаков).	-

---

[1] Здесь и далее все выделения в примерах из художественных текстов мои. – Е.С.

В польских текстах	В русских текстах	В чешских текстах
-	(4) И она, представив себе, что сегодня увидит Климу с посторонней женщиной, испытала такой же ужас, какой испытал бы христианин, позвони ему Бог и сообщи, что придет к нему пообедать. **Тревога** сковала все ее тело.	Při představě, že dnes spatří Klímu s cizí ženou, pocítila stejný děs, jaký by pocítil křesťan, kdyby mu Bůh zatelefonoval, že k nemu přijde na oběd. **Úzkost** jí sevřela celé tělo (Кундера).
-	(5) Когда они вышли на улицу, она **тревожно** посмотрела в парк, однако Франтишека там уже не было.	Když vyšli na uluci, pohledla s **úzkostí** do parku, ale František tam už nebyl (Кундера).

Психологи (З.Фрейд), философы (С.Кьеркегор, М.Хайдеггер, Ж.-П.Сартр) и лингвисты (А.Вежбицкая, Ю.С.Степанов) достаточно давно разграничили 2 вида страха: страх, вызванный конкретными, известными человеку причинами, и страх экзистенциальный, неопределенный, иррациональный, источники которого непонятны людям. Лингвисты не раз отмечали, что эти два вида страха достаточно четко разграничиваются в германских и романских языках лексическими средствами. Так, А.Вежбицкая в своем исследовании, посвященном немецкому концепту «ANGST», отмечает, что первый вид страха передается нем. *Furcht,* дат. *frygt,* франц. *peur,* итал. *paura,* тогда как другой, экзистенциальный, страх обозначается нем. *Angst,* дат. *angest,* франц. *angoisse,* итал. *ansia* (см. Вежбицкая 2001: *67-70*). Продолжая этот ряд применительно к чешскому и польскому языкам, можно сказать, что в них это противопоставление выражено с помощью лексем чешск. *strach* и *úzkost,* польск. *strach* и *lęk.*

Как отмечает Н.А.Красавский, «анализ значений немецкого слова *Angst* обнаруживает корреляцию физического, физиологического и ментального мира человека (ср. формы современных лексем *die Enge* 'узость' и *die Angst* 'страх'). Мифологическое сознание концептуально не различает причину возникновения эмоции и формы ее переживания»

(Красавский, 2001: *346*). Этимология лексем, обозначающих иррациональный страх в польском и чешском языках, также обнаруживает семантическую связь с формой переживания эмоций.

Страх может вызывать у человека или животного желание спрятаться, затаиться. Прячась, живое существо замирает, цепенеет. Биологически это проявляется в падении давления и снижении температуры тела. Характерна в этой связи этимология слова *страх*, известного всем славянским языкам, которое родственно литовскому *stregti* 'сжиматься, цепенеть' (Шанский, Боброва, 1994: *305*).

Чешск. *úzkost* наиболее точно по форме, семантике и происхождению соответствует вышеперечисленным обозначениям иррационального страха в романских и германских языках. Оно восходит к тому же индоевропейскому корню, мотивировано параметрическим прилагательным *úzký* 'узкий' и определяется как 'беспредметный страх, неприятное эмоциональное состояние, сопровождаемое психическими и физическими симптомами, сходными с симптомами страха, однако без видимой причины' (Hartl: *287*).

Столь же показательна в этом смысле и этимология польского *lęk*, восходящего к праславянскому корню *lęk. Его древнейшим значением было 'гнуться, сгибаться'. Ср. в русском языке однокоренные слова *(Самарская) Лука, излучина, Лукоморье, лук* 'оружие', а также *лукавить* 'говоря, изворачиваться'. На этой базе развилось значение 'сжиматься от страха', а затем – 'бояться, пугаться'.

В польском языке соответствующая эмоция передается лексемой *lęk*, которая толкуется следующим образом:

Lęk – «uczucie trwogi, obawy przed czyms; w psychologii: szczególny rodzaj strachu występujący bez wyraźnych zewnętrznych zagrożen i przyczyn; jego źrodla tkwią w nierwicowych konfliktach wewnętrznych» (SJP: *II; 29*), т.е. «чувство тревоги, боязни чего-то; в психологии: особый вид страха, чувство которого наступает без явных внешних опасностей и причин; его источники таятся во внутренних конфликтах, имеющих невротический характер».

Лексика, передающая иррациональный страх, которая восходит к праславянскому корню *lęk, представлена практически во всех славянских языках, кроме русского. Однако и в русских диалектах встречаются глаголы *лякать* 'пугать' и *лякаться* 'пугаться', существительное *ляка* 'пугало, страшилище'. В украинском языке существует поговорка *Ти сказився чи злякався?* 'Ты обезумел или испугался?', которую используют при чьем-то неадекватном поведении. С таким же беспредметным, иррациональным страхом связано в нижнелужицком языке существительное *lěkoty* 'ужасные сновидения, испуг, вскакивание вследствие неспокойных снов' (ЭССЯ: *XV, 59-63*; Фасмер: *II, 550-551*).

Таким образом, лексемы *страх* (*strach*), *úzkost* и *lęk* связаны с идеей сжатия, отражая физиологию переживания данной эмоции.

В русском языке, по мнению А.Вежбицкой, противопоставление обычного и экзистенциального страха выражается словами *страх* и *тревога*. «В отличие от страха, - отмечается в русском сегменте Википедии, - тревога обычно беспредметна, иррациональна и не имеет конкретного стимула» (Wikipedia: www).

Русское слово *тревога*, определяемое как 'беспокойство, волнение в ожидании опасности или чего-то неизвестного' (УСССРЯ: *598*), является в известной степени стилистически ограниченным (книжным). В русской психологической терминологии для обозначения экзистенциального страха выработался термин *плавающая тревога*. Общеупотребительного же обозначения для такого вида страха в русском языке не существует. Именно в силу книжного характера русск. *тревога* в русских художественных текстах даже в соответствии с польской лексемой *lęk* (и родственными ей словами) очень часто употребляется слово *страх*:

В русских текстах	В польских текстах
(6) Турок посмотрел на сторожа с детским **страхом** и ненавистью и отвернулся (Бабель).	Turek spojrzał na stróża z dziecinnym **lękiem** i nienawiścią, po czym odwrócił twarz.
(7) - Нет, я с ума схожу от любви! <...> Думаю только о ней, едва усну – вижу ее во сне, когда расстаюсь с нею – прямо заболеваю. Отсутствие аппетита, сразу грустные мысли, какой-то **страх**...	- Doprawdy, panie Wokulski, jestem zakochany... nie – jestem szalony... <...> Myślę tylko o niej; kiedy śpię śni mi się, kiedy jej nie widzę – jestem, panie, formalnie chory. Brak apetytu, smutne myśli, jakieś ciągłe **lękanie się**... (Прус).

Это же слово может использоваться и в соответствии с чешск. *úzkost*:

В русских текстах	В чешских текстах
(8) У него от **страха** перехватило горло. Он послушался директрису и выпил, но **страх** его был так велик, что алкоголь не оказал на него никакого действия.	Stáhlo mu **úzkostí** hrdlo. Poslechl ředitelku a napil se, ale jeho **úzkost** ted' byla tak silná, že na něho alkohol vůbec nepůsobil. (Кундера).
(9) У поворота на лестницу он, стеная от **страха**, нащупал выключатель, и лестница осветилась (Булгаков).	V ohybu pod schodištěm s **úzkostným** zasténáním nahmatal vypínač a rozsvítil.

По-видимому, такая стилистическая ограниченность этой лексемы в русском языке объясняется ее сравнительно поздним возникновением – в XVIII веке. По поводу этимологии слова *тревога / trwoga* нет единого мнения, но многие польские этимологи и историки языка (А.Брюкнер, С.Урбаньчик, В.Борысь, Ф.Славский) полагают, что оно возникло в польском языке, а из него было заимствовано в восточнославянские языки[1]. Они этимологически связывают его с глаголом *trwać* 'продолжаться, длиться'. Следовательно, исходным значением слова *trwoga* могло быть длительное возбуждение, сопровождающее воина перед боем, во время нахождения на боевом посту, и связанное с таким возбуждением чувство опасности (см. Brückner: *578*, Urbańczyk 1984: *91*, Boryś: *646*). Как известно, ожидание надвигающейся опасности обычно

---

[1] Иное мнение по поводу этимологии данной лексемы высказывает М.Фасмер, связывая ее со словом *отвага* (Фасмер 1987: *IV, 97*).

переживается гораздо более тяжело, чем непосредственное столкновение с ней. Именно поэтому *trwoga* в польской лингвокультуре - это более интенсивное проявление страха, чем *lęk*. Отличие же польск. *trwoga* от русск. *тревога* заключается и в том, что в русской лингвокультуре *тревога* (возможно, в силу своей этимологии) носит достаточно длительный характер, тогда как польск. *trwoga* может быть и кратковременной (см. *krótkotrwała* 'кратковременная', *chwilowa* 'минутная' *trwoga*).

Таким образом, слово *тревога*, являющееся в русском языке единственным центральным средством, маркирующим иррациональный страх, оказывается в некоторой степени чужеродным элементом в русской лексической микросистеме в силу своего книжного характера, позднего возникновения и иноязычного (польского) происхождения. Этот факт отражает, по-видимому, меньшую значимость для русского менталитета рассматриваемого вида страха.

«Чувство опасности, - пишет В.В.Колесов, - англичанин воспринимал как материальное воплощение причины страха <...>, а наивысшая степень страха постигает человека в аду. У язычника славянина ада и в мыслях нет – он остается в его душе, понятой как вместилище всех духовных переживаний». По мнению исследователя, русская душа свободна от невроза «тревожности», наслаждаясь пороком безответственности (Колесов 2006: *333*).

Сопоставляя отношение к страху русского и французского менталитетов, М.К.Голованивская отмечает, что спецификой русского мировоззрения оказывается «подсознательное отношение русских к страху как к чему-то крайне индивидуальному и мало достойному». Одновременно для французской и вообще западноевропейской культуры, по мнению исследовательницы, является характерным даже на этапе воспитания ребенка стремление пробудить в нем страх перед потусторонней силой, а также активная разработка в западном искусстве и философии темы страха и истязания человеческой плоти. Параллельно тревожность вырабатывается постоянной конкуренцией, обусловливающей взлеты и падения личностей, что рождает на Западе огромной спрос на услуги психоаналитиков (Голованивская 1997: *230-231*).

Чешская и польская лингвокультуры, находящиеся в ареале Slavia Latina, по-видимому, восприняли многие черты западного менталитета, что на языковом уровне отразилось в выработке специальных лексем со значением экзистенциального страха, которые, в отличие от русск. *тревога*, вполне органичны в соответствующих микросистемах польского и чешского языков.

Во всех сравниваемых языках имеются и **периферийные средства** для обозначения иррационального и надвигающегося страха.

Так, **иррациональный** страх в русском языке может передаваться множественным числом *страхи*, в польском языке – лексемами *przestrach* и *przerażenie*, а в чешском – словом *úlek*.

Страх в русском средневековье как моральное переживание, как содержание духовной жизни (т.е. страх прежде всего перед Богом) противопоставлялся *страсти* как содержанию жизни физической. *Страсть* - это и физические страдания за веру (*страсти Христовы*), и плотские утехи (*страсть к женщине*), это и *Страстнáя неделя* и *стрáстная любовь*. Страх как носитель самой высокой формы данной эмоции стал ее родовым названием.[1]

Для разграничения *страха* вообще и *страха* перед Богом стало использоваться словосочетание *страх Божий* (его, например, активно использует князь Андрей Курбский в переписке с Иваном Грозным), а также мн. ч. - *страхи*. Тот же Курбский пишет:

---

[1] Аналогично слово *жизнь* (первоначально обозначавшее духовное существование), которому противопоставлялись *житьё* как социальная жизнь и *живот* как биологическая жизнь, стало родовым названием всех форм жизни (см. Колесов 2000: *77-80*).

«**Або такъ ужасновение пущающе - слугамъ детей ужасати мечтательными страхи** - Ибо так, ужас напуская, нужно слугам пугать детей надуманными страхами» (см. подробнее: Колесов 2004).

Эта фраза - не просто один из древнерусских примеров употребления мн. ч. слова *страх* в значении иррационального страха, но и своего рода культурный сценарий. В нем содержится и концепция воспитания, отражающая использование пугания в народной педагогике, которое призвано добиться послушания ребенка, регламентировать его поведение (см. Из СД: *62*), и проблема социализации страха, и, наконец, нарисован образ страха как регулятора социальных отношений.

Таким образом, одной из ярких особенностей русского языка является использование грамматического средства (множественного числа лексемы страх) для передачи иррационального страха. По словам польской исследовательницы Малгожаты Борек, польская лексема *strach* (за исключением нескольких фразеологизмов типа *strachy na Lachy* 'напрасно пугать кого-либо') не употребляется во множественном числе[1] (Borek 1999: *30-31*). В подобных случаях параллельно русск. *страхи* в польском тексте используются лексемы *obawy* 'опасения', *przywidzenia* 'видения, призраки' либо соответствующая лексема отсутствует:

В русских текстах	В польских текстах
(10) Неужели у Переслегина те же **страхи**? (*Пример М. Борек*).	Czyżby Pierieslegina też prześladowały takie same **obawy**? (В. Орлов).
(11) «Пустые **страхи**!» – думал пан Игнаций, выходя из театра.	"**Przywidzenia**!... **przywidzenia**!... - myślał pan Ignacy, opuszczając teatr. (Прус).
(12) Слушая пани Ставскую, я похолодел. Однако, не желая ее **тревожить** пустыми **страхами**, не решился ей рассказать о терзавших меня предчувствиях.	Zimno mi się zrobiło, kiedym tego słuchał. Nie chcąc jednak, może na próżno, **przerażać** pani Stawskiej _____, nie śmiałem zakomunikować jej moich przeczuć. (Прус).

---

[1] Впрочем, по данным Корпуса польского языка издательства PWN (http://korpus.pwn.pl/), в последние десятилетия в современном польском языке всё шире распространяется употребление формы мн. ч. *strachy* в данном значении. См., например, *polskie/dziecięce/psie/nocne strachy, syndrom strachów*.

Показателен также следующий пример параллельных текстов на трех сравниваемых языках, где чешск. *strach* и польск. *przestrach* употреблены в ед.ч., а находящиеся с ними в ряду однородных членов чешск. *úzkost* и польск. *obawa* – во мн.ч. В русском же параллельном тексте оба названия эмоций (*тревоги* и *страхи*) стоят во мн.ч.:

В чешском тексте	В польском тексте	В русском тексте
(13) Nevynikala ani zvlášť dobrými nervy ani sebejistotou a propadala snadto **úzkostem** a **strachu**. (Кундера).	Nie odznaczała się ani zbyt mocnymi nerwami. ani pewnością siebie, łatwo ulegała się **obawom** i **przestrachowi**.	Не отличаясь ни крепкими нервами, ни уверенностью в себе, она нередко подпадала под власть **тревог** и **страхов**.

Словоформа *страхи* однозначно маркирует иррациональный вид страха, причем чаще всего в его болезненной, фобической форме. См., например, использование этой формы в современном русском политическом дискурсе:

(14) **Страхи** электората, искусственно создаваемые кремлевскими политтехнологами, обеспечивают управляемое престолонаследие (Новая газета. 13.08.2007).

(15) У России объективно две реальные задачи, от решения которых зависит ее положение в мире. Во-первых, нужно уметь использовать **страхи** Европы в национальных интересах России. В интересах ее цивилизационного обустройства. При этом **страхи** Европы следует понимать и даже уважать. Не нужно также превращать ее **страхи** в свои собственные. http://www.rosbalt.ru/2007/08/25/407613.html

(16) В Русской Православной Церкви призывают суеверных отмести «пустые и глупые **страхи**» перед числовыми комбинациями. http://otechestvo.org.ua/main/20066/624.htm

В польском языке формой множественного числа *strachy* обозначаются тени и духи умерших, вампиры, упыри, привидения и тому подобные явления «нечистой силы». Как отмечается в энциклопедии «Славянские древности», «способность вызывать страх у человека в силу своей "иномирной" природы присуща всем без исключения мифологическим существам» (Из СД: *60*). Это дает возможность предположить, что и русская форма множественного числа *страхи* в качестве средства обозначения иррационального страха возникла не вследствие метафоризации интенсивности страха, а сами страхи воспринимались как некие потусторонние существа, вызывающие это чувство. Н.Г.Брагина полагает, что система древних верований в добрых и злых духов была трансформирована в язык и в форме устойчивых метафорических словосочетаний (вроде *страх овладел кем-то, ужас охватил кого-то* и под.) стала составной частью культурного поля памяти, транслируемого из поколения в поколения (Брагина 2007: *297*).

По данным польской исследовательницы К.Завильской, в исторических словарях польского языка, а также в «Словаре языка Адама Мицкевича» у лексемы *strach* зафиксированы значения, которые обозначают не саму эмоцию, а в самом общем виде 'способность вызывать страх', а именно «необычное, вызывающее боязнь и тревогу явление, которое считается сверхъестественным», словом *strach* может до сих пор обозначаться и 'огородное пугало' (Zawilska 2006: *236*).

Показателен в этом плане фрагмент легенды, рассказываемый в романе Б.Пруса «Кукла», где использованы однокоренной существительному *lęk* глагол *zląkł się*, а также форма *strachy* в значении 'потусторонние существа' и его перевод на русский язык:

Польский оригинал	Русский перевод Н.Модзелевской
(17) I to se zapamiętaj: kiedy cię **strachy** otoczą, a zaczniesz się bać, zaraz przeżegnaj się i umykaj w imię boskie.. Cała sztuka w tym, żebyś się nie zląkł; złe nie ima się nie bojącego człowieka. (Prus).	И еще запомни: когда нападет на тебя **страх** и оробеешь, осенись крестным знамением и спасайся именем божиим… В том-то все и дело, чтоб не трусить: нечистой силе к смелому не подступиться.

Перевод Н.Модзелевской в данном случае не совсем точен. В оригинале речь идет не о чувстве страха, а именно о нечистой силе: «Когда окружат тебя **страшилища** и начнешь бояться…». Другой фрагмент легенды переведен более точно: «…Wtedy dopiero kowal się zląkł… **Strachom** tego tylko było trzeba" – «Тут-то кузнец и перепугался… А **чудищам** только того и надо было».

Сравнивая особенности концептуализации страха в русской и английской ментальности, В.В.Колесов отмечает: «Страх – это сигнал опасности, ответ на предчувствие, незащищенность от внешних сил. Английские слова с этим значением издавна представляют страх как ужасное чудовище, поэтому, видимо, в современном массовом искусстве на Западе создают страшилища и страшилки в виде персонифицированных страхов; типичное отчуждение личной эмоции вовне с целью тем самым ее одолеть. В древнеанглийском представлении "человекообразность страха" - это сила, поражающая извне. В русской же ментальности страх воспринимается как сила внутренняя; тут важна не вещь, внушающая страх, а само переживание, в страсти страдания преобразующее его дух» (Колесов 2006: *333*). Очевидно, выводы ученого, касающиеся английской лингвокультуры, в какой-то степени можно распространить и на лингвокультуру польскую, которая сохранила за словоформой *strachy* значение 'потусторонние существа, вызывающие страх'.

В польском языке иррациональный страх может также обозначаться лексемами *przestrach* и *przerażenie*, а в чешском – словом *úlek* (с тем же этимологическим корнем, что и польск. *lęk*). Ср., например:

В чешских текстах	В польских текстах	В русских текстах
(18) Naplňoval ho <...> **úlek** (Кундера).	Napełniało go **przerażenie**.	Сам он [Флайшман] переполнился <...> **страхом**.
(19) Netušila, když šla do jeho garsoniéry, že by mohlo dojít k *tomuto* doteku, a **pocítila** v první chvíli **úlek** <...> (našli bychom v tom **úleku** snad cosi společného s úlekem mladičké dívenky, jež byla poprvé políbena) (Кундера).	Idąc do jego kawalerki, nie przeczuwała, że mogłoby dojść do *takiego* gestu, i w pierwszej chwili poczuła **lęk** <...>; w tym przestrachu można by znaleźć coś wspólnego z **przestrachem** młodej dziewczyny, którą pocałowano pierwszy raz.	Она никак не думала, когда шла в его гарсоньерку, что дело может дойти до *этого* прикосновения, и в первую минуту **испугалась** <...>; в этом **испуге**, пожалуй, можно найти нечто общее с **испугом** молодой девушки, которую впервые поцеловали.

В чешских текстах	В польских текстах	В русских текстах
(20) Jednou týdně navštevoval ředitelku (zvyk zbavil jeho tělo počátečních úzkostí) (Кундера).	Raz na tydzień odwiedzał dyrektorkę (przyzwyczajenie uwolniło jego ciało od początkowego przerażenia).	Раз в неделю [Эдуард] навещал директрису (привычка избавила его тело от первоначального страха).

Рассматривая историю и этимологию польского *przerażenie*, С.Урбаньчик отмечает, что исходным его значением было 'пробить что-либо, проникнуть'. В памятниках польского языка XVI века зафиксированы выражения *przerazić bojaźnią, strachem* 'поразить, сразить боязнью, страхом'. Именно они, по мнению ученого, открыли возможность самостоятельного употребления глагола *przerazić* в значении 'испугать, устрашить', которое зафиксировано уже в произведениях польской литературы XIX века (см. Urbańczyk 1984).

Внутренняя форма лексем *przestrach* и *prerzażenie* указывает на то, что они обозначают пронизывающий страх. Польский толковый словарь определяет эти слова следующим образом:

Przerażenie – «uczucie nagłego i silnego lęku, przestrachu; trwoga» (SJP: II; 999) - т.е. «чувство неожиданного и сильного страха, испуга; тревога»[1].

Przestrach – «nagle powstały strach, przerażenie» (SJP: II; 1008) – т.е. «неожиданно возникший страх».

Таким образом, лексема ***przerażenie*** обозначает более сильный страх, чем слово ***przestrach***. Одновременно в семантике обеих лексем содержится компонент 'неожиданность'. Такой же неожиданно возникший страх передается и чешским *úlek*.

Для обозначения ***надвигающегося*** страха в исследуемых языках на их ***периферии*** имеются следующие средства: в польском языке - лексема *niepokój*, в русском – *беспокойство*, в чешском – *nepokoj* и *neklid*.

---

[1] Л.Иорданская, а вслед за ней и К.Кашевский отмечают, что польск. *przerażenie* может сближаться не только с эмоцией *strach*, но и с эмоцией *zmartwienie* 'огорчение, забота', поскольку *przerażenie* в отличие от эмоции *strach* является реакцией на что-то реальное, уже свершившееся (Jordanskaja 1972: *118*; Kaszewski 2006: *310-311*). Об эмоции *zmartwienie* см. подробнее в § 2, посвященном *печали*.

Поскольку русск. *тревога* может обозначать не только надвигающийся, но и иррациональный страх, то этой русской лексеме далеко не всегда соответствует в польском тексте слово *trwoga*. Если польск. *trwoga* обозначает неожиданно наступившее и потому очень интенсивное чувство безотчетного страха, то в русских текстах этой польской лексеме обычно соответствуют слова *испуг* (передающее неожиданное чувство страха) или *ужас* (обозначающее интенсивный страх). Ср., например:

В польских текстах	В русских текстах
(21) Baron tarmosił za kark stangreta, a jego narzeczona, blada z **trwogi**, jedną ręką chwyciła za pręt kozła, drugą wpiła się w ramię Starskiego (Прус).	Барон судорожно цеплялся за кучерский воротник, а его невеста, побледнев от **испуга**, одной рукой держалась за козлы, а другой впилась Старскому в плечо.
(22) Wokulski patrzył na Geista nieledwie z **trwogą** (Прус).	Вокульский глядел на Гейста чуть ли не с **испугом**.
(23) Widząc to, panna Izabela uczuła nieprzepartą chęć pochwycenia tygrysa za ucho. Zapach klatki napełniał ją wstrętem, potężne łapy zwierzęcia nieopisaną **trwogą**, lecz mimo to czuła, że musi tygrysa przynajmniej dotknąć w ucho. (Прус).	Увидев это, панна Изабелла ощутила непреодолимое желание схватить тигра за ухо. От запаха клетки ее мутило, могучие лапы зверя внушали ей непреодолимый **ужас**, но в то же время она чувствовала, что непременно должна хотя бы прикоснуться к тигриному уху.

См. также глагол *испугаться* в соответствии с польским *zatrwożyć*:

В польском тексте	В русском тексте
(24) Panna Izabela czuła wstręt do barona, dopóki starał się o jej względy; lecz gdy ją tak nagle opuścił, prawie że nie **zatrwożyła** (Прус).	Пока барон добивался благосклонности панны Изабеллы, он был ей противен; но когда он внезапно ее покинул, она **испугалась**.

С другой стороны, русскому *тревога* в польских текстах обычно соответствует слово *niepokój* 'беспокойство'. Данная лексема определяется в польских словарях следующим образом:

Niepokój – «stan psychiczny charakteryzujązy się silnym pobudzeniem, napięciem, trudnościami w skupieniu myślami i działaniu; brak spokoju, równowagi; obawa, lęk» (SJP: II; 348) – т.е. «психическое состояние, характеризующееся сильным возбуждением, напряжением, трудностями в концентрации мыслей и действий; отсутствие спокойствия, уравновешенности; опасение, страх».

Таким образом, польск. *niepokój* в известной степени совмещает в своей семантике значения как иррационального, так и надвигающегося страха, и потому его семантика ближе всего к русск. *тревога*. Взаимное соответствие данных лексем обычно наблюдается в тех случаях, когда описывается не только страх, а целая палитра сменяющих друг друга эмоций. См., например:

В польских текстах	В русских текстах
(25) Odtąd po parę razy na dzień jeździł do maneżu, krmił klacz cukrem i pieścił się z nią. Czuł, że w jego realnym umyśle zaczyna kiełkować coś jakby przesąd. Uważał to za dobrą wróżbę, gdy klacz witała go wesoło; lecz gdy była **smutna**, **niepokój** poruszał mu serce (Прус).	С той поры он по нескольку раз в день ездил в манеж, кормил лошадь сахаром и ласкал ее. Он чувствовал, что в его трезвом уме пускает ростки нечто подобное суеверию. Если лошадь встречала его весело, он радовался этому, как хорошей примете; когда она бывала *грустна*, сердце его терзала **тревога**.
(26) Mistrz zeskoczył z siodła, opuścił jeźdźców i pobiegł na skraj wzgórza. Czarny płaszcz wlókł się za nim po ziemi. Mistrz patrzył na miasto. W pierwszej chwili zakradł się do jego serca **smutek** i *żal*, ale niebawem ustąpiły one miejsca słodkawemu **niepokojowi**, cygańskiemu *podnieceniu* włóczęgi.	Мастер выбросился из седла, покинул сидящих и побежал к обрыву холма. Черный плащ тащился за ним по земле. Мастер стал смотреть на город. В первые мгновения к сердцу подкралась щемящая *грусть*, но очень быстро она сменилась сладковатой **тревогой**, бродячим цыганским *волнением* (Булгаков).

Особенно ярко семантическое несоответствие между русской и польской лексемой *тревога / trwoga* проявляется в тех случаях, когда наблюдается нарастание страха и одна эмоция переходит в другую:

В польских текстах	В русских текстах
(27) - Może chory? – odpowiedziała panna Izabela, czując jakiś **niepokój**. <…> Starski poszedł do bufetu, panna Izabela wyglądała oknem. Jej nieokreślony **niepokój** wzrastał. <…> "Ale dlaczego on zostaje?… Skąd się wziął ten telegram?.." – mówiła w sobie i po niokreślonym **niepokoju** ogarnęła ją **trwoga** (Прус). *niepokój → trwoga*	- Может быть, он нездоров? – ответила она [Изабелла], чувствуя смутную **тревогу**. <…> Старский ушел; панна Изабелла взглянула в окно. Ее **тревога** все возрастала. <…> "Но отчего он остается? Откуда тут взялась телеграмма?" – спрашивала она себя, и вслед за смутной **тревогой** ее охватил **страх**. *тревога → страх*
(28) **Niepokój** o Wokulskiego wzmógł się. **Niepokój** jednak zamienił się w istotną **trwogę** wobec faktu nie ulegającego już żadnej wątpliwości. (Прус). *niepokój → trwoga*	**Тревога** его за Стаха усилилась… Вскоре, однако, **тревога** его сменилась просто **испугом**, когда обнаружился факт, уже не подлежавший никакому сомнению: [нотариус сообщил о завещании Вокульского]. *тревога → испуг*

В чешском тексте русскому *тревога* также может соответствовать лексема *nepokoj* и ее дериваты. Ср. в параллельных текстах романа М.Булгакова «Мастер и Маргарита»:

В русском тексте	В польском тексте	В чешском тексте
(29) - На каком основании я опять буду здесь? - **тревожно** спросил Иван.	- Dlaczego miałbym trafić tu znowu? - z **niepokojem** zapytał Iwan.	"Proč myslíte, že se sem znovu vrátím?" zeptal se **znepokojeně** Ivan.
(30) - Неужели мошенники? - **тревожно** спросил у гостя маг, - неужели среди москвичей есть мошенники?	- Czyżby kanciarze? - zapytał gościa **zaniepokojony** mag. - Czyżby wśród mieszkańców Moskwy mogli się znaleźć kanciarze?	"Že by vás chtěli podfouknout?" vyptával se **znepokojeně** mág. „Co.pak se najdou mezi Moskvany podvodníci?"

Однако в чешском языке есть еще одно периферийное средство – лексема *neklid*. Это слово восходит к тому же этимологическому корню *kl'ud-, что и русск. *неуклюжий*. Соответствующий индоевропейский корень *kleud- имел значение 'чистый, светлый'. Как кажется, этим корнем могла обозначаться чистота и в ритуальном смысле этого слова. По-видимому, именно этим можно объяснить тот пучок семантических ответвлений, который дает рассматриваемый корень в разных славянских языках. Так, др.-русск. **КЛЮДЬ** имело значение 'порядок, приличие, красота', отразив в конечном счете древние представления о том, что именно соблюдение ритуального порядка получает положительную, в том числе и эстетическую, оценку социума[1]. В русском языке XVIII века слово *неуклюд* означало 'неудачник, глупый хвастун', т.е. в конечном счете человек, не пользующийся уважением общества из-за нарушения им ритуальной чистоты речи. В верхнелужицком глаголе *kludzić* 'делать кротким, спокойным', по-видимому, зафиксировалась ситуация ритуального очищения и социализации «нечистого» и потому «беспокойного» члена общества. Наконец, др.-чешск. *kl'ud*, изменившееся в совр. *klid*, получило значение «покой, спокойствие» (см. Rejzek: *276*, Черных: *I; 571*).

Соответственно чешской лексемой *neklid* передается 'беспокойство'. Чаще всего это такой страх, при котором человек выходит за рамки естественного поведения и который сопровождается множеством других неприятных эмоций. См., например:

В русских текстах	В чешских текстах
(31) Но благодаря его выкрикам **тревога** передалась в 120-ю комнату, где больной проснулся и стал искать свою голову, и в 118-ю, где **забеспокоился** неизвестный мастер и в *тоске* заломил руки, глядя на луну (Булгаков).	Ale jeho výkřiky vyvolaly **neklid** ve stodvacítce, kde se pacient probudil a začal hledat svou hlavu. Rovněž ve stoosmnáctce **zneklidněl** neznámý Mistr, se založenýma rukama *teskně* pozoroval měsíc.

---

[1] См. анализ сказки «Морозко», где положительную оценку социума получает соблюдающая ритуал Марфушка, а наказываются нарушающие порядок и потому ритуально нечистые, неприличные и некрасивые мачехины дочки (Агранович, Стефанский 2003: *52-55*).

В русских текстах	В чешских текстах
(32) Сон фельдкурата был **тревожен**. Снилось ему, что днем он исполняет обязанности фельдкурата, а вечером служит швейцаром в гостинице вместо швейцара Фаустина, которого Швейк столкнул с четвертого этажа.	Měl **neklidný** spánek. Zdálo se mu, že ve dne vykonává funkce polního kuráta a večer že je vrátným v hotelu namístě vrátného Faustýna, kterého Švejk shodil z třetího poschodí (Гашек).
(33) [Клима не находит одобрительного ответа Ружены на свою улыбку.] Это **обеспокоило** его. Он **боялся** говорить о том, о чем думал.	To ho **zneklidnilo**. **Bál se** mluvit o tom, na co myslil (Кундера).

Таким образом, с учетом периферийных лексем системы языковых средств, обозначающих страх в исследуемых языках, выглядят следующим образом (см. таблицу 3).

Таблица 3

Центральные и периферийные средства обозначения страха в русском, польском и чешском языках

Виды страха	Польский	Русский	Чешский
Конкретный страх	STRACH	СТРАХ	STRACH
Иррациональный страх	LĘK [przestrach, przerażenie]	[страхи] ТРЕВОГА	[úlek] ÚZKOST
Надвигающийся страх	TRWOGA [niepokój]	[беспокойство]	[nepokoj, neklid]

1.2. Иррациональный страх: свойства и конситуации

Анализируя эмоцию *úzkost*, авторы чешского сегмента Википедии отмечают, что она складывается из когнитивных, соматических, эмоциональных и поведенческих составляющих. *Когнитивная* составляющая заключается в ожидании неопределенной опасности; *соматическая* – в приготовлении тела к тому, чтобы ее избежать (повышается кровяное давление, учащается пульс, выделяется пот, бледнеет кожа, расширяются зрачки); *эмоциональная* составляющая проявляется в возникновении чувства страха или паники; *поведенческая* заключается в стремлении избежать или уклониться от источника опасности (Wikipedia: www).

В польском сегменте упомянутой энциклопедии указывается, что, согласно психоанализу, иррациональный страх (*lęk*), являющийся одним из видов влечений, появляется тогда, когда подсознание (в терминологии Фрейда *id*) находится в напряженном состоянии и не получает расслабления, в этот момент *ego* начинает заполняться страхом (*lękiem*). Функция иррационального страха как раз и заключается в том, чтобы предостеречь *ego* от опасности (Wikipedia: www).

Как отмечается в одном из польских психологических словарей (SP: *161-162*), иррациональный страх (*lęk*) может выступать в трех видах: 1) хронического, периодически волнообразно усиливающегося состояния, во время которого человек чувствует тревогу, беспомощность, волнение, раздражение, напряжение, при этом у него возникают трудности в концентрации внимания, напряжение в мышцах, нарушение сна; 2) приступов панического страха, характеризующегося неожиданными, повторяющимися приступами паники, которые сопровождаются боязнью развития приступа и его последствий (потери контроля над собой, инфарктов, психических заболеваний), а также постоянной боязнью новых приступов; 3) фобии – сильной, непропорциональной реальной опасности тревожной реакции на определенные ситуации (открытые пространства, водоемы, многолюдные места, предметы, животных, здания и т.п.).

Рассмотрим основные характеристики иррационального страха, иллюстрируя их фрагментами художественных текстов.

1. Безобъектность и иррациональность. Если обычный страх вызван конкретной угрозой, то тревога никогда не связана с реальной и конкретной опасностью. Недаром типичными определителями к русскому *тревога* оказываются прилагательные *неясная, смутная, безотчетная, невыразимая, странная, скрытая* (УСССРЯ: 598). Эта эмоция связана с опережающим чувством опасности, грозящей извне или изнутри организма.

Авторы польского сегмента Википедии выделяют особый вид эмоции *lęk – lęk traumatyczny* (т.е. травматическую тревогу). Этот страх, по их словам, связан с внутренним напряжением подсознания и не поддается вытеснению со стороны защитных механизмов. Вылечить его можно путем преобразования в осознанный страх (Wikipedia: www). Таким образом, иррациональный страх исчезает, как только человеку становятся понятными причины, вызвавшие его.

Очень показательно в этом плане описание душевного состояния Ромашова в повести Куприна «Поединок»:

(34) «Подъезжая около пяти часов к дому, который занимали Николаевы, Ромашов с удивлением почувствовал, что его утренняя радостная уверенность в успехе нынешнего дня сменилась в нем каким-то странным, *беспричинным беспокойством*. Он чувствовал, что случилось это не вдруг, не сейчас, а когда-то раньше; очевидно, **тревога** *нарастала* в его душе постепенно и незаметно, начиная с какого-то ускользнувшего момента. Что это могло быть? С ним происходили подобные явления и прежде, с самого раннего детства, и он знал, что, для того *чтобы успокоиться, надо отыскать первоначальную причину* этой *смутной* **тревоги**. Однажды, помучившись таким образом целый день, он только к вечеру вспомнил, что в полдень, переходя на станции через рельсы, он *был оглушен неожиданным свистком паровоза, испугался* и, сам того не заметив, пришел в дурное настроение; но – *вспомнил*, и ему *сразу стало легко и даже весело*».

Показательно, что безобъектность экзистенциального страха очень отчетливо выражается синтаксическими средствами. Во многих случаях в восточнославянских языках для обозначения ситуации страха перед потусторонними силами используются безличные конструкции типа русск. *Чудится, Видится, Пугает, Пугать перестало*, полес. *Сэрэд ночи лякае, Пужать будя* (Из СД: *61*).

Известный этнограф А.К.Байбурин, исследуя связь страха и тоски в контексте похоронной обрядности, подчеркивает: «Интересно, что для описания страшного используется вполне определенный набор предикатов (*казаться, видеться, мниться, мерещиться, являться, чудиться*), которым придается терминологический смысл, - они не требуют дополнительных пояснений». Характерен и приводимый исследователем пример из самого страшного фольклорного жанра – былички: «Катина гора есть, там девушка задавивши, все *казалось,* все *чудилось* там» (Байбурин 2001: *108*).

Интересны грамматические особенности указанного жанра. Покойника, повадившегося ходить к тоскующей по нему жене, называют в среднем роде: «Ты ж - *положено, хорошо одето, проедено, потом пропито, в церкву ездили.* Ты зачем таперь, что тябе тут надо?» (цит. по: Байбурин 2001: *106*). Он оказывается, таким образом, страшным *оно,* а вызываемый им страх тоже в сущности безобъектным.

Показателен с этой точки зрения знаменитый финал «Истории одного города» М.Салтыкова-Щедрина – апокалипсическая картина, заключающаяся в приближении страшного *оно,* которое вызывает невиданные явления, порождает ужас и безумие и, наконец, останавливает время:

(35) «Через неделю (после чего?), - пишет летописец, - глуповцев поразило неслыханное зрелище. Север потемнел и покрылся тучами; из этих туч **нечто** неслось на город: не то ливень, не то смерч. Полное гнева, **оно** неслось, буровя землю, грохоча, гудя и стеня и по временам изрыгая из себя какие-то глухие, каркающие звуки. Хотя **оно** было еще не близко, но воздух в городе заколебался, *колокола сами собой загудели,* деревья взъерошились, *животные обезумели* и метались по полю, не находя дороги в город. **Оно** близилось, и по мере того как близилось, *время останавливало бег* свой. Наконец земля затряслась, солнце померкло... глуповцы пали ниц. Неисповедимый *ужас* выступил на всех лицах, охватил все сердца.

Оно пришло...

В эту торжественную минуту Угрюм-Бурчеев вдруг обернулся всем корпусом к оцепенелой толпе и ясным голосом произнес:

- Придет...

Но не успел он договорить, как раздался треск, и бывый прохвост моментально исчез, словно растаял в воздухе.

История прекратила течение свое».

2. Детерминированность социально-психологическим опытом индивида и социума в целом. Экзистенциальный страх – чисто человеческая форма страха. Если обычный страх был биологически детерминирован, то *Angst* (а значит, и *úzkost, lęk, тревога*), по словам А.Вежбицкой, «очевидным образом представляет собою культурное творение, которое нельзя объяснить, не обращаясь к истории, языку, религии» (Вежбицкая, 2001: *74*). Профессор Быдгощской педагогической Академии Бассам Аоуил пишет относительно польской эмоции *lęk*: «*Lęk* высвобождается под действием нейтрального раздражителя – сигнала, который вызывает реакцию на давние, в целом забытые или вытесненные события. Пережитые события оставляют после себя эмоциональный след, который в любую минуту готов напомнить о себе. Самые исключительные неприятности и психические потрясения, связанные с сильным страхом (*lękiem*), долго сохраняются в памяти. Этот след может напомнить о себе под влиянием воспоминаний или в результате внешнего сходства ситуаций» (Aouil: www).

Эта черта экзистенциального страха великолепно иллюстрируется фрагментом из романа польского писателя Ежи Сосновского «Апокриф Аглаи». Герой-рассказчик размышляет по поводу супружеских измен близких ему людей и, вспомнив о покинувшей его жене Беате, испытывает иррациональный страх:

(36) «Я полночи думал обо всем этом. О маме, которая простила отцу роман <с сослуживицей>, об Адаме, который зависел от женщины, но она не вернулась <...> - о Беате. Около трех меня разбудил *страх* (*lęk*), вызванный каким-то идиотским сном про очередь к дантисту, в которой мы стоим вместе с Беатой, потому что у нее выпадали зубы <...> После пробуждения стало ненамного легче: неявная боль, блуждающая вдоль челюсти, открыла мне глаза на то, что зубной врач вскоре может понадобиться мне <...> Боль ощущалась в левой нижней четверке <...> И по-прежнему этот *страх* (*lęk*) <...> *страх существования* (*lęk istnienia*), <...> *страх* (*lęk*), от которого сводит астральные кишки.

- *Бойся* (*strasz się*), Войтек, *бойся*, - вполголоса уговаривал я сам себя, - продолжай *бояться*, быть может, от этого легче заснешь. <...>

Был я *раздавлен страхом* (*przydeptany lękiem*)» (Сосновский).

В истории человечества экзистенциальный страх формировался, по-видимому, в процессе возникновения коллективных форм сознания. Как нам удалось показать в совместной с С.З.Агранович монографии «Миф в слове: продолжение жизни», этот вид страха, по-видимому, восходит к неосознанному и не имеющему источника ужасу перед нарушением архаического табу. Такое нарушение (например, половых запретов) всегда несло смерть (см. Агранович, Стефанский 2003: *31-58*). Вот почему объектом экзистенциального страха до сих пор выступает все то, что связано с сексуальной сферой.

С возникновением религии как формы общественного сознания и формированием монотеизма экзистенциальный страх концентрируется на страхе перед Богом. Ср. такие пословицы, как русск. *В ком есть страх, в том есть и Бог* (Даль: *IV; 336*); польск. *Jak trwoga, to do Boga*[1] (SJP: *III; 540*). Опираясь на многочисленные исследования средневекового сознания, Н.А.Красавский приходит к выводу о том, что для той эпохи было характерно «массовое, коллективное переживание страха (фобии) попасть после физической смерти в ад» (Красавский 2001: *342*). А.Вежбицкая отмечает, что на формирование в немецкой лингвокультуре концепта «ANGST» повлияли эсхатологические, социальные и экономические страхи, существовавшие в период Реформации, а также личность и язык самого Мартина Лютера (Вежбицкая 2001).

Показательно, что страх воспринимается как своего рода регулятор социальных отношений. В этом отношении показательна приводимая В.И.Далем пословица *Всякий страх в доме хорош*, к которой автор словаря дает примечание: «порядок, строгость, послушанье» (Даль: *IV; 336*), а также уже упомянутое пугание ребенка в народной педагогике для регламентации, социализации его поведения.

Показательно, что, по данным К.Завильской, в «Словаре польского языка XVI века» слово *bojaźń*, наряду с обозначением соответствующей

---

[1] Ср. русское соответствие *Пока гром не грянет, мужик не перекрестится.*

эмоции, могло иметь значение 'posłuszeństwo, poważanie, szacunek, wzgląd, ostrożność, wstrzemięźliwość, delikatność, skromność, pokora' (Zawilska 2006: 236), т.е 'повиновение, послушание, уважение, расположение (к кому-л.), осторожность, сдержанность, деликатность, скромность, кротость, покорность'. В чешском языке прилагательное úzkostlivý, наряду с прямым значением 'тревожный', имеет и переносное – 'krajně pečlivý, svědomitý' (SSČ: 480), т.е. 'крайне тщательный, щепетильный, совестливый'. Таким образом, все перечисленные положительные качества концептуализируются как следствия богобоязненности и страха быть осужденным со стороны социума.

3. Возможность развития экзистенциального страха в различного рода фобии. Об этом свидетельствуют коннотации и лексическая сочетаемость лексем *lęk, úzkost, тревога* и их производных. Так, типичные контексты, приводимые в польском толковом словаре, свидетельствуют о том, что субстантив *lęk* и глагол *lękać się* могут обозначать страх, вызываемый различного рода фобиями: боязнью болезни, смерти, несчастья, неизвестности, замкнутого пространства, темноты, одиночества, будущего (см. *lęk przed chorobą, śmiercią, biedą, nieznanym; lęk przestrzeni; lękać się ciemności, samotności; lękać się o jutro, o przyszłość*). Показательны определения, используемые обычно при слове *lęk: paniczny, wrodzony lęk —* 'панический, врожденный страх'. Кроме того, корень *-lęk-* применяется в медицинском термине, обозначающем болезненный, патологический страх: *stan lękowy —* 'навязчивое состояние необъяснимого страха, фобия' (SJP: *II; 29*). Чешский психологический словарь приводит более 10 терминов, включающих в свой состав слово *úzkost* или *úzkostný*, обозначающих различные фобии: *úzkost z nečleněného času* 'боязнь нечленимого времени', *úzkostná porucha* 'тревожное расстройство', *úzkostné očekávání* 'тревожное ожидание'[1] и др. (Hartl: *287*). Русская

---

[1] Ср. в том же значении польск. *trwożne oczekiwanie*.

тревога может быть *мучительной, безумной*. См., например, у Достоевского:

(37) «Порой овладевала им **болезненно-мучительная тревога, перерождавшаяся** даже в *панический страх*» (УСССРЯ: *598*).

Весьма показателен в этом плане эпизод из романа М.Кундеры «Вальс на прощание». Трубач Клима, встречаясь в ресторанчике с забеременевшей от него любовницей, испытывает страх и перед ней, и перед тем, что об их встрече будет знать много людей:

(38) «С точки зрения намеченного плана все было в порядке. Чем больше людей оказывалось свидетелями их близости, тем скорее Ружена могла поверить в то, что она любима. Однако вопреки разуму *иррациональность* страха (*iracionalita úzkosti*) *повергла* трубача *в панику* (*uvedla do paniky*). Он подумал было, что Ружена со всеми договорилась. В его воображении возникла туманная картина, как все эти люди дают свидетельские показания о его отцовстве: "Да, мы их видели, они сидели друг против друга, как любовники, он гладил ее по руке и влюбленно смотрел ей в глаза…"

Страхи (*úzkosti*) трубача еще усиливались его тщеславием <…> Подобно тому, как влюбленность делает любимую женщину еще красивей, **страх** *перед вселяющей опасение женщиной* (**úzkost** *z obavané ženy*) непомерно преувеличивает каждый ее изъян» (Кундера).

Примечательно, что в данном отрывке эксплицирована иррациональность эмоции *úzkost*, а сама эта эмоция, как и в приводимом выше отрывке из Достоевского, сменяется паникой. В русском переводе иррациональность страха в одном случае эксплицирована лексемой *иррациональность*, в другом – грамматическим средством – мн. ч. *страхи*.

4. Диффузность. По мнению психологов, экзистенциальный страх представляет собой комбинацию нескольких базовых эмоций. Так, К.Изард полагает, что он включает в себя эмоции *страха, обиды, злости, стыда, возбуждения* (Изард *2006: 320-324*). Думается, что этот список далеко не полный. В качестве иллюстрации можно привести два фрагмента из уже упоминавшегося романа «Апокриф Аглаи», где иррациональный, экзистенциальный страх сопровождается и такими эмоциями, как *жалость, печаль, ярость, отвращение*.

(39) [Герой-рассказчик вспоминает свои эмоции в тот момент, когда жена решила уйти от него:]

«Думаю, у меня была такая же мина, как в ту ночь, когда я понял, что моя жена вовсе не едет навестить бабушку или на экскурсию в Прагу, а навсегда уходит из моей жизни. *Удивление, страх, жалость к себе, ярость. (Zdziwienie, strach, rozżalenie, wściekłość)*» (Сосновский).

(40) [Главный герой романа Адам рассказывает о своих эмоциях, когда семнадцатилетним мальчишкой он увидел ночью в лесу сексуальную сцену между двадцатилетней девушкой, в которую был тайно влюблен, и ее парнем:]

- Понимаешь, ее нежное, ее хрупкое тело, которым я мысленно любовался и восхищался, стало объектом грубого вторжения этого ее гостя… Могучего. Лишенного нежности, как мне казалось. И потом еще такой вот комплекс чувств: *чудовищная печаль, чудовищная ревность, чудовищное отвращение и в то же время жуткое возбуждение (straszny żal, straszna zazdrość, straszne obrzydzenie i równocześnie cholerne podniecenie)* (Сосновский).

Опираясь на польские и чешские тексты, можно выявить основные типы конситуаций, в которых человек испытывает чувство иррационального страха.

1. Страх перед неизвестным (будущим, необъяснимым). Чешские психологи выделяют особый вид иррационального страха – *тревожное ожидание* (чешск. *úzkostné očekávání*), которое определяется как боязнь будущего, зачастую неопределенного несчастья; для этой эмоции характерно сочетание вегетативных симптомов, беспокойства (neklidu) и тревоги (úzkosti) при боязни негативных раздражителей, которыми обычно бывают осечки во время выступлений или экзаменов (Hartl: *287*).

См. примеры из параллельных текстов:

В русских текстах	В польских текстах
(41) Будь я *суеверен*, а главное – не знай я, что после самых тяжелых лет настают и хорошие времена, **боялся бы я** этого 1879 года.	Gdybym był *przesądny*, a nade wszystko gdybym nie rozumiał, że po najgorszych czasach nadchodzą dobre, **lękałbym się** tego roku 1879 (Прус).
(42) [Вокульский] шел и **боялся** оглянуться: ему чудилось, что на этой улице, брызжущей весельем и роскошью, сам он - растоптанный червь, волочащий за собой свои внутренности.	[Wokulski] szedł i **lękał się** spojrzeć do siebie; zdawało mu się, że na tej drodze, kipiącej przepychem i weselem, on sam jest taki zdeptany robak, który wlecze za sobą wnętrzności (Прус).

В русских текстах	В польских текстах
(43) Он почувствовал такой страх, что не без причины даже начал **опасаться** насчет какого-нибудь болезненного припадка (Гоголь).	Doznał się takiego strachu, że nie bez powodu zaczął **się lękać** jakiegoś paroksyzmu.
(44) [Венгелек рассказывает древнюю легенду.] Тут панна хватает его руками за полу, да в слезы, да в крик: - Зачем же ты мне, милый человек, больно делаешь? Тут-то кузнец и **перепугался**... Затрясся весь, и руки у него опустились.	Wtem panna łapie go rękami za surdut i woła z wielkim płaczem: - Czego mi ból robisz, człowieku!... Wtedy dopiero kowal **się zląkł**... Zatrząsł się i ręce mu opadły (Прус).
(45) И все же, когда поезд тронулся, эти создания почувствовали некоторое облегчение. Теперь хоть что-то определилось, до этого же момента была лишь *мучительная неизвестность*, **паника** и бесконечные *волнения*, когда отправят: сегодня, завтра или послезавтра? Многие испытывали чувство приговоренных к смерти, со **страхом** ожидающих прихода палача. Но вот палач пришел и наступает *успокоение* - наконец-то все кончится!	Celkem však se všem těm tvorům přece jen ulehčilo; bylo to něco již určitého, když se vlak hnul, ale předtím to byla jen *trapná nejistota*, **panika**, zdali se pojede již dnes, nebo zítra, či pozítří. Některým bylo jako odsouzeným k smrti, kteří očekávají se **strachem**, kdy si pro ně přijde kat. A potom nastane *uklidnění*, že už to bude odbyto. Proto jeden voják řval z vagónu jako pominutý: „Jedeme, jedeme!" (Гашек).
(46) Разве вас не **пугает**, что год от года популяция сокращается? И это у нас, <...> где никто не должен **бояться** за свое будущее!	Není vám **úzko** z toho, jak rok od roku klesá populace? <...> U nás, kde **se** nikdo nemusí **bát** o svou budoucnost! (Кундера).
(47) Меня непрестанно мучила мысль, что он [отец] дома один и, случись с ним беда, не сможет даже послать мне телеграмму. Каждую субботу я возвращался домой со **страхом**, а в понедельник утром уезжал в Брно, охваченный еще большей **тревогой**. Однажды стало совсем невмоготу. Промучился я весь понедельник, во вторник стало еще мучительнее, а в среду бросил все пожитки в чемодан, расплатился с квартирной хозяйкой и сказал, что уже не вернусь.	Myslil jsem pořad na to, že je doma sám a že kdyby se mu něco stalo, nemohl by mi ani poslat telegram. Vracíval jsem se v sobotu domů se **strachem** a v pondělí ráno jsem odjížděl do Brna z novou **úzkosti**. Jednou jsem už tu **úzkost** nevydržel. Trápila mne v pondělí, v úterý mne trápila víc a ve středu jsem naházel všechny šaty do kufru, zaplatil bytné a řekl jí, že se už nevrátím (Кундера).

2. *Страх, связанный с любовью, ревностью, сексом, стыдом.* В польском сегменте Википедии выделен такой вид эмоции *lęk*, как *моральный страх* (*lęk moralny*), являющийся не чем иным, как собственной совестью, чувством вины, стыдом.

Контексты, в которых страх вызывается стыдливостью, ревностью, боязнью телесной любви или появления внебрачного ребенка, очень точно характеризуют иррациональность этого чувства. См., например:

В польских текстах	В русских текстах	В чешских текстах
(48) Sama zanadto była swoim ciałem, toteż uświadamiała je sobie zawsze z **lękiem**. Tak samo **bojaźliwie** odnosiła się i do chłopca.	Она слишком ощущала себя телом и потому всегда воспринимала его с **опаской**. С такой же **опаской** она относилась и к молодому человеку.	Byla sama příliš svým tělem, a proto je pocit'ovala vždycky **úzkostně**. S takovou **úzkostlivostí** přistupovala i k mladíkovi (Кундера).
(49) Zbliżała się do Edwarda powoli, a on z **grozą** przekonywał się o tym, o czym już i tak wiedział: jego ciało było całkowicie sparalizowano **przerażeniem**.	[Голая] директриса медленно приближалась к нему, меж тем как он в **ужасе** убеждался в том, о чем знал уже заранее: его тело было начисто сковано **страхом**.	Zvolna k nemu přibližovala a Eduard se s **hrůzou** přesvědčoval o tom, co už stejně věděl: jeho tělo bylo docela spoutáno **úzkostí** (Кундера).
(50) - Tego **się lękasz**? – spytał. – Daję ci słowo honoru, że nigdy nie widuję tej panny (Prus).	- Этого ты **опасаешься**? – спросил он. – Даю тебе честное слово, что никогда не вижусь с этой девушкой.	--
--	(51) На лице у Камилы, пробравшейся к мужу в артистическую, была напряженная улыбка, на душе – **тревога**. Она **ужасалась** при мысли, что придется взглянуть в реальное лицо его любовницы.	Na tváři usilovný smích a v srdci **úzkost** měla Kamila, když se prodrala za manželem do místnosti pro účinkijící. **Děsila se** pohlédnout do skutečné tváře jeho milenky (Кундера).

В польских текстах	В русских текстах	В чешских текстах
--	(52) А когда она услыхала в телефонную трубку, что тот, кого она избрала в отцы своего ребенка, **потрясен, испуган** и противится своему отцовскому предназначению, все было окончательно решено.	А když pak uslyšela v telefonním sluchátku, že ten, koho určila jako otce svého dítěte, je **šokovan, polekan** a svému otcovskému poslání se brání, bylo už zcela rozhodnuto (Кундера).

Более подробно эмоция стыда рассматривается в третьей части настоящего параграфа.

3. Страх перед вышестоящим, начальником, в конечном счете, перед социумом и государством. Если страх, рождающий стыд, был одним из первых чисто человеческих страхов, то с развитием общественных институтов стали появляться, во-первых, другие источники иррационального страха, а во-вторых, – те или иные формы нивелирования страха. «Именно осознание конечности своего существования, грубее – страх смерти, - отмечается в русском сегменте Википедии, - ритуализировали жизнь первобытного человека. Ритуал, нивелируя страхи, позволял копить культурную информацию, все совершенствуя способы ее консервации» (Wikipedia: www). Возникшее государство взяло на себя функцию регулирования человеческой жизни и стало источником страха (однако в определенные ритуализированные моменты, например, во время карнавала, этот страх также нивелировался).

Страх перед государством и его представителями также стал иррациональным:

В польских текстах	В русских текстах	В чешских текстах
(53) Poczuł się niemalże zakłopotany: "Jeśli ma pani koniak… - Ale natychmiast **się przeląkł**, czy nie pozwilił sobie na zbytnią śmiałość.	В растерянности он проговорил [директрисе]: «Разве что коньяку». И тотчас **испугался**, не брякнул ли какой глупости.	Upadl téměř do rozpaků: "Jestli máte koňak…" a hned **se lekl**, jestli neřekl nějakou troufalost. (Кундера).

В польских текстах	В русских текстах	В чешских текстах
(54) Zagadnięta, z najwyższym **przestrachem** schwyciła się za głowę i przypadłszy do stołu prędko odpowiedziała: - Lalka stłukła się, pani... (Прус).	[Служанка вынуждена свидетельствовать в суде против своей хозяйки.] **Перепуганная** насмерть девушка схватилась за голову и, подбежав к столу, быстро заговорила: - Кукла разбилась, ваша милость.	--
(55) Robię więc to, do czego zupełnie nie mam przekonania, *wykonuję* w *zwierzęcym lęku* przed życiem *polecenia*, które wydają mnie czasem okrutne, a czasem bezmyślne.	И вот я делаю вещи, к которым у меня совершенно не лежит душа, *исполняю* ради *животного страха* жизни *приказания*, которые мне кажутся порой жестокими, а порой бессмысленными (Куприн).	--
--	(56) Микулашек так **перепугался** [вошедшего офицера], что позабыл соскочить со стола.	Mikulášek **se** tak **lekl**, že zapomněl seskočit se stolu (Гашек).

Особый вид иррационального страха – **стыд** (и его разновидности и конкретные проявления, вербализовавшиеся в русском языке в таких словах, как *срам, позор, совесть*), – предполагает страх перед социумом и даже самим собой за неблаговидные мысли или поступки. Об этих чувствах пойдет речь ниже.

1.3. Стыд как особый вид иррационального страха

Анализируя в совместной с С.З.Агранович монографии «Миф в слове: продолжение жизни» (см. Агранович, Стефанский, 2003: *31-58*) ритуально-мифологические истоки стыда (и его разновидностей), мы показали, что формирование этого чувства у молодых членов первобытного общества происходило в процессе обряда инициации.

При этом генетически более ранним стало, по-видимому, представление о *сраме*. Срам представлял собой иррациональное психофизиологическое состояние, связанное со страхом нарушения табу (ср. латышск. *sermelis* 'страх', родственное слову *срам*). Информация о многочисленных половых и пищевых запретах передавалась в процессе ритуала и закреплялась с помощью многочисленных невербальных знаков (например, обрезания, набедренной повязки, выбивания «звериных зубов» - клыков, прикрытия рта и под.). Срам мог вызываться даже отсутствием этих знаков, свидетельствующих о принадлежности к данному социуму (в конечном счете – к людям). Показательно, что в русском языке до сих пор сохраняется выражение *прикрывать срам* (т.е. половые органы), а в польском языке слово *srom* и его дериваты обозначают прежде всего половые органы (SJP: *III; 312*).

Итак, даже такое примитивное состояние, как срам, формировалось на основе иррационального страха. В современном обществе такой страх проявляется на уровне суеверий, предрассудков, народных примет. Иррациональный страх более высокого уровня связан с опасением совершить безнравственный поступок, за который неизбежно последует наказание со стороны социума. Формирование такого иррационального страха свидетельствует о появлении чисто человеческой формы нравственности – *стыда*.

Это отразилось и в истории славянских языков. Как отмечаются польские этимологи, словом *wstyd* 'стыд' и его дериватами *wstydzić (się)* 'стыдить(ся)', *wstydliwy* 'стыдливый', *wstydliwość* 'стыдливость' и др. постепенно заменяются унаследованные из праславянского слова *srom* 'срам', *sromać się* 'срамиться', *sromota* 'срамота' *sromotny* 'срамной', *sromięźliwość* 'способность переживать срам' (Długosz-Kurczabowa: *538*; Brückner: *511*).

Если состояние срама одномоментно и ситуативно, то чувство стыда – процесс, значительно растянутый во времени. Это легко проследить на примере типичных речевых ситуаций, описываемых предикативными единицами, деривационно связанными с одной и другой лексемами. Так, процессуальность переживания стыда демонстрируется глаголом несов. вида (см. *Он стыдится*), категорией состояния (см. *Ей стыдно*), словом *стыд* в функции предикатива (*Стыд слушать! Стыд-то какой!*)[1], тогда как от слова *срам* категория состояния (**Мне срамно*) не образуется, а на уровне глагольной лексики чаще используется глагол сов. вида *осрамиться* (см. *Он осрамился*), который, как и слово *срам* в предикативной функции (см. *Срам смотреть!*), передает не внутреннее переживание, а негативную оценку чужих действий.

Под стыдом обычно понимается социальный страх, страх совершить поступок, осуждаемый обществом. Примечательно, что польские лексикографы определяют рассматриваемую эмоцию через лексему *lęk*:

Wstyd – «przykre, upokarzajace uczucie spowodowane <...> swiadomością własnych lub czyichś braków, błędów itp., zwykle połączonych **z lękiem** przed opinią» (SJP: *III, 773*), – т.е. «стыд – неприятное, униженное чувство, вызванное <...> осознанием своих или чьих-то недостатков, ошибок, обычно связанное *с **боязнью (страхом)*** перед чужим мнением (чужой оценкой)».

---

[1] В польском языке не образуется предикатив на -о, соответствующий русскому *стыдно*, поэтому в предикативной функции значительно чаще, чем в русском, используется слово *wstyd*. См., например: Баронесса посинела от злости, но промолчала: ей было **стыдно** признаться. - Baronowa posiniała z gniewu, ale umilkła; **wstyd** jej było przyznać się (Прус). См. об этом подробнее: Borek 1999: *39-60*.

По свидетельству польского этимолога В.Борыся, одним из значений древнепольского глагола *wstydać się* в XV веке было 'lękać się', т.е. 'бояться' (Boryś: *713*).

Воспитание чувства стыда в родовом обществе предполагало тщательное сокрытие всего связанного с половой сферой, чтобы обеспечить выполнение многочисленных половых ограничений. Именно поэтому слово *стыд* и его производные (*стыдливый, бесстыдный* и др.) вызывают в нашем сознании прежде всего нравственные качества, регулирующие половое поведение индивида. См., например:

(57) **Стыд** быть смешным был сильнее **стыда** наготы, и я, быстро скинув рубаху и кальсоны, предстал перед Люцией в чем мать родила. - **Stud** ze směšnosti byl větší než **stud** z nahoty a já jsem ze sebe rychle shodil košili a spodky a stál jsem proti Lucii nahý (Кундера).

(58) - Мама, я иду на свидание с девушкой. Не с Лилечкой, а просто с Лилей, и не с приятельницей, а просто с женщиной в которую влюблен. – Он *чуть не покраснел от* **стыда**, что говорит такие вещи.

- Mamo, idę na spotkanie z dziewczyną. Nie z Lilusią, tylko z Lilką i nie z koleżanką, tylko z kobietą, w której się zakochałem – *niemal poczerwieniał ze* **wstydu**, ze mówi coś podobnego (Сосновский).

(59) В другой [картине] яркими чертами изображено *развратное* поведение молодого человека: он сидит за столом, окруженный ложными друзьями и **бесстыдными** женщинами (Пушкин). - Na druhém bylo zobrazeno v ostrých rysech *prostopášné* chování mladého muže: sedí u stolu, obklopen falešnými přáteli a **nestoudnými** ženami.

(60) Кое-как он еще умел расстегивать женщинам блузку, сам же раздевался у них на глазах со **стыдливой** поспешностью. – польск. O ile jako tako potrafił rozpinać kobietom bluzeczki, sam w ich obecności rozbierał się ze **wstydliwym** pośpiechem. – чешск. Jestliže jakž takž uměl ženám rozpínat halenky, sám se před nimi svékal v **stydlivém** spěchu (Кундера).

Отсутствие в человеке стыда воспринимается обществом как отсутствие у него сдерживающих барьеров, отказ от запретов. В этой связи показательно, что в чешском языке лексемой *zábrana* обозначается как запрет, так и преграда, препятствие. Героиня романа М.Кундеры «Шутка» Гелена, склонная к морализаторству в силу своей журналистской профессии и ортодоксальной веры в коммунистические ценности, рассуждает о своих коллегах:

(61) «И пусть мне никто не говорит, что эта девица *любила* его, ей ли знать, что такое *любовь*, без лишних разговоров она *переспит* с каждым, для нее нет ни *преград*, ни *стыда*. - A ať mi nikdo neříká, že ho *milovala*, co ta ví, co je láska, vyspí se s každým naporгvé, *zábrany* nemá, nemá **stud**» (Кундера).

Но одновременно практически в любом человеке живет мечта о царстве свободы, в котором нет места запретам. Та же Гелена мечтает:

(62) «Как было бы просто забыть свой девический сон о *любви*, начисто забыть о нем, *переступить границу* и оказаться в царстве странной *свободы*, где нет ни *стыда*, ни *препятствий*, ни *морали*, в царстве редкостно *гнусной свободы*, где все *дозволено*, где человеку достаточно лишь прислушаться, а не бьется ли в его утробе *секс*, это неуемное *животное*. - Jak to bylo jednoduché zapomenout na mladistvý sen o *lásce*, zapomenout na něj, *překročit hranici* a octnout se v říši podivné *hnusné svobody*, kde *neexistuje* stud, ani *zábrany*, ani *morálka*, v říši podivné *hnusné svobody*, kde je vše *dovoleno*, kde stačí jen naslouchat, jak uvnitř člověka pulsuje *sexus*, to *zvíře*» (Кундера).

Примечательно, что это царство свободы воспринимается как возвращение к животному состоянию (недаром неконтролируемый секс сравнивается с неуемным диким зверем). Граница, которую мечтает переступить Гелена, есть не что иное, как граница между природой и культурой[1].

Вместе с тем культурные запреты, связанные со стыдом, настолько сильны, что стыд друг перед другом способен возвращаться к бывшим супругам после расставания:

(63) [В квартиру к герою-рассказчику зашла его бывшая жена, с которой они расстались месяц назад.]

Я выскочил и галопом помчался в ванную за халатом; на бегу у меня мелькнула мысль: *как быстро возвращается* **стыд**, ведь мы с ней прекрасно знали тела друг друга, сколько раз расхаживали по квартире нагишом, а теперь – месяц-то всего прошел <...>, - и я уже не желаю, чтобы она видела меня в пижаме, причем вовсе не из-за себя, а из-за нее, так как мне показалось, что это ее будет стеснять. - Wstałem i pogalopowałem do łazienki po szlafrok; pomyślałem przelotnie, *jak szybko włącza się na*

---

[1] Преодоление стыда как границы между природой и культурой нередко является серьезной психологической проблемой. См. в § 1 главы 3 анализ рассказа М. Кундеры «Ложный автостоп», где актуализирован пространственный концепт границы, черты. Этот концепт нередко взаимодействует с многими эмоциональными концептами. Об отражении славянских пространственных концептов в языке см. Агранович, Стефанский 2003: *122-153.*

nowo **wstyd**, przecież znaliśmy dobrze nasze ciała, wielokrotnie paradowaliśmy nago po mieszkaniu, a teraz wystarczył miesiąc <...>, i już nie chciałem, żeby oglądała mnie w piżamie, nie ze względu na mnie, ale ze względu na nią, bo wydawało mi się, że będzie ją na to krępować (Сосновский).

Показательно, что в оригинале подчеркнуто возвращение стыда практически на рефлекторном уровне: «...как быстро снова *включается* **стыд**».

Со стыдом в интимной сфере тесно переплетается стыд своих чувств и их вербализации. См. соответствующие прецедентные тексты: «Друг Аркадий, не говори красиво» (Тургенев), «Я боюсь этих строчек тыщи, как мальчишкой боишься фальши» (Маяковский). В сущности индивид боится обнажения, выставления напоказ собственных чувств так же, как буквального обнажения. Проблема преодоления этого страха столь же психологически серьезна, как и преодоление стыда в интимной сфере. См., например:

(64) Но Люция обладала чудодейственной властью <...> избавлять меня от бремени **стыда**. Я мог позволить себе перед ней все: и искренность, и чувство, и пафос. - Ale Lucie měla zázračnou moc <...>, že <...> zbabovala mne břemene **ostychu**. Mohl jsem si před ní dovolit vše: i upřimnost, i cít, i patos (Кундера).

(65) В ответ я сказал ей [Гелене], что нет ничего более *жалкого*, чем **стыдиться** своих собственных чувств. - Řekl jsem jí na to, že je největší *ubohost* **stydět se** za svůj vlastní cít (Кундера).

(66) Сейчас же он [Людвик] говорил с пафосом и не **стыдился** своей высокопарности. - Teď' mluvil patetický a **neostýchal se** velkých slov (Кундера).

За пределами интимной сферы стыд сосредоточивается на страхе перед богом, социумом, государством. Показательно, что в контексте с лексемами, обозначающими стыд, нередко употребляются слова, маркирующие страх (чаще всего в его иррациональной форме). См., например:

(67) [Ромашов опаздывает на службу.]
Ромашов <...> с неприятным чувством **стыда** и *тревоги* подходил к плацу, на котором училась его рота (Куприн). – польск. Romaszow <...> spóźnił się jak zwykle na poranne zajęcia i z nieprzyjemnym uczuciem **wstydu** i *strachu* zbliżał się do placu, na którym ćwiczyła jego kompania.

(68) [Изабелла Ленцкая вынуждена продать фамильные драгоценности.]

«Ах, все равно!» – говорит она себе, и снова ей хочется, чтобы тучи прорвались хоть на минуту. Но тучи сгущаются, а в сердце ее усиливается чувство **стыда**, сожаления и *тревоги*. - "Ach, wszystko jedno!" – mówi sobie i znowu pragnie, ażeby chmury rozdarły się choć na chwilę. Ale chmury zgęszczają się, a w jej sercu wzmaga się żal, **wstyd** i *niepokój* (Прус).

Стыд может возникать и перед самим собой, если человек оказывается неспособным защитить свою честь. Тогда он неизбежно обвиняет себя в трусости:

(69) [Ярослав укоряет себя за то, что не сказал в интервью о том, что наболело.]

Мне **стыдно** было, что говорю так, как им хочется. Неужто я так *труслив*? Или я такой *вышколенный*? А может, просто устал? - **Styděl jsem se**, že mluvím tak, jak oni chtějí. Jsem tak *zbabělý*? Nebo tak *ukázněný*? Nebo tak unavený? (Кундера).

С другой стороны, стремление пробудить в ком-то стыд может сопровождаться угрозами или другими видами агрессии, чтобы одновременно вызвать и страх:

(70) Хулиганы! Перед лицом всевышнего вы **не стыдитесь** громко смеяться и кашлять, харкать и шаркать ногами... даже при мне, хотя я здесь вместо девы Марии, Иисуса Христа и бога отца, болваны! Если это повторится впредь, то я с вами *расправлюсь* как следует. - Vy uličníci. Tváří v tvář nejvyššímu bohu **nestydíte se** smát nahlas, kašlat a chrchlat, šoupat nohama, dokonce přede mnou, který tu zastupuji Panenku Marii, Krista Pána i boha otce, pitomci. Jestli se to příště bude opakovat, tak s vámi *zatočím*, jak se sluší (Гашек).

(71) - Шаповаленко, не сметь драться! – крикнул Ромашов, весь вспыхнув от **стыда** и *гнева*. – Не смей этого делать никогда! – крикнул он, подбежав к унтер-офицеру и схватив его за плечо (Куприн). - - Szapowalenko! Żebyś mi się nie ważył bić! – krzyknął Romaszow, w którym wybuchł nagle *gniew* i **wstyd**. – Nie wolno tego nigdy robić, nigdy! – zawołał i podbiegłszy do podoficera, chwycił go za ramię.

Любопытно, что обретение собеседником стыда как знак раскаяния в прежних поступках вызывает положительные эмоции:

(72) Да, он [Людвик] не глядел мне в глаза. Но это мне не мешало. Даже *радовало*, что он не глядит мне в глаза. Казалось, в этом скошенном взгляде кроется **стыд**. И **стыд** этот *согревал* меня и *лечил*. «У меня к тебе просьба, - сказал он. - Не позволишь ли ты мне сегодня играть с вами?» - Nedíval se se mi do očí. Ale u něho mi to nevadilo. U něho mne to *těšilo*, že se mi nedívá do očí. Zdálo se mi, že v tom nedívání je **stud**. A ten **stud**

mne **hŕál** a **léčil**. "Mám k tobĕ prosbu," řekl. "Jestli bys mne nenechal s vámi dneska hrát" (Кундера).

В лексике, входящей в понятийный ряд, связанный со стыдом, обращает на себя внимание лежащая практически на поверхности ее этимологическая связь с идеей холода (русск. *стыд*, польск. *wstyd*, чешск. *stud* этимологически родственны таким словам, как *стужа, студеный, застыть*)[1]. В монографии «Миф в слове: продолжение жизни» мы высказали гипотезу о том, что эта этимология может быть связана с испытанием холодом, которому подвергались абитуриенты во время обряда инициации, что нашло отражение, например, в сказке «Морозко».

В чешском языке круг лексики, мотивированной идеей холода, из рассматриваемого понятийного ряда оказался несколько шире, чем в русском и польском. Это не только *stud*, но и *ostych*, а также *ostuda*.

Лексема *ostych* толкуется как «mírný stud, nesmĕlost, plachost» (SSČ: *253*), т.е. «умеренный стыд, несмелость, пугливость, робость». Таким образом, это стыд, характеризующийся менее сильным страхом, поэтому семантика данной лексемы ближе всего русскому слову *стеснение*.[2] Показательно, что она используется для описания ситуации преодоления стыда, стеснения во время интимной близости:

(73) И меня до безумия возбуждала именно эта преданность, смешанная со **стыдом**; когда я подошел к ней [Люции], она *съежилась и закрыла руками* лоно... - А mne vzrušovala k šílenství právĕ ta oddanost smíšená s **ostychem**; když jsem k ní přistoupil, *skrčila se a zakryla si rukama klín*...(Кундера).

(74) Если что-то и мешает женщине рассказывать любовнику о супруге, так это в редких случаях - благородство и такт или неподдельный **стыд**, а чаще всего - *опасение* своей откровенностью обидеть любовника. - Jestliže nĕco brání ženĕ vyprávĕt před milencem o manželovi, tak to málokdy bývá noblesa a takt nebo opravdový **ostych**, nýbrž pouhopouhá *obava*, aby se to snad milence nejak nedotklo (Кундера).

---

[1] Более отдаленное родство связывает с идеей холода и слово *срам*. Оно родственно литовскому *šarma* 'иней' (см. Ларин 1958). Точно так же определяет исходное, неэмоциональное, значение слова *сором* и В.В.Колесов (Колесов 2004: *106*).

[2] Русск. *стеснение*, подобно словам, обозначающим страх, мотивировано идеей сжатия. Оно этимологически родственно русск. *тоска*, которое, как будет показано ниже, сочетает в своем значении семантику страха и печали.

Чешск. *ostuda* определяется в словаре как «nepříznivý dojem z činu, za který se původce stydí» (SSČ: *253*), т.е. «неприятное впечатление от поступка, за который виновнику стыдно». Следовательно, эта лексема ближе к русск. *позор.*[1]

Однако в польском и чешском языке есть еще одна лексема, обозначающая позор. Это чешск. *hanba* и польск. *hańba.* По мнению этимологов, это имя эмоции связано с глаголом *гнать* (Фасмер: *I; 392*). От его диалектного деривата *ганить*, имеющего значение 'хаять, хулить, осуждать, позорить, срамить' (Даль: *I; 344*), и был образован субстантив *ганьба* (*hańba*). В монографии «Миф в слове: продолжение жизни» была высказана гипотеза о том, что такая этимология рассматриваемой лексемы может быть связана с тем, что одним из простейших способов испытания холодом во время обряда инициации было изгнание из пещеры или от огня. Это предположение доказывается, в частности, тем, что во многих славянских языках у ряда корней с семантикой холода наблюдается развитие значения 'отвращение'. См. словенск. *stud* 'отвращение', *studiti* 'относиться с отвращением'; чешск. *ostudit* 'возбудить отвращение' (Черных: *II; 196, 214*; Фасмер: *II; 603, III; 787*). Такую же эволюцию пережили и русские корни *-мерз-* и *-студ-*. См.: *мерзкий* 'отвратительный, гадкий', *мерзавец* 'подлый, мерзкий человек, негодяй', *омерзительный* 'внушающий омерзение, очень скверный', диал. *остуда* 'досаждение' (Преображенский: *II; 407*), а также весьма употребительное в современной русской разговорной речи *отморозок* 'безжалостный и жестокий убийца'.

Показательно, что слово *hańba* и его производные, этимологически связанные с изгнанием, а не зрелищем (как русск. *позор*), практически не употребляются в польском языке для обозначения такой реалии, как 'позорный столб'. Выражение *słup hańby* (букв. 'столб позора')

---

[1] Русск. *позор* мотивировано глаголом зрения и буквально означает 'зрелище' (негативно оцениваемое кем-то). В польском и чешском языках имеются межъязыковые омонимы к данному слову: чешск. *pozor* означает 'внимание', польск. *pozór* имеет значение 'видимость, поверхностное впечатление'.

используется лишь для объяснения современным читателям историзма *pręgierz*, который и употребляется в значении 'позорный столб' (см., например: http://www.zjk.centrix.pl/index.php/pregierz/). Данная лексема является заимствованием XIV века из немецкого языка, где словом *Pranger* обозначалось 'зрелище' (ср. нем. *prangen* 'бросаться в глаза' и фразеологизм *an den prangen stellen* 'пригвоздить к позорному столбу'), которое наложилось на польское *pręg* 'кровавый след от удара розгой' (Brückner: *436*; Bańkowski: *II; 775*; LTR: *958-959*).

В чешском языке оба слова, обозначающие 'позор', – *ostuda* и *hanba* – могут употребляться в одном контексте, будучи синонимичны друг другу:

(75) Будь он [эрцгерцог] толще, ему бы не пришлось умереть такой **позорной** смертью. Ведь подумать только - дядя государя императора, а его пристрелили! Это же **позор**, об этом трубят все газеты! - Kdyby byl bejval tlustější, <...> nemusel zemřít takovou **hanebnou** smrtí. Když to povážím, strýc císaře pána, a voni ho zastřelejí. Vždyť je to **ostuda**, jsou toho plný noviny (Гашек).

(76) «Как! - повторял он, выходя из себя. - <...> Дворянину изменить свей присяге, соединиться с разбойниками, с убийцами, с беглыми холопьями!.. **Стыд** и **срам** нашему роду!..» (Пушкин). - „Co!" opakoval téměř bez sebe. <...> Šlechtic, který zradil svou přisahu, spojí se s lupiči, vrahy, uprchlými mužiky!.. **Ostuda** a **hanba** našemu rodu!..."

Лексика, обозначающая 'стыд' и 'позор' в сравниваемых языках, представлена в таблице 4:

Таблица 4

Лексемы со значением 'стыд' и 'позор'

в русском, польском и чешском языках

Русский язык	Чешский язык	Польский язык
(иррациональное психофи-зиологическое ~~состояние,~~ связанное с нарушением табу) **срам**	- *Идея холода*	*srom, sromota* (устар.)
стыд (страх перед социумом за неблаговидные поступки)	**stud** **ostych** 'умеренный стыд, стеснение'	*wstyd*
	ostuda	
позор (публичное осуждение взбунтовавшейся личности путем всеобщего обозрения)	**hanba** (изгнание из социума)	**hańba** (изгнание из социума)

Из примера (76) видно и то, что в русском языке в значении 'позор, поругание' могут использоваться сразу три лексемы: *срам, стыд и позор*, а в определенных случаях (например, с отрицанием *ни*, а также на уровне глагольной лексики) к ним может прибавляться и лексема *совесть* и ее дериваты. См. устойчивые выражения: *стыд и срам, стыд и позор, ни стыда ни совести, совеститься и стыдиться*. Параллельные тексты свидетельствуют о том, что подобное нивелирование значений наблюдается и у чешск. *stud* и *hanba*, а также польск. *wstyd* и *hańba*:

(77) [Бедняк], **совестясь и стыдясь** своего рубища, не приближался и стоял смиренно в углу (Пушкин). – чешск. [Chudák] **stydě se a hanbě** za své hadry nepibližoval se a stál pokorně v koutě.

(78) - Как ему не **стыдно**! А еще военный священник! **Срам**!

- ... že **se nestydí**. Vojenský duchovní, **hanba**! (Гашек).

(79) - Это - **срам, позор, омерзение**, а не солдат. Фамилию своего полкового командира не знает... (Куприн).

(польск.) - To jeden... **wstyd, hańba, ohyda**[1], a nie żolnierz. Nazwiska swojego dowódcy pułku nie zna...

(80) - Какой **позор**, какой **позор**! - шептал подпоручик, не двигаясь с места. - Дойти до того, что тебя едва терпят, когда ты приходишь... (Куприн).

(польск.) - Co za **hańba**, co za **wstyd**! – szeptał podporucznik nie ruszając się z miejsca. – Doprowadzić do tego, że ledwie znoszą moje towarzystwo...

Лексика, восходящая к праслав. *stud- / *styd- и *sorm-, так или иначе представлена во всех славянских языках, сохраняя в той или иной мере древнейшую «этическую» семантику[2]. На основании этого факта можно предположить, что соответствующие понятия сложились в древнейшую эпоху праславянского единства. Что же касается лексики, обозначающей 'позор', то, во-первых, лексемы, передающие это понятие в современных славянских языках, восходят к разным корням (*zor-, *gon-, *stud-), а во-

---

[1] Польск. *ohyda* 'мерзость, гадость' родственно русск. *гад* 'отвратительное животное', литовск. *gėda* 'стыд, срам', русск. *гваздать*, польск. *gwazdać* 'пачкать', украинск. *гидкий* 'отвратительный' и восходит в конечном счете к и.-е. корню со значением 'гной, кал, отходы'. В сущности этим корнем обозначалось нечистое, чужое (см. с тем же этимологическим корнем литовск. *gùdas* – презрительное, уничижительное название белорусов), в конечном счете – нечеловеческое. См.: Фасмер: *I; 381, 398, 405*; Bańkowski: *I; 399*; Boryś: *385*.
[2] Подробнее о различиях между славянскими языками в этой сфере см.: Арутюнова 1997, Агранович, Стефанский 2003: *56*.

вторых, наблюдается тенденция к эволюции семантики слов, соответствующих русским *стыд* и *срам*, к значению 'позор'.

Таким образом, возникновение понятия о позоре и его вербализация происходят, по-видимому, значительно позже: в эпоху распада праславянского единства или даже в период самостоятельного развития славянских языков. Стадиально этому времени у славян соответствует период военной демократии и ранней государственности. Очевидно, именно в это время происходит формирование личностного сознания и выделение личности из общества. В это время, по словам В.В.Колесова, «стыд человека (его самоосуждение) вошел в противоречие с осуждающей злобой окружающих, не всегда справедливой и честной» (Колесов 2004: *107*). Позор стал, с одной стороны, своеобразным вызовом, агрессивной реакцией формирующейся личности на обязанность стыдиться перед обществом, а с другой – способом наказания взбунтовавшейся личности со стороны социума.

Эмоциональное состояние позора представляет собой фрустрирующую ситуацию, когда гнев общества вводит личность в состояние страха. Примечательна внутренняя форма слов, которыми передается рассматриваемое состояние в сопоставляемых лингвокультурах.

В **чешской** и **польской** картинах мирах лексема *hanba / haňba* концептуализирует позор как изгнание взбунтовавшейся личности из общества, тогда как для *русской* картины мира главное в позоре – это публичное осуждение взбунтовавшейся личности путем всеобщего обозрения.

Подобный взгляд на концепт позора в буквальном смысле актуализируется в практике советского тоталитарного общества. См., например:

(81) Через несколько дней на пионерской линейке Туся **поставила перед строем** второклассника Борьку Кауфмана, сына инженера с ЗИСа, и заставила всех скандировать: «Борин папа - враг народа», «Борин папа - враг народа». Маленький Боря

стоял, вытянув руки по швам, закусив губу, стараясь не расплакаться. Не выдержал, всхлипнул, и тут же строй взревел еще радостней: «Борин папа - враг народа» (Рыбаков; *пример С.Ю.Данилова:* Данилов 2001: *10*).

(82) А заведовала почтой при немцах все та же Любовь Михайловна Дулова <…> За Любовь Михайловну хлопотал вступивший с ней в отношения оберфельдфебель Шульц. <…> При отступлении немцев она пыталась отступить вместе с ними и оберфельдфебелем Шульцем и уже упаковывала два чемодана, но во время упаковки третьего была схвачена партизанами Аглаи Ревкиной. Партизаны хотели ее сразу повесить, но учли пол, пожалели и придумали ей более мягкое наказание. Обстригли ей полголовы, а после в одной рубашке и босую водили ее по заснеженной площади Павших Борцов и привязывали **к позорному столбу** с картонкой на груди: «Я спала с фашистом» (Войнович).

В тоталитарной культуре вырабатывается особый речевой жанр *проработки*. Исследователь этого жанра С.Ю.Данилов выделяет ряд компонентов сценария *проработки*, важнейшей функцией которых является, с одной стороны, нагнетание страха, а с другой – снятие этой эмоции для коллектива прорабатывающих в финальной стадии *проработки*:

«1. Создание *фрустрирующей ситуации* с характерной для нее **коллективной эмоцией страха**; 2. Отбор ключевых идеологем (в том числе имен собственных) на базе действующей директивы; 3. *Поляризация идеологических оценок*, заданных директивой, и пространственно-временное планирование будущей процедуры; 4. Создание и вербальное оформление *ситуации повышенного идеологического напряжения* на подготовительном этапе и *нагнетание этого напряжения* на проработочном собрании; 5. Оказание *идеологического давления* на объект *проработки* со стороны всех участников *проработки*; 6. *Разрушение опасности*, таящейся в образе прорабатываемого (**вытеснение страха** эмоциями борьбы и победы); 7. Реализация практических действий, демонстрирующих твердость в проведении партийной линии: вытеснение лица как объекта *проработки* (и его сторонников) за пределы идеологической общности; 8. Предъявление доказательств чистоты и сплоченности коллектива (Данилов 2001: *10-11*. Выделено мною. – *Е.С.*).

Как видим, культурный сценарий *проработки* в тоталитарном дискурсе максимально ритуализован. По-писательски тонко эту ритуализованность уловил В.Войнович в романе «Жизнь и необычайные приключения солдата Ивана Чонкина»:

(83) Поэту, который возьмется всесторонне воспеть нашу действительность, никак нельзя пройти мимо темы ПЕРСОНАЛЬНОЕ ДЕЛО.

Персональное дело - это такое дело, когда большой коллектив людей собирается в кучу, чтобы в порядке внутривидовой борьбы удушить одного из себе подобных сдуру, по злобе или же просто так.

Персональное дело – это как каменная лавина: если уж она на вас валится, вы можете объяснять ей все, что хотите, она пришибет.

Описывая в романе заседание бюро райкома, на котором слушаются персональные дела учителя Шевчука и председателя колхоза Голубева, В.Войнович создает гротескную ситуацию, акцентируя внимание, с одной стороны, на абсурдности обвинений, выдвинутых против его героев, а с другой – на атмосфере страха и ненависти, которые во многом ритуализованы, но от этого не становятся слабее:

(84) Голубев знал Шевчука случайно, как-то познакомились в чайной. Вид у него был **испуганный**, он мял руками буденовку и как бы сам для себя бормотал:

- *Буду каяться… каяться буду…* <…>

- Товарищи! – неожиданно четко начал Шевчук. - Я совершил **позорный для коммуниста поступок**. В первый день войны, услышав поразившее меня сообщение, я смалодушничал, и у меня вырвались слова известной русской поговорки: «Вот тебе, бабушка, и Юрьев день!» Это было ошибочным, политически незрелым сообщением.

Однако покаяние в данном случае не помогает: ритуал *проработки* предполагает исключение из партии:

(85) - Шевчук, <…> положите билет на стол <…>

На лице Шевчука появилось отрешенное и злобное выражение. Он продолжал пятиться, одновременно все более отклоняясь назад, а на губах его розовыми пузырями вскипала пена <…> И вдруг Шевчук <…>, ровно, как столб, опрокинулся навзничь. Громко хрустнул затылок <…>

- Пульса нет, - сказала Раиса Семеновна, с трудом разгибаясь.

Наблюдение за свершившейся на его глазах трагедией действует на Голубева угнетающе:

(86) Голубев вспомнил Шевчука. Он лежал у стола, будто сбитый машиной. «Господи! – думал Голубев. – Вот и я помру когда-нибудь **от страха перед начальством**…».

Но если Шевчука страх довел до инфаркта, то Голубева он толкает на самоубийственный протест:

(87) - Товарищ Голубев, - повернулся к нему Ревкин, - хватит вам трех минут?
- Еще и останется. – Голубев встал, медленно подошел к первому секретарю. – Вот, получите, - сказал он и, положив партбилет на стол перед Ревкиным, пошел к выходу.

Неожиданное нарушение сценария, предпринятое Голубевым, приводит проработчиков в замешательство, и единственное, что им приходит в голову, - устранить это нарушение и точно следовать сценарию *проработки*.[1]

(88) Когда Борисов вернулся в райком, там царила полная растерянность. Обсуждали, что делать. Парнищев предложил:
- Раз он положил билет, у нас нет другого выхода, как принять его.
Вскочил Неужелев.
- Нет, товарищи, так нельзя. Это будет политической ошибкой. Мы, товарищи, не можем допустить, чтобы коммунисты кидались самым дорогим для нас документом. Мы должны заставить Голубева взять партбилет обратно. А вот когда он его возьмет, тогда мы его и… - Неужелев сделал хищный хватающий жест рукой.

Средством гармонизации отношений между всё более обособлявшейся личностью и обществом стала *совесть*.

Слова, обозначающие это понятие в славянских языках, являются кальками. Так, ст.-сл. **съвѣсть** калькировано с греческого συνειδός ʻсовместное знание, сознаниеʼ и было заимствовано в большинство языков

---

[1] Любопытно, что ритуализованность жанра *проработки* в тоталитарном дискурсе осознает и чешский писатель М. Кундера, называя поведение прорабатываемого «исполнением роли», суть которой заключается в покаянии. См. внутренний монолог героя романа «Шутка» Людвика Яна: «У меня был последний шанс понять строгую критику товарищей, безоговорочно согласиться с ней, принять ее и на основе этого согласия добиться определенного понимания и с их стороны. Но своим неожиданным ответом я исторг себя из сферы их мышления, отказался **играть роль**, которая обычно исполнялась на сотнях и сотнях собраний, на сотнях дисциплинарных обсуждений, а в скором времени и на сотнях судебных разбирательств: **роль обвиняемого, который обвиняет сам себя и страстностью своего самообвинения** (полнейшим единодушием с обвинителями) **испрашивает для себя пощады**».

Slavia Orthodoxa. Латинская калька упомянутого греческого слова, выглядевшая как *conscientia*, стала основой для возникновения соответствующих лексем в языках Slavia Latina. В чешском и словацком языках при калькировании был использован (как и в слове *совесть*) корень *věd- (см. чешск. *svědomí*, словацк. *svedomie*), тогда как в польском - тот же корень, что и в русск. *мнение, сомневаться* - *mьn- (см. польск. *sumienie*). См. подробнее: Черных: *II; 184*; Rejzek: *617*; Boryś: *586-587*; Колесов 2004: *108*.

Итак, русск. *совесть*, чешск. *svědomí* и польск. *sumienie* – это буквально 'совместное знание, совместное мнение'. Рассматривая концепт совести в русском языке, Н.Д.Арутюнова (2000: *55*) подчеркивает: «*Сознание* не просто *сознает*, но, сознавая, оно *судит* и *осуждает*. В нем присутствует система норм, с которой человек соотносит свои действия – предстоящие или уже совершенные. Приобретая судейскую функцию, *сознание* становится *совестью*» (*курсив автора. – Е.С.*). По словам исследовательницы, совесть, в отличие от сознания, активна, поскольку диктует человеку действия и поступки и наказывает за неподчинение.

«У человека, - писал М.М.Бахтин (1979: *312*), - нет внутренней суверенной территории, он весь всегда на границе, смотря внутрь себя, он смотрит *в глаза другому* или *глазами другого*» (*курсив автора. – Е.С.*). Рефлексия по поводу границы (приличий, морали, допустимого и т.п.) – одно из важнейших свойств человека, испытывающего муки совести[1]. См., например, в повести А.Пушкина «Барышня-крестьянка»:

(89) Лиза его не слушала. Она в мыслях повторяла все обстоятельства утреннего свидания, весь разговор Акулины с молодым охотником, и **совесть** начинала ее **мучить**. Напрасно возражала она самой себе, что беседа их *не выходила из границ благопристойности*, что эта шалость не могла иметь никакого последствия, **совесть** ее **роптала громче** ее **разума**. Обещание, данное ею на завтрашний день, всего более *беспокоило* ее: она совсем было решилась не сдержать своей торжественной клятвы (Пушкин).

---

[1] См. подробнее об этой рефлексии в § 1 гл. 3 на примере рассказов М.Кундеры.

В.В.Колесов подробно анализирует историю слова *совесть* в древнерусском языке, прослеживая процесс превращения 'совместного знания' в 'самосознание', регулирующее человеческую нравственность. Исследуя размышления о стыде, сраме и совести в трудах аскета Нила Сорского, датированных XV веком, ученый отмечает: «Совесть совмещает в себе сразу и стыд, и срам, это – слияние субъект-объектных отношений, при котором человек одновременно и субъект нарушения нормы, и судья» (Колесов 2004: *111*).

Стадиально понятие совести выработалось в позднем христианстве. Не случайно Кирилл и Мефодий переводили греческое συνειδός словом *обычай*, который и был регулятором нравственности в родовом обществе, а в Библии это понятие появляется лишь в Новом Завете, в Посланиях Ап. Павла (см. Колесов 2004: *109*; Арутюнова 2000: *63-64*).

Таким образом, совесть неизбежно соотносится с христианской *верой* и противопоставляется *пред-рассудкам* (т.е. буквально тому, что предшествовало рассудку, разуму, сознанию), *суе-верию* (т.е. напрасной, а не истинной вере, в конечном счете язычеству, где человеком управлял обычай). В этом отношении показателен следующий фрагмент повести А.Пушкина «Пиковая дама». После смерти старой графини Германн мучается угрызениями совести:

Русский оригинал	Польский перевод	Чешский перевод
(90) Не чувствуя *раскаяния*, он [Германн] не мог, однако, совершенно заглушить голос **совести**, твердивший ему: ты убийца старухи! Имея мало *истинной веры*, он имел *множество предрассудков*. Он верил, что мертвая графиня могла иметь вредное влияние на его жизнь, - и решился явиться на ее похороны, чтобы испросить у ней *прощения* (Пушкин).	Choć nie czuł *skruchy*, nie mógł jednak całkowicie zagłuszyć głosu **sumienia**, który mówił: jesteś zabójcą starej! Mało miał *prawdziwej wiary*, za to *mnóstwo przesądów*. Wierzył, że zmarła hrabina może wywrzeć szkodliwy wpływ na jego życie, i postanowił pójść na pogrzeb, żeby wybłagać u niej *przebaczenie*.	Přetože necítil *lítost*, nemohl přece jen zahlušit zcela hlas **svědomí**, který mu řikal: Tys vrahem stařeny! Nemaje dostatek *právé víry*, měl *množství předsudků*. Věřil, že by mrtvá hraběnka mohla vykonávat škodlivý vliv na jeho život – a odhodlal se jít jí na pohřeb, aby si vyprosil od ní *odpuštění*.

Германн, как мы видим, не готов *раскаяться* и *признать* свою вину, что автор объясняет отсутствием у него истинной веры. Именно *признание*, по словам Н.Д.Арутюновой, *при-соединяет, вос-соединяет* человека с Богом и обществом. «*Сознаются*, - пишет исследовательница, - под давлением страха или совести, *признаются* – по зову сердца» (Арутюнова 2000: 55). Будучи не в состоянии заглушить голос совести и страх, идущий от суеверия, Германн вынужден просить прощения, но сердцем не чувствует своей вины.

С другой стороны, совестливый человек ищет гармонии между личными амбициями и общественным благом, беседуя с Богом и собственной душой, недаром, согласно пословице, приводимой В.И.Далем (IV; 257), *Добрая совесть – глас Божий.*

Показателен в этом отношении фрагмент романа Г.Сенкевича «Огнем и мечом». Герой романа князь Иеремия стоит перед нелегким нравственным выбором: захватить на волне собственных военных побед власть в Речи Посполитой или во имя спокойствия на родной земле подчиниться законам. Князь испытывает множество противоречивых эмоций, среди которых доминируют различные виды страха:

(91) Часовые на збаражских стенах оповестили полночь, а Иеремия все еще продолжал разговаривать с Богом и с собственной великою душою. Разум, **совесть** (**sumienie**), любовь к отечеству, гордость, ощущение своего могущества и великих предназначений боролись в груди его и вели меж собой упорную схватку, от которой разрывалась грудь, раскалывалась голова и боль раздирала все тело <...> Что означает *тревога* (*niepokój*) эта, бесстрашную грудь его содроганием *беспокойства* (*trwogi*) некоего охватывающая? Что означает - тогда, как он самым отчетливым и убедительным образом доводит себе, что обязан принять власть, - чей-то шепот, в безднах **совести** (**sumienia**) его нашептывающий: «Обольщаешься! Гордость тобою движет, сатана гордыни царства тебе сулит!»? <...> О! Это же кичливость и амбиции магнатов, это же самоуправство, это своеволие тому причиной. Опаснейший враг - не Хмельницкий, но внутренний беспорядок, но своеволие шляхты, но немногочисленность и расхлябанность войска, горлодерство сеймов, дрязги, раздоры, неразбериха.

После долгих и мучительных раздумий князь, наконец, принимает решение и объявляет о нем своим соратникам:

(92) - Милостивые государи! - сказал он. - Нынешней ночью **я вопрошал Бога и собственную совесть** (**rozmawiałem z Bogiem i własnym sumieniem**), как мне надлежит поступить. Посему объявляю вашим милостям, а вы оповестите рыцарству, что ради блага отечества и согласия, обязательного для всех в годину бедствий, я отдаю себя под начало регименстариев.

Совесть, таким образом, как срам, стыд, и позор, вызывает в человеке страх. Иногда это страх смерти, наказания, как в пословице *У кого совесть не чиста, тому и тень кочерги – виселица!* (Даль: IV; *257*) и в приводимом ниже отрывке из романа «Огнем и мечом»:

(93) Однако *страх* пока еще умерял жажду крови и убийств. Покамест лишь дурным предзнаменованием на будущее можно было почесть то, что даже в деревеньках, где крестьяне не подались до сих пор к Хмелю, они разбегались при подходе княжеских войск, словно *опасаясь*, что *страшный* князь прочитает в их глазах все, что подспудно лежало на их *совести*, и *накажет*, чтобы впредь неповадно было. - Wszelako *strach* panował jeszcze nad głodem krwi i mordu. To tylko za złą wróżbę na przyszłość poczytanym być mogło, że w tych nawet wioskach, w których chłopi nie puścili się dotąd do Chmiela, uciekali za zbliżaniem się wojsk książęcych, jakby w *obawie*, by im *straszny* kniaź z twarzy nie wyczytał tego, co w **sumieniach** się kryło, i z góry nie pokarał (Сенкевич).

Однако со временем внешний страх начинает противопоставляться совести как внутреннему регулятору нравственности, как в поговорке *Не за страх, а за совесть*. Именно совесть концептуализируется в рассматриваемых языках как некое существо[1], которое *грызет, пожирает, мучит, упрекает, отчитывает* (см. русск. *угрызения совести, совесть замучила*, чешск. *výčitky svědomí* 'упреки совести', *svědomí žere* 'совесть пожирает', *svědomí trápí* 'совесть мучит', польск. *sumienie gryzie, trapi, dręczy* 'совесть грызет, огорчает, мучит') и даже вызывает появление прыщей (см. польск. *wyrzuty sumienia* 'угрызения, букв. прыщи, совести').

Именно поэтому совесть вызывает у человека внутренний страх:

---

[1] В романе «Приключения бравого солдата Швейка» Я.Гашек, употребив выражение *человека пожирают упреки совести* (*člověka žerou výčitky svědomí*), делает любопытное примечание, актуализирующее метафорическую модель «совесть – хищный зверь»: «Некоторые писатели употребляют выражение *грызут упреки совести* (*hryžou výčitky svědomí*). Я не считаю это выражение вполне точным. Ведь и тигр человека *пожирает*, а не *грызет* (i tygr člověka *žere*, a *nehryže*)». *Курсив мой. – Е.С.*

(94) «Осмелюсь доложить, господин майор, когда я хвачу лишнее, то всегда чувствую *внутри* какое-то *беспокойство*, *страх* и **угрызение совести**». - Poslušně hlásím, pane major, že když přetahnu, pociťuju v sobě vždy jakejsi *nepokoj*, *strach*, a **výčitky svědomí**. (Гашек).

Этот страх оказывается особенно сильным, если человек, рефлектируя по поводу границы морали, осознает, что преступил ее:

(95) Раскольников, убивший топором старуху-процентщицу, сознавал, что перешагивает *страшный порог*, <...> [он] не в силах был совладать со *страшной* бурей **угрызений совести**. - Raskolnikov, který zabíjel sekerou starou líchvárku si uvědomoval, že překračuje *strašlivý práh*, <...> nebyl s to zvládnout *strašlivou* bouři **výčitek svědomí** (Кундера).

Яркой особенностью русского языка на фоне чешского и польского является возможность образования от слова *совесть* предикатива *совестно*. По справедливому замечанию Анны А. Зализняк, он позволяет «представить участие совести в процессе принятия решения и в оценке собственных действий как состояние самого действующего субъекта» (Зализняк 2006: *285*). Как и в любом русском безличном предложении с категорией состояния, фразы типа *Ему стало совестно* передают процесс нравственного выбора как идущий от некоей непознанной сверхъестественной силы, в конечном счете, - от Бога.

Поскольку в польском и чешском языках подобные предикативы отсутствуют, на месте русск. *совестно* в параллельных текстах чаще всего употребляются предикативы с корнем, обозначающим 'стыд': глаголы типа польск. *wstydzić się*, чешск. *stydět se* 'стыдиться', а в польских текстах, кроме того, слово *wstyd* в предикативной функции, семантически соотносящееся с русск. *стыдно*:

(96) Лизе было **совестно** показаться перед незнакомцами такой чернавкою; она не смела просить... она была уверена, что добрая, милая мисс Жаксон простит ей... (Пушкин). - Líza se **styděla** objevit před neznámými hosty snědá jako cikánka; neopovázila se prosit... byla přesvědčena, že dobrá, milá miss Jacksonová jí odpustí atd.

(97) - Мне просто **совестно** было бы брать деньги от такой особы, что возвращается из эмиграции, - отвечал он на все мои уговоры.

- Ja bym **się wstydził** brać od takie osobe, co migracje wraca – odpowiadał na wszystkie moje zaklęcia (Прус).

(98) Ромашову показалось, что она [Шурочка] смотрит прямо ему в глаза. У него от испуга сжалось и похолодело сердце, и он поспешно отпрянул за выступ стены. На одну минуту ему стало **совестно**. Он уже почти готов был вернуться домой, но преодолел себя и через калитку прошел в кухню (Куприн). - Romaszowowi wydało się, że Szuroczka patrzy mu prosto w oczy. Serce ścisnęło mu się z przerażenia i pośpiesznie odskoczył za występ sciany. Przez chwilę było mu **wstyd**. Już prawie gotów był wrócić do domu, ale przemógł się i przez furtkę skierował do kuchni.

Такая возможность замены *совестно* на лексемы со значением 'стыдно' или 'стыдиться' объясняется тем, что как совесть, так и стыд осуждают действия, противоречащие нормам морали. С другой стороны, как отмечает Анна А.Зализняк, если речь идет об ущербе, нанесенном другому человеку, *совестно* может сближаться с предикативом *неудобно*. Более того, по словам исследовательницы, в русском языке рубежа XX-XXI вв. «в такого рода контекстах *неудобно* постепенно расширяет сферу своего употребления, вытесняя собой *совестно*» (Зализняк 2006: *288-289*). Именно в подобных контекстах в чешском и польском языках русскому *совестно* соответствует обычно не слова с семантикой стыда, а другие лексические средства. Ср, например:

В русских текстах	В польских и чешских текстах
(99) Вокульскому стало **совестно**, что такая просьба несколько дней пролежала без отклика.	Wokulskiemu **przykro** się zrobiło, że podobna prośba kilka dni czekała na odpowiedź (Прус).
Ср.: *Вокульскому стало **неудобно**.*	Букв. *Вокульскому сделалось **неприятно**.*
(100) – Странная история, - задумался капитан Сагнер. - Почему вы все время, Швейк, подталкиваете к нам Кунерта? - Осмелюсь доложить, господин батальонный командир, обо всем следует рапортовать. Он глуп, ему господин лейтенант Дуб набил морду, а ему **совестно** одному идти с рапортом.	"Tohle je divná záležitost," řekl hejtman Ságner, "proč sem strkáte, Švejku, toho Kunerta." "Poslušné hlásím, pane batalionskomandante, že všechno musí jít po raportu. Von je pitomej, von byl zfackovanej panem lajtnantem Dubem, a von **si to nemůže dovolit**, aby sám šel k raportu (Гашек).
Ср.: *Ему **неудобно** одному идти с рапортом.*	Букв. ...*он **не может себе позволить** один идти к рапорту.*

На фоне русского концепта «СОВЕСТЬ» чешский концепт «SVĚDOMÍ» и польский «SUMIENIE» предстают более рациональными. Если русск. *совестно* наглядно демонстрирует, что процесс пробуждения совести иррационален, управляется не человеком, а Богом, то в чешском и особенно польском языках существует довольно много устойчивых выражений, свидетельствующих о том, что совестью можно управлять и даже манипулировать. См. польск. *obudzić, poruszyć czyjeś sumienie* 'разбудить, расшевелить чью-то совесть', *przemówić komuś do sumienia* 'проговорить, обращаясь к чьей-то совести', *wstrząsnąć czyimś sumieniem* 'встряхнуть чьей-то совестью', *uśpić, zabić, zagłuszyć sumienie* 'усыпить, убить, заглушить совесть'; чешск. *přehlušit, překřičet svědomí* 'заглушить, перекричать совесть', (см.: SJP: *III; 379*; ЧРС: *II; 390*), а также чешск. *řídit svým svědomím a vědomím* 'управлять своей совестью и сознанием'.

Хотя в русском языке подобные выражения порой тоже встречаются, но они малочастотны и редко фиксируются словарями. Показательно также, что передававший воздействие на чью-то совесть русский глагол *усовестить* в современном языке устарел. См. его употребление в тексте повести А.Пушкина «Пиковая дама»:

В русском оригинале	В польском переводе
(101) В первый раз в жизни она дошла с ним до рассуждений и объяснений; думала **усовестить** его, снисходительно доказывая, что долг долгу розь и что есть разница между принцем и каретником (Пушкин).	Po raz pierwszy w życiu zdecydowała się wobec niego na tłumaczenia i wyjaśnienia: chciała **poruszyć jego sumienie**, pobłażliwie dowodząc, że dług długowi nierówny, że jest różnica pomiędzy księciem a fabrykantem powozów. Букв.: *хотела расшевелить его совесть*.

В польском переводе, как видим, использован типичный и для современного польского языка оборот *poruszyć sumienie* 'расшевелить совесть'.

Очень ярко различия в изображении переживания совести в русской и польской лингвокультурах проявляются в следующем фрагменте повести А.Пушкина «Капитанская дочка»:

В русском оригинале	В польском переводе
(102) Я надел тулуп и сел верхом, посадив за собою Савельича. «Вот видишь ли, сударь, - сказал старик, - что я недаром подал мошеннику челобитье: вору-то стало **совестно**, хоть башкирская долговязая кляча да овчинный тулуп не стоят и половины того, что они, мошенники, у нас украли, и того, что ты ему сам изволил пожаловать; да всё же пригодится, а с лихой собаки хоть шерсти клок» (Пушкин).	Włożyłem kożuch i siadłem na koń, sadzając Sawielicza za sobą. - Ot, i widzisz, panie - rzekł piastun – nie na próżno podałem łotrowi suplikę: **ruszyło sumienie** bezecnika. Chociaż koścista klacz baszkirska i kożuch niewarte są nawet połowy tego, co ty sam raczyłeś mu ofiarować, wsakże przydadzą nam się w drodze; z kiepskiego psa chociaż sierści kłak. Букв.: *расшевелила совесть мерзавца*.

В русском тексте решение Пугачева предстает не столько как следствие челобитной Савельича, сколько как снизошедшее на него свыше. В польском же тексте это цепочка причинно-следственных отношений: Савельич подействовал на совесть Пугачева, а совесть заставила его наделить Гринева клячей и тулупом.

Еще один показатель «рациональности» совести в польской лингвокультуре – возникшее как религиозный термин, а в современном языке употребляющееся и в более общем значении выражение *rachunek sumienia* (букв. 'счет совести'). В нем использовано заимствованное из немецкого языка слово *rachunek*, употребляющееся обычно и для обозначения счета в финансовом смысле этого слова. В религиозном смысле данное выражение обозначает «процесс воспоминания, анализа собственных поступков, грехов, провинностей перед исповедью» (см.: SJP: *III; 379*). По свидетельству носителей польского языка, в современном употреблении это словосочетание может обозначать и обычную работу совести, не обязательно связанную с религиозной исповедью.

По-видимому, бо́льший рационализм польского концепта «SUMIENIE» объясняется не только и не столько принадлежностью польского языка к культурно-языковой зоне Slavia Latina, сколько этимологией соответствующей лексемы. Слово *sumienie* в древнепольском языке словообразовательно соотносилось с глаголом *sąmnieć się*, который не только имел значение 'колебаться, испытывать нерешительность', как совр. русск. *сомневаться*, но и 'возражать, сопротивляться, противоречить', а также семантику иррационального страха 'бояться, тревожиться, беспокоиться, опасаться' (Boryś: *587*). А.Брюкнер, подчеркивая в своем этимологическом словаре внутреннюю форму слова *sumienie*, выразился очень кратко, но емко: «*sumienie* – od *są* i *mnieć* 'mniemać tak i siak'» (Brückner: *526*), т.е совесть - это значит 'считать, полагать так и сяк'.

По данным автора «Нового этимологического словаря польского языка» К.Длугош-Курчабовой, древнепольский фонетический вариант этого слова *sąmnienie* мог под влиянием народной этимологии приобретать вид *sądmnienie*, т.е. буквально 'суд-мнение', 'то, что дает оценку, выносит суждение' (Długosz-Kurczabowa: *475-476*). Таким образом вербально подчеркивалась ценностная роль совести.

Sumienie для польского сознания не только судья, но и свидетель. На это указывают приводимые в указанном словаре древнепольские пословицы *Sumienie świadek nieomylny, za wiele świadków stoi* 'Совесть – свидетель безошибочный, многих свидетелей стоит' и *Sumienie tysiąc świadków* 'Совесть – тысяча свидетелей'.[1]

Итак, внутренняя форма польск. *sumienie* во многом повлияла на особенности этого концепта в польской лингвокультуре. Совесть вершит суд, является свидетелем (т.е. тем, кто знает о твоих мыслях), но одновременно, как и всякое мнение, она подвижна, ею можно управлять.

В русском сознании совестью человек наделяется свыше, муки совести также идут от Бога. В этом отношении весьма показательны две пословицы: польская *Co oko ciału, to sumienie duszy* 'Совесть для души, что глаз для тела' (Długosz-Kurczabowa: *476*) и русская *Глаза – мера, душа – вера, совесть – порука* (Даль: *IV; 257*). В соответствии с польской

---

[1] В отличие от совр. русск. *свидетель* и подобно др.-русск. **съвѣдѣтель**, польск. *świadek* 'свидетель' соотносится не с 'видеть', а с 'ведать'.

пословицей совесть живет в душе и вместе с ней противопоставляется телу. Русская же пословица построена не по бинарной, а по тернарной модели: душа противопоставляется телу, а средством и залогом (*порукой*) их гармоничных отношений является совесть, которая выводится как за пределы тела, так и за пределы души[1]. См. таблицу 5.

Таблица 5.

Концепт «СОВЕСТЬ» в русской языковой картине мира

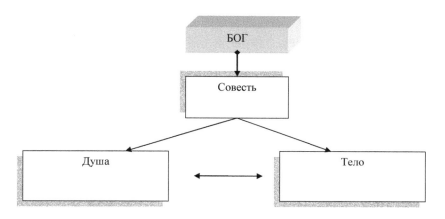

Показательно в связи с этим, что в украинском языке, где понятие 'совесть' передается двумя лексемами, слово *сумління*, заимствованное из польского, имеет «светскую» («прагматическую») ориентацию, тогда как лексема *совість*, восходящая к др.-русск. и ст.-сл. **съвѣсть**, - религиозную (см. Арутюнова 2000: *72*).

Внутренняя форма чешск. *svědomí*, на первый взгляд, близка к русск. *совесть*: оба слова образованы с помощью корня *věd-. Однако чешское слово образовано от страдательного причастия глагола *sъvěděti - *sъvědomъ. Упрощенно говоря, различия между русск. *совесть* и чешск. *svědomí* примерно такие же, как между русск. *весть* и *ведомость*. Если

---

[1] Подробнее о бинарной и тернарной моделях см. Агранович, Саморукова 1997.

весть – это знание, информация вообще, то *ведомость* – это информация, упорядоченная, освоенная и осмысленная сознанием, это *ведомая весть*. Аналогично русск. *совесть* – это информация о нравственности, идущая извне (как мы убедились, свыше), тогда как чешск. *svědomí* – это информация о нравственности, усвоенная сознанием. Показательно, что это слово сходно как с чешской, так и с польской лексемами, обозначающими 'сознание' (ср. чешск. *vědomí* и польск. *świadomość*). Кроме того, во многом из-за сходства формы и семантики слов, обозначающих 'совесть' и 'сознание', в чешском языке очень употребительно выражение *svědomí a vědomí* 'совесть и сознание'. В некоторых контекстах, например, *Pracovat podle svého najlepšího vědomí a svědomí* (букв. 'Работать в соответствии со своим наилучшим сознанием и совестью') оно может сближаться по семантике с русск. *Не за страх, а за совесть* (см. ЧРС: *II; 390*). В целом же его значение шире. См., например, употребление этого выражения в современном чешском политическом дискурсе:

Чешский оригинал	Русский перевод
(103) **Vždyť podle svědomí volit může**	**Но ведь по совести голосовать можно**
Vždyť ten senátor podle toho svého **svědomí a vědomí** může volit tajně i veřejně. Při veřejné volbě mu nikdo jeho svědomí nebere, ani mu za to nemůže vzít poslanecký mandát. Jde o to, že my voliči bychom také rádi věděli jakého jsme si to zvolili poslance a senátora. Jestli on volí podle našeho **vědomí a svědomí** na co jsme hu hodinili svůj hlas. Jedině voliči v dalších volbách rozhodnou, zda respektují poslancovo a senátorovo **vědomí a svědomí**. Proto jsou ty volby. Voliči musí znát **svědomí a vědomí** svých volených poslanců a senátorů. http://ihned.cz/42-10073040-31634265-1-22907910-000000_d-55	Но ведь этот сенатор в соответствии со своей **совестью и сознанием** может голосовать как тайно, так и открыто. При открытом голосовании никто у него совести не отбирает и никто у него за это не может забрать мандат депутата. Речь идет о том, чтобы мы, избиратели, тоже знали, какого депутата или сенатора мы избрали. Если он голосует в соответствии с нашим **сознанием и совестью**, то мы именно за это отдали ему свой голос. Только избиратели во время дальнейших голосований решат, нравятся ли им **сознание и совесть** депутатов и сенаторов. Для того и существуют эти голосования. Избиратели должны знать **совесть и сознание** депутатов и сенаторов, за которых они голосовали.

Показательно также, что русскому выражению *лезть кому-то в душу* в чешском языке соответствует *sahat někomu do svědomí* (букв. 'лезть кому-то в совесть').

Итак, вместилище совести в чешской лингвокультуре – душа и сознание. И только *управляя совестью и сознанием* (чешск. *řídit svědomím a vědomím*), можно избавиться от ее угрызений и страха, вызываемого ею.

«Внешнее» же расположение совести в русском сознании позволяет ее просто *отогнать* и тем самым избавиться от страха, как это происходит с пушкинскими братьями-разбойниками:

> (104) В товарищи себе мы взяли
>
> Булатный нож да темну ночь;
>
> Забыли робость и печали,
>
> А **совесть** отогнали прочь.

Легко ли *отогнать печаль*? Когда *печаль* превращается в *тоску*? На какую из русских эмоций похожи польск. *smutek* и чешск. *žal*? Об этом пойдет речь в следующем параграфе.

§ 2. ПЕЧАЛЬ

Рассматривая семантику слов, входящих в лексико-семантическое поле печали, исследователи и авторы словарей чаще всего ограничиваются толкованием их друг через друга. См., например: «Грусть – чувство легкого уныния, тоскливой печали» (Ушаков: *1; 631*), «Smutek – sklíčenost mysli, žal, zármutek» (SSČ: *398*), «Zármutek - sklíčenost, žal, smutek» (SSČ: *549*). Иногда авторы подобных толкований обращают внимание на к о л и ч е с т в е н н ы е различия между рассматриваемыми эмоциями: «Грусть – чувство уныния, *легкой* печали» (Ожегов: *120*), «Truchlivý – *velmi* smutný» (SSČ: *457*). Однако и такие толкования, как, впрочем, и выстраивание градаций вроде «*грусть* ⇒ *тоска* ⇒ *печаль* ⇒ *скорбь* ⇒ *мука*»[1] (Колесов 2004: *76*), не выявляют к а ч е с т в е н н ы х различий в этих эмоциях.

Как кажется, эти различия можно установить, лишь выйдя за пределы современных языков и оперируя не только языковедческими методами. Рассматривая различные эмоции, связанные с печалью, совершенно необходимо обратиться, во-первых, к этимологии и образности соответствующих лексем, а во-вторых, к тем явлениям культуры, подчас стадиально и хронологически разным, с которыми связано возникновение тех или иных разновидностей печали.

С точки зрения этимологии можно выделить следующие группы имен эмоций.

Во-первых, названия эмоций, мотивированные идеей *жжения, горения*. К ним относятся русск. *печаль* (< *печь*) и *горе* (< *гореть*), а также

---

[1] Как минимум спорной при рассмотрении данной градации представляется бо́льшая сила эмоции *печаль* по сравнению с *тоской*. Как будет показано ниже на материале рассказа А.Чехова «Тоска», печаль может переходить в тоску, а страдания человека тем самым только усиливаются. В связи с приведенной градацией неизбежно возникает вопрос и о с т а д и а л ь н о с т и возникновения данных эмоций: может ли, например, *грусть* сразу перейти в *печаль* или сначала человек должен пережить стадию *тоски*?

чешск. *žal* 'скорбь, печаль, горе' и польск. *žal* 'печаль, скорбь'[1] (восходящие, согласно этимологии, предложенной С.Б.Бернштейном, к морфеме со значением 'гореть, пылать, тлеть'; см. Бернштейн 1974: *12*). По мнению чешской исследовательницы Г.Карликовой, в именах эмоций, мотивированных глаголами жжения и горения, зафиксировались ритуальные практики, связанные с самоистязанием во время погребального обряда с помощью раскаленных углей (Karlíková 1998: *53*). Как отмечает И.П.Петлева, «обычай самоистязания в знак скорби (траура) по умершему в древности был распространен чрезвычайно широко» (Петлева 1992: *54*).

Во-вторых, названия эмоций, связанные с идеей **хаоса** (в данном случае – душевного): польск. *smutek* 'грусть, печаль', *smętek* (поэт.) 'грусть, меланхолия' (SJP: *III, 265-266*), чешск. *smutek* 'грусть, печаль', *zármutek* 'уныние, печаль, скорбь, горе' (SSČ: *398, 549*). Перечисленные лексемы восходят к корню *mǫt- - *męt-, который дал в русском языке такие слова, как *смущение, смятение, мятеж, смута, мутить, муторный, мутный* и под. Обычно образ, легший в основу названия рассматриваемых эмоций, связывают с метафоризацией внешнего вида мутной воды, выведенной из состояния покоя (см., например, Тысяча состояний души: *330*). Однако в конечном счете в основе этого образа лежат мифологические представления о хаосе (мутная вода – лишь частный, рукотворный случай хаоса), который может вызывать негативные эмоции (связанные как со страхом, так и с печалью). Показательно, что в польских диалектах слово *mǫt* может означать 'хаос, сумбур' (ЭССЯ: *XX; 140*).

В русском языке подобное значение возникало у прилагательных *мутный* и *смутный*. Обозначая эмоцию, они передавали качество, сочетающее 'неясность, неопределенность', 'тревогу' и 'печаль'. Это и знаменитый **МУТЕНЪ СОНЪ** Святослава из «Слова о полку Игореве»,

---

[1] Польская лексема *žal* имеет и другие эмоциональные значения, которые будут рассмотрены ниже.

который не просто 'неясно-тревожный' (СлРЯ XI-XVII вв.: *IX; 315*), но и 'грустный, печальный', поскольку связан с идеей смерти и разрушения жилища (см. подробнее: Агранович, Стефанский 2003: *65*), и сон Мазепы в пушкинской «Полтаве»:

(1) Но сон Мазепы **смутен** был.
В нем мрачный дух не знал покоя.

Наконец, в пушкинских текстах прилагательное *смутный* получает значение 'грустный, печальный', употребляясь в синонимических рядах и в контексте со словами *печальный, скорбный, унылый, грусть*. См., например:

(2) В тот грозный год
Покойный царь еще Россией
Со славой правил. На балкон,
***Печален*, смутен**, вышел он
И молвил: «С божией стихией
Царям не совладеть». Он сел
И в думе *скорбными* очами
На злое бедствие глядел.

(«Медный всадник»)

(3) Княжну невольно клонит сон,
И вдруг неведомая сила
Нежней, чем вешний ветерок,
Ее на воздух поднимает,
Несет по воздуху в чертог
И осторожно опускает
Сквозь фимиам вечерних роз
На ложе *грусти*, ложе слез.
Три девы вмиг опять явились
И вкруг нее засуетились,
Чтоб на ночь пышный снять убор;
Но их *унылый*, **смутный** взор
И принужденное молчанье
Являли втайне состраданье
И немощный судьбам укор.

(«Руслан и Людмила»)

Подобное употребление слова *мутный* встречается и в «Деревне» у И.Бунина:

(4) Он [Кузьма] сидел возле калеки-мальчишки, с **мутной** и *грустной* усмешкой глядя на ее белые стены, на золото мелких куполов в осеннем небе.

В современном русском языке указанное значение русск. *смутный* в значительной степени устарело.

В-третьих, имена эмоций, мотивированные идеей **омертвения, гниения**. К ним относятся польск. *zmartwienie* 'огорчение, беспокойство' (< *martwy* 'мертвый') и чешск. *truchlivost* (книж.) 'печаль, грусть, скорбь', которое родственно русск. *трухлявый* 'гнилой' и далее сближается со словом *труп* (Фасмер: *IV; 111*). К этой же группе с определенными оговорками можно, по-видимому, отнести и русск. *скорбь*. Обычно это слово этимологически соотносят с *ущерб*. Однако М.Фасмер усматривает более отдаленное родство и с русск. *скорблый* 'иссохший, сморщенный, заскорузлый, корявый' (Фасмер: *III; 651*). Таким образом, идея гниения в определенной степени присутствует и в этимологии русск. *скорбь*.

В-четвертых, названия эмоций, возникшие на основе идеи **сдавливания, сжатия.** Это прежде всего лексемы, обозначающие эмоцию 'тоска': русск. *тоска*, польск. *tęsknota*, чешск. *stesk, tesknota*, этимологически соотносящиеся с русским глаголом *тискать*, а также чешские лексемы *tíseň*, которая соотносится с русск. *тесный*, и *touha*, связанная с русск. *тугой*. Эта же идея, по-видимому, лежит и в основе этимологии русской лексемы *грусть*, связанной со словом *груда*. Опираясь на приводимый М.Фасмером пример из словенского языка *skrb me grudi* 'меня гнетет забота' (Фасмер: *I; 464-465*), Н.А.Красавский отмечает: «Если следовать установленному психологической наукой закону ассоциаций, то можно, кажется, увидеть связь между физическими объектами (груда) и фрагментом психологического мира (забота) – «забота = печаль давит тяжелым грузом на человека» (Красавский 2001: *372*). [1]

Проанализированный материал представлен в обобщающей таблице 1.

---

[1] Особняком стоит чешская лексема *lítost*. Одно из ее словарных значений также 'печаль'. Но это печаль особого рода. Она обычно вызывается несправедливой обидой и рождает почти мгновенную ответную агрессию. Данная лексема будет подробно рассмотрена в § 4.

Таблица 1

Идеи, положенные в основу этимологии лексем, обозначающих различные проявления печали

	Русский язык	Польский язык	Чешский язык
1. Идея жжения, горения.	*печаль* *горе*	*żal*	*žal*
2. Идея хаоса.	*(смутный)*	*smutek* *smętek*	*smutek* *zármutek*
3. Идея омертвения, гниения.	*(скорбь)*	*zmartwienie*	*truchlivost* *truchlení*
4. Идея сдавливания, сжатия.	*тоска* *грусть*	*tęsknota*	*stesk, tesknota* *tíseň* *touha*

Попытаемся теперь соотнести этимологии рассмотренных лексем с явлениями культуры, которые, как кажется, вызвали появления соответствующих имен эмоций.

Легко увидеть, что три первых группы прямо или косвенно связаны с идеей смерти. В словах третьей группы эта связь прямая, поскольку родство лексем польск. *zmartwienie* 'огорчение, беспокойство, печаль' и *martwy* 'мертвый', а также чешск. *truchlivost* 'печаль, грусть, скорбь' и *trouchnivět* 'трухляветь, гнить' осознается носителями языков без обращения к этимологическим словарям.

В лексемах, относящихся к первой группе, эта связь с идеей смерти выражена опосредованно: в основе номинации эмоций русск. *печаль, горе*, польск. *żal*, чешск. *žal* лежит метафоризация процесса сжигания покойников и захоронения их праха в печи или под печью (см. подробнее: Байбурин 2005, Агранович, Стефанский 2003). Что же касается идеи хаоса, зафиксированной в польск. *smutek* и *smętek*, а также чешск. *smutek* и *zármutek*, то противопоставление *хаос - космос* является одним из фундаментальных в любой культуре. На его основе строятся все другие оппозиции, в частности, *смерть - жизнь, невидимый – видимый*. Ср. мотив спрятанной, невидимой, неявленной смерти Кощея, невидимость для человека русалок[1], являющихся духами умерших девушек (Иванов, Топоров 1965: *77*). Характерно также, что в мифах многих северных народов хаос (= смерть) представляется как туман.

Идея сжатия, сдавливания, лежащая в основе этимологии имен эмоций четвертой группы, сближает их со страхом (см. в § 1 этимологию лексем *страх / strach, úzkost* и *lęk*). Как будет ясно из дальнейшего изложения, *тоска* (и соответствующие ей имена эмоций в польском и чешском языках) является своеобразным «мостиком», связывающим функционально-семантические поля со значением «страха» и «печали». М.Фасмер фиксирует семантику страха и у другого слова со значением печали, внутренняя форма которого связана с идеей сдавливания, - русск. *грусть*. По его данным, в курских говорах отмечен глагол *погрустить* со значением 'погрозить пальцем' (Фасмер *I; 464*).

Между тем, как будет показано ниже, внутренняя форма слова *тоска* (и его соответствий в польском и чешском языках) принципиально отличается от других лексем, связанных с идеей **сжатия**, тем, что она одновременно основана и на идее **пустоты** вследствие родства с **ТЪЩЬ** 'пустой, полый, тщетный' (см. Колесов 2004: *76-77*). Поэтому *тоска* обозначает беспокойство, тревогу, иррациональный страх, соединенные с утратой кого-то или чего-то и связанные с душевным опустошением.

*   *

*

Эмоциональные концепты, связанные с печалью, описываются в настоящем параграфе в следующем порядке. Вначале будут рассмотрены центральные средства выражения рассматриваемой эмоции – русск. *печаль* и *грусть*, а также польск. и чешск. *smutek* (с примыкающими к ним польск. *smętek* и чешск. *zármutek*, которые отличаются, главным образом,

---

[1] Показательно, что одно из славянских названий русалки – *навка* – этимологически связано с именем эмоционального состояния – с *унынием* (Фасмер: *III; 35*), а также в польском языке – со скукой (по-польски *nuda*, ср. русск. *нудный*).

стилистической окраской). Затем будут проанализированы чешск. *žal* и польск. *žal* (последнее из которых имеет весьма разветвленную систему эмоциональных значений) и их возможные русские соответствия. В заключение будут описаны эмоциональные концепты со значением тоски, являющиеся, как уже говорилось, «семантическим мостиком», связывающим ФСП со значением страха и печали.

2.1. Центр системы: русск. *печаль* и *грусть* – польск., чешск. *smutek*

Словом *печаль* в русском языке (как и лексемой *smutek* в чешском и польском) передаются не только конкретные эмоции, имеющие свои предпосылки и внешние проявления, но и обобщенные обозначения определенного типа эмоционального состояния, противопоставляемые другим типам, таким, как *страх*, *гнев*, *радость* и под.

Когда в одной из монографий по психологии эмоций сообщается, что «печаль вызывается разлукой, психологической изоляцией <…> и неудачей в достижении цели, разочарованием, т.е. несбывшейся надеждой <…> Таким образом, *главной и универсальной причиной печали является утрата чего-то значимого для человека*: непосредственного психологического контакта с другим человеком или другими людьми (ощущение одиночества), утрата перспективы в достижении желаемой цели» (Ильин 2001: *170, курсив автора*), то это не что иное, как характеристика эмоционального состояния печали вообще, а не печали как эмоции (в узком смысле). В самом деле: одиночеством (не связанным с потерей близкого человека) вызывается обычно *грусть*, а утрата перспективы в достижении цели чаще всего является причиной *тоски*.

Данному отрывку в упомянутой монографии предшествует стихотворение С.Есенина, которое, по мысли ее автора, должно проиллюстрировать психологические проявления печали. Показательно, что в нем отсутствует слово *печаль* и его дериваты, а начинается оно со слова *грустно*:

> Грустно… Душевные муки
> Сердце терзают и рвут,
> Времени скучные звуки
> Мне и вздохнуть не дают…

Страницей позже автор процитированной монографии, ссылаясь на словарь С.И.Ожегова, показывает, что другие эмоции, которые испытывает человек в эмоциональном состоянии печали, - лишь частные ее проявления: «безнадежная печаль – это *уныние*, легкая печаль – *грусть*» (Ильин 2001: *171*).

Между тем главное отличие *печали* (в узком смысле этого слова) от *грусти* не только и не столько в «легкости» последней, сколько в особенностях причин, вызывающих их, и в целях, которые сознательно или бессознательно преследует печалящаяся или грустящая языковая личность.

Понимание сигнальной, или, лучше сказать, семиотической, функции печали как стремления человека показать другим людям, что «ему плохо», и тем самым получить «сочувствие со стороны других людей» (Ильин 2001: *171*) представляется весьма поверхностным. Столь же поверхностно выглядят и толкования этимологической связи слов *печь* и *печаль* типа «печаль – это то, что жжет» (Шанский, Боброва: 232) или объяснения семантической истории слова *печаль* 'забота' > 'эмоция печали' вроде печаль – «это забота, вызывающая неприязнь по причине возникшей печали» (Колесов 2004: *77*).

В совместной с С.З.Агранович монографии «Миф в слове: продолжение жизни» мы попытались рассмотреть концепт «ПЕЧАЛЬ» с т.з. традиционной культуры (см. Агранович, Стефанский 2003: *59-87*). Основные выводы, к которым мы пришли, можно свести к следующим тезисам.

1. Печаль генетически вызывается разлукой - вечной (смертью) или краткосрочной, которая осмысливается как временная смерть (ср. обычай плакать по отправляющемуся в дорогу мужу так же, как по покойнику)[1].

2. В архаическом сознании и разлука с живыми (пространственная), и разлука с мертвыми (пространственно-временная) мыслилась лишь как иная форма контакта, а сама встреча-разлука понималась синкретически. Ср. антонимию бесприставочных глаголов в древнерусском языке: лоучати са 'удаляться' – лоучити 'встретить' (СДРЯ: *IV, 435-437*), а также межъязыковую омонимию: польск. *łączyć* 'соединять' – чешск. *loučit* 'разлучать'.

3. Ритуальная связь живых с мертвыми (как и с временно отсутствовавшими) нередко осуществлялась с помощью такого сакрального предмета, как печь. Семиотика печной вертикали выполняет миромоделирующую функцию: труба и дым уподобляются небесному миру; основное тело печи – человеческому упорядоченному космосу; подпечье, голбец и погреб – миру мертвых (см. подробнее: Байбурин 2005: *205-214*). Подобное осмысление вертикальной топографии печи позволяло через дым и трубу осуществлять ритуальную связь с временно отсутствующим человеком, а путем прикосновения ладоней к печи приобщаться к охраняющим благополучие дома умершим предкам. В первобытном обществе подобная связь осуществлялась и путем оставления отпечатков ладоней на стене родовой пещеры – предшественницы печи[2].

4. Семантика заботы, опеки, попечения, возникшая у слов с корнем *pek- практически во всех славянских языках, связана, по-видимому, с культом предков и культом очага. В лексемах типа русск. *пека, печа,* польск. *piecza,* чешск. *péče* со значением 'забота, защита, воспитание' вербализовалось первое абстрактное понятие, связанное с печью и очагом

---

[1] Показательно, что и смерть осмысливается как путешествие. Ср. выражения *ушел из жизни, отошел в мир иной, проводить в последний путь,* а также древний обычай отправлять тела умерших в лодках (форму которых напоминает современный гроб) по течению реки.
[2] Объяснения семантической связи слов *печь* и *пещера* см. в статье (Черниш 2000).

как магическими, сакральными объектами.

5. Печаль – это разлука и встреча одновременно, единение живых и мертвых, предков и потомков, осуществляемая через ритуал, в ходе которого живой просит у мертвого помощи и защиты, включая его в жизнь рода, некий непрерывный хоровод *жизни-смерти, встречи-разлуки*. Печаль может быть генетически осмыслена как чисто человеческое чувство обретаемой целостности рождающегося социума.

6. Этот синкретизм печали как разлуки и встречи одновременно отчасти сохраняется и в современном сознании в виде понимания печали не только как тяжелого, горького, неприятного, но и как светлого чувства (см. пушкинское *Печаль моя светла*)[1].

Сопоставляя русские имена эмоций *грусть* и *печаль*, А.Вежбицкая отметила, что *грусть* в русском языке не ассоциируется с ситуацией смерти близкого человека. Здесь как раз уместнее говорить об эмоции *печали*, а чаще даже о *горе* или *отчаянии* (Вежбицкая 2001: 25).

Грусть в русской лингвокультуре не только и не столько «легкая *печаль*» или «мимолетное чувство» (такого рода «количественные» различия *грусти* и *печали* лежат на поверхности). Это чувство более личностное, интимное, субъективное. Следовательно, сформировалось и вербализовалось оно значительно позднее *печали* – с возникновением личностного сознания. Показательно, что, по данным В.В.Колесова, «слово *грусть* отсутствует в языке до самого XVII в., хотя нет-нет, да и проскользнет упоминание о *грустности*, т.е. печали. Слишком слабое это переживание для наших суровых предков, слишком личное, чтобы обращать на него внимание» (Колесов 2004: 76).

Противопоставление *печали* и *грусти* по линии «объективированность

---

[1] Подробнее о светлой печали в творчестве А.Пушкина см. философское эссе С.Франка (Франк: www). Понятие о печали как светлом чувстве сформировалось и в польском языке. См. выражение *łagodny smutek* 'светлая печаль'. Ср. в параллельных текстах: Od tych rozmyślań przybył pannie Izabeli na twarz nowy wyraz – **łagodnego smutku**, który ją robił jeszcze piękniejszą (Прус). - От этих дум на лице панны Изабеллы появилось новое выражение **светлой печали**, что сделало ее еще более прекрасной.

– субъективность», как считает А.Вежбицкая, демонстрируется невозможностью для первой и типичностью для второй употребления в дативных конструкциях, которые указывают на субъективное, спонтанно возникшее и зачастую неосознаваемое, беспричинное чувство. См: *Мне грустно*, при невозможности **Мне печально*.[1] С другой стороны, чувство *печали*, по мысли исследовательницы, предполагает, что «это эмоциональное состояние обусловлено сознательной и, так сказать, намеренной мыслью» (Вежбицкая 2001: *26*).

Думается, что подобная объективированность *печали* объясняется тем, что генетически это коллективное и не зависящее от воли и настроения отдельной личности чувство. Кроме того, печалясь, человек ясно осознает, что потеря близкого, разлука с ним безвозвратна. Печаль помогает эмоционально пережить эту потерю, свыкнуться с мыслью о ее неотвратимости и обрести новый покой путем иной формы контакта с ушедшим. Именно эта иная форма контакта с умершим и называется по-русски *печалью*.

У польской и чешской лексемы *smutek*, оказавшейся в центре рассматриваемой микросистемы данных языков, семантические и грамматические свойства русских *грусть* и *печаль* совмещены. Подобно *печали*, слово *smutek* (как и его производные) способно передавать уныние, вызванное смертью близкого человека. Одновременно, подобно *грусти*, оно может обозначать депрессию, не связанную с утратой близких. Ср.:

---

[1] Справедливости ради следует отметить, что категория состояния *печально* все же может фигурировать в дативных конструкциях в сочетании с инфинитивами глаголов мысли. См.: *Мне было печально осознавать, что я сам во всем виноват; Ей было печально думать, что они расстались навсегда.* Однако подобные фразы передают объективную оценку ситуаций, которые невозможно вернуть назад – так же, как умершего человека.

Smutek ≈ печаль	Smutek ≈ грусть
(5) [Гриневу снится сон о том, что умер отец.] Вижу, комната слабо освещена, у постели стоят люди с **печальными** лицами. - польск. Widze: pokoj slabo oswietlony, u wezglowia stoja ludzie ze **smutnymi** twarzami. - чешск. Vidím, pokoj je slabě osvětlen: u postele stojí lidé se **smutnými** tvářemi. (Пушкин)	(6) …С **грустью** наблюдаю я в последние годы, что на свете становится все меньше хороших приказчиков и разумных политиков, а все потому, что свет гонится за модой (Прус). - …Ze **smutkiem** od kilku lat uważam, że na świecie jest coraz mniej dobrych subiektów i rozumnych polityków, wszyscy stosują się do mody.
(7) Но другие уже подхватили похоронный напев, и вот в загаженной, заплеванной, прокуренной столовой понеслись чистые ясные аккорды панихиды Иоанна Дамаскина, проникнутые такой горячей, такой чувственной **печалью**, такой страстной тоской по уходящей жизни (Куприн). - польск. Jednakże inni podchwycili tę melodię i oto w brudnej, zaplutej, zadymionej jadalni rozległy się czyste, wyraźne akordy nabożeństwa żałobnego Jana z Damasku, przepojone żywiołowym, przejmującym **smutkiem**, dotkliwą tęsknotą po uchodzącym życiu.	(8) Она [Люция] ответила, что предпочитает ходить [в кино] одна. Я спросил, не потому ли это, что ей **грустно** в жизни. Она согласилась. Я добавил, что мне тоже **невесело**. Ничто не сближает людей быстрее <…>, чем **грустное**, меланхолическое соучастие… (Кундера). - Řekla, že chodí raději sama. Zeptal jsem se jí, zda je to proto, že se cítí být v životě **smutná**. Přisvědčila. Řekl jsem jí, že mi taky **není veselo**. Nic nesbližuje lidi rychleji <…> jako **smutné**, melancholické porozumění.

Кроме того, благодаря семантике дативных конструкций (см. *Smutno mi*), в которых активно употребляется рассматриваемая лексема, она интимизирует, делает более субъективной, личностной передаваемую ею эмоцию. См., например:

В польском языке	В чешском языке
(9) Winemem jej dozgonną wdzięczność, bo gdyby nie szał dla niej, nie dorobiłbym się majątku i spleśniałbym za kantorkiem. A teraz może mi **smutno** będzie bez tych żalów, rozpaczy i nadziei… (Прус). - В сущности, я должен ей быть благодарен до гроба, ибо, не влюбись я в нее, не нажить бы мне состояния и вечно бы корпеть за конторкой. А сейчас – может, и **грустно** мне будет без этого томления, отчаяния, надежд…	(10) Bylo jí **smutno**, proto si je dávala ve svém pokojíku v internátu do vázičky (Кундера). - [Ей] было **грустно**, и в своей комнатке в общежитии она ставила их [цветы] в вазу.

В польском языке	В чешском языке
(11) **Smutno** patrzeć, uśmiechać się. Choć mi jak niebo ty złościsz i morze, **smutno** mi, Boże! (Словацкий; SJP: *III; 267*). [**Грустно** смотреть, улыбаться. Хотя меня ты, как небо, злишь, и море, **грустно** мне, Боже!]	(12) Zazvonil telefon. Zvedl sluchátko, a když v něm uslyšel ženin hlas, spustil hned, že mu **smutno** (Кундера). Зазвонил телефон. Гавел поднял трубку и, услышав голос жены, тотчас заговорил о том, что ему **грустно**.

Процесс переживания горя по поводу смерти близких в **чешском** языке обозначается отглагольным существительным *truchlení*, которое образовано от глагола *truchlit* 'огорчаться, печалиться, причитать, оплакивать' (SSČ: *457*). Характеризуя этот процесс, чешский психолог Т.Соукупова отмечает, что он сопровождается многими эмоциями: «К проявлениям *процесса переживания горя* (*truchlení*) на эмоциональном уровне относятся *грусть* (*smutek*), *скорбь* (*zármutek*), *печаль* (*žal*), *подавленность* (*sklíčenost*), ограниченное переживание радости, *тоска* (*touha*) по умершему, *страх* (*strach*), *тревога* (*úzkost*), бессилие и безнадежность, гнев, злоба, зависть, ревность, чувство вины, одиночества и опустошенности (Soukupová 2006: www. – *Курсив мой.* – Е.С.). См., например, внутренний монолог героини романа М.Кундеры «Вальс на прощание» Камилы, размышляющей о своих эмоциях, вызванных смертью матери:

(13) Ta bolest byla milosrdně mnohobarevná: býl v ní **smutek, stesk, dojetí, sebevýčitky** (pečovala o ni dostatečně? nezanedbávala ji?) i tichý úsměv (Кундера). – Та боль [по поводу смерти матери] была милосердно многоцветна: в ней переплетались **скорбь, печаль, растроганность, угрызения совести** (достаточно ли она заботилась о ней? не забывала ли о ней?) и тихая улыбка.

Переживание горя чешской языковой личностью начинается с эмоции *smutek*, и в этом отношении она не похожа на русск. *грусть*, которая, как уже говорилось, обычно не ассоциируется со смертью. Чешск. *smutek* ближе по семантике к русской *печали*. Проявляется это, в частности, в том, что у этой лексемы имеются два переносных значения: а) 'doba vnějších projevů zármutku po smrti někoho blízkého', т.е. 'период внешнего проявления печали после смерти кого-то из близких' и б) 'černý smuteční šat', т.е. 'черная траурная одежда' (SSČ: *398*), что соответствует таким русским понятиям, как 'скорбь' и 'траур'. Кроме того, как отмечается в чешском сегменте «Википедии», «*smutek* je stav nálady , vyjadřující ztrátu věcí či osob blízkých, nebo obecně pocit negativní situace», т.е. «*smutek* – настроение, вызываемое потерей вещей или утратой близких либо обычно ощущением негативной ситуации».

Таким образом, чешск. *smutek* – это печаль, которая заметна всем окружающим, что находит проявление в соблюдении определенных ритуальных норм, обозначающих понесенную человеком утрату. Этот ритуал передается по-чешски также словом *smutek* (семантика этого лексико-семантического варианта рассматриваемой лексемы соответствует русскому *траур*).

Эмоции *smutek* как внешней, отчасти демонстративной печали в чешской лингвокультуре противопоставлена эмоция *žal*, обозначающая печаль внутреннюю. Как отмечается в чешском сегменте «Википедии», «*smutek* z trvalé ztráty něčeho velmi významného (např. úmrtí blízké osoby) je vystupňován v *žal*, tedy smutek akcentovaný zoufalstvím nad nenávratnem nejvyšší hodnoty», т.е. «*smutek* из-за безвозвратной утраты чего-то очень значимого (например, смерти близкого человека), может перерасти в *žal* (≈ печаль), в этом случае *smutek* усиливается отчаянием по поводу невозможности вернуть наивысшую ценность».

Эмоция *žal* (≈ печаль), по словам чешского психолога М.Врабцовой, «является внутренней реакцией на утрату близкого человека и обозначает то, что мы чувствуем внутри – в наших сердцах и мыслях, ощущаем в наших телах» (Vrabcová: www).

Наконец, наступает достаточно длительный период осознания случившегося и смирения с ним, который называется по-чешски *zármutek* (≈ скорбь). Показательно, что это слово используется в формулах, употребляемых в некрологах. См. выражение *s hlubokým zármutkem* = *с глубоким прискорбием*, а также заголовок в одной чешских газет, предпосланный статье об откликах на трагическую смерть известного чешского хоккеиста и тренера Ивана Глинки: «Hlinkova smrt vyvolala *zármutek* i v Rusku a v USA» - «Смерть Глинки отозвалась *скорбью* также в России и в США».

Описывая этот процесс, чешский психолог Г.Гашковцова замечает: «Нормальный процесс *скорби* (*zármutku*), заканчивающийся обретением новой идентичности, длится, как правило, один год. В этом процессе можно выделить несколько фаз. Шесть-восемь недель родственник умершего вправе открыто проявлять *печаль* (*žal*). Через два месяца ему следует вернуться к выполнению всех обязанностей на службе и в семье. Процесс *скорби* (*zármutku*) тем временем будет продолжаться, и примерно через год человек, потерявший близкого, будет способен посмотреть на эту утрату другими глазами» (Haškovcová: www).

В этом отношении показательно, что лексемой *zármutek* и ее производными обозначается скорбь в ее религиозном смысле. См., например:

(14) [Гринев оказался в тюрьме.]
Я прибегнул к утешению всех **скорбящих** и, впервые вкусив сладость молитвы, излиянной из чистого, но растерзанного сердца, спокойно заснул, не заботясь о том, что со мною будет (Пушкин). - Utekl jsem se k útěše všech **zarmoucených**, a okusiv poprvé sladkost modlitby prýštící z čistého, ale rozervaného srdce, klidně jsem usnul, nestaraje se o to, co se mnou bude.

(15) В тот день, вечером, шел он [смотритель] по литейной, отслужив молебен у Всех **Скорбящих** (Пушкин). - Téhož večera šel po Litějné ulici, když byl dal sloužit bohoslužbu za všechy ztrápené a **zkormoucené** duše

Чешск. *zármutek* – это субстантив от глагола *zarmoutit*, который, в свою очередь, образован от *rmoutit*. По мнению этимологов, корень данного глагола восходит к *mQt-, а звук [r] возник в начале XV в. в результате ошибочного членения глагола *kormútiti*, возникшего из *kolomútiti* (Rejzek: *541*, ЭССЯ: *XX; 144*).

В польской лингвокультуре эмоция *smutek* ближе к русской *тоске*. Относительно этой эмоции в польском сегменте Википедии говорится: «*smutek* pojawia się np. wtedy, gdy w czymś się nam nie powodzi, ale także wtedy, kiedy pozornie wszystko jest w porządku, ale otaczająca rzeczywistość nie daje zadowolenia, nie wystarcza. Powodem *smutku* może być także samotność, lenistwo lub przesyt w rozrywkach» - т.е. «*smutek* появляется, например, тогда, когда нам в чем-то не везет, а также тогда, когда на первый взгляд все в порядке, но окружающая действительность не доставляет удовольствия, не устраивает. Причиной эмоции *smutek* может быть также одиночество, лень или пресыщение в развлечениях».

Именно разочарование в окружающей действительности, хроническое невезение, одиночество, пресыщенность считаются в русской лингвокультуре причинами, вызывающими *тоску* (подробнее см. об этом в третьей части настоящего параграфа). В польской же лингвокультуре они являются причинами эмоции *smutek*. Показательно, что на месте русск. *тоска* (и его производных) в параллельном польском тексте нередко возникает слово *smutek* (и его производные). См., например:

В русском тексте	**В польском тексте**
(16) **Тоска** взяла меня; я отошел от окошка и лег спать без ужина (Пушкин).	**Smutek** mnie ogarniał; odszedłem od okienka i położyłem się spać bez wieczery.
(17) Поэт поднял свечу над головой и громко сказал: - Здорово, други! - после чего заглянул под ближайший столик и воскликнул **тоскливо**: - Нет, его здесь нет! (Булгаков).	Poeta wzniósł świecę nad głowę i powiedział głośno: - Czołem, przyjaciele! - po czym zajrzał pod najbliższy stolik i zawołał **smutno**: - Nie, tu go nie ma!
(18) А меня такая **тоска** берет, что иной раз, ей-богу, места себе не нахожу.	A mnie tak nurtuje **smutek**, że nieraz dalibóg, miejsca znaleźć nie mogę. (Прус).

Польская лексема *smutek* приобрела свой современный фонетический облик под влиянием чешского языка (см. Boryś: *564*). Однако в польском языке имеется также исконно польская лексема *smętek* (с носовым гласным в корне), а также ее производные: *smętny, smętnie, smętnieć, smętność*[1]. Все перечисленные слова отличаются от стилистически нейтральных составляющих словообразовательного гнезда лексемы *smutek* своей стилистической маркированностью. Большинство этих слов имеют книжную или поэтическую стилистическую окраску. См., например, следующие контексты:

(19) W tej chwili drzwi się otworzyły i do komnaty wszedł z wolna Wasyl, najstarszy z Kurcewiczów, prowadzony za rękę przez Helenę. Był to człowiek dojrzałych lat, wybladły i wychudły, z twarzą ascetyczną i **smętną**, przypominającą bizantyjskie obrazy świętych (Сенкевич). - В эту минуту отворилась дверь, и в комнату, ведомый под руку Еленой, тихо вошел Василь, самый старший из Курцевичей. Это был человек в зрелом возрасте, бледный, исхудалый, с напоминающим византийские лики отрешенным и **печальным** лицом.

(20) Teorbaniści <…> uderzali o struny teorbanów; litaurzyści wyciągnąwszy ręce nad głowami bili w swoje miedziane kręgi, dowbysze grzmieli w kotły, a te wszystkie odgłosy wraz z monotonnymi słowami pieśni i przeraźliwym, niesfornym świstem piszczałek tatarskich zlały się w jakąś nutę ogromną, dziką a **smętną** jak sama pustynia (Сенкевич). - Торбанисты <…> ударили по струнам торбанов; литаврщики, подняв руки над головами, грохнули в свои медные круги; довбыши заколотили в турецкие барабаны, и все звуки эти купно с монотонным напевом песни и пронзительно-нескладным свистом татарских дудок слились в некое безбрежное звучание, дикое и **печальное**, точно сама пустыня.

(21) В одинокой могиле есть что-то **грустное**, мечтательное и в высокой степени поэтическое... (Чехов). – W samotnej mogile jest coś **smętnego**, rozmarzającego i bardzo poetycznego.

А у прилагательного *smętny* и наречия *smętnie* существует еще и разговорный оттенок 'плохой, непривлекательный, абы какой' (SJP: *III; 265-266*). По-видимому, такую семантику данные лексемы приобрели под влиянием древних верований. По свидетельству польского этнографа А.Гейштора, словом *smętek* у поляков назывался бес (Gieysztor 1982: *81*).

Значительно больший удельный вес в рассматриваемой польской микросистеме занимает лексема *żal* и ее производные, которые более подробно рассматриваются во второй части настоящего параграфа.

---

[1] В современном польском разговорном языке весьма употребителен также деминутив *smuteczek*. Интересно, что в значении 'грустные переживания' лексемы *smutek* и *smuteczek* свободно образуют форму мн. ч.: *smutki, smuteczki*.

2.2. Чешск. *žal*, польск. *żal* и их соответствия в русском языке

Odkąd zniknęła jak sen jaki złoty
usycham z żalu, omdlewam z tęsknoty[1].

Ю.Словацкий

В научный аппарат исследователей эмоциональных концептов прочно вошел термин «телесная метафора состояний души». Применяя его к концепту «ЖАЛОСТЬ», обычно говорят о том, что это понятие связано с идеей боли, мучения (Зализняк 2000: 88-89). Это утверждение, как правило, основывается на этимологическом родстве славянского *žal и лит. *gėlà* 'жестокая боль, мучение, мука', *gélti* 'болеть, жалить', д.-в.-н. *quâla* 'мука' (Фасмер: *II;35*). Чешская исследовательница Г.Карликова связывает происхождение имен эмоций с этим корнем с применявшимися во время погребальных обрядов флагеллантскими ритуальными практиками, предполагавшими самоистязание (Karlíková 1998: *52*).

Вместе с тем у данного корня существует и другая этимология. Этимолог польского языка А.Брюкнер, привлекая такие древнепольские слова, как *żale, żalniki*[2] 'кладбища', *żałoby* 'надгробные памятники', а также соответствующие слова из лужицких языков, где на месте польского *l* встречается *r* (луж. *żarba, żaroba* = польск. *zalba, żałoba*), высказывает предположение о том, что *żal* - то же самое, что *żar*, а слово *żale* изначально означало 'место для сжигания умерших' (Brückner: *661*). Аналогичные данные находим у С.Б.Бернштейна. Опираясь на исследования Г.А.Ильинского, он отмечает такие лексемы, как др.-польск. *żal* 'горение', кашуб. *żaleć* 'тлеть', польск. *zgliszcze* 'пепелище', и приходит к выводу о том, что алломорфы *gŏl-: *gōl-: *gel-: *gъl- восходят к одной морфеме со значением 'гореть, пылать, тлеть' (Бернштейн 1974: *12*).

---

[1] С тех пор как она исчезла, словно какой-то сон золотой, я сохну от печали, слабею от тоски.
[2] Ср.: *жаль, жальник* 'могила' (Даль: *I, 525*), а также ЖАЛЬ 'могила, гробница' (ССС: *212*).

В пользу этой этимологии говорят и факты многих современных славянских языков (русский язык представляет здесь исключение), где слова типа польск. *żal,* чешск. *žal,* словацк. *žial',* сербск. *жалост* обозначают не просто 'душевную боль' (такую семантику имеют в сущности все слова, передающие негативные эмоции), а 'боль по поводу утраты кого-либо'. Ср., например:

В чешском языке	В польском языке
(22) [Eduardův bratr] prochrpál den *Stalinovy smrti*; příštího dne přišel nic netuše na fakultu a spatřil spolužakyni Čechačkovou, kterak v okázalé strnulosti ční upostřed vestibulu jak socha *žalu* (Кундера). ...Продрыхнув, [брат Эдуарда] прохлопал день смерти Сталина; на следующее утро, ничего не подозревая, он пришел на факультет и увидел свою однокурсницу Чехачкову, застывшую в показном оцепенении посреди вестибюля, точно изваяние **скорби**.	(23) Na to pani Małgorzata znowu w płacz. *Z rozpaczy po śmierci męża* wpadła nawet w taki gniew zapalczywy, że nazwała mnie trzy razy niedołęgą, człowiekiem nie znającym życia, potworem <...> Potem przeprosiła mnie i zaklęła na wszystkie sakramenta, abym nie obrażał się za słowa, które jej *żal* dyktuje (Прус). Букв. ...*чтобы я не обижался на слова, которые ей **печаль** диктует.* Тут пани Малгожата опять ударилась в слезы. *С горя,* что ли, *по покойному мужу,* она вдруг впала в такую ярость, что раза три обозвала меня растяпой, простаком, не знающим жизни, уродом <...> А потом извинялась передо мной и заклинала меня всеми святыми, чтобы я не обижался на ее слова, потому что она потеряла разум от **горя**.
(24) V nich bylo nahromaděno velké *utrpení* a Lucie nad nimi zažívala pocity lítosti a *žalu*, o nichž se domnívala, že ji povznášejí a utvrzují v její "vážnosti, kterou měla na sobě ráda (Кундера). В них [фильмах о войне] сконцентрировано было великое *страдание*; Люция переполнялась чувствами жалости и **печали**, которые, как она полагала, приподнимали ее и утверждали в «серьезности», столь ценимой ею в самой себе.	(25) W tej chwili kilkunastu oficerów <...> zbliżyło się do księcia, który rzekł: - Mości panowie, *król umarł*! Głowy odkryły się jak na komendę. Twarze spoważniały. Wieść tak niespodziana mowę wszystkim odjęła. Po chwili dopiero wybuchnął *żal* powszechny (Сенкевич). В эту минуту более десятка офицеров <...> приблизились к князю, и тот им объявил: - Милостивые государи, *король скончался*! Головы как по команде обнажились. Лица посерьезнели. Столь неожиданное известие лишило всех речи. Лишь спустя какое-то время общее **горе** обнаружило себя.

Характерна в этом плане официальная формула, извещающая о смерти, в польском языке: "Z głębokim **żalem** i smutkiem zawiadamiamy o śmierci N" – «С глубокой **скорбью** и печалью сообщаем о смерти N». См. также польск. *żałoba* 'траур', 'траурная одежда', *żałobnik* 'человек, носящий траур', книжное *żałość* 'скорбь, печаль' (SJP: *III,1084*).

Как видно из примеров, соответствующее значение чешск. *žal*, и польск. *żal* вербализуется в русском языке в таких лексемах, как *печаль, скорбь, траур, горе* (реже – *тоска*). По-видимому, одним из первых эмоциональных значений корня *žal- (< *žar-) как раз и было состояние, испытываемое близкими в момент кремации умершего.

В современном польском и чешском языках исходное, прямое значение слова *żal / žal* несколько расширилось. Им может обозначаться и душевная боль вследствие испытанного разочарования. Однако это разочарование обязательно связано с разлукой (осмысливаемой как временная смерть) или утратой какой-либо вещи. Чаще всего этому лексико-семантическому варианту лексемы *żal / žal / žalost* в русском языке соответствуют слова *печаль, горечь, горесть, огорчение*:

В чешском языке	В польском языке
(26) "Copak, Havlíčku? Jsi tu pak na pohřbu! Zvedni tu svou hlavu! Copak ti někdo umřel? Podívej se na mě! Já přece žiju! Já neumírám! Já zatim ještě pořád žiju! Já žiju!" a při těch slovech její zadnice už nebyla zadnice, ale sám **žál**, nádherně vykroužený **žal**, tančící pokojem. - Ну, что Гавличек? Ты вроде как на похоронах! Подними голову! У тебя что, кто-то умер? Почему ты в трауре, скажи? Погляди на меня! Я ведь жива! Я же не умираю! Я все еще живу Я живу! - И при этих словах ее зад уже перестал быть задом, а стал **печалью**, **печалью**, прекрасно выточенной, танцующей по комнате (Кундера).	(27) Na widok drogiego niegdyś pisma przeleciała po nim błyskawica **żalu**, ale zapach papieru przypomniał mu te dawne, bardzo dawne czasy, kiedy jeszcze zachęcała go do urządzenia owacji Rossiemu (Прус). При виде дорогого некогда почерка молнией блеснуло в нем чувство **горечи**; но запах бумаги напомнил ему давно-давно минувшие времена, когда она поручала ему устройство оваций знаменитому Росси.

(28) A tak se stal Eduard učitelem v malém českém městě. Neměl s toho radost ani **žalost** (Кундера). Так Эдуард стал учителем в небольшом чешском городе. Это не приносило ему ни радости, ни **печали**.	(29) Pamiętam, że nie mogłem utulić się **z żalu**, gdy raz zepsułem kosztowny samowar (Прус). Помню, однажды я не мог прийти в себя **от огорчения**, когда испортил дорогой самовар.
(30) "Drahý Petře Andrejiči," pronesl třesoucím hlasem, "nechtěj, abych z toho **žalem** zemřel". [Гринев требует у Савельича денег, чтобы заплатить карточный долг Зурину.] «Батюшка Петр Андреич, - произнес он дрожащим голосом, - не умори меня с **печали**» (Пушкин).	(31) Dowiedziawszy się o pojedynku i ranie Twojej, matka rozchorowała się z **żalu** i leży obecnie. Матушка твоя, узнав о твоем поединке и о том, что ты ранен, с **горести** занемогла и теперь лежит (Пушкин).

Для чешск. *žal*, которое не обладает другими переносными значениями, можно выстроить следующую схему развития его семантики (см. таблицу 2):

Таблица 2

Развитие значений чешской лексемы *žal*

Польская лексема *żal* обладает и рядом других лексико-семантических вариантов. Если чувство, обозначаемое польским *żal*, направлено на оценку собственных поступков, то в русском языке ему соответствует лексема *сожаление*. См., например:

В польском тексте	В русском тексте
(32) - Wie pan – rzekła – jakiego doznałam uczucia na widok pana? Oto **żalu**. Przypomniałam sobie, że mieliśmy we troje jechać do Paryża: ja, ojciec i pan, i że z naszej trojki los był dobrym tylko dla pana (Прус).	- Знаете, - сказала она, - какое чувство я испытала, увидев вас? **Сожаление!** Я вспомнила, как мы собирались втроем поехать в Париж – я, папа́ и вы, а из нашего трио только к вам судьба была благосклонна.
(33) Kwesta wielkotygodniowa, nowa toaleta, chmura na niebie, wszystko miecza się w jej wyobraźni na tle **żalu** za serwisem i lekkiego uczucia wstydu, że go sprzedaje. "Ach, wszystko jedno!" – mówi sobie i znowu pragnie, ażeby chmury rozdarły się choć na chwilę. Ale chmury zgęszczają się, a w jej sercu wzmaga się **żal**, wstyd i niepokój (Прус).	Пасхальный сбор, новый туалет, тучи на небе, мечты и образы беспорядочно следуют друг за другом, а сквозь них пробивается **сожаление** о сервизе и легкое чувство стыда из-за того, что она его продает. «Ах, все равно!» – говорит она себе, и снова ей хочется, чтобы тучи прорвались хоть на минуту. Но тучи сгущаются, а в сердце ее усиливается чувство стыда, **сожаления** и тревоги.

Такая переоценка собственных поступков, как мы видим, может сопровождаться чувством стыда, тревоги, угрызениями совести, и тогда в русском языке описываемое эмоциональное состояние более точно описывается лексемой *раскаяние*. См., например:

В польском тексте	В русском тексте
(34) …Pewna znaczna osobistość wkrótce po wyjściu biednego, startego na proch pana Akakiusza uczuła coś w rodzaju **żalu**.	Прежде всего долг справедливости требует сказать, что *одно значительное лицо* скоро после ухода бедного, распеченного в пух Акакия Акакиевича почувствовал что-то вроде **сожаления** (Гоголь). Ср.: *почувствовал что-то вроде раскаяния*.
(35) Szwabrin przyszedł do mnie, wyraził głęboki **żal** z powodu zajścia między nami.	Швабрин пришел ко мне; он изъявил глубокое **сожаление** о том, что случилось между нами (Пушкин). Ср.: *Швабрин раскаялся*.

Единственный участок, где семантика и функционирование польского *żal* и русского *жаль,* на первый взгляд, совпадают, - это употребление соответствующих лексем в функции сказуемого безличного предложения[1]. Однако сфера употребления русского *жаль* значительно шире. В польском языке ему соответствуют три лексемы: *żal, szkoda и przykro*.

Польское *żal*, употребляясь в качестве предикатива, передает более сильное, личностное и интимное чувство, поэтому оно чаще всего используется в контекстах, когда объектом жалости является человек (однако таким объектом может быть и животное, и даже неодушевленный предмет). См., например: **Żal** *mi zwierząt (kwiatów, nocy, chwil, tamtych minionych dni)*. Сфера употребления польского *szkoda*[2] значительно шире (она близка сфере функционирования русского *жаль*), и потому этот польский предикатив гораздо более частотен, чем его синоним *żal*. Объектом жалости при слове *szkoda* может быть не только человек, животное или вещь, но и осуществленные или неосуществленные действия. Именно в этом последнем случае к предикативу *szkoda* присоединяется при помощи союза *że* 'что' придаточное изъяснительное. Ср.:

Жаль = żal	Жаль = szkoda
(36) [Wokulski] był tak wzruszony, że pani Wąsowskiej **żal** *go* zrobiło (Прус). Он был в таком отчаянии, что Вонсовской стало *его* **жаль**.	(37) - **Szkoda** *pana* (Прус). - **Жаль** мне *вас*.
(38) **Żal** mi zrobiło *biedaczki*. (Прус). **Жаль** мне стало *бедняжку*.	(39) - *Zastanów się jednak, czy nie* **szkoda** *tak pięknych pamiątek* (Прус). - Все же подумай, не **жалко** разве таких прекрасных фамильных *вещей*.
(40) Мне **жаль** было бедного *старика* (Пушкин). **Żal** mi się zrobiło biednego *staruszka*.	(41) - *Więc istotnie oryginały* – szepnęła. – **Szkoda**, *że z tej strony nie dałeś się pan poznać Beli…* (Прус). - Значит, действительно оригинальны, - тихо произнесла она. – **Жаль**, *что Белла не узнала вас с этой стороны…*

---

[1] В русской грамматической традиции слова типа *жаль, лень, пора, смех* и под., используемые в указанной функции, принято относить к словам категории состояния (см.: *Жаль будить, Лень работать, Пора ехать*).

[2] Это слово является западнославянским заимствованием д.-в.-н. *scado* 'вред'. (Фасмер: IV;449).

Еще один польский предикатив - *przykro* - передает раскаяние в причиненном огорчении. Опираясь на исследования А.Вежбицкой, Анна А.Зализняк отмечает, что этот польский концепт «как бы совмещает в себе значения русских *обидно* и *совестно*: чувствует *przykro* как тот человек, которого обидели, так и тот, который обидел; в обоих случаях присутствует компонент 'кто-то чувствует по отношению ко мне нечто плохое'» (Зализняк 2006: *281*). Ср.:

przykro ≈ 'обидно'	*przykro* ≈ 'совестно'
(42) Prawda, czasem mi **przykro** czekać na męża, który zajmuje się innymi sprawami (KJP) – Правда, иногда мне **обидно** ждать мужа, который занимается другими делами.	(43) Zrobiło mu [Wokulskiemu] się **przykro**; oparł głowę na rękach i przymknąwszy oczy marzył dalej: "Co ja jednak wyrabiam. Świadomie pomagam do zrobienia łotrostwa" (Прус). Ему [Вокульскому] стало очень **гадко**; он опустил голову на руки и продолжал размышлять: «Однако что я вытворяю? Сознательно помогаю прохвосту совершать подлости».

Такая семантика польского *przykro* обусловливает его употребление в двух типах этикетных формул. Во-первых, при извинении за собственные действия, за которые говорящему совестно, неудобно. Во-вторых, при сообщении собеседнику некоторой неприятной (*przykrej*) для того информации. В обоих случаях в русских соответствиях таких этикетных формул будет использоваться русский предикатив *жаль* либо однокоренной ему глагол *сожалеть*:

Przykro в формулах извинения	*Przykro* при сообщении неприятной информации
(44) - **Przykro** mi bardzo, że baronowa użyła nieparlamentarnych wyrazów (Прус). - Весьма **сожалею**, что баронесса употребила столь непарламентские выражения.	(45) Bardzo mi **przykro**, że cię opuściłem. Twój rozum (Интернет). Мне очень **жаль**, что я тебя покинул. Твой разум.

Przykro в формулах извинения	*Przykro* при сообщении неприятной информации
(46) - **Przykro** mi bardzo – rzekł baron, kłaniając się po raz drugi – że składam pani uszanowanie w takich warunkach. - Ja wszystko gotowa jestem przebaczyć, jeżeli… (Прус). - Весьма **сожалею**, - ответил барон, вторично отвешивая поклон, - что вынужден свидетельствовать вам свое почтение в подобных обстоятельствах… - Я готова простить все, если…	(47) Przykro mi, ale musimy się rozstać. (*Словесная формула, сообщающая работнику об увольнении*) Мне очень жаль, но нам придется расстаться.
(48) - Bardzo mi **przykro**, żem panią sądził, i bardzo mi przyjemnie, że mogę powinszować. (Прус). - Мне очень **жаль**, что я вынужден был вас судить, зато теперь очень приятно вас поздравить.	(49) I tak czeka cię dno - bardzo mi **przykro** ale taka jest prawda, lepiej z tym skończ. (*Из форума в Интеренете, обсуждающего проблемы наркомании*) И так тебя ожидает дно – мне очень **жаль**, но такова правда, лучше заканчивай с этим.

Само чувство жалости в польском языке передается с помощью лексемы *litość*, в которой имеется тот же корень, что и в русском *лютый*. Наречие с данным корнем в современном польском языке отсутствует. В чешском же языке наречие *líto* используется в значении русского *жаль* и польского *żal*. Ср. предложения из цикла рассказов чешского писателя Милана Кундеры «Смешные любови» в оригинале и польском и русском переводах:

В чешском оригинале	В польском переводе	В русском переводе
(50) Havlovi to přišlo okamžitě **líto**, protože vlastně vůbec neměl v úmyslu nechat Alžbětu takto potupně upadnout. Букв.: *Гавелу тут же стало жаль, что…*	Havlowi natychmiast zrobiło się jej **żal**, ponieważ nie miał właściwie zamiaru pozwolić Elżbiecie upaść tak haniebnie. Букв.: *Гавелу тут же стало ее жаль…*	Гавел тут же **пожалел** о содеянном: он вовсе не помышлял о столь постыдном падении Альжбеты.

В чешском оригинале	В польском переводе	В русском переводе
(51) - Vidíte, Flajšmánku. Prý je vam líto žen. Ale když je vam je **líto**, proč vám není **líto** Alžběty? Букв.: … *Вам жалко женщин. но если вам их жалко, почему вам не жалко Альжбету?*	- No i widzi pan, Flajszmanku. Podobno odczuwa pan **litość** wobec kobiet. Ale skoro tak jest, to czemu nie **żal** panu Elżbiety?	- Вот видите, милый Флайшман, А вы еще говорите, что полны **сочувствия** к женщинам. Но если вы **сочувствуете** им, то почему не **сочувствуете** Альжбете?
(52) Vždyť i mně ho **líto** jako vám. Букв.: *Ведь и мне его жалко, как и вам.*	Przecież i mnie go **żal**, tak jak panu. Букв.: *Ведь и мне его жалко, как и вам.*	Ведь и мне не меньше, чем вам, его **жаль**.
(53) Havel se díval na svou přitelkyni, <…> a přišlo mu je **líto**. Букв.: *…и ему стало ее жалко.*	Havel patrzał na swoją przyjaciółkę, <…> i zrobiło mu się jej **żal**. Букв.: *…и ему сделалось ее жаль.*	Гавел смотрел на свою приятельницу <…> и испытывал к ней **жалость**.

См. также употребление глагола *раскаяться* в соответствии с чешск.

líto и его дериватами:

В русских текстах	В чешских текстах
(54) - Да, - подтвердил Бертлеф, - об этом сказано в шестой главе «Бытия»: «Истреблю с лица земли человеков, которых Я сотворил... ибо Я **раскаялся**, что создал их».	"Ano," přisvědčil Bertlef, "je o tom psáno v šesté kapitole Genesis: *Vyhladím ze země člověka, kterého jsem stvořil, neboť líto mi, jsem ho učinil.*" (Кундера).
(55) В зале раздался свист по адресу Никанора Ивановича. - Валютчик он! - выкрикивали в зале, - из-за таких-то и мы невинно терпим! - Не ругайте его, - мягко сказал конферансье, - он **раскается** (Булгаков).	V sále začali pískat na adresu Bosého. „Šmelinář je to,". pokřikovali, "a za takového podfukáře nevinně trpíme!" „Nenadávejte mu," mírnil je konferenciér, „sám bude litovat".

Анна А.Зализняк, анализируя чешскую эмоцию *lítost* отмечает, что она соотносится не только с русской *жалостью*, но и с *обидой*. Исследовательница определяет семантику русск. *обида* как 'жалость к себе, соединенная с *претензией* к другому' (Зализняк 2006: *273-275*).

Одним из значений польского *żal* также является 'обида'. Показательно, что польский словарь толкует это значение как 'uraza, pretensja' (SJP: *III;1084*), а у лексемы *pretensja* в польском языке более широкий объем значения, чем у русского *претензия*. Это не только 'притязание на что-то' (как в русском языке), но и 'żal o coś, uraza do kogoś', т.е. 'обида за что-то или на кого-то' (SJP: *II; 921*).

Характерно, что значение обиды реализуется у польского *żal* в контексте со словом *pretensja*:

В польском оригинале	В русском переводе
(56) "Zapoznam się z nią i wprost zapytam: czy ty jesteś tym, na co przez całe życie czekałem?.. Jeżeli nie jesteś, odejdę bez **pretensji** i żalu…" (Прус).	«Познакомлюсь с нею и спрошу напрямик: ты ли это, которую я ждал всю жизнь? Если нет, отойду без **обид** и **упреков**».

Кроме того, оно проявляется в устойчивых оборотах *mieć żal* 'иметь обиду, обижаться', *żal zdjął* 'обида взяла', *żal mówi* 'обида говорит':

В польском тексте	В русском тексте
(57) - Za to nie możesz **mieć** do niej **żal**. - Gdyby tylko **żal**… Ja boję się, że ma rację i że nasze srebra mogą naprawdę znaleźć się na jakim bankierskim stole (Прус).	- За это не стоит на нее **обижаться**. - Если бы только **обида**… Я боюсь, что она права, и наше серебро может попасть на стол к какому-нибудь банкиру.
(58) - Jakiem to usłyszał, wielmożny panie, myślałem, że polecę za nim i choć przy pani baronowej, nogami go zabiję na miejscu. Taki mnie **żal** zdjął (Прус).	- Как услышал я это, ваша милость, так, думаю, догоню его сейчас и не посмотрю ни на какую баронессу – ногами затопчу насмерть. Такая меня **обида** взяла!
(59) - **Żal** mówi przez pana… - odparł książę, zabierając się do wyjścia. – Żal słuszny, ale może niewłaściwie skierowany… (Прус).	- В вас говорит **обида**, - запротестовал князь и поднялся уходить. – **Обида** понятная, но, пожалуй, неправильно адресованная…

В таблице 3 схематически представлен процесс развития значений рассмотренного польского эмоционального концепта. Прямое значение 'скорбь по покойнику', будучи направленным на себя и соединившись с претензией к другому, становится эмоцией обиды (аналогичные семантические изменения произошли в русском языке при возникновении из слова *скорбь* глагола *о-скорбить*). Если же объектом эмоции *żal* становятся собственные поступки, то возникает ее новая грань – сожаление.

Развитие значений польской лексемы *żal*

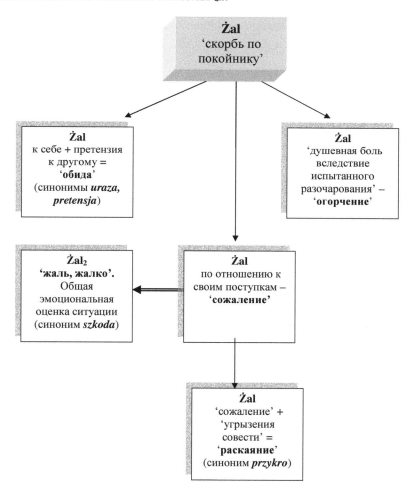

На этой базе путем конверсии в обоих языках появляется категория состояния *żal / жаль*, передающая общую эмоциональную оценку ситуации. Наконец, если к семантике сожаления добавляются угрызения совести, то появляется еще один вариант эмоции *żal* – 'раскаяние'.

«Эмоции являются частью национального интеллекта (менталитета), в процессе межпоколенной трансляции которой возможны ее внутрикультурные девиации», - пишет В.И.Шаховский (Шаховский 2002: *93*). Эти внутрикультурные девиации польского концепта «ŻAL» как раз и представлены в таблице 3.

2.3. Русская *тоска* на фоне аналогичных концептов
в польской и чешской лингвокультурах

Славянские эмоциональные концепты со значением 'тоска' обычно сопоставляются с их аналогами в германских и романских языках. Так, А.Вежбицкая рассматривает русский концепт «ТОСКА» на фоне англ. *melancholy, yearning, longing, boredom* (см. Wierzbicka 1990). Чешский писатель Милан Кундера сравнивает в романе «Неведение» чешское *stesk* 'тоска' с такими лексемами, как исп. *añoranza*, порт. *Saudale*, англ. *homesickness* и др. (Кундера 2004: *8-9*). Между тем гораздо более сложная и интересная задача – проанализировать сходства и различия в семантике концептов, обозначающих тоску в близкородственных славянских языках. В данном разделе как раз и будут рассмотрены национальные особенности того, как тоскует «загадочная славянская душа».

Среди семантических составляющих русской *тоски* А.Вежбицкая выделяет такие, как 'грусть', 'пустота', вызванная 'отсутствием и недоступностью кого-то или чего-то', 'безграничное непримиримое страдание, которое простирается за границу "этого" мира', 'контраст между миром "здесь и сейчас", который потерял свою привлекательность, и другим, недоступным, миром, который содержит потерянное сокровище' (см. Wierzbicka 1990). Однако, сопоставив эти развернутые семантические компоненты с простейшим толкованием лексемы *тоска* в русских словарях, легко увидеть, что А.Вежбицкая обошла вниманием еще один важный семантический аспект этого русского концепта.

В словарях русская эмоция *тоска* обычно толкуется как «душевная *тревога*, соединенная с грустью» (Ожегов: *656*) либо как «тяжелое душевное состояние, характеризующееся томлением, грустью, *тревогой* и упадком сил» (Черных: *II; 253*). По словам В.А.Масловой, смысловой компонент страха отмечали у концепта «ТОСКА» и многие философы (В. Маслова 2004: *212*).

Таким образом, важнейшая составляющая русской *тоски – тревога*, т.е. особый, иррациональный, вид страха, источники которого непонятны для человека (подробнее о соответствующих концептах в славянских языках см. в § 1 настоящей главы).

Итак, русская тоска – это соединение печали или грусти с тревогой. Показательны в этом отношении переводы приводимого ниже отрывка из романа М.Булгакова «Мастер и Маргарита», содержащего лексему *тоска*, на польский и чешский языки. Польские и чешские переводчики увидели разные стороны этой русской эмоции: в польском переводе использовано прилагательное *smutny* 'грустный, печальный', а в чешском – наречие *úzkostlivě* 'тревожно, подавленно', обозначающее иррациональный страх:

Русский оригинал	Польский перевод	Чешский перевод
(60) Маргарита вцепилась в больничный халат, прижалась к нему [Мастеру] и сама начала бормотать в **тоске** и слезах: - Боже, почему же тебе не помогает лекарство?	Małgorzata wczepiła się w szpitalny szlafrok, przytuliła się do Mistrza i także zaczęła mamrotać, **smutna**, zalana łzami: - Boże, dlaczego nie pomaga ci lekarstwo?	Markéta zaryla nehty do nemocničního županu, přitiskla se k Mistrovi a **úzkostlivě** hořekovala: "Bože, jak to, že ti lék nepomáhá?"
тоска =	**грусть (печаль)**	**+ тревога**

Тоска, как уже говорилось, является своеобразным «семантическим мостиком», который соединяет функционально-семантические поля со значением «страха» и «печали». Показательно, что в параллельных польских и чешских текстах русскому *тоска* могут соответствовать как слова, обозначающие тревогу (польск. *niepokój*, чешск. *úzkost*), так и слова, обозначающие грусть, печаль (польск. *żal, smutek*, чешск. *smutek*). Ср.:

Тоска 'тревога' (польск. *niepokój*, чешск. *úzkost*)	Тоска 'печаль' (польск. *żal, smutek*, чешск. *smutek*)
(61) **Тоска** начала покидать Ивана тотчас после укола, и теперь поэт лежал спокойно и глядел на радугу, раскинувшуюся по небу (Булгаков). - Ihned po injekci opustila básníka svíravá **úzkost** a teď ležel klidně a sledoval, jak se na nebi rozklenula duha.	(62) Znowu czyta powieść, ten roździał, kiedy, podczas gwiaździstej nocy p. Rambaud naprawiał zepsutą lalkę małej Joasi, Helena tonęła we łzach *bezpzedmiotowego* **żalu** (Прус). - Она опять принимается за роман – читает, как однажды звездной ночью г-н Рембо чинил поломанную куклу маленькой Жанны, Элен плакала от *беспричинной* **тоски**.
(63) "...tyle tysięcy otacza mnie rozradowanych biedaków, a ja, bogacz przy nich cóż mam?... **Niepokój** i nudy, nudy i **niepokój**... (Прус). - «Тысячи бедняков веселятся вокруг, в сравнении с ними я богач, но каков мой удел? **Тоска** и скука, скука и **тоска**...»	(64) Иногда, если и случался свободный, ничем не заполненный час, то Ромашов, томимый скукой и бездельем, точно боясь самого себя, торопливо бежал в клуб или к знакомым <...> Теперь же он с **тоской** думал, что впереди целый день одиночества (Куприн). - Dawniej, jeżeli przypadkiem miał niczym nie zapełniony, wolny czas, Romaszow dręczony nudą i bezczynnością, jakby bojąc siebie pospiesznie biegł do klubu albo do znajomych oficerów <...> Teraz myślał ze **smutkiem**, że ma przed sobą cały dzień samotności.
(65) Rok od roku jsem cítil, jak kolem mne přibývá siroby a uvnitř mne klíčí **úzkost** (Кундера). - Год от году я все сильней чувствовал, как вокруг меня сгущается одиночество, а внутри меня прорастает **тоска**.	(66) Z dále připilý křik táhlé slovácké písně a mísil se s grotesní pachutí vzpomenutého přiběhu, s prašnou prázdnotou města i smým **smutkem** (Кундера). - Вдалеке все еще раздавался пьяный крик протяжной моравской песни и смешивался во мне с гротескным привкусом припомнившейся истории, с пыльной пустотой города и моей **тоской**.

Характерно также, что русское слово *тоска* (и его производные) нередко употребляется в контексте с обозначениями страха, что весьма показательно характеризует семантический оттенок тревоги, присутствующий в его значении. Любопытно, что в польских и чешских параллельных текстах в подобных случаях не фигурируют лексемы, обозначающие 'тоску'. См., например:

(67) С удивлением, **тоской** и *ужасом* начинал Ромашов понимать, что судьба ежедневно и тесно сталкивает его с сотнями этих серых Хлебниковых (Куприн). - Ze zdziwieniem, **smutkiem** i *przerażeniem* zaczynał Romaszow rozumieć, że los co dzień styka go blisko z setkami tych szarych Chlebnikowów.

(68) Śmiech, płacz, **żal**, pisk, niesforne okrzyki, wszystko to odzywało się razem, a nad wszystkim unosił się głos potężny, pełen beznadziejnego smutku. <...> Ogarnęła go taka *trwoga*, że przeżegnał się (Прус). - Смех, плач, **вопль тоски**, визг, безобразные крики — все это звучало одновременно, и все заглушал могучий голос, проникнутый безысходной скорбью. <...> Его охватил такой *ужас*, что он перекрестился.

(69) Кроме того, Берлиоза охватил *необоснованный*, но столь сильный *страх*, что ему захотелось тотчас же бежать с Патриарших без оглядки. Берлиоз **тоскливо** оглянулся, не понимая, что его *напугало* (Булгаков). - Navíc Berlioz pocítil *bezdůvodný*, ale tak silný *strach*, že by nejraději vzal nohy na ramena a pelášil z Patriarchových rybníků. *Smutně* se rozhlédl kolem; nechápal, co ho tak *poděsilo*.

Показательно в связи с этим, что в словарном толковании польского *tęsknota* «uczucie żalu, wywołane rozłąką z kimś, brakiem lub utratą kogoś, czegoś». (SJP: *III; 502*), т.е. «чувство печали (скорби), вызванное разлукой с кем-то, отсутствием или утратой кого-то, чего-то» отсутствует семантический компонент, обозначающий иррациональный страх. Поэтому, как было видно из приведенных примеров, если источник или объект тоски не назван или непонятен из более широкого контекста, то русскому *тоска* соответствует в польском и чешском тексте не лексема *tęsknota / tesknota*, а слова со значением 'грусть, печаль', 'беспокойство', 'тревога', 'боязнь', 'безотчетный страх'.

Таким образом, в центре семантики польского *tęsknota* оказывается значение печали. Именно поэтому, когда в русском *тоска* значение страха выходит на первый план, польские переводчики вынуждены употребить не слово *tęsknota*, а лексему *lęk*, обозначающую иррациональный страх:

(70) В смертельной **тоске**, отравлявшей душу в начале болезни, Кузьма бредил снегирем, Клашей, Воронежем (Бунин). - W śmiertelnym **lęku**, zatruwającym mu duszę na początku choroby, Kuźma bredził o śniegułce, o Kławdii, o Woronieżu.

С другой стороны, русский переводчик, встретив в польском художественном тексте слово *smutek* 'грусть, печаль' в контексте, обозначающем состояние предсмертного страха, переводит его русским *тоска*:

(71) Spojrzał na mnie ciemnymi oczyma z nieopisanym **smutkiem** i wyszeptał chrapliwym głosem: «Nie treba deptać... Niemcy są też ludźmi» (Прус). - Он [немецкий солдат] с невыразимой **тоской** глянул на меня темными глазами и с трудом прохрипел: «Не надо топтать... И немцы - люди...».

Чешский язык обладает гораздо более обширным репертуаром слов, обозначающих 'тоску': *tesknota, stesk, tíseň, touha*. Лексема *tesknota* имеет книжный оттенок и потому малоупотребительна. В центре же анализируемой чешской микросистемы оказывается слово *stesk*. Оно не только самое частотное, но и обладает наиболее разветвленными словообразовательными связями. В соответствующее словообразовательное гнездо входят прилагательное *teskný*, наречие *teskně*, глагол *stýskat se*. Примечательно, что, в отличие от русского *тосковать*, этот чешский глагол является безличным и употребляется только в безличных дативных конструкциях. См., например, предложение *Stýska se mi po tobě* (букв. тоскуется мне по тебе), которое М.Кундера называет «самой трепетной чешской фразой любви».

Анализируя подобные дативные конструкции в русском языке, А.Вежбицкая приходит к выводу, что описываемые в них эмоции представляются возникшими спонтанно (Вежбицкая 1996). «Тоска предстает как нечто независимое от человека, существующее вне его, часто она сильнее его», - отмечает В.А.Маслова (Маслова 2004: *215*). В чешском языке эта спонтанность и независимость тоски от человека маркированы синтаксическими средствами.

В русском языке с такими дативными конструкциями при выражении эмоции тоски можно столкнуться, когда в качестве сказуемого безличного предложения выступает категория состояния *тоскливо* (или ее компаратив *тоскливее*). Если в чешском языке в соответствии с русск. *тоскливо / тоскливее* также регулярно выступают соответствующие чешские предикативы *teskno / teskněji* (см. примеры 73, 77), то в польском языке предикатив *tęskno* употребляется сравнительно редко (см. пример 74). Значительно чаще в польском параллельном тексте используются конструкции с личными глаголами (см. пример 75) либо на месте русск. *тоскливо* появляются его синонимы в форме предикатива (см. примеры 72, 76, а также 87):

В русских текстах	В чешских и польских текстах
(72) И в сумерки **тоскливо** становилось на душе при взгляде на его [Серого] избу (Бунин).	**Ciężko** było o zmierzchu patrzeć na jego chałupę. - *Букв.* **Тяжело** было в сумерки смотреть на его избу.
(73) Чем нам было **тоскливее**, тем больше мы уходили в себя, иными словами, играли уже скорей для себя, чем для других.	**Čím** nám bylo **tesknĕji**, tím více jsme se obraceli sami k sobĕ (Кундера).
(74) Горько атаману, злоба душит, и **тоскливо**, и стыдно. Хочется попрощаться ласково, да страшно, боится он, что не будет это прощанье таким, какого душа желает, что уедет он с досадой, с болью, со гневом в сердце.	Atamanowi i gorzko, i gniewno, i **tęskno**, i głupio. Chciałby się pożegnać czule, a boi się tego pożegnania, że nie będzie takie, jakiego by z duszy pragnął, boi się, że odejdzie z goryczą, z gniewem, z bólem (Сенкевич).
(75) Не могу передать, как мне скучно, а может быть - **тоскливо**... Но и это пройдет.	Nie umiem ci opowiedzieć, jak się nudzę, a może tylko **tęsknę**. Ale i to przejdzie (Прус). *Букв.* Не могу передать, как я скучаю, а может быть, **тоскую**. Но и это пройдет.
(76) Еленины ноги похолодели, и стало ей **туманно-тоскливо** в гнойном камфарном, сытном воздухе спальни. Но это быстро прошло (Булгаков).	Helena poczuła chłód w nogach, zrobiło jej się **słabo**, **markotnie** w ropnym, kamforowym, zgęstniałym zaduchu sypialni. Ale to zaraz minęło. *Букв.* Елена почувствовала холод в ногах, ей стало **слабо**, **грустно** в гнойном, камфарном, загустевшем воздухе спальни.
(77) - Дальше не знаю, - прервал Швейк. - Если желаете, спою вам: Ох, болит мое сердечко, Ох, **тоска** запала в грудь. Выйду, сяду на крылечко На дороженьку взглянуть. Где же ты, милая зазноба...	"Dál to neumím," pokračoval Švejk. "Jestli chcete, tak vám zazpívám: Jak je mi **teskno** okolo srdce, co tĕžce, bolnĕ zdvíhá ňádra má, když tiše sedím, do dálky hledím, tam, tam do dálky touha má . . . A také to dál neumím," vzdychl Švejk (Гашек). *Букв.* Как мне **тоскливо** на сердце.

Чешский концепт «STESK» оказывается ближе по своей семантике к русскому *печаль*. Характерно, что в русском параллельном тексте ему соответствует *печаль* или *грусть*, а в польском – *smutek* 'грусть, печаль'. Ср., например:

В чешском оригинале	В польском переводе	В русском переводе
(78) Kdykoli pomyslím na staré antycké kultury, pojme mě **stesk**. Snad je to kromě jiného i **teskná** závist nad tou unyle sladkou pomalost tohdejší historie (Кундера).	Ilekroć pomyślę o starych kulturach antycznych, ogarnia mnie **smutek**. Może poza wszystkim innym jest to także **smętna** zazdrość o tę senną, słodką powolność ówczesnej historii.	Стоит мне подумать о древней античной культуре, как меня принизывает **грусть**. Кроме прочего, возможно, она навеяна **печальной** завистью к уныло-сладкой неспешности тогдашней истории.

Чешск. *tíseň*, мотивированное параметрическим прилагательным *těsný* 'тесный', толкуется в словаре как «stav úzkosti», т.е. «состояние тревоги, иррационального страха» (SSČ: 449). Таким образом, семантика иррационального страха в значении чешск. *tíseň* доминирует, поэтому данная лексема, как правило, употребляется в контекстах, где в описании тоски на первый план выходит семантический компонент страха. См., например:

(79) Jenimže **tíseň**, která tu spadla ze mne, *dopadla plnou vahou* na Kláru (Кундера). - Однако **тоска**, оставившая меня, всей своей тяжестью *придавила* Клару.

(80) [Музыкант Клима ужинает в ресторане со своей любовницей и **боится**, что его узнают и запомнят в ее обществе.] Когда он [Клима] <...> увидел на стене против гардероба свою большую фотографию на афише <...>, его *охватило чувство* **тоски**. - Když [Klíma] <...> spatřil na zdi proti šatně svoji velkou fotografii na plakátě <...> *sevřel ho pocit* **tísně** (Кундера).

Чешский глагол *toužit* чаще маркирует жажду телесной любви. См., например:

(81) A přece k tomu, abych byl tehdy dosáhl těla, po němž jsem tak zoufale **toužil**, stačulo jen <...> abych se v ní vyznal. (Кундера) - Хотя для того, чтобы овладеть ее телом, о котором я так отчаянно тогда **мечтал**, достаточно было <...> понять ее.

(82) **Touha** po souloži se v nem sbližovala s **touhou** po zošklivení (Кундера). - **Жажда** обладания сближалась в нем с **жаждой** отвращения.

Этот чешский глагол, как и субстантив *touha*, того же корня, что и русск. *тужить, тяжесть* и устар. *туга*. Показательно, что для передачи чешского *touha* переводчица Нина Шульгина находит в русском языке очень точное соответствие – *тяга*. См.:

(83) Jak jsme již řekli, byly to týdny trýzně. A trýzeň byla o to větší, že Eduardova **touha** po Alici zdaleka nebyla jenom **touhou** těla po těle; naopak, čím víc byl odmítán tělem, tím se stával **stýskavější** a bolavější a tím víc si žádal i jejího srdce (Кундера). - Как уже было сказано, это были недели мучений. И муки были тем сильнее, что **тяга** Эдуарда к Алице вовсе не ограничивалась **тягой** тела к телу; напротив, чем больше его отвергало ее тело, тем **печальнее** и несчастнее он становился и все больше нуждался в ее сердце.

Весьма характерно, что внутренняя форма русск. *тоска*, польск. *tęsknota*, а также четырех чешских лексем, передающих эту эмоцию (*tesknota, stesk, tíseň, touha*), тоже основана на идее сжатия: *тоска, tęsknota, tesknota, stesk* соотносятся с *тискать, tíseň* – с *тесный, touha* – с прилагательным *тугой* и существительными *тяжесть* и *тяга* (см. Шанский, Боброва: *320, 326*; Rejzek: *659, 667*; Brückner: *570*). Именно этот факт позволил Ю.С.Степанову поставить знак равенства между иррациональным страхом и тоской: соответствующий раздел в его «Словаре русской культуры» так и называется - «Страх, Тоска» (Степанов 2001: *876*).

Однако русск. *тоска*, польск. *tęsknota*, а также чешск. *tesknota* и *stesk* этимологически связаны еще и с *тощий, тщетный и тошнота*. *Тоска*, по В.В.Колесову, - «это стеснение, она и с т о щ а е т». Благодаря смысловой близости к *тъщь* 'пустой, полый', по мнению ученого, *тоска* передает бесполезность, суетность, пустоту, тщетность жизни. Исследователь приводит мысль А.А.Потебни о том, что *тоска* – «переход от физической т о ш н о т ы к нравственному состоянию» (см. Колесов 2004: *76-77*). Очевидно, именно эта этимологическая связь позволила данным лексемам стать средствами обозначения рассматриваемой эмоции.

Два указанных компонента внутренней формы слова *тоска* и ее соответствий в польском и чешском языках (идея сжатия и идея пустоты) в современных языках проявляются в типичных метафорических моделях.

Идея сжатия проявляется в том, что *тоска* может *придавить*, *навалиться*, *угнетать*, *сжать сердце*. См., например:

(84) *Padl* do mne strašlivý **stesk**: byl jsem bez Lucie a věděl jsem, že ji neividím celé dva měsíce (Кундера). - На меня *навалилась* страшная **тоска**: я остался без Люции и знал, что не увижу ее целых два месяца.

(85) Tichý dlouhý **stesk** jí *sevřel srdce* (Кундера). - Тихая затяжная **тоска** *сжала* ей *сердце*.

(86) Люди, случайно между собой связанные, но все вместе осужденные на скучную бездеятельность и бессмысленную жестокость вдруг прозревали в глазах друг у друга, там, далеко, в запуганном и *угнетенном* сознании, какую-то таинственную искру ужаса, **тоски** и безумия (Куприн). – польск. Związani ze sobą zrządzeniem przypadku i wszyscy razem skazani na nudną bezczynność i bezsensowe okrucieństwo, dostrzegali nagle wzajemnie w swoich oczach, gdzieś w zakamarkach *przytłoczonej* świadomości, jakiś tajemniczy przebłysk strachu, **przygnębienia** i szaleństwa.

(87) И всем на минуту стало **тоскливо** и *тесно* под этим *низким* потолком в затхлой комнате, среди *узкой*, глухой и слепой *жизни* (Куприн). – польск. Wszystkim, którzy tkwili w tym w tym **ograniczonym**, tępym i ślepym życiu, zrobiło się na chwilę **smutno** i *ciasno* pod *niskim* sufitem w zatęchłym pokoju.

Идея пустоты проявляется в том, что писатели активно используют образ пустого помещения как метафору состояния души. См., например, приводимые А.Вежбицкой строки М.Цветаевой *По тебе внизу* **тоскует** *мама, // В ней душа* **грустней** *пустого храма*. В рамках этой метафорической модели особенно активно употребляется чешск. *stesk*, маркируя идею душевной опустошенности. См. фрагменты из романа М.Кундеры «Шутка»:

(88) Měl jsem *prázdno* v duši a chtěl jsem ji volat nazpět, protože **se** mi po ní **stýskalo** už v té chvíli, kdy jsem ji vyháněl, protože jsem věděl, že je tisíckrát lepší být s Lucií oblečenou a zdráhající se než být bez Lucie; protože být bez Lucie znamenalo být v absolutní opuštěnosti. - Душа моя была совсем *пуста*, хотелось вернуть Люцию, я ведь **тосковал** по ней уже тогда, когда гнал от себя, потому что знал: в тысячу раз лучше быть с Люцией, одетой и строптивой, чем быть без Люции, так как быть без Люции значит быть в одиночестве.

(89) Od onoho večera se ve mně všechno změnilo; byl jsem opět **obydlen**; nebyl jsem už jen žalostnou **prázdninou**, v niž se proháněly (**jak smetí ve vyrabovaném pokoji**) **stesky**, výčitky a žaloby; **pokoj mého nitra byl náhle uklizen a kdosi v nem žil.** - С того вечера все во мне изменилось; я вновь стал **обитаем**; я не был уже той горестной **пустотой**, по которой гуляли (**как сор по разграбленному жилищу**) **печали**, угрызения и жалобы; **обитель нутра моего оказалась вдруг кем-то убранной и заселенной.**

Игру слов *тоска* и *тщетность* очень выразительно использует переводчица романа М.Кундеры «Шутка» Нина Шульгина:

(90) Býl jsem spíš objektem než subjektem celého svého příběhu a nemám se tedy (nechci-li považovat za hodnotu trápení, **smutek** či dokonce **marnost**) vůbec čím chlubit (Кундера). - Я был скорей объектом, а не субъектом всей своей истории, и мне тут (если не считать достоинством страдания, **тоску** или даже **тщетность**) вовсе нечем хвастать.

Сосуществование этих свойств тоски - тесноты и пустоты – известный этнограф А.К.Байбурин объясняет тем, что в ситуации смерти мир, с одной стороны, «переполняется» избыточными объектами (смерть, покойник и его атрибуты), с другой – среди живых образуется пустота, вызванная смертью близкого человека, эта пустота и заполняется тоской. В результате мир «теряет свою привычную конфигурацию, становится если не новым, то незнакомым. В этой ситуации неизменно появляется страх». По словам исследователя, для появления страха достаточно было бы чего-то одного (либо тесноты, либо пустоты), но здесь присутствуют обе схемы, и страх сопровождается тоской. Каждое из этих переживаний имеет свою сильную позицию: страх соотносится с присутствием смерти, а тоска - с пустотой. «В контексте похоронной обрядности, - подчеркивает ученый, - **пустота** имеет двоякий смысл: во-первых, пустота во внешнем пространстве (этот вид пустоты как раз и вызывает **страх**), во-вторых, пустота в живых, в их душах после смерти близкого человека. Такая (внутренняя) пустота связывается с **тоской.** Связь тоски с пустотой многопланова: тоска **заполняет** образовавшуюся пустоту[1]; тоска

---

[1] Неслучайно поэтому, по мысли ученого, образ тоски, заполняющей собой пустоту, ассоциируется с жидкостью. Соответствующую метафору находим в «Слове о полку Игореве»: «*тоска разлияся* по Рускои земли; *печаль жирно тече* средь земли Русской» (см. Байбурин 2001: *100*).

опустошает человека и, наконец, тоска сама является пустотой» (Байбурин 2001: *99*. Выделено автором. – *Е.С.*).

Характерно, что пустота в архаическом сознании воспринимается как семантический аналог хаоса. По словам известного этнографа М.Элиаде, в традиционной культуре «с одной стороны, существует микрокосм – заселенное и организованное пространство, тогда как с другой, за границами этого освоенного пространства, располагается неизвестная и ужасающая страна демонов, упырей, чужих покойников – одним словом, хаос, смерть, тьма. Этот образ заселенного микрокосма, окруженного **пустотой**, которая отождествляется либо с хаосом, либо со страной мертвых, сохранился даже в высокоразвитых цивилизациях»[1] (Eliade: www. – *Выделено мною. Е.С.*).

Показательно, что пустота оказывается доминантой тоски и в философско-эстетическом анализе этого концепта. С.А.Лишаев в монографии «Эстетика Другого» посвящает *тоске*, *хандре* и *скуке* главу под характерным названием «Эстетика "пустого" времени и "пустого" пространства». Исследователь подчеркивает: «Тоска есть расположение, в котором Другое как Бытие **присутствует своим отсутствием, то есть Другое дано как пустота Ничто** <…> Доминанта тоски как расположения – это *переживание отсутствия бытия в сущем, опыт метафизической* пустоты, следовательно, тоска есть не что иное, как **форма присутствия** *Другого*. **Другое здесь дано нам как Ничто, как "пустота"** на том "месте", где человек привык иметь дело с неощутимой "заполненностью" мира Другим как Бытием. В этом смысле тоска есть тоска по Бытию,

---

[1] Эту мысль весьма красноречиво подтверждают рассуждения чешского писателя Милана Кундеры о восприятии России жителями Восточной Европы: «Хочу еще раз подчеркнуть, что на восточной границе Запада сильнее, чем где-либо, воспринимают Россию как Анти-Запад: она представляется не столько как одна из европейских держав, сколько как особая, совершенно иная цивилизация. Об этом говорит Чеслав Милош в «Родной Европе», подчеркивая, что в XVI и XVII веках «москали считались варварами, с которыми вели войны на периферии Европы, как с татарами, и особенно ими не интересовались... С того же времени, когда земли на Востоке воспринимались как **пустынное место**, возникает у поляков восприятие России как чего-то внешнего, находящегося **за границей мира**» (Kundera₂ : www. *Выделено мною. Е.С.*).

устремленность к утверждению в Другом» (Лишаев 2000: *271. Выделено автором. – Е.С.*).

Различное отношение к *тоске* (преимущественно негативное) и к *печали* (в основном позитивное) в традиционной культуре, как кажется, позволяет разграничить функции этих эмоций. Тоска, как отмечает А.К.Байбурин, осуждается традиционным сознанием по нескольким причинам. Во-первых, тоска наносит вред как живому, так и мертвому[1]: живой начинает сохнуть, а мертвому тяжело лежать (эта тяжесть, зафиксирована, в частности, в др-русск. **ТОΥГА** и чешск. *touha*). Во-вторых, тоска противоречит христианскому пониманию смерти как началу «вечной жизни», поэтому тосковать считалось допустимым лишь до сорокового дня, когда, по христианским представлениям, душа покойного покидает землю. В-третьих, нарушение *временных* ограничений тоски ведет к нарушению *пространственных* границ между миром живых и миром мертвых: покойник начинает «ходить» к тоскующей по нему родне.

Осуждая неумеренную тоску, традиционная культура стремится к регламентации памяти о покойных, предписывая вспоминать их только в строго определенные дни и в соответствии с определенными ритуалами, которые, с одной стороны, защищают от чуждого мира мертвых, а с другой – устанавливают гармонию взаимоотношений между этими мирами.

В этом отношении весьма показательно стихотворение А.Пушкина «Что в имени тебе моем…», написанное как бы от имени человека, ушедшего «в мир иной». Лирический герой осуществляет коммуникацию с возлюбленной через особый ритуал:

> (91) Но в день печали, в тишине,
> Произнеси его тоскуя;
> Скажи: есть память обо мне,
> Есть в мире сердце, где живу я…

---

[1] Тот факт, что тоске, по народным представлениям, подвержены не только живые, но и мертвые, зафиксирован, например, в словаре В.И.Даля. См.: *На Феодора покойники тоскуют по земле* (Даль *IV: 422*).

Собственно, это и есть печаль, понимаемая как древний ритуал произнесения имени умершего в строго определенное время («в день печали, в тишине»). Именно в этот момент и допустимо тосковать.

Несколько иное отношение к тоске можно наблюдать в польской и чешской лингвокультурах. Так, польск. *tęsknota*, которое, как уже говорилось, сближается по семантике с русской *печалью*, оказывается, подобно русской *печали*, своеобразным средством коммуникации живых и мертвых, позволяющим им соединиться в вечности. Показательна в этом отношении эпитафия на одной из могил в Польше:

(92) Choć Cię ukryły tajemnicze wrota,	Хотя тебя укрыли тайные врата,
Drogę mi wskaże	Дорогу мне укажет
Ariadny nić złota	Ариадны нить золотая –
moja **tęsknota**	моя **тоска**.

Польский лингвист И.Борковский, процитировавший эту надпись в своей работе о языке эпитафий, замечает, что для данного речевого жанра вообще характерна оппозиция: «ты, умерший, счастлив» - «мы, живые, находимся в нескончаемой скорби». Ученый подчеркивает, что длительность состояния скорби является важной составляющей идеального поведения живых в отличие от мертвых. «Конечным пределом для скорби, - пишет И.Борковский, - может стать только собственная смерть и встреча с умершим» (Borkowski 2000: *350-352*).

Синтагматической особенностью польск. *tęsknota* и *tęsknić* является их сочетаемость с предложно-падежной формой *za* + *Т.п.*, обозначающей объект тоски[1]. См., например:

В польских текстах	В русских текстах
(93) Kuźma barwnie opisał jego przedśmiertne błagania, myśli i **tęsknotę za** grzesznym, tak przedwcześnie przerwanym *życiem*.	Кузьма горячо изложил его предсмертные мольбы, думы, его **скорбь о** своей неправедной и «так рано пресекшейся *жизни…*» (Бунин).

---

[1] Под влиянием украинского языка и южнорусских диалектов выражения типа *тосковать за мамой, скучать за сестрой* проникают и в русскую разговорную речь.

В польских текстах	В русских текстах
(94) Byłem we Włoszech, Francji, Niemczech, nawet w Anglii, a wszędzie nękała mnie bieda i żerła **tęsknota za krajem** (Прус).	[Я] был и в Италии, и во Франции, и в Германии, и даже в Англии – и всюду преследовали меня бедствия и терзала **тоска** *по родине*.
(95) Jak patrzyła na drzwi prowadzące do sieni i do mego mieszkania, gdzie o kilka kroków od niej zmarszczony Wokulski, nie domyslając się, że tu **tęsknią** *za nim*, siedział nad książkami (Прус).	Как [Кася] смотрела на дверь, ведущую в сени, к моей комнатушке, где в нескольких шагах от нее Вокульский корпел над книгами, не догадываясь, что *о нем* так **тоскуют**!

В результате объект тоски предстает как расположенный за некой чертой, в ином мире, даже если он реально находится совсем рядом (см. пример 95).

В чешской лингвокультуре тоска, судя по всему, также может быть уделом только живых. В коммуникации живых и мертвых это также путь к соединению в вечности. Показателен в этом отношении следующий фрагмент из романа М.Кундеры «Шутка»:

В чешском оригинале	В русском переводе
(96) Dověděl jsem se o své mamince, až když už dávno nežila. <...> Představuji si rád [mamičinu tvář]. <...> Mamičina tvář nebyla nikdy **smutná**. <...> *Kdo žije ve věčnosti, netrpí* **steskem**. *Ví, že lidský život trvá vteřinu a že setkání je blízké.* Ale když jsem žil v Brně a nechával tatínka samotného, zdávalo se mi, že mamičina tvář je **smutná** i **vyčítavá**. A já jsem chtěl žít s maminkou v míru.	О маме я узнал, когда ее уже давно не было в живых. <...> Я люблю представлять себе [ее лицо]. <...> Мамино лицо никогда не бывало **печальным**. <...> *Кто живет в вечности, тот не мучится* **печалью**[1]. *Он знает, что жизнь человеческая длится мгновение и что встреча близка.* Но когда я бывал в Брно и оставлял отца одного, мне казалось, что мамино лицо **печально** и **укоризненно**. А я хотел жить с мамой в ладу.

Лингвокультурологи, занимавшиеся русским концептом «ТОСКА», не раз обращались к анализу одноименного чеховского рассказа, рассматривая его как один из типичных культурных сценариев русской тоски. Однако этот рассказ интересен прежде всего тем, на базе каких эмоций возникает тоска у русского человека.

---

[1] Перевод в данном случае не совсем точен. В оригинале у М.Кундеры речь идет об эмоции *stesk*, т.е. о *тоске*.

Исследователи обычно оставляют в стороне тот факт, что в эпиграфе к этому рассказу речь о тоске не идет вообще. Рассказу предпослан эпиграф, являющийся началом духовного стиха «Плач Иосифа и быль» *Кому повем* **печаль** *мою?..* Герой рассказа извозчик Иона Потапов переживает именно чувство печали, вызванное смертью сына. Поскольку печаль – это, как уже говорилось, особая форма контакта с теми, кого с нами нет, чисто человеческое чувство обретаемой целостности рождающегося социума, то Иона, испытывая эту эмоцию, чувствует необходимость поделиться своим горем с кем-то другим. Именно тогда печаль сможет обернуться своей «светлой стороной», когда, говоря словами Пушкина, «унынья … ничто не мучит, не тревожит». Попытки Ионы рассказать своим седокам о смерти сына ни к чему не приводят: его не хотят слушать. Это рождает в нем чувство одиночества, оторванности от социума, которое «начинает мало-помалу отлегать от груди», когда его сани оказываются на многолюдной улице. Парадоксально, но даже «обращенную к нему ругань» Иона воспринимает как обретение целостности с социумом, он готов поддержать любую беседу, даже издевательские реплики седоков по поводу его шапки. *Тоска* (это слово впервые появляется лишь на четвертой странице произведения) приходит к Ионе вместе с новым одиночеством:

(97) «Получив двугривенный, Иона долго глядит вслед гулякам, исчезающим в темном подъезде. Опять он **одинок**, и опять наступает для него тишина… Утихшая ненадолго **тоска** появляется вновь и распирает грудь с еще большей силой. Глаза Ионы **тревожно и мученически** бегают по толпам, снующим по обе стороны: не найдется ли среди этих тысяч людей хоть один, который выслушал бы его?».

Печаль Ионы превращается в тоску, когда в палитре переживаемых им эмоций появляется новая краска - ***тревога***. В связи с этим весьма показательна поза, которую принимает извозчик, тоскуя: «Иона отъезжает на несколько шагов, **изгибается** и отдается **тоске**». Лишь отчасти эту позу можно объяснить холодом. Это не что иное, как ступор, оцепенение, вызванные иррациональным страхом, которые рождают «острую боль».

Именно поэтому Иона возвращается «ко двору», надеясь хотя бы там кому-нибудь «поведать свою печаль».

Причина тоски – отсутствие цели в жизни. Достаточно вспомнить пушкинское

(98) **Цели** нет передо мною:
Сердце **пусто**, **празден** ум,
И **томит** меня **тоскою**
Однозвучной жизни шум

или лермонтовское

(99) И жизнь уж нас **томит**, как ровный путь **без цели.**

Точно так же объясняет причину своей тоски и один из горьковских босяков – Коновалов: «Не нашел я **точки** моей! Ищу, **тоскую** – не нахожу!».

Наверное, только ленивый не отмечал одну из важнейших составляющих культурного сценария русской тоски – пьянство. Тот же Коновалов, страдающий запойным пьянством от тоски, объясняет его причины: «…Сердце тронуто, из него тоски огнем не выжжешь… Остается – водкой ее заливать». Однако, как это ни парадоксально, тоска, в отличие от иррационального страха, - весьма интеллектуальное чувство. Горький пишет о своем герое:

(100) «Таких "**задумавшихся**" людей много в русской жизни, и все они более несчастны, чем кто-либо, потому что тяжесть их дум увеличена слепотой их ума».

Показательно, что Чехов наделяет интеллектом и, следовательно, способностью тосковать лошадь Ионы:

(101) «Она, по всей вероятности, **погружена в мысль**. Кого оторвали от плуга, от привычных, серых картин и бросили сюда, в этот омут, полный **чудовищных огней**, неугомонного треска и бегущих людей, тому **нельзя не думать**».

Именно поэтому волею автора извозчик находит собеседника в собственной лошади: «Иона увлекается и рассказывает ей всё».

В польской лингвокультуре имеется еще один эмоциональный концепт, отчасти напоминающий русскую тоску. Это эмоция *zmartwienie* 'огорчение, забота'. Семантика глагола *martwić się*, от которого образуется соответствующий субстантив, объясняется в польских словарях следующим образом: «pogrążać się w smutku, smucić się, niepokoić o kogoś, o coś, troskać się, trapić się» (SJP: *II; 113*), т.е. «погружаться в печаль, огорчаться, беспокоиться о ком-то, о чем-то, заботиться, переживать». Как видно из данного толкования, в семантике рассматриваемого глагола имеются те же важнейшие семантические компоненты, что и в русск. *тоска* – 'печаль' и 'тревога'.

В процессе семантического анализа польск. *zmartwienie* А.Вежбицкая, а также во многом детализировавшая ее выводы польская исследовательница А.Кшижановская выявили целый ряд особенностей этого польского концепта. Во-первых, человек, испытывающий данную эмоцию, активно (дативные конструкции с глаголом *martwić się* невозможны) осознает, что здесь и сейчас происходит что-то плохое, именно это осознание и рождает в нем уныние, печаль, огорчение и другие подобные эмоции. Во-вторых, субъект считает, что из-за этого могут возникнуть еще более неприятные последствия в будущем, отсюда у него возникает чувство тревоги, обращенное в будущее (см. Wierzbicka: www; Krzyżanowska 2007).

Таким образом, как в русск. *тоска*, так и в польск. *zmartwienie* субъект испытывает чувство уныния. Вторая составляющая этих эмоций – тревога, иррациональный страх. Однако в русск. *тоска* он обращен в прошлое, а в польск. *zmartwienie* – в будущее (см. таблицу 4).

Показательны контекстные компоненты, сопровождающие имена рассматриваемых эмоций. У польск. *zmartwienie* – это размышления о будущем, у русск. тоска – о прошлом.

Таблица 4

Семантическая структура русск. *тоска* и польск. *zmartwienie*

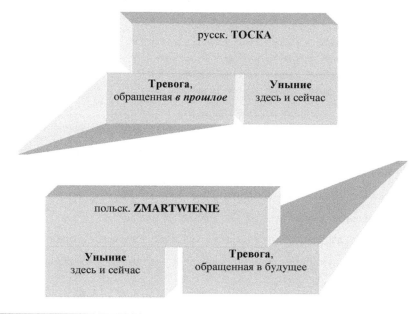

Польск. **ZMARTWIENIE** = 'уныние' + 'тревога, обращенная *в будущее*'	Русск. **ТОСКА** = 'уныние + тревога, обращенная *в прошлое*'
(102) **Nie martw sie** Sawielicz, Bog laskaw, a nuż *zobaczymy się jeszcze*! **Не тужи,** Савельич: бог милостив; *авось увидимся*! (Пушкин).	(103) Советую это письмо уничтожить. Не потому, чтобы я чего-нибудь боялась, но потому, что со временем *оно будет для вас источником тоски и мучительных воспоминаний* (Куприн).
(104) - **Zmartwiłeś** mi bardzo, - odezwała się nioczekiwanie. - Mamusiu, o co ci chodzi? – próbował się roześmiać. – Ja mam dwadziescia pięć lat. - I własnie widzę, że próbujesz zmarnować te dwadzieścia pięć lat. *Za dwanaście dni masz być w swojej życiowej formie. Myślisz, że takie noce się nie odkładają w organizmie* (Сосновский).	(105) Все дальнейшее Иван Николаевич знает наизусть. Тут надо непременно поглубже схорониться за решеткой, ибо вот сейчас сидящий начнет беспокойно вертеть головой, блуждающими глазами ловить что-то в воздухе, непременно восторженно

| [Адам накануне музыкального конкурса впервые в жизни допоздна гулял с девушкой.]

- Ты меня очень **огорчил**, - внезапно произнесла она [мать].

- Мамуся, ну в чем дело? – Адам попытался рассмеяться. – Мне уже двадцать пять лет.

- И я вижу, что сейчас ты пытаешься все эти двадцать пять лет загубить. *Через двенадцать дней ты должен быть в наилучшей форме. Ты думаешь, такие ночи не отзываются на организме?* | улыбаться, а затем он вдруг всплеснет руками в какой-то сладостной **тоске**, а затем уж и просто и довольно громко будет бормотать:

- *Венера! Венера!.. Эх я, дурак!..* (Булгаков) |

Польская тоска на фоне русской характеризуется не страхом, а различными видами агрессии. На формирование стереотипа тоски в польском языковом сознании, по-видимому, в значительной степени повлиял польский романтизм и его виднейшие представители – А. Мицкевич (в поэзии) и М. Огиньский (в музыке).

Показательно, что именно к этому времени обращена рефлексия героев двух произведений польской литературы, созданных на рубеже XIX-XX и XX-XXI вв.

Центральный герой первого из них, романа Б.Пруса «Кукла», Станислав Вокульский, перечитывая один из сонетов Мицкевича о несчастной любви, понимает, что меланхолия и сентиментальность, свойственная польскому сознанию, во многом возникла под влиянием поэзии Мицкевича:

(106) «Вокульский раскрыл книгу наугад и прочел:

Срываюсь и бегу, мой гнев кипит сильней,

В уме слагаю речь, она звучит сурово,

Звучит проклятием жестокости твоей.

Но увидал тебя - и все забыто снова,

И я спокоен вновь, я камня холодней,

А завтра - вновь горю и тщетно жажду слова.

«Теперь уж я знаю, кто околдовал меня...» На глазах у него *навернулись слезы*, но он *овладел собой и не дал им пролиться*.

- *Испортили вы мне жизнь... Отравили два поколения!* - шептал он. – Вот последствия ваших сентиментальных взглядов на любовь...

Он захлопнул книгу и с такой силой *швырнул ее в угол*, что разлетелись страницы. <...>

«*Поделом тебе! Там твое место!* - думал Вокульский. - Кто рисовал мне любовь как священное таинство? Кто научил меня пренебрегать заурядными женщинами и искать недостижимый идеал?.. <...> Но тут перед ним встал вопрос:

«Да, поэзия отравила мне жизнь, но кто же отравил поэзию? Почему Мицкевич никогда не шутил и не смеялся, как французские стихотворцы, а умел лишь **тосковать** и **отчаиваться (tęsknić i rozpaczać)**?

Потому что он, как и я, любил девушку из аристократического рода, а она могла стать наградой не за разум, не за труд, не за самоотречение, даже не за гений, а... только за титул и богатство...»

- Бедный мученик! - прошептал Вокульский. - <...>

Он встал с кресла и благоговейно собрал рассыпавшиеся листки».

Герой-рассказчик романа Е.Сосновского «Апокриф Аглаи» Войтек, наблюдая, как его ученики танцуют на школьном вечере под полонез Огиньского «Прощание с Родиной», размышляет об эмоциях, которые вызывает у него, как и у всех поляков, эта музыка:

(107) Сверкали вспышки, и, когда они дефилировали мимо меня, **растроганные (wzruszeni)**, как и полагается, я почувствовал, что и сам **впадаю**, как и всегда при звуках «Прощания с Родиной», **в** положенную **растроганность (wzruszam)** <...> И вдруг меня **разозлил (rozdrażnił)** кич, который заглотил нас, как гидра: сколько уже лет, а все по свистку, собаки Павлова, **черт побери, меланхолическая** кровь (*psiakrew, krew melancholiczna*[1]), перенасыщенная **черной желчью (czarną żółcią)**, и **желчь возмутилась (żółć wzburziła się)** во мне.

Как видим, Войтек считает типичным для польской языковой личности сочетание меланхолической крови с черной желчью. В последней метонимически, на основе наивной психофизиологии, концептуализируется эмоция гнева, которая будет предметом исследования в следующем параграфе.

---

[1] В оригинале здесь использована игра слов: *psia krew* (букв. песья кровь) – достаточно грубое ругательство, находящаяся на грани грубой инвективы (об ее этимологии см. Агранович, Стефанский 2003: 15, 99-103) и *krew melancholiczna* 'меланхолическая кровь'.

§ 3. ГНЕВ

3.1. Центральные языковые средства

В блестящем лингвокультурологическом этюде, посвященном способам выражения эмоции гнева в **древнерусском языке**, В.В.Колесов вывел микросистему языковых средств, обозначавших эту эмоцию в языке восточных славян (см. таблицу 1):

Таблица 1

Средства обозначения гнева в древнерусском языке (по В.В.Колесову)

Начало\Иерархия	Духовное (не имеет дурных последствий для объекта) – можно сказать о Боге	Физиологическое (направлено на объект) – можно сказать о дьяволе
Соблюдается: высший по отношению к низшему	*гнев*	*гроза*
Безотносительно к иерархии отношений	*ярь*	*лють*

Ученый усматривает различия между эмоциями *ярь* и *лють* в том, что первая – это гневная вспышка (*ярь* и *яркий* – одного корня), а *лють* – постоянное качество, присущее изначально *лютому* хищнику, всегда несущее беду[1]. «*Ярь* и *лють*, - пишет исследователь, - языческий пласт системы, *гнев* и *гроза* надстраиваются над ним позднее, отражая новый уровень переживания, отчасти связанного и с нравственным аспектом человеческих отношений. Необузданные чувства язычника были неприемлемы для христианской нормы, поэтому славянские *ярь* и *лють* облагорожены суффиксом *–ость*, в результате чего, в дополнение к столь же отвлеченным *гнев* и *гроза* получаем уже не конкретно чувственные, а столь же отвлеченные *ярость* и *лютость*» (Колесов 2004: *93*).

---

[1] Представляется, однако, что лютость в древности было синкретическим чувством, сочетавшим жестокость и милосердие. См. подробнее: Агранович, Стефанский 2003, а также § 4 настоящей главы и § 2 гл. 3.

Если переживание *гнева* сосредоточено в самом субъекте, не переходя на другого, то *гроза*, рождаясь из *гнева*, всегда несет в себе угрозу другому. Таким образом, *гнев* и *ярь* (*ярость*) еще в сознании древнего русича обладали позитивными ценностными характеристиками, тогда как *гроза* и *лють* (*лютость*) передавали гнев с ярко выраженными негативными коннотациями. Различия же между эмоциями *гнев* и *ярь*, а также *гроза* и *лють* заключались в том, что *гнев* и *гроза* всегда направлены (в социальном смысле) сверху вниз, а *ярь* и *лють* безотносительны к иерархии отношений.

Характеризуя эмоции *ярость* и *лютость* как системы координат в телесно-вещном мире язычника, В.В.Колесов отмечает, что *лютость* - это органическое свойство, постоянное качество дикого зверя-хищника, тогда как *ярость* - это временная вспышка лютости (см. Колесов, 2004: *138*). Словом *ярость* славяне называли, по-видимому, прежде всего «боевое бешенство» воинов. Характерно в этой связи, что автор «Слова о полку Игореве» называет брата Игоря Всеволода то «Буй Туръ Всеволодъ», то «Яръ Туръ Всеволод». Кроме того, *ярость* обозначала, вероятно, священное безумие, особое экстатическое возбуждение, до которого доводили себя участники древних ритуалов, чтобы иметь возможность балансирования на грани миров, на грани жизни и смерти.

В **современном русском языке** ценностные характеристики различных проявлений гнева вышли на первый план. У *гнева* и *ярости*, в силу их духовного начала, в современном русском языке наиболее важными оказались положительные коннотации. Именно поэтому *ярость* может быть *благородной*, а *гнев* – *справедливым*, *благородным*, *праведным*. Глагол *гневаться*, деривационно связанный с *гневом*, в современном русском языке стремительно устаревает (о чем имеется помета во втором издании БАС$_2$: *III; 163*). Он оказывается уместным разве что в стилистическом употреблении (серьезном или ироническом) в так называемой почтительной речи. Такая речь обращена снизу вверх и обозначает потенциальный гнев, направленный от высшего к низшему.

См., например:

(1) - Пришей себе бархатный воротничок и убирайся ко всем чертям...

- Напрасно изволите **гневаться**, это я не для себя стараюсь, а чтобы вам уважение оказать, - возразил слуга и вышел, бесцеремонно хлопнув дверью (Прус).

(2) «Соблаговолите же, дорогая, в ответ на мое раскаяние уговорить глубокоуважаемого пана Вокульского (который, неизвестно почему, **гневается** на меня), чтобы он продлил со мной договор...» (Прус).

В обычном же, нестилистическом, употреблении с существительным *гнев* соотносится глагол *сердиться* и его дериваты. Тем самым представление древних русичей о том, что гнев сосредоточен в сердце[1], в современном русском языке концептуализировалось в лексической единице, этимологически связанной с названием этого органа, а семантически обозначающей *гнев*.

«То, что чувства локализуются в душе, в сердце, а также то, что место обитания чувств вне человека не оговаривается, - пишет Н.Г.Брагина, - имеет объяснения в мифологии. По своему характеру чувства неструктурны, они близки к хаосу. Сам способ проникновения чувств в человека указывает на их враждебность. Можно предположить, что пространство их обитания вне человека – это именно хаотические пространства, подземный мир, откуда они приходят, нападают на человека». Именно поэтому, по мнению исследовательницы, чувства являются элементом хаоса. А поскольку с е р д ц е находится в с е р е д и н е (= в ц е н т р е) человека (= м и к р о к о с м а), то агрессия чувств, направленная на душу или сердце человека, оказывается аналогом нападения на ц е н т р мира (= м а к р о к о с м а)» (Брагина 2007: *298-299, 302. –* Разрядка автора. – *Е.С.*).

Гнев – это преимущественно рациональное чувство. Оно возникает в результате интеллектуальной оценки гневающимся того факта, что объект

---

[1] Показательно словарное толкование эмоции гнева у В.И. Даля: «сильное чувство негодования, страстная, порывистая досада, попросту: **сердце**, запальчивый порыв, вспышка, озлобление, злоба (Даль: *I; 362*). Ср. также выражение *в сердцах* 'в крайнем раздражении'.

гнева нарушил некоторые нормы. *Ярость* же – это конкретно-чувственное, импульсивное проявление гнева. Положительные коннотации, имеющиеся в этом обозначении гнева, связаны, по-видимому, с сакральностью явлений, передававшихся данным корнем.

Ярость для древних славян, по-видимому, не что иное, как неотъемлемый признак маскулинности. Так, польский этимолог В. Борысь отмечает имевшееся в древнепольском языке у прилагательного *jary* значение 'крепкий, бодрый, лихой, удалой, развратный', которое сохранилось в современном польском языке лишь в устойчивом выражении *stary, ale jary* (букв. 'старый, но крепкий'; Boryś: *204*). Фразеологическое же значение этой поговорки, по-видимому, близко к русск. *Седина в бороду, бес в ребро*. Другой польский этимолог, А.Баньковский, прямо толкует это значение как 'сексуально активный' (Bańkowski: *I; 573*). Это же значение подтверждается и в словарях русского языка. В.И.Даль отмечает у прилагательного *ярый* значение 'похотливый', а у существительного *ярость* – 'похоть' (Даль: *IV; 679*). С.И.Ожегов приводит у глагола *яриться* специальное значение 'приходить в половое возбуждение (о животных)' (Ожегов: *748*).

Если вспомнить, что словом *яр, яра* обозначалась весна, а *Ярила* был славянским богом плодородия и любви, то легко понять, что наиболее общим значением соответствующего корня было 'возбужденный', которое могло конкретизироваться в том или ином направлении. О сакральности понятий, передаваемых корнем *jar-, для древних славян свидетельствует тот факт, что, по словам этимолога польского языка А.Брюкнера, корень -*jar-* в славянских личных именах был синонимом корня *swęt 'святой'. «Один и тот же божок, - отмечает исследователь, - называется *Świętowit* в Арконе и *Jarowit* в Хавельберге, *Jarosław, Jaropełk = Świętosław, Świętopełk*» (Brückner: *199*).

Несмотря на чувственность и конкретность эмоции *ярость*, в современном русском языке практически исчезли деривационно связанные с этим словом глаголы *ярить, яриться, яровать.* И даже причастие *разъяренный* почти утратило свойственную этой глагольной форме процессуальность, превратившись в обозначение качества. Связано это, по-видимому, с тем, что положительно оцениваемый вид гнева, обозначаемый словом *ярость,* не должен излишне конкретизироваться.

Большинство конкретных проявлений русского гнева сосредоточены как раз на «негативном полюсе» этого концепта и передаются в современном русском языке лексемами *злоба* и *злость,* корень которых прямо маркирует этот негатив. У обеих этих лексем БАС выделяет два значения, которые толкуются практически одинаково:

Злоба	Злость
1. 'чувство враждебности, недоброжелательности'.	
2. 'гнев, раздражение, злость'	2. 'гнев, бешенство, досада'

(БАС: *IV;1240, 1261*)

Тем не менее первое из этих значений свойственно по преимуществу лексеме *злоба.* Враждебность и недоброжелательность характерны прежде всего именно для *злобы. Злоба,* как и *гнев* на «положительном полюсе» рассматриваемого концепта, - рациональное, интеллектуальное чувство, которое внешне может не проявляться. Именно поэтому *злобу* можно *затаить, сдерживать; злоба* может быть *бессильной; злобными* могут быть и приятные чувства, а также их проявления (см. *злобная радость, злобное удовольствие, злобная улыбка).* И наоборот, лицо человека может выражать импульсивный, чувственный, демонстративный гнев со знаком «минус», обозначаемый в русском языке словом *злость,* а в его глазах (а значит, и в душе) может отсутствовать злоба. См., например:

(3) Девочка видит глаза матери и чувствует, что в них **нет злобы**, что мать только **притворяется злой**, а **сердцем жалеет** ее (Шишков; БАС: *IV;1240*).

(4) Я живо воскресил его [оскорбление] в памяти, дабы **возбудить** в себе **злобу**, и постарался **притушить в глазах огонь любви**. (Прево; Тысяча состояний души: *129*).

Лексеме *злость*, наоборот, более свойственно второе значение - 'гнев, бешенство, досада'. Это настолько импульсивное чувство, что человек не в силах с ним бороться, потому что его *злость берет*. *Злоба* тоже может овладевать человеком, но из-за того, что *злоба* не находит выхода в *злости*, первая может *душить* человека.

Глаголы и прилагательные, соотносимые с двумя этими именами эмоций, также противопоставлены друг другу по принципу «абстрактное, потенциальное» - «конкретное, реальное». Ср., например:

Злоба	Злость
Злобствовать – 'быть враждебно, недоброжелательно настроенным' (БАС: IV; 1244).	**Злиться** – 'испытывать чувство раздражения, сердиться' (БАС: IV; 1237).
Злобный – 'тот кто затаил злобу, мстительный'.	**Злой** – 'тот, кто открыто демонстрирует свою злость, сердитый, раздраженный'.

Злость всегда конкретна. Изображая человека, испытывающего эту эмоцию, писатели одновременно описывают симптоматику, сопровождающую ее. См., например:

(5) Сильвио встал *побледнев от злости* и *с сверкающими глазами* сказал: «Милостивый государь, извольте выйти, и благодарите бога, что это случилось у меня в доме» (Пушкин).

(6) Поручик Лукаш прервал это мучительное молчание словами, в которые старался вложить изрядную долю иронии:

- Добро пожаловать, Швейк! Благодарю за визит. Наконец-то вы у нас, долгожданный гость.

Но он не сдержался, и вся **злость**, накопившаяся за последние дни, *вылилась в страшном ударе кулаком по столу*. Чернильница подскочила и залила чернилами ведомость на жалованье. Одновременно с чернильницей подскочил поручик Лукаш и, приблизившись вплотную к Швейку, *заорал*:

- Скотина!

(Гашек)

При описании эмоции злобы сопутствующие эмоции и симптоматика совершенно другие. Если злоба бессильная, то эмоции сдерживаются хотя бы потому, что злоба не может перейти в злость: ее некому демонстрировать. См., например:

(7) А потом творилось что-то несуразное: в сумерках, замирая от **злобы, обиды** и **страха**, Тихон Ильич сидел в поле на бегунках. *Сердце колотилось, руки дрожали, лицо горело, слух был чуток, как у зверя.* Он сидел, слушал крики, доносившиеся из Дурновки, и вспоминал, как толпа, показавшаяся огромной, повалила, завидя его, через овраг к усадьбе, наполнила двор галдой и бранью, сгрудилась у крыльца и прижала его к двери (Бунин).

Если же человек, испытывающий бессильную злобу, и демонстрирует свои эмоции намеренно, то это происходит тогда, когда он находится на грани помешательства, как это происходит с одним из героев романа «Мастер и Маргарита»:

(8) *Погрозив в бессильной* **злобе** кому-то вдаль *кулаком*, Иван облачился в то, что было оставлено. (Булгаков).

Когда злоба сопровождается злорадством, то лицо человека может выражать приятные эмоции:

(9) Люди перестали интересовать Адама, и вообще он стал равнодушен ко всему, что было связано с его возлюбленной. Мать раза два робко заметила, что это смахивает на амок; однажды она даже пригласила <…> на обед знакомого ксендза, однако Адам, испытывая от того некое **злобное** *удовольствие*, так ловко управлял разговором, что не прозвучало ни одного вопроса о нем и Лиле, а потом внезапно встал, попрощался и ушел (Сосновский).

(10) Раздался жалобный вопль и крики: «горим, помогите, помогите!».
- Как не так, - сказал Архип, со **злобною** *улыбкой* взирающий на пожар (Пушкин; БАС: *IV; 1243*).

Центр русской системы языковых средств, выражающих гнев, представлен в таблице 2.

Как видно из таблицы, ни одно из четырех имен эмоций со значением гнева, находящихся в центре русской системы, ни в одном контексте не получает оттенка психического расстройства. Таким образом, и *гнев*, и *ярость*, и *злоба*, и *злость* предстают в русской картине мира не столько как аффекты, сколько как средства регулирования социальных отношений. Различные формы агрессии в русской лингвокультуре позволяют поднять (по крайней мере, ситуативно) собственный социальный или психологический статус. См. соответствующие устойчивые выражения: *Наглость – второе счастье, По нахалке (сделать что-либо), Кто смел, тот и съел, Лучшая защита – нападение.*

Таблица 2

Ядерные средства обозначения гнева в современном русском языке

	С позитивными ценностными характеристиками	С негативными ценностными характеристиками
Интеллектуа-льные, рацио-нальные эмоции	**ГНЕВ** **Гл.** *гневаться* (устар.), *сердиться* (иерархия: высший по отношению к низшему) **Опр.** *благородный, праведный, справедливый*	**ЗЛОБА** **Семант.** 'чувство враждебности, недоброжелательности' **Гл.** *злобствовать, озлобиться* **Прил.** *злобный* **Фр.** *затаить злобу, злоба душит, бессильная злоба* **Сочет.** *злобная улыбка, радость*
Конкретно-чувственные, демонстратив-ные, импуль-сивные эмоции	**ЯРОСТЬ** **Гл.** устарели, прич. *разъяренный* **Опр.** *благородная* **Этимолог.** *ярый* 'сексуально активный'	**ЗЛОСТЬ** **Семант.** 'гнев, бешенство' **Гл.** *злиться* **Прил.** *злой* **Фр.** *злость берет*

По наблюдениям польской исследовательницы Х.Кудлиньской (высказанным в частной беседе), социальный градус общения у россиян, находящихся «при исполнении», обладающих даже минимальной властью (например, у продавцов, проводников), значительно выше, чем у аналогичных лиц в Польше. Если в России скрыто агрессивный тон, используемый этими людьми, должен продемонстрировать главенство их социальной роли, то в Польше в аналогичных ситуациях первенство отдается клиенту, который «всегда прав» не только на бумаге.

Характерно, что авторитарный (нередко граничащий с хамством и самодурством) стиль управления в русском сознании расценивается обычно не как ущемление прав подчиненных, а как способ «держать их в узде», стремление обеспечить порядок. См., например, размышления, характерные для современного русского политического дискурса:

(11) «Генералу N тогда было сказано, что для главкома ВВС он *слишком интеллигентен, даже матом ругаться не умеет*, а потому для этой должности не годится. В результате N двинул в сторону военной науки, защитил докторскую диссертацию и в июле 2008 года стал председателем Военно-научного комитета - заместителем начальника Генштаба РФ. Такой карьерный путь генерала лишь подчеркивает некую закономерность, существующую в Российской армии: «слишком интеллигентные» командиры, если такие еще остались и не написали рапорта об отставке, должны заниматься наукой и теорией. Там от них толком ничего не зависит. *Практика - удел тех, кто может материться, стучать кулаком, определять, что принесет материальную выгоду, а главное - умеет правильно входить в высокие кабинеты.* И никак иначе». (http://www.mk.ru/blogs/MK/2008/09/11/politic/370250/)

Излишне напоминать и о периодически возникающей (обычно в кризисные периоды истории России) тоске по «сильной руке» и жажде «наведения порядка».

Гнев как регулятор социальных отношений в русской лингвокультуре во многом способствует сохранению в практике общения обсценной лексики, называемой в быту матом. По справедливому замечанию В.Ю. Михайлина, «вплоть до сегодняшнего дня на мате не ругаются, на мате говорят». Мат оказывается в русской речи маркером агрессии не в последнюю очередь потому, что исторически он был именно м у ж с к и м обсценным кодом, поскольку сформировался в глубокой древности в мужских охотничье-воинских коллективах (см. подробнее § 4 гл. 2 и § 2 гл. 3). Таким образом, использование обсценной лексики нередко оказывается не чем иным, как демонстрацией собственной маскулинности, претензией на роль «статусного мужа»[1]. «Слово в матерной речи, - пишет

---

[1] По-видимому, именно в силу того, что мат является (по крайней мере исторически) маркером маскулинности, нецензурная брань в устах человека, не обладающего ярко выраженной «мужской харизмой», выглядит неумелой, неуместной и даже вызывающей насмешку окружающих.

В.Михайлин, - выступает почти исключительно в инструментальной функции - функции сигнала, побуждения к действию, предостережения, маркера определенного эмоционального состояния и т.д. Коммуникативная его функция сведена к минимуму. Оно эмоционально насыщено, и даже перенасыщено, если сравнивать его со словом в обычной, не-матерной речи. В ряде случаев никаких иных смыслов, кроме чисто эмоциональных, оно и вовсе не несет» (Михайлин 2000: *358-359*).

Ядро **чешской** системы во многом сходно с русской. Эмоции *hněv* 'гнев', имеющей положительную ценностную характеристику (см. *spravedlivý* 'справедливый' *hněv, hněv boží* 'божий', *starozákonní* 'ветхозаветный' *hněv*) противопоставлены эмоции *zloba* и *zlost* с отрицательными коннотациями. Однако по линии «абстрактная рациональность - конкретная чувственность» чешские эмоции гнева противопоставлены менее резко, чем русском языке.

На «отрицательном» полюсе в чешской системе четко противопоставлены лишь существительные. Чешск. *zloba* характеризуется как «trvalé zaujetí, nepřátelství proti někomu, něčemu» (SSČ: *571*), т.е. «постоянная неприязнь к кому-то или чему-то». Эмоция *zlost* имеет гораздо более конкретную семантику: «prudká citová reakce vyvolaná podněty pro subjekt nepříznivými» (SSČ: *571*), т.е. «бурная чувственная реакция, вызванная раздражителями, неприятными для субъекта». Эти семантические различия между эмоциями *zloba* и *zlost* весьма ярко проявляются в тексте. Ср.:

Zloba	Zlost
(12) Co hnalo tyto lidi k jejich truchlivé činnosti? **Zloba**? Zajisté, ale i touha po pořádku. <...> Touha po pořádku je ctnostná záminka, kterou si **nenávist** k lidem omlouvá sve řádění (Кундера). - Что толкало людей к их прискорбной деятельности? **Злоба**? Бесспорно,	(13) Dostal na starost jednoho nemocnýho na hlavu, kterej celej boží den nic jinýho nedělal, než že seděl v koutě a počítal: "Jedna, dvě, tři, čtyři, pět, šest," a zas od začátku: „Jedna, dvě, tři, čtyři, pět, šest." Byl to nějakej profesor. Ten ošetřovatel moh **zlostí vyskočit z kůže**, když viděl, že ten blázen se přes šestku nemůže dál dostat (Гашек). - Велели этому санитару ухаживать за помешанным,

| но и жажда порядка. <...> Жажда порядка являет собой добродетельный предлог, с помощью которого **ненависть** к людям прощает себе свои бесчинства. | который целый божий день ничего не делал, а только сидел в углу и считал: "Раз, два, три, четыре, пять, шесть", и опять: "Раз, два, три, четыре, пять, шесть". Это был какой-то профессор. Санитар **чуть не лопнул от злости**, видя, что сумасшедший не может перескочить через шестерку. |

Как и в русском языке, (см. примеры 3, 4) чешск. *zloba* всегда обозначает искренний гнев, осознаваемый и реально испытываемый человеком, тогда как *zlost* может быть и притворной. В связи с этим перевод чешского *zloba* русским *злость* в ситуациях, когда за демонстративной злостью нет реальной злобы, выглядит неоправданной. См., например:

(14) Velice přitom **huboval**, ale paní Klímová se mu dívala do tváře a dobře viděla, že za těmi **nadávkami** není upřímná **zloba** (Кундера) –

Рассказывая, он [Клима] **чертыхался**, но пани Климова, глядя ему в лицо, прекрасно понимала, что за этой **бранью** нет искренней **злости** (Пер. Н.Шульгиной).

Более адекватным в этой ситуации было бы: «...что за этой бранью нет искренней **злобы**».

На положительном полюсе *hněv* как рациональная эмоция противопоставлен чувственно-конкретной эмоции *zuřivost*. Однако это противопоставление в чешском языке не такое четкое, как между русск. *гнев* и *ярость*. Связано это с тем, что чешским *zuřivost* обозначается прежде всего состояние буйного помешательства. См., например:

(15) **Самым буйным** был господин, выдававший себя за шестнадцатый том Научного энциклопедического словаря Отто и просивший каждого, чтобы его раскрыли и нашли слово «переплетное шило»,- иначе он погиб (Гашек). - **Nejzuřivější** byl jeden pán, kerej se vydával za 16. díl Ottova slovníku naučného a každého prosil, aby ho otevřel a našel heslo «Kartonážní šička», jinak že je ztracenej.

(16) - По правде сказать, я не знаю, почему эти сумасшедшие сердятся, что их там держат. Там разрешается ползать нагишом по полу, выть шакалом, **беситься** и кусаться (Гашек). - "Vopravdu nevím, proč se ti blázni **zlobějí**, když je tam drží. Člověk tam může lezt nahej po podlaze, vejt jako šakal, **zuřit** a kousat".

Поэтому лексика, обозначающая соответствующую эмоцию, находится на грани ядра и периферии чешской системы. Кроме того, соответствующие лексемы синкретически совмещают в своей семантике как позитивные, так и негативные ценностные характеристики. Ср., например:

С позитивными ценностными характеристиками	С негативными ценностными характеристиками
(17) Но ломил я работу *на совесть* и с какой-то даже **яростью** (Кундера). - Ale dřel jsem *poctivě* a s jakousi **zuřivostí**.	(18) *Дикая* **ярость** *исказила* лицо девицы, она испустила хриплое ***ругательство*** (Булгаков). - Dívka se *divoce*, **zuřivě** *zašklíbila*, přidušeně *zaklela*.
(19) Ребята оказались на редкость изобретательны: Гонза на бегу припадал на одну ногу, все **яростно** *подбадривали* его (Кундера). - Kluci měli ohromnou nápadnost: Honza napadal při běhu na jednu nohu, všichni ho **zuřivě** *pozbuzovali*.	(20) - Осмелюсь доложить, господин обер-лейтенант,- сказал Швейк, между тем как поручик Лукаш все бегал по канцелярии и в *исступлении бросал в угол скомканные листы бумаги* <...>, - письмо, стало быть, я отдал, как договорились. – "Poslušné hlásím, pane obrlajtnant," řekl Švejk, když nadporučík Lukáš nepřestával chodit a **zuřivě** *odhazovat do kouta zmačkané chuchvalce papíru* <...>, „že jsem psaní řádně odevzdal".
(21) Он обнял пани Франтишку еще на пороге и стал **яростно** *целовать* (Кундера). - Objal lékarku v otevřených dveřích a začal ji **zuřivě** *líbat*.	(22) – Ты нарочно под ногами путаешься? – **зверея**, закричал Иван, - я тебя самого предам в руки милиции! (Булгаков) – "Schválně se mi pleteš pod nohama, viď?" zařval básník v záchvatu **zuřivosti**.

Как видно из примеров, на ценностную характеристику эмоции *zuřivost* в каждом конкретном случае указывает контекст и конситуация.

Весьма показательно также, что лексема *zuřivost* может сочетаться с прилагательным *spravedlivý* 'справедливый'. Так, в чешском Интернете удалось найти три фрагмента переводных легенд, где словосочетание *spravedlivá zuřivost* встречается в контекстах, обозначающих воинскую доблесть:

Чешский текст	Русский перевод
(23) Luthor bojuje se **spravedlivou zuřivostí** po boku vojáků Říše a jeho válečnické schopnosti a ohnivé řečnictví podněcují ostatní proti takovýmto nepřátelům. (Luthor Huss, Sigmarův prorok) http://horned-rat.poce.cz/hist/empire/emphero1.htm	Лютор воюет со **справедливой яростью** рядом с воином Ришем, и его воинская доблесть и пламенные речи поднимают остальных против врагов.
(24) Yosei, Jitřní hvězda, udeřil seshora. Bílý drak se vrhl dolů s výkřikem **spravedlivé zuřivosti**, napřímujíc své dlouhé tělo takřka do roviny. (Eiganjo) http://www.cmus.cz/rs/view.php?cisloclanku=2005052302	Йосеи, Утренняя звезда, ударил сверху. Белый дракон бросился вниз с криком **справедливой ярости**, разгибая свое длинное тело почти до самой равнины.
(25) Jeho srdce hořelo nadpřirozenou silou a přesvědčením, **spravedlivou zuřivostí**, která jej činila nezastavitelným. (Vyprávění o Otci vlku) http://wod.rpg.sk/?q=node/59	Его сердце горело сверхъестественной силой и убежденностью, **справедливой яростью**, которая делала его неукротимым.

Таким образом, *zuřivost* осмысливается в данных фрагментах как своего рода боевое бешенство. Это предположение подтверждается следующим переводным фрагментом, который рассказывает о скандинавском боге О́дине:

(26) Toto vysvobození kromě poznávání mělo také jiný význam - **bojové šílenství, zuřivost**, která byla pro Ódina charakteristická. Samotné jméno stromu, na kterém Ódin visel spoutaný během své iniciace - Yggdrasil, v překladu znamená „kůň Ygga", přičemž Ygg (**Zuřivý**) je jedním z mnohých Ódinových jmen. **Zuřivost** Ódina a jeho vybraných bojovníků se projevovala jako stav, ve kterém se člověk stává podobným divoké šelmě. Tato **zuřivost** se chápala také doslova jako proměna na zvíře: podle „Ságy o Ynglingách" mohl například Ódin ležet v kataleptickém stavu a současně se potuloval venku ve zvířecí podobě. Ta samá sága hovoří o Ódinových bojovnících, kteří bojovali bez brnění a byli **zuřiví** jako psi a vlci.	Это освобождение, кроме познания, имело и другое значение – **боевое бешенство, ярость**, которые были характерны для О́дина. Одно только имя дерева, на котором О́дин висел связанным во время своей инициации, - Иггдрасиль – в переводе означает «конь Игга», причем Игг (**Яростный**) – одно из многочисленных имен О́дина. **Ярость** О́дина и некоторых его воинов проявлялась как состояние, в которым человек становится подобным дикому хищнику. Эта **ярость** буквально понималась как превращение в зверя: согласно «Саге о Инглингах», О́дин, например, мог

Nazývali se berserkové („zahalení v medvědí kůži") nebo ulfhednar („ve vlčí kůži"). Záchvat **zuřivosti**, verserks-gangr, měnil lidi v šelmy, ale na druhé straně znamenal stav podobný opojení a extázi (T.Bůžeková. ÓDIN - severský mág, bojovník a básník II). http://www.esoterika.cz/clanek/730-odin_seversky_mag_bojovnik_a_basnik_ii_.htm	лежать в каталептическом состоянии и одновременно бродить вокруг в зверином обличии. В той же саге говорится о воинах Óдина, которые бились без доспехов и были **яростны**, как псы и волки. Они называли себя Берсерками (т.е. «облаченными в медвежьи шкуры») или Ульфхеднарами (т.е. «облаченными в волчьи шкуры»). Приступ **ярости** превращал людей в хищников, а с другой стороны представлял собой состояние, подобное опьянению и экстазу.

По-видимому, использование в этом переводном тексте именно слова *zuřivost* и его дериватов связано с его древним семантическим потенциалом, который заключен в этимологии данного корня.

Чешский этимолог И.Рейзек выводит происхождение глагола *zuřit* из приставочного глагола *vz-juriti. Современный фонетический облик этого слова сложился в результате переразложения морфем и выпадения некоторых звуков *vz-juriti > *v-z(j)uriti > *zuriti (Rejzek: *743*). Корень *jur- в той или иной степени сохранился во многих славянских языках. В русском языке самое известное слово с этим корнем - *юркий* 'бойкий, проворный, резвый, живой, скорый, верткий'. Согласно словарю В.И.Даля, оно образовано от глагола *юрить* 'метаться, суетиться, соваться во все стороны, спешить' (Даль: *IV; 668*). В украинском языке глагол *юрити* имеет значение 'бегать, сходить с ума, портить, озорничать, своевольничать'. В современном польском языке имеется прилагательное *jurny* 'полный темперамента, живой, страстный, чувственный'. В момент своего возникновения в XVI в. оно имело еще и значение 'развратный, распутный' (Boryś: *217*). В современном польском языке это прилагательное может использоваться в качестве медицинского термина, обозначающего сверхвозбудимого в сексуальном отношении человека. Этот семантический оттенок позволил польскому этимологу

А.Баньковскому говорить об отдаленном родстве корней *jur- и *jar-, которые могут восходить к и.-е. *your- : yur- : yūr- и родственны лат. īra 'гнев' (Bańkowski: *I; 573, 598-599*).

Столь широкий спектр значений этого глагола неизбежно наводит на мысль о том, что за действиями, обозначаемыми глаголом *юрить* в разных языках, стоит некий сакральный смысл. Священное безумие, беспорядочное движение[1], ритуальное вредительство, развратность[2], - одним словом, антиповедение – все это черты, присущие так называемому мифологическому трикстеру – демонически-комическому дублеру культурного героя, наделенному чертами плута, озорника. (см. Мифология: *670*).

Е.М.Мелетинский, подробно исследовавший в своих работах этот мифологический образ, отмечает, что сосуществование культурного героя и трикстера в одном лице или в виде двух братьев является одной из древнейших форм двойничества (см. Мелетинский 1976, 1994).

«Любые действия трикстера, - отмечает Т.Шабалина, - не поддаются однозначной оценке, в том числе и этической, не укладываясь в рамки «положительного» или «отрицательного» (Шабалина: www). Для него не существует ни моральных, ни социальных ценностей; он руководствуется лишь собственными страстями и аппетитами, и, несмотря на это, только благодаря его деяниям все ценности обретают свое настоящее значение». Именно в неоднозначности такой оценки, по-видимому, заключается и синкретизм семантики лексемы *zuřivost*.

Антиповедение трикстера неизбежно вызывало гнев культурного героя. Показательно, что польское прилагательное *jurny* образовалось от

---

[1] См., например, ритуальное преступление трикстера Рема, перепрыгнувшего через ров перед стеной Рима и тем самым нарушившего грань миров. «Рем, - отмечают С.З.Агранович и И.В.Саморукова, - в историко-мифологическом предании осмысливается не как злодей-преступник, а скорее как озорник-трикстер» (Агранович, Саморукова 2001: *15*).
[2] См. евангельскую притчу о блудном сыне, который расточи имѣнѥ свое живы блѫдьно.

глагола *jurzyć* 'раздражать, побуждать к гневу, враждовать, подстрекать' (Boryś: *217*).

Заглавный герой знаменитого романа Я.Гашека Швейк представляет собой не что иное, как трансформированный в литературе образ трикстера[1]. Типичная реакция военачальников на его внешне простодушные, а на самом деле ехидные рассуждения – гнев, который чаще всего передается в чешском оригинале глаголом *zuřit* и его производными. См. пример (20), а также:

В чешском оригинале	В русском переводе
(27) „Poslušné hlásím, že já proto nemyslím, poněvadž je to na vojně vojákům zakázáno. Když jsem byl před léty u 91. regimentu, tak nám náš pan hejtman vždycky říkal: ,Voják nesmí sám myslet. Za něho myslí jeho představení. Jakmile voják začne myslet, už to není voják, ale nějakej prachvšivej civilista. Myšlení nevede... ` “ „Držte hubu,“ přerušil Švejka **zuřivě** předseda komise (Гашек).	- Осмелюсь доложить, потому, что на военной службе этого не полагается. Когда я несколько лет назад служил в Девяносто первом полку, наш капитан всегда нам говорил: «Солдат не должен думать, за него думает его начальство. Как только солдат начинает думать, это уже не солдат, а так, вшивая дрянь, шляпа. Размышления никогда не доводят...» - Молчать! - **злобно** прервал Швейка председатель комиссии.

Соотношения между ядерными средствами обозначения гнева в чешском языке представлены в таблице 3.

На фоне чешского и особенно русского языка ядро **польской** системы средств обозначения гнева имеет серьезные отличия. Прежде всего в польском языке практически отсутствует противопоставление по линии «абстрактная рациональность – конкретная чувственность». Связано это, с одной стороны, с тем, что здесь не используется для обозначения эмоций корень *–jar-*, и русской лексеме *ярость* в параллельном польском тексте может нередко соответствовать слово *gniew*:

---

[1] См. лингвокультурологический анализ трансформированного в английской культуре образа трикстера в (Карасик, Ярмахова 2006) и анализ рассказа М.Кундеры «Эдуард и Бог», где такой трансформированный персонаж также имеется, в § 1 гл. 3.

(28) Но, возвращаясь обратно по той же аллее, он вдруг **пришел в ярость** и, как *рассерженный* ребенок, стал затаптывать следы своих собственных ног, испытывал при этом удовольствие. - Ale gdy wracał tą samą drogą, **opanował go gniew** i z dziką radością *złośliwego* dzieciaka poprzednie ślady własnych stóp zacierał nogą (Прус).

(29) То, о чем рассказывал больной на ухо, по-видимому, очень *волновало* его. *Судороги* то и дело проходили по его лицу. В глазах его плавал и метался *страх и ярость*. – То, o czym chory szeptał Iwanowi na ucho, bardzo go najwidoczniej *wzburzyło*. Twarz mu **drgała**. W oczach trzepotał *strach* **i gniew** (Булгаков).

Таблица 3

Ядерные средства обозначения гнева в современном чешском языке

	С позитивными ценностными характеристиками	С негативными ценностными характеристиками
Интеллектуа-льные, рацио-нальные эмоции	**HNĚV** Гл. *hněvat se* (стилистич. неогранич., безотносит. к иерархии). **Опр.** *spravedlivý, starozákonní, boží*	**ZLOBA** Гл. *zlobit se*
Конкретно-чувственные, демонстратив-ные, импуль-сивные эмоции		**ZLOST** Прил. *zlostný*

ZUŘIVOST

1. 'буйное помешательство'
2. 'ярость'

Опр. *spravedlivá*   **Сочет.** *záchvat zuřivosti*
Гл. *zuřit*
Прил. *zuřivý*

Однако чаще всего в двуязычных словарях и параллельных текстах русской эмоции *ярость* соответствует целая группа польских имен эмоций: *pasja, furia, wściekłość, szał.* Ср., например:

(30) **Ярость** изголодавшихся стариков возрастала. – **Wściekłość** wygłodzonych starców rosła (Бабель).

(31) При мысли о замужестве панны Изабеллы его охватили **ярость** и отчаяние. – Ale na myśl o zamążpójściu panny Izabeli opanowała go **wściekłość** i rozpacz (Прус).

(32) Я почувствовал накатывающую **ярость**, у меня *потемнело в глазах.*

- А пошел бы ты! – услышал я свой голос и выскочил, *хлопнув* дверью. –
Poczułem narastającą **furię**, *pociemniało mi w oczach.*

- Och, odpierdol się – usłyszałem swój głos. I wyszedłem, *traskając* dzrwiami
(Сосновский).

(33) Но меня **обуревает** такая **ярость**, что я не в силах собраться с мыслями. –
Ale taka mnie **pasja ogarnia**, że nie mogę myśli zebrać (Прус).

Польские эмоции из этой группы могут соответствовать и чешской
эмоции *zuřivost*. Ср. фрагменты рассказов М.Кундеры из цикла «Смешные
любови» в оригинале, а также в русском и польском переводах:

Чешский оригинал	Русский перевод	Польский перевод
(34) avel se ji pokusil znovu zvednout, ale vytrhla se mu **zuřivě** a začala štkat.	Гавел снова попытался поднять ее, но она **яростно** вырвалась и разрыдалась.	Havel znowu usiłował ją podnieść, ale wyrwała mu się z **wściekłością** i zaczęła czkać.
(35) Když tu recenzi napíšu, řeknou, že tu práci odsuzuju ze msty, a stanou se ještě **zuřivější**.	Если я напишу эту рецензию, скажут, что я зарубаю статью из чувства мести, и станут еще **яростнее** меня атаковать.	Jeśli napiszę recenzję, powiedzą, że zjechałem tę pracę przez zemstę, i będą jeszcze bardziej **wściekli**.

Однако ни одна из этих лексем не соответствует в полной мере
семантике русск. *ярость*. Во-первых, потому, что все перечисленные
польские обозначения эмоций могут быть, по словам А.Миколайчук,
отождествлены с психическим заболеванием. «Наиболее отчетливо, -
отмечает исследовательница, - это выражено в семантике лексем *furia* и
szał, которые функционируют в польском языке как в значении
'необузданной злости', так и 'сумасшествия и типичных для него
проявлений'» (Mikołajczuk 2000: *126*). Ср., например:

Szał, furia 'злость'	Szał, furia 'сумасшествие'
(36) Вот только я даже адреса Беаты не знаю; она, правда, оставила мне номер телефона, но даже сама мысль, что на том конце линии может отозваться мужской голос, **доводила меня до белого каления.** – Tylko że ja przecież nie znałem adresu Beaty; zostawiła mi wprawdzie telefon, ale myśl, że po tamtej stronie drutu mógłby się odezwać męski głos, **doprowodzała mnie do szału** (Сосновский).	(37) Бенгальского пробовали уложить на диван в уборной, но он стал отбиваться, **сделался буен.** – Bengalskiego próbowano położyć na kanapce w garderobie, ale zaczął się wyrywać, **wpadł w szał** (Булгаков).
(38) Несколькими десятками метров ближе шли двое уже известных ему мужчин, и Адам, чувствуя накатывающую **ярость**, ускорил шаг, намереваясь осведомиться, чего им нужно от Лильки (Сосновский). - Kilkadziesiąt metrów bliżej szło znanych im już dwóch mężczyzn i Adam, czując narastającą **furię**, przyspieszył kroku, żeby wprost zapytać, czego od niej chcą.	(39) Чего доброго, они укоренятся в мысли, что он **буйный сумасшедший.** – Jeszcze tego brakowało, żeby się utwierdzili w przekonaniu, że jest **furiatem** (Булгаков).

Имя еще одной из этих эмоций – *wściekłość* – словообразовательно связано с названием другого заболевания – бешенством, которое по-польски называется *wścieklizna*. Во-вторых, вследствие данного семантического оттенка, который можно обозначить как 'болезненная агрессия', перечисленные лексемы обладают не положительной (как русск. *ярость*), а отрицательной ценностной характеристикой.

С другой стороны, противопоставление по линии «абстрактная рациональность – конкретная чувственность» отсутствует и на «отрицательном полюсе» польского концепта «GNIEW». В польском языке нет аналога русской эмоции *злоба*, поэтому польск. *złość* может обозначать как абстрактно-рациональную, так и чувственно-конкретную эмоцию. Ср., например:

Złość = злоба (рациональная, интеллектуальная эмоция)	Złość = злость (конкретно-чувственная, импульсивная эмоция)
(40) Он бросил на меня такой взгляд, какого я вообще не видела у него; то была невероятная смесь **злобы** и **боли.** – Spojrzał	(41) Я помчался обратно в лес, хотел найти того парня, **избить** его, **плакал** от **злости**, собирался с ним

na mnie wzrokiem, jakiego w ogóle nie znałam, to była taka mieszanina **złości** i **bolu**, że może się tylko przyśnić (Сосновский).	*драться*... Pobiegłem z powrotem, chciałem znaleźć tamtego gościa i go *uderzyć*, *płakałem* ze **złości** i chciałem *się bić*... (Сосновский).
(42) Таким образом, баронесса понесла *кару* за свою **злобу и** *мстительность*, а Марушевич – за свои интриги, и обоих покарала одна и та же рука. – Takim sposobem baronowa za swoją **złość** i *mściwość*, a Maruszewicz za intrygi, z jednej i tej samej ręki ponoszą karę (Прус).	(43) - Что значит успокойся? Мою женщину не будет преследовать какой-то извращенец, - его внезапно *затрясло* от **злости**. - Co: daj spokój? Mojej kobiety nie będzie prześladował jakiś zboczeniec – poczuł nagle **złość** (Сосновский).

Лишь на очень узком участке с лексемой *złość* в польском языке конкурирует однокоренное ему абстрактное существительное *złośliwość*, находящееся на периферии польской системы. Оно образовано от прилагательного *złośliwy* 'склонный доставлять кому-либо неприятности, любящий досадить' (SJP: *III; 1031*) и обозначает не столько эмоцию, сколько характер человека. Точнее всего польск. *złośliwość* можно перевести на русский язык словом *злобность*.

Анализируя семантику прилагательного *złośliwy*, А.Миколайчук отмечает, что в его семантике имеется, во-первых, позитивная оценка последствий поведения, обозначенного этим словом, со стороны самого «зловредного» субъекта, что подтверждается сочетаемостью с этим прилагательным слов, обозначающих позитивные чувства и эмоции (см.: *robić coś ze złośliwą satysfakcją // radością // pasją; czuć złośliwą przyjemność // złośliwe zadowolenie*, т.е. *делать что-либо со злобным удовлетворением // радостью, увлечением; чувствовать злобное удовольствие*). Во-вторых, те же действия получают отрицательную оценку со стороны лиц, против которых направлены эти действия. Наконец, для наблюдателей или слушателей подобное поведение может быть своеобразным развлечением (Mikołajczuk 1999: *175-183*).

Прилагательное *złośliwy* интересно еще двумя особенностями своих системных связей. Во-первых, его синонимом является прилагательное *sarkastyczny* 'pełen sarkazmu, złośliwej ironii', т.е. 'полный сарказма, злой иронии'. Во-вторых, специальное (медицинское) значение этого прилагательного соответствует русск. *злокачественный*.[1] Следовательно, данное прилагательное употребляется при обозначении, так сказать, «злокачественной злобы» - злобы, граничащей со злорадством, сарказмом, злой иронией. См., например:

> (44) - Где же он сейчас? – перебил администратора взволнованный финдиректор.
>
> - Ну, где ж ему быть, - ответил, *криво ухмыльнувшись*, администратор, - натурально, в вытрезвителе.
>
> - Gdzie on teraz jest? – przerwał administratorowi zdenerwowany dyrektor finansowy.
>
> - A gdzie ma być? – odpowiedział ze **złośliwym** *uśmiechem* administrator. – Jasne, że w izbie wytrzeźwień (Булгаков).

> (45) «И молодец! И правильно!» - с **цинической**, *самоуничтожающей* **злобой** подумал Рюхин и, оборвав рассказ о шизофрении, попросил:
>
> - Арчибальд Арчибальдович, водочки бы мне…
>
> «Brawo! Ma rację!» - z **cyniczną**, *samounicestwiającą* **złośliwością** pomyślał Riuchin, przerwał swoją opowieść o schizofrenii (Булгаков).

Таким образом, польск. *złość* и *złośliwość* противопоставлены не по линии «абстрактная рациональность – конкретная чувственность», как русск. *злоба* и *злость*, а с точки зрения прямо или косвенно выраженной агрессии.

Еще одно отличие между русской и польской системами заключается в том, что польск. *gniew* и *złość* противопоставлены с точки зрения позитивности – негативности своих ценностных характеристик не столь резко, как русск. *гнев* и *злость*.

С одной стороны, польский *gniew*, как и русский *гнев*, оценивается положительно с помощью таких определений, как *święty* 'святой', *Boży* 'Божий', *słuszny* 'справедливый', *uzasadniony* 'обоснованный, оправданный', *uszlachetniony* 'справедливый', *sprawiedliwy* 'справедливый' (см. Mikołajczuk 2000: *125*). С другой стороны, польский язык обладает большим количеством устойчивых выражений, обозначающих стремление

---

[1] По справедливому замечанию А.Миколайчук, это терминологическое значение связано с общеязыковым семами 'угроза' и 'вред' (Mikołajczuk 1999: *175-183*).

человека, испытывающего как *gniew*, так и *złość,* овладеть своими эмоциями, поскольку в состоянии этих аффектов он испытывает неприятные ощущения. См., например: *hamować* 'сдерживать, тормозить', *dusić* 'душить', *tłumić* 'гасить, заглушать, подавлять', *powściągać* 'сдерживать', *opanowywać* 'овладевать, обуздывать' *gniew / złość, walczyć* 'бороться' *z gniewem* (см. Mikołajczuk 2000: *125*). В русском языке подобные словосочетания регулярны разве что с глаголом *сдерживать.* См., например:

(46) От *сдерживаемого* **гнева** лицо Алексея угрожающе покраснело (Пермитин; БАС₂: *III; 163*).

Кроме того, польский глагол *gniewać się,* как и чешск. *hněvat se,* не только лишен стилистической ограниченности русского *гневаться,* но и, в отличие от русского *сердиться,* безотносителен к иерархии: *gniewać się* по-польски может не только старший на младшего или начальник на подчиненного, но и наоборот.

Так, фразу, приводимую в (Libura 2000: *146*) *Anna* **gniewa się** *na matę za to, że nie pozwoliła jej pójść na dyskotekę,* не только невозможно перевести на русский с использованием глагола *гневаться* (**Анна* **гневается** *на маму за то, что та не позволила ей пойти на дискотеку*), но и с помощью глагола *сердиться* (**Анна* **сердится** *на маму за то, что та не позволила ей пойти на дискотеку*). В русском языке в данном случае уместен только глагол *обидеть(ся)*: *Анна* **обиделась / обижена** *на маму за то, что она не позволила ей пойти на дискотеку.*

По той же причине наблюдается асимметрия при переводе следующего отрывка из романа Б.Пруса «Кукла»:

(47) [*Pies Ir*] jest przy tym tak ostrożny czy może **rozgniewany *na pana Ignacego*** za falszywy alarm, że odwraca się grzbietem do pokoju, a nosem i ogonem do ściany, jak gdyby panu Ignacemu chciał powiedzieć:

„Już tam wolę nie widzieć twojej chudości". –

Из предосторожности, а может быть, из **обиды** за ложную тревогу, он [*пес Ир*] поворачивается к хозяину спиной, а носом и хвостом к стене, словно желая сказать *пану Игнацию*: «Глаза бы мои не глядели на твою худобу!» (Пер. Н.Модзелевской).

Таким образом, ценностную характеристику польской эмоции *gniew* можно определить как синкретически позитивно-негативную. Однозначно позитивную характеристику имеет лишь находящаяся на периферии польской системы эмоция *oburzenie* 'негодование'. По словам А.Миколайчук, данная лексема сочетается с позитивными определениями: *święte* 'святое', *słuszne* 'справедливое', *oburzenie*, тогда как никаких устойчивых выражений со значением овладения чувствами данная лексема не образует (Mikołajczuk 2000: *125*).

В целом центр польской системы лексем, обозначающих гнев, вместе с примыкающими к нему периферийными ответвлениями схематически изображен в таблице 4.

Таблица 4

Ядерные средства обозначения гнева в современном польском языке (с примыкающей к ним периферией)

С позитивными ценностными характеристиками	С синкретичными негативно- позитивными ценностными характеристиками	С негативными ценностными характеристиками	
		ZŁOŚLIWOŚĆ 'злобность' **Прил.** *złośliwy*	Косвенная агрессия
OBURZENIE 'негодование' **Опр.** *święte, słuszne*	**GNIEW** **Гл.** *gniewać się* (стилистич. неогранич., безотносит. к иерархии) **Опр.** *święty, Boży, słuszny, uzasadniony, uszlachetniony, sprawiedliwy* **Сочет.** *hamować, dusić, tłumić, powściągać, opanowywać gniew; walczyć z gniewem*	**ZŁOŚĆ** **Прил.** *zły* **Гл.** *złościć się* **Фр.** *bezsilna złość* **Сочет.** *hamować, dusić, tłumić, powściągać, opanowywać złość*	Прямая, естественная агрессия
		PASJA FURIA WŚCIEKŁOŚĆ SZAŁ 'ярость, бешенство, исступление'	Болезненная агрессия

3.2. Периферийные языковые средства

Обратимся теперь к рассмотрению **периферийных** эмоций, связанных с гневом. Во всех трех анализируемых языках можно выделить следующие периферийные группы.

1. Гнев, граничащий с психической болезнью (см. русск. *бешенство*, польск. *szał*, чешск. *vztek*).

2. Гнев, переросший в чувство и отношение (см. русск. *ненависть*, польск. *niechęć*, чешск. *zášť*).

3. Гнев, направленный на демонстративную и публичную отрицательную оценку объекта (см. русск. *негодование*, польск. *oburzenie*, чешск. *rozhořčení*).

4. Гнев, сопряженный со страхом и болью (см. русск. *волнение*, польск. *irytacja*, чешск. *vzrušení*).

Языковые средства, обозначающие **гнев, граничащий с психической болезнью**, объединяет то, что все они могут использоваться и для обозначения сумасшествия, безумия, бешенства в их медицинском, психиатрическом смысле (см. выше примеры 36 и 38). Передавая гнев, они обозначают его крайние проявления, когда человек может терять контроль над собой.

В русском языке наиболее частотным в этой группе является слово *бешенство* и связанные с ним словообразовательно глаголы *беситься*, *взбеситься*, отглагольное прилагательное *бешеный*, наречие *бешено*, а также фразеологизмы *бес попутал* (кого-то), *бес вселился* (в кого-то), *бес овладел* (кем-то). Легко заметить, что в обозначениях данной эмоции концептуализировались представления о бесе, вселяющемся в человека и руководящем его действиями (в том числе и в момент гнева).

Опираясь на статью В.Н.Ярхо «Проблема ответственности и внутренний мир человека», Н.Г.Брагина отмечает, что язык еще во времена мифологического сознания концептуализировал представления о добрых и злых духах, которые, вселяясь в человека, вызывают у него те или иные эмоции. «Можно предположить, - делает вывод исследовательница, - что система древних верований в добрых и злых духов была трансформирована в язык и в форме устойчивых метафорических словосочетаний, относящихся к узусу, стала составной частью культурного поля памяти, транслируемого из поколения в поколения. Таким образом это знание было сохранено языком до наших дней». По мнению Н.Г.Брагиной, «язык показывает, что чувства, прежде всего отрицательные, выступают как некая самостоятельная агрессивная сила, вступающая в определенные отношения с человеком и часто противостоящая ему» (Брагина 2007: *295 - 297*).

В польском и чешском языках также имеются языковые средства, отражающие подобные представления. Так, в польском языке существуют глаголы *biesić* 'бесить', *zbiesić się* 'взбеситься', фразеологизмы *bies kogoś opętał* (букв. 'бес кого-то опутал'), *bies w kogoś wstąpił* (букв. 'бес в кого-то вступил'). Чешский язык обладает такими лексическими единицами, как глаголы *běsnit* 'беситься', *rozběsnit* 'взбесить', отглагольное существительное *běsnění* 'неистовство', прилагательное *zběsilý* 'бешеный', фразеологизм *běs někoho chytil* (букв. 'бес кого-то схватил'). Кроме того, чешск. *běs* может обозначать не только черта, но и - метонимически - действие, связанное с ним, – 'буйство, неистовство' (ЧРС: *I; 51*). См., например:

(48) Его обуяла **ярость**: - Я это говорил, чтобы испытать тебя! (Кундера).
Chytil ho běs: „Říkal to, abych tě zkoušel.

(49) Франтишек весь пылал от возбуждения, а угроза Ружены и вовсе так **взбесила** его, что он вошел в зал и захлопнул за собой дверь (Кундера). - František byl rudý v tváři a Růženina výhružná slova ho **rozběsnila** natolik, že vkročil do místnosti a zapráskl za sebou dveře.

(50) Они всегда, как увидят пана Бретшнейдера, говорят только про футбол, а его от этого передергивает - того и гляди судороги сделаются и он **взбесится** (Гашек). - Oni

si vždycky, když ho vidí, vypravují jen o fotbalu. A on sebou cukal, jako kdyby každou chvilku chtěl **běsnit** a svíjet se.

(51) [Я] пришла к выводу, что для меня лучше было бы, если бы мой партнер **взбесился** и возвратился к матери, к роялю, избавив меня от необходимости продолжать игру. Однако он **не взбесился** и не возвратился. (Сосновский). - Dla mnie byłoby najlepiej, gdyby mój partner **się zbiesił** i wrócił do matki, do fortepianu, żebym nie musiała grać w to dalej. Ale nie **zbiesił się** i nie wrócił.

Однако следует отметить, что в польском языке наиболее частотным средством в этой группе является слово *wściekłość* 'бешенство' и связанные с ним словообразовательно *wściekły, zaciekły*, а в чешском – не только их этимологические соответствия *vztek*, *vzteklý*, но и уже рассмотренное слово *zuřivost* и его дериваты, находящиеся на границе ядра и периферии чешской системы. Ср. в параллельных текстах:

(52) И все же - на одного пациента здесь приходится не менее девяти пациенток, что доводит до **бешенства** незамужнюю молодую женщину, медсестру Ружену, обслуживающую в бассейне бесплодных дам (Кундера). - Přesto však na jednoho pacienta jet u devět pacientek, což je k **vzteku** pro svobodnou mladou ženu, která tu pracuje jako zdravotní sestra a obsluhuje u bazénu neplodné dámy.

(53) Он [Бек-Агамалов], с глазами, налившимися кровью, оглянулся кругом и, вдруг выхватив из ножен шашку, с **бешенством** ударил по дубовому кусту (Куприн). - Agamałow z nabiegłymi krwią oczyma obejrzał się wokoło, wyciągnął nagle szablę z pochwy i uderzył z **wściekłością** w mały dąb.

(54) - Молчать! - вскричал Пилат и **бешеным** взором проводил ласточку, опять впорхнувшую на балкон (Булгаков) -

польск. - Zamilcz! - krzyknął Piłat i powiódł **wściekłym** spojrzeniem za jaskółką, która znowu wpadła pod kolumnadę.

чешск. „Mlč!" zahřměl Pilát a **zuřivě** sledoval vlaštovku, která znovu vlétla na kolonádu.

(55) В **бешенстве** на себя, Левий выбрался из толпы и побежал обратно в город (Булгаков). -

польск. **Wściekły** na siebie wydostał się z tłumu i pobiegł z powrotem do miasta.

чешск. Prodral se davem a **rozzuřen** sám na sebe běžel zpátky do města.

Определения эмоций *wściekłość* и *vztek* в толковых и психологических словарях позволяют выделить их основные характеристики. Польская эмоция *wściekłość* характеризуется как «niepohamowany gniew» (SJP: *III*;

776-777), т.е. «безудержный (букв. «не поддающийся торможению») гнев», «bardzo trudna dla opanowania gwałtowna reakcja emocjonalna silnego gniewu» (SP: *312*), т.е. «очень трудная для обуздания бурная эмоциональная реакция сильного гнева». Чешск. *vztek* также определяется как «prudký hněv» (SSČ: *531*), т.е. «бурный гнев». Таким образом, важнейшие черты этих эмоций – бурность, безудержность, необузданность.

Эмоция *бешенство / wściekłość / vztek* обычно возникает из злости, которую человек так или иначе способен контролировать. Как только этот контроль над собой утрачен, человек выходит из себя и его злость превращается в *бешенство / wściekłość / vztek*. После вспышки, взрыва этой эмоции человек нуждается как минимум в передышке, поэтому довольно быстро наступает успокоение, которое может перерасти даже в депрессию. См, например:

(56) Капрал **зарычал**. Это нельзя было назвать ревом. То был рык, выражавший **гнев**, **бешенство** и **отчаяние**, слившиеся воедино. <...> После этого рыка у капрала наступила полнейшая **депрессия**. Он сел на лавку, и его водянистые, невыразительные глаза уставились вдаль, на леса и горы (Гашек). - Desátník **zařičel**. Nebylo možné říci, že zařval. **Hněv, vztek, zoufalství**, vše se slilo v řadu silných zvuků <...> Po tom zařičení nastoupila úplná **deprese**. Desátník posadil se na lavici a jeho vodové, bezvýrazné oči utkvěly v dálce na lesy a hory.

Чешский психолог П.Гартль отмечает еще одну черту эмоции *vztek*, замечая, что это «afektivně pomstychtivý hněv» (Hartl: *304*), т.е. «аффективно-мстительный гнев». Примеры из параллельных текстов позволяют распространить эту характеристику и на польскую эмоцию *wściekłość*:

Чешский оригинал	Польский перевод	Русский перевод
(57) Teď přišla chvíle *pomstít* se za všechno a ukoupit svůj **vztek**, jenomže já jsem v té chvíli žádný **vztek** necítil (Кундера).	Oto nadeszła chwila, by *zemścić* za wszystko i wyładować swoją **wściekłość**, tylko że ja w tej chwili żadnej **wściekłości** nie czułem.	Сейчас настала минута, когда я мог бы *отомстить* за все и тем самым ублаготворить свой **гнев**, однако никакого **гнева** в эту минуту я не испытывал.

| (58) Ještě stále nacházela Alice pohotové odpovědi, ale neměla je raděj nacházet, protože rozdražďovala Eduardův *mstivý* vztek (Кундера). | Wciąż jeszcze znajdowała Alicja zręczne repliki, ale lepiej by było, gdyby ich nie znajdowała, ponieważ podsycała nimi tylko *mściwą* **wściekłość** Edwarda. | Алица все еще пыталась найти подходящие ответы, но лучше бы она их не находила - ими она лишь разжигала его *мстительный* **гнев.** |

С другой стороны, в русской эмоции *бешенство* оттенок мстительности отсутствует, поэтому в приведенных выше примерах в русском переводе и используется лексема *гнев*.

Весьма интересна и этимология лексем *wściekłość* и *vztek*. Чешский этимолог И.Рейзек, выделяя в чешской лексеме префикс *vz-*, обозначающий движение вверх, и корень *-tek-*, передающий движение жидкости, полагает, что данное слово буквально означает излитие жидкости вверх (Rejzek: *728*). Иными словами, исследователь считает, что в лексеме *vztek* словообразовательными средствами реализовалась метафора «гнев – это кипящая жидкость»[1].

Польский лингвист В.Борысь высказывает другую и, как кажется, более убедительную этимологию. По его мнению, семантика бурного гнева у глагола *wściec* и прилагательного *wściekły* является вторичной и возникла лишь в 15-16 вв. в результате метафорического переноса значения 'быть больным бешенством' (по-польски 'zachorować na wściekliznę'). При этом корень *-ciek-* обозначает в данных словах не движение жидкости, а быстрое движение вообще (ср. русск. *броситься наутек*, а также в аналогичном значении польск. *uciekać* 'убегать, спасаться бегством'). Такое движение, как известно, является характерным для животных, больных бешенством (Boryś: *715*). В пользу этой версии говорит и тот факт, что авторы «Старославянского словаря», где имеется перевод слов как на русский, так и на чешский язык, приводят лексему **ВЪСТОЧИВЪ**, в которой выступает другой фонетический вариант корня

---

[1] См. об этом: Лакофф 2004.

*tek-. В качестве русского эквивалента этой лексеме приводятся *неистовый* и *бешеный*, в качестве чешского – *zuřivý* и *vzteklý* (ССС: *156*).

Значительную активность в рассматриваемой группе обнаруживает польская эмоция *szał*[1] и ее дериваты, а также этимологически соответствующая ей чешская эмоция *šílenství*. Данными лексемами может обозначаться не только психическое расстройство или гнев (см. примеры 35 и 36), но и вообще такое поведение, которое выходит за рамки общепринятых норм. Показательно, что в последнем случае в русском языке употребляются лексемы *неистовство* (букв. 'неистинное поведение'), *исступление* (букв. 'выход из себя'). См., например:

(59) Аннушка отбежала от окна, спустилась вниз к своей двери, быстрехонько открыла ее, спряталась за нею, и в оставленной ею щелке замерцал ее **исступленный** от любопытства глаз (Булгаков). – польск. Annuszka odbiegła od okna, zeszła pół piętra do swoich drzwi, szybciuteńko je otworzyła, schowała się do przedpokoju i w wąskiej szparze niedomkniętych drzwi zamigotało jej **oszalałe** z ciekawości oko.

(60) Тогда луна начинает **неистовствовать**, она обрушивает потоки света прямо на Ивана, она разбрызгивает свет во все стороны, в комнате начинается лунное наводнение, свет качается, поднимается выше, затопляет постель. Вот тогда и спит Иван Николаевич со счастливым лицом (Булгаков). – польск. Wówczas księżyc zaczyna **szaleć**, zwala potoki światła wprost na Iwana, rozbryzguje to światło na wszystkie strony, w pokoju wzbiera księżycowa powódź, blask faluje, wznosi się coraz to wyżej, zatapia łóżko. To właśnie wtedy Iwan ma we śnie taką szczęśliwą twarz.

Н.Г.Брагина объясняет этимологию выражений типа *выйти из себя, быть вне себя от горя / от гнева /от ярости /от бешенства; не помнить себя от горя / от гнева /от ярости /от бешенства* отражением в языке идеи потери человеком внутреннего пространства вследствие потери души, что ведет либо к смерти (см. *застыть, оцепенеть, остолбенеть, окаменеть от страха / от ужаса; окаменеть от горя*), либо к превращению человека в существо, не имеющее души, которому закрыт доступ к Богу (Брагина 2007: *303-304*). Следовательно, и *исступление*

---

[1] В.И.Даль приводит диалектное смоленское *шалъ* (с твердым знаком и, следовательно, с твердым Л), обозначающее водобоязнь, бешенство скота (Даль: *IV; 620*).

(букв. 'исход, выход, выступление души из тела') также связано с идеей потери человеком внутреннего пространства.

Интересно, что лексемой *szał* по-польски можно обозначить и состояние человека, испытывающего приятные эмоции, например, радость, любовь и подобные страстные чувства, проявляющиеся без меры, например:

(61) Он был уже совсем спокоен, настолько, что это спокойствие его даже пугало. **Неистовство** страстей исчезло, и он спрашивал себя, действительно ли эту женщину он любит? (Прус). - Już był zupełnie spokojny, tak spokojny, że aż go to przerażało. Opuścił go **szał** miłości i nawet pytał sam siebie: czy ona jest kobietą, którą kochał?...

(62) Панна Ленцкая - красавица, спору нет, но ведь она всего только женщина, и не стал бы Стах ради нее совершать такие **безумства**... (Прус). - Panna Łęcka piękna bo piękna, ale przecie jest tylko kobietą i dla niej Stach nie popełniałby tylu **szaleństw**.

Поэтому у рассматриваемых лексем (как и у их русских этимологических соответствий типа *шальной*) имеются положительные коннотации, свидетельствующие о синкретичной, позитивно-негативной, оценке соответствующего состояния и поведения, по крайней мере, в прошлом. В этой связи обращает на себя внимание тот факт, что в польском языке у глагола *szaleć* (и его производных *szaleństwo, szalony*) выделяется периферийное значение «spędzać czas na hulankach, zabawach, pijatykach, bawić się, hulać» (SJP: *Ш; 291*), т.е. «проводить время в гулянках, забавах, пьянстве, забавляться, гулять». Польские этимологи отмечают аналогичное значение в XVIII в. и у слова *szał*, характеризуя его как «hulaszcza zabawa, hulanka, orgia» (Boryś: *591-592*). Важно отметить, что польский глагол *hulać*, в отличие от русского *гулять*, лишен значения 'совершать прогулку, променад', которое по-польски передается заимствованным из немецкого языка словом *spacerować*.

В совместной с С.З.Агранович монографии «Миф в слове: продолжение жизни» мы показали, что глаголом *гулять* в славянских языках первоначально синкретически обозначалось и коллективное шествие по определенному маршруту, и впадение во временное экстатическое возбуждение, и демонстративное сексуальное поведение (см. Агранович, Стефанский: *26-29*). По-видимому, польский глагол *szaleć* и его производные (как и их этимологические соответствия в других славянских языках) первоначально обозначал эмоциональное состояние «священного безумия», которое испытывали участники таких празднеств. Весьма сходное эмоциональное состояние описано в романе М.Булгакова «Мастер и Маргарита», когда после сеанса черной магии произошло «разоблачение» развратника Семплеярова:

(63) К Семплеяровской ложе бежала милиция, на барьер лезли любопытные, слышались *адские взрывы хохота*, **бешеные** крики, заглушаемые золотым звоном тарелок из оркестра (Булгаков). - Milicjanci biegli w kierunku loży Siemplejarowa, gapie włazili na poręcze krzeseł, słychać było ***wybuchy piekielnego śmiechu***, **oszalałe** krzyki, które zagłuszał złoty brzęk talerzy orkiestry.

Показательно, что в разных славянских языках у лексем, восходящих к корню *šal-, отмечаются значения 'шутить', 'обманывать', а сложные существительные со значением лица, в состав которых входит данный корень, обозначают людей, для которых характерно деструктивное поведение. См., например, приводимые в словаре М.Фасмера слова *шалáбола* 'пустой человек', *шалабýрда* 'ротозей', *шалава* 'негодяй, бродяга, развратник', *шаломут* 'смутьян', *шалопут* 'бездельник, кутила' (Фасмер: *IV; 396-400*). Слова с подобными коннотациями возникли и из другой фонетической ипостаси соответствующего праславянского корня *xōl-: *холуй* 'слуга, лакей, лакействующий приспешник', *подхалим* 'низкий, подлый льстец', *охальник* 'нахал, озорник', *нахал* 'грубый, бесцеремонный человек' (см. Фасмер, Черных, Brückner). Все перечисленные реалии так или иначе восходят к уже упоминавшейся фигуре трикстера. Таким образом, семантика корня *šal- эволюционировала от синкретического, нерасчлененного состояния священного безумия во время гулянок и празднеств к различным формам неестественного поведения, в том числе к гневу и сумасшествию.

В русских параллельных текстах лексемам *szał* и *šílenství* и их производным чаще всего могут соответствовать слова *безумие*, *безумство* и их дериваты. См., например:

(64) Седока трепало на сиденье, и в осколке зеркала, повешенного перед шофером, Римский видел то радостные глаза шофера, то **безумные** свои (Булгаков). – польск. Pasażera podrzucało na siedzeniu i w wiszącym przed kierowcą kawałku lusterka Rimski widział to rozradowane oczy kierowcy, to swoje, **oszalałe**.

(65) После десяти минут **безумного** бега я буквально врезалась в сетку, благодаря чему могла не мучаться сомнениями – под током она или нет (Сосновский). - Po dziesięci minutach **oszalałego** biegu wpadłam na tę siatkę; dzięki temu mogłam nie rozważać, czy aby nie jest pod prądem.

(66) - Я в прошлом году решила промотать уйму денег. Управляющий и кассир уверяют меня, будто я истратила двадцать семь тысяч... Я **безумствовала** - и все же не разогнала скуку... (Прус). -. Ja w roku zeszłym postanowiłam wydać masę pieniędzy. Plenipotent i kasjer zapewniają mnie, że wydałam dwadziescia siedem tysięcy... **Szalałam**, no – i nie spłoszyłam nudów.

(67) - Сущее **безумие**! (Кундера) - „To bylo **šílenství**!"

Показательно, что русск. *безумие* и *безумство* могут использоваться с положительными коннотациями. См., например:

(68) Построить город там, где город построить нельзя, - само по себе **безумие**; но построить так один из изящнейших, грандиознейших городов [Венецию] – *гениальное* **безумие** (Герцен). (БАС₂: *I; 447-448*)

(69) **Безумству** *храбрых* поем мы *славу*! **Безумство** храбрых – вот *мудрость* жизни (Горький). (БАС₂: *I; 449*)

Интересно, что в первом издании БАС специально ради этой цитаты из горьковской «Песни о Соколе» было выделено новое значение лексемы *безумство* – «переносно: дерзание, великая смелость» (БАС: *I; 364*). Во втором издании это отдельное значение снято. Вместе с тем, как кажется, в данном случае мы имеем дело не столько с парадоксальной индивидуально-авторской лексической сочетаемостью, сколько с использованием древнего семантического потенциала лексемы *безумство*.

Этот потенциал использован и в следующем фрагменте из научного текста, рассказывающего об античных ритуальных практиках:

(70) Античная эстетическая традиция знала и **«безумство»**, одержимость «мусическим восторгом», экстазы пения и плясок (Сидоров; БАС₂: *I; 449*).

Кавычки, сигнализирующие о необычном для современного языка значении и употреблении слова *безумство*, в данном случае вполне правомерны. Но и здесь имеет место использование древнейшего семантического потенциала данной лексемы, обозначающей «священное безумие».

Две других польских лексемы из этой группы – *furia* и *pasja* – являются заимствованиями из латыни. Первая из них сохранила значение языка-источника (лат. *furia* означает 'сильный гнев, ярость'). Данная лексема выступает в польском языке прежде всего как медицинский термин, обозначающий «резкое помутнение сознания с бурным возбуждением, являющееся проявлением некоторых психических заболеваний и отравлений» и лишь в разговорном языке может использоваться в значении «приступ гнева, злости, бешенства» (SJP: *I; 620*).

Слово *pasja* после заимствования в польский язык пережило несколько семантических изменений. Лат. *passio* означает 'страдание' и было заимствовано во многие европейские языки прежде всего для обозначения страстей (т.е. страданий) Господних. Во многих европейских языках данное заимствование образовало новое, второе, значение – 'страсть, увлечение чем-либо или предмет этого увлечения'. В этом значении рассматриваемая лексема попала и в русский язык, обозначая (чаще всего с ироническим оттенком) объект чьей-нибудь любви (см. *Это его новая **пассия***). Наконец, в польском языке слово *pasja* стало употребляться в качестве эвфемизма вместо *furia* и получило третье значение 'ярость, бешенство, приступ гнева' В результате фразеологизм *szewska pasja* (букв. 'сапожничье увлечение') стал обозначать вместо страсти к пьянству сильный гнев (см. Bańkowski: *I; 509*).

В современном польском языке лексемы *furia* и *pasja* имеют некоторые семантические различия. Так, сравнивая фразы *Zerwał się ku wyjściu i z **pasją** dzrwi za sobą zatrzasnął* и *Zerwał się ku wyjściu i z **furią** dzrwi za sobą zatrzasnął* (обе переводятся на русский язык как *Он рванулся к выходу и с **яростью** захлопнул за собой дверь*), польская исследовательница А.Миколайчук отмечает, что в первом случае субъект испытывает удовольствие находиться в состоянии гнева, во втором случае этот оттенок отсутствует (Mikołajczuk 2000: *126*). Очевидно, этот оттенок удовольствия, получаемого от гнева, вносится лексемой *pasja* под влиянием ее второго значения 'страстное увлечение'.

Языковые средства рассмотренной группы представлены в таблице 5.

Из таблицы видно, что во всех сравниваемых языках имеются лексемы с корнем *běs- (для обозначения крайних проявлений гнева) и *šal- (для обозначения неестественного, выходящего за пределы нормы поведения). Однако первый из них используется для обозначения имени эмоции только в русском языке, а второй – только в чешском и польском. Чешский и польский языки сходны с т.з. использования корня *tek- для обозначения эмоции *vztek / wściekłość*. Своеобразие польского и русского языков заключается в значительно бо́льшем числе заимствованных слов, употребляемых в значении 'неестественное поведение'. В польском языке заимствованные *furia* и *pasja* восходят к латыни, русские *неистовство* и *исступление* – к старославянскому языку.

Языковые средства, передающие **гнев, переросший в чувство и отношение**, имеют в анализируемых языках достаточно четкую трехступенчатую градацию. Самая низкая степень негативного отношения передается лексемами русск. *неприязнь*, польск. *niechęć*, чешск. *nechuť*. Неприязнь может перерасти в русск. *враждебность*, польск. *wrogość*, чешск. *nepřátelství*. Наконец, высшая степень негативного отношения передается во всех языках лексемой *ненависть / nienawiść / nenavist*.

Таблица 5

Языковые средства, обозначающие гнев, граничащий с психической болезнью

Значение	Русский язык	Польский язык	Чешский язык
'крайние проявле-ния гнева'	бешенство	*biesić, zbiesić się*	*běsnit, rozběsnit, běsnění, zběsilý*
		wściekłość	vztek
'неестес-твенное поведе-ние'	*шалить, шалеть, шальной*	szał	šílenství
	неистовство исступление буйство безумие / / безумство	furia pasja	

Ср., например:

Неприязнь / niechęć / nechut'	Враждебность / wrogość / nepřátelství	Ненависть / nienawiść / nenávist
(71) «Дорогая панна Изабелла! - писала баронесса. - Я признаю, что своим поведением могла заслужить вашу **неприязнь**» (Прус). - "Droga panno Izabelo! – pisała baronowa. – Wyznaję, że dotychczasowym postępо-waniem mogłam zasłużyć na **niechęć**".	(72) А восприняв эти глаза как абсолютно **враждебные**, отплатил им своей **враждебностью** (Кундера). – чешск. A když ty oči pochopil, v celém významu jako **nepřátelské**, oplatil jim **nepřátelství**. – польск. A kiedy zrozumiał, że te oczy są w całym tego słowa znaczeniu **wrogie**, odpłacił im również **wrogością**.	(73) **Ненависть** смыла с его похотливости всякий налет чувства (Кундера). – чешск. **Nenávist** opláchla jeho smyslnost ze všeho citovaného nánosu. – польск. **Nienawiść** spłukała z jego namiętności cały osad uczucia.

Неприязнь / niechęć / nechuť	Враждебность / wrogość / nepřátelství	Ненависть / nienawiść / nenávist
(74) Они были полны **неприязни** к женской молодости и стремились выставить свои сексуально непригодные тела, как едкую издевку над женской наготой (Кундера). - Byly plny **nechuti** vůči ženskému mládí a toužily vystavit svá sexualně nepožitelná těla jako vysměšnou pomluvu ženské nahoty.	(75) Вся жизнь звенела и сияла радостью, но темное **враждебное** пятно тайно, как черный призрак, подстерегало Ромашова и ждало своей очереди (Куприн). - Całe życie robrzmiewało i jaśniało radością, ale ciemna **złowroga** plama, tajemnicza jak czarne widmo, czyhała na Romaszowa i czekała, aż przyjdzie na kolej.	(76) Даже это ничтожное торговое общество, которое он основал, принесло ему только нарекания и **ненависть**... (Прус). - Nawet ta marna spółczyna, którą założył, zwaliła mu na łeb tylko pretensje i **nienawiści**...
(77) Она [Ружена] уже не испытывала к нему прежней острой **неприязни**, напротив, черпала в его гневных речах энергию (Кундера). - Necítila už k němu předcozí ostrou **nechuť**, naopak, čerpala bezděčně z jeho hněvivých slov energii.	(78) Она [Беата] взглянула на меня **враждебно** (Сосновский) - Spojrzała na mnie **wrogo**.	(79) Ромашов выпрямился и прямо, с открытой **ненавистью** посмотрел в темные чахоточные глаза Петерсона (Куприн). – польск. Romaszow wyprostował się i z nieukrywaną **nienawiścią** spojrzał prosto w ciemne suchotnicze oczy Petersona.

Естественно, границы между тремя данными ступенями негативного отношения весьма условны и зыбки. Нередко рассматриваемые лексемы толкуются друг через друга с указанием на степень выраженности данного чувства. См., например:

Неприязнь - нерасположение, недоброжелательное, скрыто враждебное отношение к кому-чему-н. (Ушаков: *II; 539*).

Ненависть - чувство сильнейшей вражды (Ушаков: *II; 520*); чувство сильнейшей вражды, неприязни (МАС: *II; 456*).

Nienawiść – uczucie silnej niechęci, wrogości do kogoś, czegoś (SJP: *II; 342*).

Nepřátelství – nenávist, zášť (SSČ: *217*).

Nenávist – silny pocit odporu, zášť, nepřátelství (SSČ: *215*).

Подобная зыбкость границ приводит к тому, что при переводе на месте лексемы, относящейся к одной ступени негативного отношения, появляется слово, обозначающую другую степень недоброжелательства. Ср., например:

Оригинал	Перевод	Направление изменений
(80) A pak si vybavil tu světlovlasou dívku, která ho nechtěla se psem pustit do Richmondu, a pocítil k ní bolavou **nenávist** (Кундера).	Затем он вспомнил светловолосую девушку, не желавшую пропустить его с собакой в Ричмонд, и почувствовал к ней болезненную **неприязнь**	↓
(81) Auditor Bernis se posadil ke stolu a rozhořčeně odsuzoval nepořádky ve vedení vyšetřování. Mezi ním a hejtmanem Linhartem panovalo již dávno **nepřátelství**, v kterém byli velice důslední (Гашек).	Огорченный Бернис присел к столу и принялся осуждать беспорядок в ведении следствия. Между ним и капитаном Лингардтом давно уже существовала **неприязнь**, причем ни один не хотел уступать.	↓
(82) Do tacy podeszła młoda, uróżowana dziewczyna. Położyła srebrną czterdziestówkę, ale nie śmiała dotknąć krzyża. Klęczący obok z **niechęcią** patrzyli na jej aksamitny kaftanik i jaskrawy kapeliusz (Прус).	К подносу подошла молодая девушка, сильно накрашенная. Она опустила серебряную монету, но не посмела приложиться к кресту. Молящиеся **враждебно** покосились на ее бархатную жакетку и яркую шляпку.	↑
(83) Tak więc nie bez przykrości dowiedziałem się, że do Wokulskiego między kupcami wzrasta **niechęć** (Прус).	Таким образом, я узнал не без огорчения, что **вражда** купцов к Вокульскому возрастает.	↑

Чешская лингвокультура обладает в этой группе концептом, лингвоспецифичным на фоне русской и польской лингвокультур. Это концепт «**ZÁŠŤ**». Словарное толкование соответствующей лексемы – «nenávist, zloba, nepřátelství» (SSČ: *553*), т.е. «ненависть, злоба, враждебность». Данное имя эмоции обозначает чувство враждебности, которое рождается из подавленной и потому бессильной злобы - злобы, не перешедшей в злость. Как правило, это происходит, когда человек, испытывающий злобу, не может излить ее на объект (который обычно сильнее его или удален от него). Рассматриваемое чувство может вызываться ревностью или завистью (ср. достаточно частотное использование выражения *závist a zášť*), может длиться в течение долгого времени (многих лет), оно может быть направлено на абстрактный объект (см. политический термин *třídní zášť* 'классовая ненависть') и отличается гораздо большей абстрактностью, чем другие чешские эмоции из рассматриваемой группы.

См., например, следующий фрагмент из романа М.Кундеры «Шутка», где конкретная ненависть к парням передается в оригинале лексемой *nenávist,* а абстрактное враждебное отношение к «возрасту незрелости» - словом *zášť*:

(84) А по мере того как менялась обстановка в саду, становясь все более шумной и нервозной <...> я стал ловить себя на том, что перестаю сосредотачиваться на игре, слишком часто оборачиваюсь к столам в саду и с нескрываемой **ненавистью** наблюдаю за лицами парней. Когда я глядел на эти длинноволосые головы, демонстративно и театрально изрыгавшие слюни и слова, ко мне возвращалась моя былая **ненависть** к возрасту незрелости (Кундера). - A tak se prostředí zahrady rychle proměňovalo, stávalo hlučnější a nervoznější <...>, až jsem se přistihl, že se přestávám soustřeďovat na hru a příliš často se dívám ke stolům zahrady a pozoruju s nezapíranou **nenávistí** tváře výrostků. Když jsem ty dlouhovlasé hlavy, které kolem sebe okázale a teatrálně plivaly sliny i slova, vracela se mi moje stará **zášť** k věku nedospělosti.

О том, что данная эмоция актуальна для чешского менталитета и чешской языковой личности, свидетельствует тот факт, что она получила отражение и в чешской психологической терминологии. Для обозначения этой эмоции существует психологический термин *hostilita* «враждебное состояние, направленное против себя или других людей; проявляется в агрессивности, вызывается ревностью, завистью или болезненными душевными процессами» (Hartl: *82*). В цитированном чешском психологическом словаре подчеркивается, что эмоция *hněv* по сравнению с эмоцией *hostilita* гораздо более кратковременна (Hartl: *80*). Этот термин восходит к лат. *hostilitas* 'вражда, враждебность'.

Весьма показательна и этимология слова *zášť*. Оно восходит к древнечешскому глаголу движения *zajíti*[1], одним из переносных значений которого было 'начать бой'. От страдательного причастия прошедшего времени, формообразование которого шло от корня *šьd- (см. *za-šьd-tь), возникло древнечешское отглагольное существительное *záštie*, которое имело значение 'гнев, ненависть, ссора, распря' (Rejzek: *734*).

Эмоция *zášť* – структурообразующая в характере Людвика Яна, главного героя романа М.Кундеры «Шутка». Репрессированный в начале 1950-ых годов, он разделил судьбу тысяч жертв тоталитарного режима сталинского типа. Однако его бессильная злоба и желание мести сосредоточились на бывшем однокурснике Павле Земанеке, чья конъюнктурная демагогия и подтолкнула партсобрание исключить Людвика из партии, а значит, и из университета. Это чувство автор называет *zášť*. После случайного знакомства с женой Земанека Геленой у Людвика рождается план мести:

(85) Я создал его в своих мечтах силой **пятнадцатилетней** ненависти (*patnáct let trvající* **zášti**) и ощутил в себе буквально непостижимую уверенность, что он удастся и осуществится в полной мере.

Разговаривая с Геленой, он чувствует, как его многолетняя ненависть к Земанеку переключается на нее:

(86) Вмешательство женщины способно придать **ненависти** (*nenávisti*) что-то сродни симпатии: скажем, любопытство, желание близости, стремление переступить порог интимности. Я приходил в какой-то восторг: представлял себе Земанека, Гелену и весь их мир (чужой мир) и с особым наслаждением пестовал в себе **ненависть** (*zášť*) (предупредительную, почти нежную **ненависть** (*zášť*)) к Гелениной внешности, **ненависть** (*zášť*) к рыжим волосам, **ненависть** (*zášť*) к голубым глазам, к короткой щетинке ресниц, **ненависть** (*zášť*) к круглому лицу, **ненависть** (*zášť*) к вздернутому чувственному носу, **ненависть** (*zášť*) к щели между двумя передними зубами, **ненависть** (*zášť*) к зрелой рыхлости тела. Я наблюдал за ней, как наблюдают за женщинами, которых любят; я смотрел на нее так, словно все в ней хотел навсегда накрепко запечатлеть в памяти, а чтобы скрыть от нее **враждебность** (*záštipnost*) моего интереса, старался употреблять в нашем разговоре слова все более легкие и приятные,

---

[1] Ср. в русском языке *зайтись* 'потерять чувство, сознание, способность владеть собой' (БАС: IV; *484*).

и потому Гелена становилась чем дальше, тем женственнее. Я должен был думать о том, что ее рот, грудь, глаза, волосы принадлежат Земанеку, и все это мысленно брал в руки, взвешивал и прикидывал, можно ли это раскрошить в ладони или разбить ударом о стену; а потом снова внимательно все разглядывал, пробуя смотреть Земанековыми, а потом опять своими глазами. Возможно, меня даже осенила мысль, совсем непрактичная и платоническая, нельзя ли увлечь эту женщину со скользкой глади нашего льстивого разговора все дальше и дальше, до самой финишной ленты постели[1].

Своеобразным идейным противником Людвика Яна является в романе доктор Костка, тоже пострадавший в 50-е годы за свои религиозные убеждения. В заочной полемике с Людвиком он пытается убедить его, что жить в постоянной ненависти невозможно:

(87) Но вы, Людвик, поскольку не веруете в Бога, не умеете прощать. Вы постоянно помните пленарное заседание, на котором все единодушно подняли против вас руки и согласились разрушить вашу жизнь. Вы им не простили этого.

И не только им как отдельным личностям. Их там было человек сто, а это уже множество, которое в какой-то степени становится малой моделью человечества.

Вы не простили человечеству. С той поры вы не доверяете ему и питаете к нему **ненависть** (**zášť**). Я могу вас понять, но это ничего не меняет в том, что такая всеохватная **ненависть** (**zášť**) к людям страшна и греховна. <…> Что может породить **ненависть** (**nenávist**), как не ответное **зло** (**zášť**) и целую цепь последующего **зла** (**zášti**)? Вы живете в аду, Людвик, еще раз повторяю вам: вы живете в аду, и мне жаль вас.

В романе «Книга смеха и забвения» М.Кундера попытался объяснить появление в чешской лингвокультуре эмоционального концепта «LÍTOST» особенностями исторической судьбы чешского народа (см. подробнее: Агранович, Стефанский 2003: *116-117* и § 4 настоящей главы). Думается, что причины возникновения имени эмоции *zášť* в чешском языке во многом те же. Многовековая потеря независимости, угнетенное положение чехов породили и своеобразный отложенный гнев, бессильную злобу, жажду мести, что и вербализовалось в слове *zášť*.

---

[1] Ср. аналогичные эмоции, испытываемые Степаном Астаховым, в романе М.Шолохова «Тихий Дон»: «Степан *вынянчивал* в душе **ненависть** к Гришке и по ночам во сне скреб железными пальцами лоскутное одеяло». Как видим, в русском художественном дискурсе отложенный гнев, обозначаемый в чешском языке лексемой *zášť*, передается авторской метафорой *вынянчивал ненависть*.

Таким образом, данная эмоция находится на грани враждебности (чешск. *nepřátelství*) и ненависти (чешск. *nenávist*) и является следствием нанесенной обиды либо зависти или ревности. См. таблицу 6.

Таблица 6

Имена эмоций, передающие гнев, переросший в чувство и отношение

Русский язык	Польский язык	Чешский язык		
неприязнь	niechęć	nechuť		
враждебность	wrogość	nepřátelství		
			зависть обида ревность	⇒ zášť
ненависть	nienawiść	nenávist		

Гнев, **направленный на демонстративную и публичную отрицательную оценку объекта**, передается в русском языке лексемами *негодование* и *возмущение* (и их дериватами), в польском языке – лексемой *oburzenie* (и другими словами, связанными с ней словообразовательно), в чешском языке – лексемой *rozhořčení* (и ее дериватами).

Рассматриваемые имена эмоций объединяет то, что они обозначают такой тип гнева, который, во-первых, вместе с гневающимся разделяет большая общественная группа, имеющая ту же систему ценностей, а во-вторых, причиной гнева нередко становятся чьи-либо действия, которые не обязательно напрямую связаны с субъектом гнева: мы чаще всего *возмущаемся* и *негодуем* по поводу событий, происходящих далеко от нас, вместе со всем «прогрессивным человечеством». См., например, типичные для публицистического дискурса обороты в примерах из Интернета:

(88) Мировая общественность и зарубежные СМИ **с негодованием** отреагировали на убийство Политковской.

(89) Глава МИД Японии **с негодованием** осуждает захват заложников в Беслане.

(90) В России **с негодованием** восприняли попытки участников иранской конференции по Холокосту переписать историю.

(91) **Z oburzeniem** przyjęliśmy opublikowanie w mediach skierowanego do władz kościelnych listu grupy osób, nazywających siebie „katolikami" i „świeckimi intelektualistami". (**С негодованием** восприняли мы публикацию в СМИ обращенного к предстоятелям католической церкви письма группы лиц, называющих себя «католиками» и «светскими интеллектуалами»).

(92) Prasa ukraińska **z oburzeniem** stwierdziła, że „koleje szantażują mieszkańców i władze Zakarpacia". (Украинская пресса **с негодованием** констатировала, что «железные дороги шантажируют жителей и власти Закарпатья»).

(93) Jego decyzja wywołała we Włoszech **powszechne oburzenie** i ostrą krytykę ze strony minister do spraw równouprawnienia Barbary Pollastrini. (Его решение вызвало в Италии **всеобщее негодование** и резкую критику со стороны министра по делам равноправия Барбары Полластрини).

А.Миколайчук отмечает в связи с этой особенностью употребления польск. *oburzenie*, что данная лексема сочетается в польском языке с прилагательными *powszechny* и *ogólny* (оба имеют значение 'общий, всеобщий'). Исследовательница полагает, что польская эмоция *oburzenie* оценивается переживающим его субъектом положительно лишь потому, что она не связана с его непосредственным вовлечением в события, вызывающие гнев, и является желательной для общества, что подтверждается типичными для рассматриваемой лексемы сочетаниями *święte / słuszne oburzenie* (т.е. святое / справедливое негодование). См. Mikołajczuk 2000: *124-125.*

Для русского языка характерны сочетания *благородное / справедливое негодование*, для чешского - *ušlechilé / spravedlivé rozhořčení*

Ср. в параллельных текстах:

(94) В нравах дамы города N. были строги, исполнены *благородного* **негодования** противу всего порочного и всяких соблазнов, казнили без всякой пощады всякие слабости (Гоголь). - Mravů byly dámy města N. přísných, projevovaly *ušlechilé* **rozhořčení** nad každou neřestí a pokušením a obsuzovaly bez milosti každou slabost.

(95) **Негодование**, во всех отношениях *справедливое*, изобразилось во многих лицах (Гоголь). - Na mnoha tvářích se odrazilo **rozhořčení**, v každém směru *spravedlivé*.

А.Миколайчук отмечает также, что ни в польских толковых словарях, ни в польских словарных картотеках не зафиксировано сочетаний лексемы *oburzenie* с глаголами, обозначающими сдерживание соответствующей эмоции (как это характерно для большинства лексем со значением гнева). Справедливости ради, однако, следует сказать, что с помощью поисковых систем в Интернете такие словосочетания найти можно. См., например: *tłumić odruchy oburzenia* 'гасить порывы негодования', *hamować oburzenie* 'сдерживать, тормозить негодование', *opanować oburzenie* 'овладевать негодованием'. Имеются такие словосочетания и в польских переводах с русского. См. примеры из повести Пушкина «Капитанская дочка»:

В русском оригинале	В польском переводе	В чешском переводе
(96) «С охотою. Это значит, что ежели хочешь, чтоб Маша Миронова ходила к тебе в сумерки, то вместо нежных стишков подари ей пару серег». Кровь моя закипела. - А почему ты об ней такого мнения? - спросил я, с трудом *удерживая* свое **негодование**.	- Chętnie Jeśli chcesz, by Maria Iwanowna odwiedziła się o zmierzchu, podaruj jej zamiast tkliwych wierszy parę kolczyków. Krew zagrała we mnie. - A na czym ty opierasz taką o niej opinię? - spytałem, z wysiłkiem **hamując oburzenie**.	„Rád; to znamená, že když chceš, aby Maša Mironovová k tobě večer chodila, dej jí místo něžných veršíků pár náušnic." Vzkýpěla mi krev. „A proč máš o ní takové mínění?" zeptal jsem se, *ovládaje jen stěží svou nevoli.*
(97) Проходя мимо площади, я увидел несколько башкирцев, которые теснились около виселицы и стаскивали сапоги с повешенных; с трудом *удержал* я порыв **негодования**, чувствуя бесполезность заступления.	Przechodząc przez plac ujrzałem kilku Baszkirów, krzątających się koło szubienicy i ściągających z wisielców buty; z trudem *powstrzymałem* poryw **oburzenia** czując bezsilność.	Když jsem šel kolem návsi, spatřil jsem několik Baškirců, kteří se tlačili kolem šibenice a zouvali oběšencům boty; *stěží jsem zvládl záchvat nevole*, cítě zbytečnost svého vměšování.

Тем не менее подобные словосочетания в польском языке практически единичны на фоне многочисленных примеров типа русск. *сдерживать негодование, возмущение*.

Чешские же переводы приведенных выше фрагментов свидетельствуют о том, что чешск. *rozhořčení* подобных словосочетаний не образует. Переводчик прибегает здесь к трансформации, передавая пушкинское *удержать негодование* сочетанием *zvládnout / ovládnout nevoli* 'овладеть недовольством'.

Таким образом, если польск. *oburzenie* и чешск. *rozhořčení* оцениваются и субъектом гнева, и наблюдателем главным образом положительно, то оценка русск. *возмущение* и *негодование* не столь однозначна. Она допускает определенную иронию со стороны наблюдателя. Ср. параллельные тексты:

(98) A tak byl rád, že zase může chytat lidi za srdce, mluvil o hroznych justičních vraždách s takovým citem, že lidé div neplakali, cítila jsem, jak je **šťasten** ve svém **rozhořčení**, a nenáviděla jsem ho (Кундера). - Тогда он [Павел] обрадовался, что снова может пронимать людей до самого сердца, он говорил о чудовищных казнях без вины осужденных с таким вдохновением, что люди чуть не плакали, я чувствовала, как он *упивается* своим **негодованием**, и ненавидела его.

Показательно, что в примере (98) переводчица Н.Шульгина на месте чешск. *jak je šťasten ve svém rozhořčení* 'как он **счастлив** в своем негодовании' употребляет трансформированное *как он **упивается** своим негодованием*. Глагол *упивается* оценивает негодование Павла сразу с двух позиций: сам он доволен своим благородным гневом, а его жена, рассказывающая об этом, негативно оценивает его гнев.

Анализируемые имена эмоций в данной группе имеют разную внутреннюю форму и этимологически неродственны (в отличие от лексем, составляющих ядро концепта гнева, и многих слов, входящих в другие периферийные группы).

Русск. *негодование* образовано от др.-русск. *негодъ* 'неудовольствие' и буквально означает состояние того, кому не угодили (Фасмер: *III*; *57*, Тысяча состояний души: *208*).

Возмущение связано с *мутить* 'делать жидкость мутной, поднимая мелкие частицы'. Таким образом, в данном случае использована типичная для гнева метафора «гнев – это двигательное возбуждение» (см. Лакофф 2004). Польский и чешский языки образуют от этого корня другое имя эмоции – *smutek* 'грусть, печаль' (см. подробнее § 2 настоящей главы).

Чешск. *rozhořčení* соотносится с глаголами *rozhořčit* «vzbudit v někom hořkost, trpkost, nelibost, roztrpčit, pobouřit», т.е. «вызвать в ком-либо горечь, недовольство, огорчить, возмутить» *rozhořčit se* «roztrpčit se, pobouřit se, rozhněvat se», т.е. «огорчиться, возмутиться, разгневаться, рассердиться» (SSČ: *359*). Таким образом, в семантике этих лексем целостно представлены два действия: огорчение и гневная реакция на него. Показательно, что одно из проявлений гнева мотивировано именем фрустрационной[1] эмоции – *hořkost* 'огорчение'. Е.В.Петрухина не раз высказывала применительно к видовой семантике чешского глагола мысль о том, что в чешском языке «имеется несколько словообразовательных моделей, выражающих целостное, квантовое восприятие действия» (Петрухина 2003: *428*). По-видимому, в случае с лексической семантикой чешск. *rozhořčení* мы сталкиваемся с типологически сходным явлением, проявляющимся в лексической семантике чешского языка[2].

Польск. *oburzenie* этимологически связано не с *burza* 'буря', а с глаголом *ob-orzyć* 'разрушить, уничтожить' (ср. с тем же этимологическим корнем русск. *раз-орить*). Глагол **ѠРИТИ** в старославянском языке имел значения 'выворачивать', 'опрокидывать', 'соблазнять'. К XVI в. польский глагол *oborzyć* в результате переразложения (*ob-orzyć* > *o-borzyć*) и фонетических изменений, а также вследствие сходства значений стал восприниматься как префиксальное образование от глагола *burzyć* (см.

---

[1] Фрустрация (от лат. *frustracio* «обман, тщетное ожидание, неудача») – состояние психики индивида, когда трудности представляются ему непреодолимыми; переживание тяжелой ситуации, невозможности достижения какой-то существенной цели, потребности. Сочетается с чувством безысходности, гнетущего напряжения, тревоги, разочарования, раздражения, гнева и др. Следствием может быть агрессивное поведение (Летягова 2005: *388*). Подробнее о фрустрации как психологическом состоянии см. Левитов: www.

[2] Такую же целостность лексической семантики обнаруживает и чешская эмоция *lítost*, заключающая в своей семантике жалость к себе вследствие обиды или зависти и мгновенную агрессию, направленную на обидчика, объект зависти или даже совершенно постороннее лицо (см. подробнее: Агранович, Стефанский 2003: *116-117*, а также § 4 настоящей главы).

Bańkowski: I; *99*, II; *355*, Brückner: *383*, CCC: *415*). Таким образом, в силу своей этимологии польск. *oburzenie* обозначает разрушительный гнев. Неслучайно оно толкуется как «uczucie silnego gniewu, niezadowolenie z czegoś, sprzeciwu» (SJP: *II; 432*), т.е. «чувство сильного гнева, недовольства чем-нибудь, протеста».

В польском языке имеется и другое имя эмоции с тем же корнем – *wzburzenie* «stan podniecenia, zdenerwowania, niepokój, wrzenie, rozdrażnienie» (SJP: *III; 871*), т.е. «состояние возбуждения, взволнованности, беспокойство, кипение, раздражение». Данная лексема обозначает гнев, сочетающийся со страхом и болью, и будет рассмотрена ниже.

Рассмотренные языковые средства представлены в таблице 7.

Таблица 7

Имена эмоций, передающие гнев, направленный на демонстративную и публичную отрицательную оценку объекта

Русский язык	Польский язык	Чешский язык
негодование	*oburzenie*	*rozhořčení*
букв. «неудовольствие, состояние человека, которому не угодили»	букв. 'уничтожающий гнев'	**целостность**: 'огорчение + гневная реакция на него'
возмущение		
букв. «двигательное возбуждение»		

Языковые средства, передающие **гнев, сопряженный со страхом и болью**, представлены в исследуемых языках лексемами русск. *волнение* и *раздражение*, польск. *wzburzenie, zdenerwowanie, rozdrażnienie, irytacja*, чешск. *rozrušení, rozčilení, podráždění*.

В русском языке слово *волнение* и связанные с ним словообразовательно лексемы выражают гнев, связанный со страхом. Обычно именно страх рождает озлобленное состояние. См., например:

(99) Он приближился, держа фуражку, наполненную черешнями. Секунданты отмерили нам двенадцать шагов. Мне должно было стрелять первому: но **волнение**

злобы во мне было столь сильно, что я не понадеялся на верность руки, и чтобы дать себе время остыть, уступал ему первый выстрел (Пушкин).

(100) Николка припал к холодному дереву кобуры, трогал пальцами хищный маузеров нос и чуть не заплакал от **волнения**. Захотелось драться сейчас же, сию минуту, там за Постом, на снежных полях. Ведь стыдно! Неловко... Здесь водка и тепло, а там мрак, буран, вьюга, замерзают юнкера. Что же они думают там в штабах? (Булгаков).

Гнев, сопряженный с болью, передается в русском языке лексемой *раздражение* (и ее дериватами). Этимологически она связана с глаголом *драть*. Таким образом, человек, испытывающий данную эмоцию, как бы раздираем изнутри от боли, вызываемой гневом.

(101) В дождь и слякоть принужден он [станционный смотритель] бегать по дворам; в бурю, в крещенский мороз уходит он в сени, чтоб только на минуту отдохнуть от крика и толчков **раздраженного** постояльца (Пушкин).

(102) Она [Лиза] обняла отца, обещалась ему подумать о его совете, и побежала умилостивлять **раздраженную** мисс Жаксон, которая насилу согласилась отпереть ей свою дверь и выслушать ее оправдания (Пушкин).

В чешском языке по такому же принципу противопоставлены лексемы *rozrušení* 'волнение' и *podráždění* 'раздражение'. Однако в чешском языке имеется еще и лексема *rozčilení*, образованная от глагола *rozčilit se* «podlehnout prudkému neklidu, zlosti, rozzlobit se» (SSČ: 357), т.е. «подвергнуться бурному беспокойству, злости, разозлиться». Лексемы из данного гнезда могут соответствовать не только русским эмоциям *раздражение* и *волнение*, но и другим эмоциям со значением гнева. Ср.:

(103) Poručík Dub odcházel **hněvivě** od vagónu, zapomenuv v **rozčilení** na Švejka, ačkoliv měl před chvílí ten nejlepší úmysl zavolat Švejka a říct mu: «Dejchni na mě!» (Гашек). - **Обозленный** подпоручик Дуб ушел, в **волнении** позабыв о Швейке, хотя минуту тому назад намеревался позвать его и приказать: «Дыхни на меня!».

(104) Vtom se přestal smát, jako když utne, a upadl do druhé krajnosti, jak to bývá zvykem u neurotiků - **rozčilil se** a utrhl se **přísně** na Bezprizorného:

- Tak tedy neexistuje, říkáte? (Булгаков). -

Он [Воланд] перестал хохотать внезапно и, что вполне понятно при душевной болезни, после хохота впал в другую крайность - **раздражился** и крикнул **сурово**:

- Так, стало быть, так-таки и нету?

(105) **Rozčilil se** a prohlásil, že nenávidí měšťaky (Кундера). - Он [Людвик] **разозлился** и объявил, что ненавидит мещан.

(106) Nejblíže dveří seděl starý saperák Vodička a **rozčilený** pán se také první na něho obrátil (Гашек). - Старый сапер сидел ближе, и **взбешенный** господин накинулся сперва на него.

(107) **Rozčilený** pán se chtěl vrhnout na Švejka, který stál klidně a spokojeně před ním (Гашек). - **Разъяренный** господин хотел броситься на стоявшего со спокойным и довольным видом Швейка.

(108) V **rozčilení** odešla na hřbitovní spravu (Кундера). - **Возмущенная** донельзя, она пошла в кладбищенскую контору.

(109) "Dobrá, dobrá," uklidňoval ho redaktor s předstíranou laskavostí, zamrkal na **rozčileného** básníka, kterému se ani trochu nelíbilo, že má hlídat pomateného Němce, a pak zamířil na roh Bronné a Jermolajevské uličky (Булгаков).
- Хорошо, хорошо, - фальшиво-ласково говорил Берлиоз и, подмигнув **расстроенному** поэту, которому вовсе не улыбалась мысль караулить сумасшедшего немца, устремился к тому выходу с Патриарших, что находится на углу Бронной и Ермолаевского переулка.

В сущности чешская эмоция *rozčilení* обозначает в широком смысле состояние аффекта. В таком состоянии человек испытывает состояние как страха, так и гнева. Недаром в русской юридической терминологии[1] синонимичны выражения *в состоянии аффекта* и *в состоянии сильного душевного волнения*. Такой широкий спектр эмоций, обозначаемых чешским *rozčilit se*, возможно, связан с тем, что внутренняя форма этого глагола подобна русск. *расчувствоваться* 'прийти в состояние умиления'

---

[1] Анализируя мифологические представления о гневе как некой деструктивной силе, закрепившиеся в языке, Н.Г.Брагина отмечает: «Аргумент "находился во власти чувств" принимается во внимание социумом, служит оправданием в глазах общества. Фразы типа *Он не помнил себя от ярости; В гневе она наговорила много лишнего; В бешенстве он ударил ее* могут использоваться в ситуации извинения, так как имплицитно содержат в себе оправдание. Это находит выражение и в юриспруденции. Так, если убийца в момент совершения преступления находился в состоянии аффекта (например, убийство на почве ревности), то это обстоятельство смягчает его вину. Считается, что сознание человека "во власти чувств" частично отключается, он не помнит себя, плохо осознает себя» (Брагина 2007: *296*).

и польск. *rozczulić się* 'растрогаться, расчувствоваться, умилиться'. Все перечисленные глаголы маркируют некое состояние выхода из эмоционального равновесия, но чешский глагол передает негативную эмоцию, а русский и польский – позитивную.

Показателен в этом смысле следующий фрагмент, где героиня испытывает эмоции, которые даже сама не может оценить с точки зрения позитивности – негативности:

(110) I po pierwszej chwili **irytacji** poczułam, że, sama nie wiem: szacunek? **rozczulenie**? wdzięczność? Krzysztof był wierny. Może pan zdziwi, ale to się liczyło. Nawet dla mnie (Сосновский). - После первых минут **раздражения** я почувствовала – даже сама не знаю, как это назвать, - уважение? **Растроганность**? Благодарность? Кшиштоф был верный. Возможно, вы удивитесь, но это имело значение. Даже для меня.

В польском языке, где в рассматриваемой группе насчитывается наибольшее количество языковых средств, также противопоставлены имена эмоций, обозначающие гнев, сопряженный со страхом (см. *wzburzenie, zdenerwowanie*), и имена эмоций, передающие гнев, связанный с болью (см. *rozdrażnienie, irytacja*). Ср., например:

Гнев, связанный с болью	Гнев, сопряженный со страхом
(111) Doktór Szuman był **zirytowany**, Rzecki sztywny, Wokulski posępny (Прус). - Доктор Шуман был **раздражен**, Жецкий подавлен, а Вокульский мрачен.	(112) - Почему, собственно, я так **взволновался** из-за того, что Берлиоз попал под трамвай? (Булгаков) - Właściwie dlaczego tak się **zdenerwowałem**, kiedy Berlioz wpadł pod tramwaj - rozważał.
(113) Доктор нахлобучил шляпу и шел молча, видимо, в сильном **раздражении** (Прус). - Doktór nasunął kapelusz na głowę i szedł **zirytowany**, milcząc.	(114) Буфетчик, **волнуясь**, вытащил из кармана пачку, развернул ее и *остолбенел*. В обрывке газеты лежали червонцы (Булгаков). - **Zdenerwowany** bufetowy wyciągnął z kieszeni paczkę, wyciągnął ją i *osłupiał* - zawinięte w gazetę leżały czerwonce...

(115) - Совершенно с вами согласен, мессир, - вмешался в разговор кот, -именно тряпками, - и в **раздражении** кот стукнул лапой по столу (Булгаков). - Najzupełniej się z tobą zgadzam, messer - wmieszał się do rozmowy kocur - właśnie szmatami! - I **rozdrażniony** kot trzasnął łapą w stół.	(116) В эту минуту панна Изабелла порывисто поднялась со своего места и подошла к ним; она была **взволнована и возмущена** (Прус). - W tej chwili panna Izabela wstała nagle od swego stolika i podeszła do nich; była **wzburzona**.

Лексема *irytacja* является заимствованием из латыни, которое в значении 'раздражение' проникло во многие европейские языки. Слово *ирритация* со значением 'возбуждение, волнение, раздражение' в начале XIX века проникло и в русский язык. См., например, в комедии Грибоедова «Горе от ума» реплику Скалозуба, адресованную Софье, которая упала в обморок, узнав о падении Молчалина с лошади:

(117) Ну, я не знал, что будет из того вам **ирритация** (БАС: *V; 431*).

В приведенном контексте этому архаизму русского языка соответствует современное *волнение*. Следует отметить, что русск. *волнение* может обозначать и приятные эмоции. БАС определяет эту лексему как «нервное возбуждение, вызванное ожиданием, страхом, тревогой, радостью». См., например:

(118) Статьи Белинского <…> вызывали в них [Чернышевском и Добролюбове] *радостное* **волнение** (Плеханов).

(119) В **волненьи** *радостном* народ // Валит за всадником, теснится (Пушкин).

(120) Иван Петрович не долго предавался *сладостному* **волнению** родительских чувств (Тургенев; БАС: *II; 612*).

Польские же *wzburzenie* и *zdenerwowanie* однозначно маркируют гнев.

На протяжении двух последних десятилетий серьезным семантическим изменениям подверглась польская лексема *wzruszenie*. Так, согласно словарю польского языка, выпущенному в начале 80-ых годов прошлого века, эта лексема еще могла, подобно русск. *волнение*, обозначать как негативное, так и позитивное чувство. См. ее толкование: *wzruszenie* «stan uczuciowy o przyjemnym lub przykrym zabarwieniu, występujący nagle i trwający krótko, ale w silnym natężeniu, objawiący się zmianą w zachowaniu i przyśpieszeniem niektórych procesów fizjologicznych» (SJP: *III; 878*), т.е. «эмоциональное состояние с приятной или неприятной окраской, возникающее неожиданно и длящееся недолго, но с большой интенсивностью, проявляющееся изменениями в поведении и ускорением некоторых физиологических процессов». В современной же электронной версии данного словаря, размещенной на сайте издательства PWN (см. http://sjp.pwn.pl), данное определение признано неактуальным. Новое толкование: *wzruszenie* - «stan psychiczny osoby doznającej takich uczuć, jak tkliwość i rozrzewnienie, wywołany jakimś poruszającym zdarzeniem», т.е. «психическое состояние лица, испытывающего такие чувства, как нежность и растроганность, вызванное каким-либо волнующим событием», - свидетельствует об утрате данной лексемой негативной эмоциональной семантики.

Языковые средства рассмотренной группы представлены в таблице 8.

Таблица 8

Имена эмоций, передающие гнев, сопряженный со страхом и болью

Оттенки значения	**Русский язык**	**Польский язык**	**Чешский язык**
'страх'	-	*wzburzenie* *zdenerwowanie*	*rozrušení*
'состояние аффекта'	*волнение* ±	-	*rozčilení*
'боль'	*раздражение*	*rozdrażnienie* *irytacja*	*podráždění*

Нередко агрессия является реакцией субъекта на то или иное нарушение извне его спокойного состояния. Об этом пойдет речь в следующем параграфе.

§ 4. ОТ ЖАЛОСТИ – К АГРЕССИИ: АНАЛИЗ СТЕРЕОСКОПИЧЕСКИХ ЭМОЦИЙ

Целый ряд русских эмоциональных концептов («ДОСАДА», «ОБИДА», «ЗАВИСТЬ», «РЕВНОСТЬ») объединяет несколько общих черт. Во-первых, в их семантике имеется семантический компонент 'жалость, сожаление'; во-вторых, типичным сценарием их динамики является переход указанных эмоций в ту или иную форму агрессии. В-третьих, их объединяет черта, которую Анна А.Зализняк, исследуя эмоцию обиды, назвала «стереоскопичностью» (Зализняк 2006: *278*). По мнению исследовательницы, стереоскопичность эмоции предполагает, что человек переживает ее до тех пор, пока в его сознании одновременно существуют два различных – и противоречащих друг другу – взгляда на вещи. Как только один из этих взглядов пропадает, то пропадает стереоскопичность и эмоция исчезает.

Сценарии русских эмоциональных концептов «ДОСАДА», «ОБИДА», «ЗАВИСТЬ», «РЕВНОСТЬ», а также их аналогов в польском и чешском языках и будут предметом рассмотрения в настоящем параграфе.

4.1. Досада

Эмоция досады возникает, когда с человеком произошло нечто неприятное и в его мыслях появляется ясное осознание как отрицательной, так и положительной альтернатив развития событий. См., например:

(1) - Эх, кабы знать, что Черепахин даст такую цену, - говорил он вполголоса, - то я б дома не продавал Макарову тех трехсот пудов! Такая **досада**! Но кто ж его знал, что тут цену подняли? (Чехов). – польск. Jaka **szkoda**[1]!

(2) Стрелка на часах, висевших над бассейном, показывала без четверти двенадцать. Ольга представляла себе, какой вид сделал бы Якуб, если бы она бросилась ему на шею и страстно поцеловала его. Она подплыла к краю бассейна, вышла и направилась в раздевалку. Было немного **досадно**, что она не знала о его приезде еще

---

[1] В данном параграфе, где это возможно, польский и чешский текст сокращены до минимального контекста.

утром. Она постаралась бы приодеться. Серое, неинтересное платьице, которое сейчас было на ней, портило настроение (Кундера.). – чешск. Trochu ji **mrzelo**.

(3) Чичиков остался по уходе Ноздрева в самом неприятном расположении духа. Он внутренно **досадовал на себя**, бранил себя за то, что к нему заехал и потерял даром время. Но еще более бранил себя за то, что заговорил с ним о деле, поступил неосторожно, как ребенок, как дурак: ибо дело совсем не такого роду, чтобы быть вверену Ноздреву... (Гоголь.). – чешск. Čičikov **měl na sobě zlost**.

(4) Сначала Ромашов стеснялся, **досадовал на самого себя** за уступчивость и испытывал то нудное чувство брезгливости и неловкости, которое ощущает всякий свежий человек в обществе пьяных (Куприн). – польск. Romaszow **był zły na siebie**.

Как видно из примеров, объектом сожаления в ситуации досады является невозможность изменить обстоятельства. Это бессилие рождает ту или иную форму агрессии, которая направлена на себя даже в том случае, если собственной прямой вины в случившемся нет (см. пример 2). В этом отношении показательны явно направленные на самого себя невербальные средства, которыми часто выражается досада: хватание себя за голову, жест **рвать на себе волосы**, удар кулаком по лбу, по колену, речевыми аналогами которых являются реплики вроде *Идиот!; Как же я мог!; Черт возьми!* (см. Тысяча состояний души: *106*, СЯРЖ: *144*), например:

(5) «По беленькой писарям!» - вскрикивает проситель. «Да чего вы так горячитесь? - отвечают ему, - оно так и выйдет, писарям и достанется по четвертаку, а остальное пойдет к начальству». **Бьет себя по лбу** недогадливый проситель и бранит на чем свет стоит новый порядок вещей, преследование взяток и вежливые, облагороженные обращения чиновников (Гоголь).

(6) Он дал волю воображению, и рядом с видением панны Изабеллы в объятиях Старского ему представилась стая запыхавшихся волков, гоняющихся по снегу за волчицей... И он был тоже среди них!..

Снова он почувствовал нестерпимую боль и в то же время отвращение и гадливость к самому себе.

- Как я был глуп и ничтожен!.. - воскликнул он, **хлопнув себя по лбу**. - Столько видеть, столько слышать и все же пасть так низко... Я... я!.. соперничал со Старским и черт знает с кем еще! (Прус).

Показательно, что в приведенных контекстах не употреблена лексема *досада* и однокоренные ей слова. Эмоция досады маркирована именно этим жестом и переживаниями человека.

Русский концепт «ДОСАДА» является лингвоспецифичным на фоне польского и чешского языков. Данной русской лексеме в этих языках соответствуют слова, обозначающие огорчение, недовольство, раздражение, неприятность, нежелание. См. пример 2, а также:

(7) «Дома ли Григорий Иванович?» - спросил он, останавливая свою лошадь перед крыльцом прилучинского замка. «Никак нет», - отвечал слуга; - «Григорий Иванович с утра изволил выехать». - «Как **досадно!**» - подумал Алексей» (Пушкин). – чешск. "To **je mrzuté**[1]" – přemýšlel Alexej.

(8) Над осокой пролетели знакомые три бекаса, и в их писке слышались тревога и **досада**, что их согнали с ручья (Чехов). – польск. słychać było trwogę i **niezadowolenie**.

(9) Разве еще сегодня утром не приближался я к фольклорному празднеству с **досадой**? (Кундера). – **s nechutí**.

С другой стороны, русские переводчики с польского и чешского языков не всегда удачно используют слова из ЛСП со значением досады для обозначения эмоций, которые в сущности досадой не являются. См., например:

(10) Pan Tomasz czuł w sobie tyle **goryczy, kwasu** i **ciężaru** na widok białego cylindra [Wokulskiego], że nie chcąc być niegrzecznym **zmuszał się do uśmiechu** (Прус). – При виде белого цилиндра пан Томаш испытывал такое **раздражение** и **досаду**, что только из вежливости **заставлял себя улыбаться** (пер. Н.Модзелевской).

На самом деле потомственный, но стремительно разоряющийся аристократ Томаш Ленцкий попросту *завидует* быстро богатеющему предпринимателю Вокульскому, считая его выскочкой. Следствием этой зависти является *горечь*, *плохое настроение* и *тяжесть*, которые он испытывает при виде его белого цилиндра.

(11) Zemánek zatím pokračoval v ležérních poznámkách o své manželce a snažil se mi dát najevo (oklikou a náznakem), že všechno ví, ale že **neshledává nic v nepořádku**, protože

---

[1] Лексемы с корнем *-mrz-* (ср. русск. *мерзкий*) наиболее часто соответствуют русским словам, обозначающим досаду, в чешском параллельном тексте.

je vůči Heleninu soukromí zcela liberální (Кундера). - Земанек меж тем продолжал рассыпаться в небрежных похвалах по адресу своей жены, пытаясь дать мне понять (обиняками и намеками), что все знает, но что **не усматривает в этом ничего досадного для себя**, ибо в отношении Гелениной личной жизни он абсолютно либерален (пер. Н.Шульгиной).

Земанек, знающий о связи своей жены с главным героем романа Людвиком Яном, может испытывать по отношению к нему ***ревность*** либо ***обиду***. Но поскольку его брак в сущности давно распался, Земанек во внебрачных связях своей жены *не видит ничего страшного*, считая их *в порядке вещей*.

Параллельные польские и чешские тексты позволяют увидеть эмоции, сопровождающие досаду. Нередко *досада* и однокоренные ей слова переводятся лексемами, обозначающими ***сожаление***:

(12) - Эх, **досада**! Ее бы к господам в экономию снесть, те бы полтинник дали, да далече - пятнадцать верст! (Чехов. «Степь»). – польск. Ech, **szkoda**! (*букв*. Эх, **жаль**!).

(13) Но до чего мне **досадно**, что встретились с ним [Воландом] вы, а не я! (Булгаков). – польск. Nie mogę **odżałować**, że to pan go spotkał, a nie ja (*букв*. не могу не **пожалеть**).

(14) На невестку Коутецкая смотрела свысока. <...> Пушечное жерло своей благотворительности она нацелила исключительно на одного Людвика. Видела в нем продолжателя своего рода и мечтала усыновить его. Существование невестки рассматривала как **досадную** помеху (Кундера). – чешск. Považovala za **politováníhodný** omyl (*букв*. считала достойной **сожаления** ошибкой).

Другой эмоцией, сопровождающей досаду, может быть ***обида на обстоятельства***. Анна А.Зализняк разграничивает два значения предикатива *обидно*: *Обидно₁*, обозначающее обиду на человека (*Мне обидно, что он не пригласил меня на день рождения*) и *Обидно₂*, обозначающее обиду на обстоятельства (*Мне обидно, что не удалось попасть на концерт*). Это значение, по мнению исследовательницы, сближается со значением предикатива *досадно*. (Зализняк 2006: *274, 283-285*). Русская эмоция досады воспринимается как обида на обстоятельства чешскими переводчиками:

(15) «Эх, какое осложнение! И нужно ж было, чтоб их всех сразу...», - с **досадой** думал Поплавский, пересекая асфальтовый двор и спеша в квартиру N 50 (Булгаков). – uvažoval **dotčeně** Berliozův strýc (*букв.* думал **обиженно** дядя Берлиоза).

(16) - Низа!
Женщина повернулась, прищурилась, причем на лице ее выразилась холодная **досада**, и сухо ответила по-гречески:
- Ах, это ты, Иуда? (Булгаков). -

"Niso!"
Žena se otočila, přimhouřila oči, zatvářila se **dotčeně** a chladně, suše řecky odpověděla: "Á, to jsi ty, Jidáši?" (*букв.* **обиженно** и холодно ответила).

Семантическая близость *досады* и *обидно₂*, по-видимому, объясняется исторически. В древнерусском языке слово *досада* имело значение обиды (см. Сл.ДРЯ XI-XIV вв.: *III; 59*). Данное значение как устаревшее фиксируется и в БАС (БАС: *III; 1015*).

Семантические различия между *досадно* и *обидно₂* заключаются в том, что досада обычно обращена в прошлое. Испытывать досаду по отношению к будущим событиям нельзя, тогда как *обидно* по отношению к будущему быть может. См., например:

(17) У меня рядом с домом библиотека, а теперь ее закрывают. Так **обидно**! (*??*Так **досадно**!).

В связи с этим *досадно* акцентирует внимание на причинах, вызвавших неприятное следствие, тогда как *обидно₂* - на самом следствии. Ср.:

(18) Я забыл читательский билет, и меня не пустили в библиотеку. Так **досадно**!

(19) Я забыл читательский билет, и меня не пустили в библиотеку. Так **обидно**!

В (18) неприятные чувства связаны с забытым билетом, тогда как в (19) – с фактом непопадания в библиотеку.

(20) Я не попал сегодня на лекцию. Так **досадно**!

(21) Я не попал сегодня на лекцию. Так **обидно**!

В (20) субъект речи оценивает как неприятность сам факт отсутствия на лекции и имплицитно причины, приведшие к этому (несработавший будильник, пробка на дороге и т.д.). В (21) неприятным оказывается то, что не удалось послушать интересную лекцию.

Досада нередко выливается в ту или иную форму *агрессии*, которая в сущности является средством снятия досады. В польских и чешских текстах на месте русских лексем, обозначающих досаду, могут фигурировать слова, передающие злость или гнев. См. примеры 3-4, а также:

(22) Но **досада** ли, которую почувствовали приезжие кони за то, что разлучили их с приятелями, или просто дурь, только, сколько ни хлестал их кучер, они не двигались и стояли как вкопанные (Гоголь). – чешск. **ze zlosti** cizí koně se nehíbali z místa (*букв.* **от злости** чужие кони не трогались с места).

(23) «Но, ваше высокопревосходительство, я не могу ждать», - говорит Копейкин, и говорит, в некотором отношении, грубо. Вельможе, понимаете, сделалось уже **досадно**. В самом деле: тут со всех сторон генералы ожидают решений, приказаний; дела, так сказать, важные, государственные, требующие самоскорейшего исполнения, - минута упущения может быть важна, - а тут еще привязался сбоку неотвязчивый черт (Гоголь). - Hodnostáře už **popadl vztek**, víme (*букв.* Вельможа **пришел в ярость, в бешенство**).

Объектом агрессии, вызванной досадой, может стать не только ее виновник (которым, как мы убедились, чаще всего бывает сам человек, испытывающий эту эмоцию), но и совершенно посторонний человек. См., например:

(24) Всю **досаду**, накопленную во время скучной езды, путешественник вымещает на смотрителе (Пушкин).

Таким объектом может стать даже неодушевленный предмет. Вряд ли можно об этом написать лучше Гоголя:

(25) Так отзывался неблагоприятно Чичиков о балах вообще; но, кажется, сюда вмешалась другая причина негодованья. Главная **досада** была не на бал, а на то, что случилось ему оборваться, что он вдруг показался пред всеми бог знает в каком виде, что сыграл какую-то странную, двусмысленную роль. Конечно, взглянувши оком благоразумного человека, он видел, что все это вздор, что глупое слово ничего не значит, особливо теперь, когда главное дело уже обделано как следует. Но странен человек: его **огорчало** сильно нерасположенье тех самых, которых он не уважал и насчет которых отзывался резко, понося их суетность и наряды. Это тем более было ему **досадно**, что, разобравши дело ясно, он видел, как **причиной этого был отчасти сам. На себя**, однако же, **он не рассердился**, и в том, конечно, был прав. **Все мы имеем маленькую слабость немножко пощадить себя, а постараемся лучше приискать какого-нибудь ближнего, на ком бы выместить свою досаду**, например

на слуге, на чиновнике, нам подведомственном, который в пору подвернулся, **на жене или, наконец, на стуле**, который швырнется черт знает куда, к самым дверям, так что отлетит от него ручка и спинка: пусть, мол, его знает, что такое **гнев**. Так и Чичиков скоро нашел ближнего, который потащил на плечах своих все, что только могла внушить ему **досада**. Ближний этот был Ноздрев (Гоголь).

Менее распространенным, но вполне возможным сценарием снятия досады, наряду с гневом, может быть и смех, возникающий как реакция на несоответствие между мечтой и реальностью. См., например, сцену из поэмы Пушкина «Руслан и Людмила», в которой Рогдай, думая, что гонится за Русланом, в последний момент узнает Фарлафа:

> (26) Рогдай к оврагу подлетает;
> Жестокий меч уж занесен;
> «Погибни, трус! умри!» - вещает…
> Вдруг узнает Фарлафа он;
> Глядит, и руки опустились;
> **Досада, изумленье, гнев**
> В его чертах изобразились;
> Скрыпя зубами, онемев,
> Герой, с поникшею главою
> Скорей отъехав ото рва,
> **Бесился**… но **едва, едва**
> **Сам не смеялся над собою**.

Итак, динамика досады развивается от сожаления по утраченной положительной альтернативе к агрессии, направленной обычно на самого себя. Эта агрессия обычно сопровождается характерными жестами. В силу лингвоспецифичности данного русского концепта в чешском и польском языках в соответствующих контекстах употребляются лексемы, обозначающие сожаление, неприятность, обиду либо различные формы агрессии.

4.2. Обида

Стереоскопичность обиды, по словам Анны А. Зализняк, основывается на одновременном существовании в сознании обиженного двух взглядов: «обидчик» меня «любит» и «не любит» либо: его негативное мнение обо мне «справедливо» и «несправедливо».

Исследовательница определяет обиду как жалость к себе, соединенную с претензией к другому (Зализняк 2006: *274, 278*). Именно в претензию к другому выходит агрессия, вызванная обидой.

Весьма характерным примером, иллюстрирующим эту стереоскопичность и одновременно динамику эмоций от обиды к агрессии и раскаянию, может служить следующий эпизод из романа М. Булгакова «Белая гвардия»:

(27) Господин полковник тут же, и очень быстро, обнаружил новое свойство - великолепнейшим образом сердиться. Шея его и щеки побурели и глаза загорелись.

- Капитан, - заговорил он неприятным голосом, - я вам в ведомости прикажу выписать жалование не как старшему офицеру, а как лектору, читающему командирам дивизионов, и это мне будет неприятно, потому что я полагал, что в вашем лице я буду иметь именно опытного старшего офицера, а не штатского профессора. Ну-с, так вот: лекции мне не нужны. Паа-прошу вас советов мне не давать! Слушать, запоминать. А запомнив - исполнять!

И тут оба выпятились друг на друга.

Самоварная краска полезла по шее и щекам Студзинского, и губы его дрогнули. Как-то скрипнув горлом, он произнес:

- Слушаю, господин полковник.

- Да-с, слушать. Распустить по домам. Приказать выспаться, и распустить без оружия, а завтра чтобы явились в семь часов. Распустить, и мало этого: мелкими партиями, а не взводными ящиками, и без погон, чтобы не привлекать внимания зевак своим великолепием.

Луч понимания мелькнул в глазах Студзинского, а обида в них погасла.

- Слушаю, господин полковник.

Господин полковник тут резко изменился.

- Александр Брониславович, я вас знаю не первый день как опытного и боевого офицера. Но ведь и вы меня знаете? Стало быть, **обиды нет**? **Обиды в такой час неуместны**. Я **неприятно** сказал - забудьте, ведь вы тоже...

Студзинский **залился густейшей краской**.

- Точно так, господин полковник, я виноват.

В критический момент полковник Малышев вынужден обидеть Студзинского, чтобы обеспечить выполнение приказа. О том, что обида нанесена, свидетельствует покраснение шеи Студзинского, которого удерживает от ответной агрессии лишь субординация. Обида в глазах Студзинского гаснет, когда Малышев объясняет смысл своего приказа. Второй раз лицо Студзинского заливается уже краской стыда и раскаяния.

Изменились и роли: офицеры объяснились уже не как начальник и подчиненный, а как боевые товарищи: сомнения в «нелюбви» исчезли, а значит, исчезла и обида.

Обида исчезает и в том случае, когда обиженный находит обращенные к нему обидные слова справедливыми. В этом отношении показателен приводимый Анной А. Зализняк отрывок из романа М.Булгакова «Мастер и Маргарита»: Рюхин, которого Иван Бездомный назвал бездарностью, вначале испытывает обиду, а потом понимает, что «горе не в том, что они [слова] обидные, а в том, что в них заключается правда». Таким образом, обида, направленная на Бездомного, сменяется в его сознании огорчением по поводу собственной бездарности.

Важно заметить, что обида может вызывать не только агрессию, но и ступор, и даже слезы:

(28) Obu paniom łzy nabiegały do oczu: matce z **gniewu**, a córce… Czy ja wiem?… Może z **żalu** za złamanym życiem (Прус). - У обеих женщин глаза наполнились слезами: у матери – от **гнева**, а у дочери… кто знает? Может быть, от **обиды** за исковерканную жизнь.

Сравнивая обиду и досаду, Анна А. Зализняк отмечает, что «обида соседствует со слезами и слабостью, досада – со злобой и агрессией» (Зализняк 2006: *282*). Весьма характерен в этом отношении следующий пример:

(29) Панна Изабелла с минуту стояла в **недоумении**, потом бросилась к отцу.

- Что это значит, папа́? Вокульский со мною простился очень **холодно** и сказал, что сегодня ночью уезжает в Париж…

- Что? что? что? – вскричал пан Томаш, *хватаясь обеими руками за голову*. – Он, наверное, **обиделся**.

- Ах, правда… Я упомянула о покупке нашего дома….

- Иисусе! Что ты наделала? Ну… все пропало! Теперь я понимаю… Конечно, он **обиделся**. Однако, - подумав, добавил Ленцкий, - кто же мог предположить, что он так **обидчив**? Скажите на милость – купец, а так **обидчив**! (Прус).

Обида Вокульского выразилась в смене тона на холодный, более официальный. Томаш Ленцкий, испытывая досаду, производит характерный жест **хвататься руками за голову** и направляет свою агрессию на дочь, которая и стала невольной обидчицей Вокульского.

Обиду могут сопровождать и многие другие эмоции: печаль, горечь, жажда справедливости, гнев, злоба. Очень точно описывает их герой романа М.Кундеры «Шутка» Ярослав. Рассуждая о причинах ненависти своего несправедливо репрессированного друга Людвика к пропагандистскому образу Юлиуса Фучика, он думает:

(30) Я был готов принять **печаль** Людвика. И его **горечь**. Но эту **злобу**, эту ироническую **ненависть** я не предполагал в нем. Чем **оскорбил** его замученный Фучик? Достоинство человека вижу в верности. Знаю, Людвик был **несправедливо** наказан. Но тем хуже! Тогда перемена в его взглядах имеет уж слишком прозрачную мотивировку. Разве человек может полностью изменить свои жизненные устои лишь на том основании, что был **обижен**?

Однако наиболее характерная реакция на обиду – та или иная форма агрессии, выражающаяся в виде гнева или злости. См., например:

(31) - Сузин? **Злится** и, хуже всего, **обижается**. –
- Suzin?… Jest **zły**, a co gorsza – **rozżalony** (Прус).

(32) - Видно, пан Станислав **рассердился** на нас, только я уж и не знаю за что. И папаша... и все мы так к нему расположены. Право же, пану Станиславу не на что бы **обижаться**... –
- Pan Stanisław musi **gniewać się** na nas, nie wiem nawet za co, bo przynajmniej tatko i... my wszyscy jesteśmy bardzo życzliwi. Pan Stanisław chyba nie może **się skarżyć**, ażeby z naszej strony doznał najmniejszej **przykrości**...(Прус)

Нередко, переосмысливая изображаемое писателем эмоциональное состояние героя, названное в оригинале *гневом*, переводчики описывают его, используя название эмоции *обида*. См., например:

(33) - Nie wam, ale mnie – uśmiechnął się Wokulski. – W rezultacie wszystko mi jedno i nawet wcale **bym się nie gniewał**, gdyby panowie ci nie przystępowali do spółki... (Прус).
-
- Не вам, а мне, - усмехнулся Вокульский. – В конце концов, мне ведь все равно, я **не буду** в **обиде**, если они и вовсе раздумают вступать в компанию.

Сама этимология русского слова *обидеть* (< *обвидеть*, т.е. ‘обойти вниманием’) указывает на то, что *обида* возникает, когда задеты *чувства* человека («он меня не любит, он ко мне несправедлив»), тогда как *оскорбление* возникает, когда задета *честь* («он намеренно меня унижает»). Если в первом случае ощущение несправедливости может быть ложным и несколько преувеличенным, то во втором как оскорбляющий, так и оскорбленный понимают, что ни о какой надуманности или случайности не может быть и речи: оскорбление всегда намеренно и воспринимается всегда однозначно[1]. Связано это с тем, что в любой культуре существует достаточно ограниченное количество оскорбительных прецедентных текстов. В этом плане весьма показателен следующий фрагмент из романа Я.Гашека «Приключения бравого солдата Швейка»:

(34) - Я вас посажу! - с отчаянием крикнул капрал.
Вольноопределяющийся улыбнулся.
- Очевидно, вы хотели бы посадить меня за то, что я вас **оскорбил**? В таком случае вы солгали бы, потому что при вашем умственном багаже вам **никак не постичь оскорбления**, заключающегося в моих словах. <…>
- Безусловно, - подтвердил Швейк. - Никто вам ни словечка не сказал, которое вы могли бы **плохо истолковать**. <…> В Немецком Броде один гражданин из Округлиц **обиделся**, когда его назвали *тигровой змеей*. Да мало ли слов, за которые никого нельзя наказывать? Если, к примеру, мы бы вам сказали, что вы - *выхухоль*, могли бы вы за это на нас **рассердиться**?

Интересно, что один и тот же текст в одной культуре может быть оскорбительным, в другой – комплиментарным. Так, в русской лингвокультуре сравнение женщины с лягушкой или жабой однозначно оскорбительно (см., например, регулярно используемое в оскорбительных целях в одном из сериалов обращение к женщине *Жаба Аркадьевна* вместо Жанна Аркадьевна). Для польской женщины подобное сравнение является нежным комплиментом.

В разных субкультурах по-разному могут восприниматься и жесты. Например, немецкая феминистка, приехавшая в Россию, была оскорблена,

---

[1] Показательна в связи с этим оговорка актрисы Т.Дорониной в программе «Ночной полёт» от 02.05.2006. Рассуждая о постановке одного молодого режиссера, она сказала: «Меня **обижает**, вернее, **оскорбляет**, когда классическим стихам придается скабрезный смысл».

когда ей подали руку при выходе из автобуса. В России жест **показать язык** является детским жестом-дразнилкой, имеющим цель нанести оскорбление, а в Тибете это жест приветствия (СЯРЖ : *187*).

В силу своей этимологии глагол *обидеть* и его производные занимают в русской микросистеме прочное и главенствующее положение, чего не скажешь о польском и чешском языках. Для выражения данной эмоции здесь прежде всего используются глаголы польск. *urazić, obrazić,* чешск. *urazit* и их производные польск. *uraza, obraza,* чешск. *uražka,* прямым значением которых является нанесение физического ущерба[1]: тот же корень в русск. *поразить, сразить, резать* (ср. с аналогичным переносом: *его слова **задели**, больно **ранили** меня*). См., например:

(35) Já vůbec nikdy v životě jsem neměl toho nejmenšího úmyslu někoho **urazit** (Гашек). - У меня никогда в жизни и в мыслях не было кого-нибудь **обидеть.**

(36) - Ten pan nie rozumie po angielsku?… Czy on nie **obrazi się**, żeśmy z nim nie rozmawiali? – spytał Starski (Прус). - Этот господин не понимает по-английски? Он не **обиделся**, что мы с ним не разговаривали? – спросил Старский.

(37) Я лично не вижу ничего дурного в этом звере, чтобы **обижаться** на это слово... (Булгаков).
– польск. Co do mnie, nie widzę w tym zwierzęciu nic złego, nic takiego, żeby **się obrażać** za to słowo...;
чешск. "Já však na tom zvířeti neshledávám nic špatného a to slovo mě **neurazí.**"

Рассматриваемые лексемы, по-видимому, ближе по своей семантике к русскому *оскорбить(ся)*. Об этом, в частности, свидетельствует словарное толкование чешского *uražka* как высказывания или поведения, грубо задевающего чью-либо *честь* (SSČ: *472*), и польского *obraza* как унижения чьего-либо *личного достоинства* (SJP: *II; 421*).

Кроме того, для обозначения обиды в польском и чешском языках используются глаголы с этимологическим корнем *kriv-: польск. *krzywdzić, krzywda*, чешск. *křivdit, křivda, křivdivý*. См., например:

---

[1] По наблюдениям Анны А. Зализняк, аналогичное положение наблюдается и в романо-германских языках (Зализняк, 2006: *280*).

(38) Její odpor mne nijak nedojímal, zdál se mi nesmyslný, **křivdivý, nespravedlivý**; trápil mne, nerozuměl jsem mu (Кундера). – Ее [Люции] сопротивление меня совсем не умиляло, напротив, казалось бессмысленным, **обидным, несправедливым**, мучительным, я не понимал его.

(39) Только если уж слишком была невыносима шутка, когда толкали его под руку, мешая заниматься своим делом, он произносил: «Оставьте меня, зачем вы меня **обижаете**?» (Гоголь). - польск. — Przestańcie. Czemu mnie **krzywdzicie**?

(40) Его [Мастера] волнение перешло, как ему показалось, в чувство горькой **обиды**. Но та была нестойкой, пропала и почему-то сменилась горделивым равнодушием, а оно - предчувствием постоянного покоя (Булгаков).
- польск. Wydało mu się, że podniecenie minęło, przekształciło się w poczucie wielkiej, śmiertelnej **krzywdy**. Ale i ono było nietrwałe, przeminęło, zastąpiła je, nie wiedzieć czemu, wyniosła obojętność, a tę z kolei - przeczucie wiekuistego spokoju.
- чешск. Vzrušení vystřídal, alespoň se mu to zdálo, pocit hlubokié, velké **křivdy**, který však netrval dlouho. Zmocnila se ho pohrdavá lhostejnost a nakonec naděje, že konečně dojde klidu.

Как видно из примеров, лексика данной группы употребляется, если акцент делается на несправедливости нанесенной обиды. В связи с этим показательны словарные толкования соответствующих лексем. Так, чешское *křivda* толкуется как несправедливое действие, бесправие, несправедливость (SSČ *153*), а польское *krzywda* - как физический, моральный или материальный вред, нанесенный кому-либо несправедливо (SJP: *1; 1069*). Таким образом, семантика этих слов значительно шире русского понятия обиды: это несправедливость и зло вообще, противопоставленные справедливости, добру и правде. Характерно, что значения данных слов подаются в польских и чешских толковых словарях недифференцированно, тогда как параллельные тексты позволяют отметить случаи, когда слова с корнем *kriv- передают значения, не связанные с обидой:

(41) Солнце било прямо в кентуриона, не причиняя ему никакого **вреда** (Булгаков). – польск. Słońce biło wprost w centuriona, nie przyczyniając mu najmniejszej **krzywdy**.

(42) Он хотел одного, чтобы Иешуа, не сделавший никому в жизни ни малейшего **зла**, избежал бы истязаний (Булгаков). – польск. Chciał tylko jednego - by Jeszua, który nigdy w życiu nie zrobił nikomu najmniejszej **krzywdy**, mógł uniknąć męki.

Столь широкое значение рассматриваемых лексем объясняется, по-видимому, тем, что *кривда* в глубокой древности составляла бинарную оппозицию с *правдой*. Данная оппозиция, по словам Вяч. Вс. Иванова и В.Н. Топорова, была частным случаем пространственной оппозиции *левый-правый* (Иванов, Топоров 1965: *96-97*), которая и по сей день является структурообразующей для всех славянских лингвокультур, трансформируясь в области морали и права в оценочные определения вроде *наше дело правое; он прав; правомерный - левые деньги; левый товар; сходить налево*. В символическом языке народной культуры кривизна является знаком причастности к нечистой силе (ср. названия типа русск. *кривой вражонок*, укр. *кривий диавол*, хорв. *Krivi Jure* и под.) и одновременно знаком магической силы первопредка (см. имена мифологических основателей Киева и Кракова - *Кия* и *Крака*, – мотивированные названиями кривой палки). В целом же семантика корня *kriv- сводится к значениям 'аномальный, неправедный, ложный, неправый' (ср. с.-х. *крив* 'виноватый'). (СД: *II; 674-675*).

Слово *кривда* в современном русском языке оценивается как устаревшее и стилистически ограниченное (просторечное, народно-поэтическое) и толкуется обычно как 'неправда, ложь' (БАС: *V; 1645*). Вместе с тем в силу устойчивости бинарной оппозиции данная лексема весьма стабильно сохраняется в сознании носителей русского языка. См., например, приводимую В.И.Далем пословицу *Правда у Бога, а кривда на земле* (Даль: *II; 194*). В приведенном ниже примере это слово используется при переводе чешск. *křivda* как под влиянием чешского оригинала, так и в стилистических целях. Автор данного монолога доктор Костка – религиозный человек, являющийся приверженцем возвышенного стиля:

(43) Vzpomínám si dobře na to, s jakou účastí jste, Ludvíku, poslouchal, když jsem vám vyprávěl o svém odchodu ze školy, i o intrikách na státním statku, které způsobily, že jsem se

stal zedníkem. Děkuji vám za tu účast. **Zuřil jste**, mluvil jste o **nespravedlnosti** a **křivdě** (Кундера). - Я отлично помню, Людвик, с каким участием вы слушали, когда я рассказывал о своем уходе с факультета и об интригах в госхозе, в результате которых я вынужден был работать каменщиком. Благодарю вас за участие. Вы **горячились**, говорили о **несправедливости** и **кривде**.

В польском языке для обозначения обиды может использоваться также лексема *żal* (подробнее об этой польской лексеме см. в § 2). Многие этимологи связывают ее с корнем **żar-*, высказывая предположение, что этим словом изначально обозначалось место для сжигания умерших (см. Brückner: *661*, Бернштейн 1974: *12*). По-видимому, на базе этого конкретного значения возникла эмоция печали, скорби по покойнику. Это значение, будучи направленным на себя и соединившись с претензией к другому, стало обозначать в польском языке эмоцию обиды (аналогичные семантические изменения произошли в русском языке при возникновении из слова *скорбь* глагола *о-скорбить*). Показательно в связи с этим, что в польских толковых словарях соответствующий лексико-семантический вариант лексемы *żal* толкуется как 'uraza, pretensja' (SJP: *II, 1084*), а у слова *pretensja* также выделяется значение обиды (SJP: *II, 921*).

Pretensja (это слово чаще употребляется во множественном числе) – самый темпераментный, импульсивный, полный негативной энергии способ обозначения обиды в польском языке. См., например:

В польском оригинале	В русском переводе
(44) - Aa... ładnie! – mówił, a powieki **drgały** mu **nerwowo**. – A ładnie... zbradził mnie pan... zostawił pan moją narzeczoną sama w parku... Żartuję... żartuję – dodał ściskając Wokulskiego za rękę – ale... Choć naprawdę mógłbym mieć do pana **pretensję**, gdyby nie to, że wróciłem dość wcześnie i... akurat zetknąłem się z panem Starskim <...>	- Красиво, нечего сказать! - воскликнул он, **нервно моргая веками**. - Очень красиво! Как же это вы меня подвели?.. Оставить мою невесту в парке, одну... Я шучу, шучу, - поспешил он прибавить, пожимая Вокульскому руку, - но... в самом деле я мог бы на вас **обидеться**, если б не сразу вернулся и не... столкнулся с паном Старским.
Wokulski już po raz drugi tego wieczora **zarumienił się** jak wyrostek.	<...> Вокульский второй раз за этот вечер **покраснел**, как мальчишка.
„Po co ja wpadłem w tę sieć intryg i	«Зачем только я впутался в эту сеть

oszustw!" – pomyślał, ciągle jeszcze **rozdrażniony** słowami Ochockiego.	интриг и обмана!» - подумал он, все еще **раздраженный** словами Охоцкого.
(45) Nawet ta **marna** spółczyna, którą założył, zwaliła mu na łeb tylko **pretensje i nienawiści**...	Даже это **ничтожное** торговое общество, которое он основал, принесло ему только **нарекания и ненависть**...

В отличие от данной эмоции, *żal* – это обида, лишенная гнева и агрессии (см. SP: *340*), наполненная грустью, горечью, разочарованием. Зачастую именно это отсутствие гнева, направленного на обидчика, вызывает у того угрызения совести. См., например:

(46) - Co się też dzieje z panem Wokulskim? Bardzo **żałuję**, że może **mieć żal** do mnie. Nie raz **wyrzucam** sobie, że nie postępowałam z nim tak, jak zasługiwał (Прус). - Куда же это пропал пан Вокульский? **Боюсь**, что он на меня **обиделся**. Я нередко **упрекаю** себя за то, что относилась к нему не так, как он того заслуживает.

Показательно, что *żal* наступает именно тогда, когда обиженного человека покидает гнев и он погружается в свою обиду, которая нередко сопровождается грустью, тоской, печалью:

(47) На этот раз он [Вокульский] смело вызвал в своей памяти образ панны Изабеллы; смело всматривался в ее точеные черты, пепельные волосы, в глаза, отливающие всеми цветами - от голубого до черного. И ему почудилось, что на ее лице, шее, плечах и груди пятнами выступили следы поцелуев Старского.

«Прав был Шуман, - подумал он, - я действительно выздоровел».

Однако понемногу *гнев* его *остыл*, и снова вкрались в сердце **сожаление и тоска**. - Powoli jednak *gniew ostygł* w nim, a jego miejsce znowu zajął **żal** i **smutek** (Прус).

Важно заметить, что в зависимости от объекта, на который направлена эмоция *żal*, меняется семантика этого польского слова: если объектом является другой, то это обида, если же эта эмоция направлена на себя, то это сожаление, смущение, стыд, раскаяние. В этом отношении показателен пример, в котором описаны чувства влюбленной женщины: она испытывает то обиду, что ей не уделяют должного внимания, то смущение от того, что это внимание проявлено:

(48) Od tej pory [pani Stawska] nie mogła ukryć zkłopotania, ile razy wymawiano przy niej to nazwisko; czuła jakiś **żal**, nie wiedziała jednak, *czy do niego, czy do siebie*? Ale najprędzej do siebie, gdyż pani Stawska nigdy *do nikogo* **nie czuła żalu**; a wreszcie – cóż on

temu winien, że ona jest taka zabawna i bez powodu **wstydzi się**?... (Прус). - С тех пор, когда в ее [Ставской] присутствии произносили имя Вокульского, она не могла скрыть чувство неловкости; ее томило какое-то **недовольство** – *то ли им, то ли собой*, - она не знала. Скорее всего собой, потому что Ставская никогда и никого ни в чем не винила; и, наконец, при чем тут он, если она такая смешная и ни с того ни с сего **смущается**.

Итак, ни один из рассмотренных польских и чешских концептов со значением обиды не соответствует во всех нюансах русскому концепту «ОБИДА». Польские и чешские лексемы с корнем –raz-(-raż, -raž-) передают эмоцию, близкую к русскому *оскорблению*, слова с корнем – *krzyw-* (-*křiv-*) делают акцент на несправедливости нанесенной обиды, польская эмоция *żal* (*do kogoś*) акцентирует внимание на внутреннем переживании человека, пережившего обиду и испытывающего жалость к себе, а польск. *pretensja* – наоборот, на агрессивной реакции, которую проявляет обиженный человек. Русская *обида* сочетает две этих последних эмоции: это и внутреннее переживание обиды (жалость к себе), и гневная (хотя и не всегда высказываемая вербально и непосредственно) апелляция к обидчику (претензия).

4.3. Зависть и ревность

Лексема *зависть* (польск. *zawiść*, чешск. *závist*) имеется во всех трех сравниваемых языках. Однако в польском и чешском существует и еще одно лексическое средство для выражения этого чувства. Это польск. *zazdrość* и чешск. *žárlivost*. Обе эти лексемы, наряду с завистью, могут обозначать и еще одно чувство – ревность.

Лексема *zazdrość* и ее производные употребляются в польском языке для обозначения зависти значительно чаще, чем *zawiść*. Показательно, что последнее слово проявляет и значительно меньшую словообразовательную активность: от него образуются лишь прилагательное *zawistny* и наречие *zawistnie*. Словообразовательное гнездо от лексемы *zazdrość* значительно шире: это прежде всего глагол *zazdrościć* (который может соотноситься и с лексемой *zawiść*)[1], отглагольное существительное *zazdroszczenie*, прилагательное *zazdrosny* и наречие *zazdrośnie*, а также существительные со значением лица *zazdrośnik* и *zazdrośnica* (SJP: *III; 976, 978*).

По свидетельству польского лингвиста З.Кемпфа, в современном польском разговорном языке обе эмоции реально обозначаются одной и той же лексемой *zazdrość*. Как отмечает исследователь, это приводит к неразличению двух эмоций даже в телевизионных ток-шоу. З.Кемпф полагает, что польский язык еще в глубокой древности объединил понятия, выражавшиеся праславянскими словами *zavistь и *revnostь, и вербализовал их в одном прапольском слове *zaz(d)rostь. В результате сначала была вытеснена лексема *revnostь, а в современном языке эта же участь может постигнуть и слово *zawiść*. «Вскоре, - делает прогноз ученый, - будет господствовать только один термин *zazdrość* для обоих психических явлений» (Kempf 1981: *176*).

В чешском языке благодаря весьма развитому словообразовательному гнезду лексема *závist* и ее производные (*závistivec, závistivý, záviдět*) употребляются так же активно, как и русское *зависть* (см. SSČ: *557*).

Схематично рассматриваемый фрагмент картины мира в трех лингвокультурах представлен в таблице 1.

Семантические различия между лексемами *závist / zawiść*, с одной стороны, и *žárlivost / zazdrość* (в значении 'зависть'), с другой, в чешском и польском языках в самом общем виде сводятся к тому, что *závist / zawiść* является более сильной эмоцией. Так, чешск. *závist* толкуется в словаре как "pocit krajní nelibosti při úspěchu, štěstí druhého" (SSČ: *557*), т.е. как «чувство крайнего неудовольствия при успехе, счастье другого». В польских толковых словарях *zawiść* определяется как «silna zazdrość» (SJP: III; *976*).

---

[1] Интересно, что в силезском диалекте польского языка подобным господством обладает глагол *zawiścić*, соотносящийся со словом *zawiść* (см. Miodek 1983).

Таблица 1

Противопоставленность концептов со значением 'зависть' и 'ревность' в русской, польской и чешской лингвокультурах

Русский язык	*ревность*	*зависть*	
	а) зависть к более счастливому в любви сопернику; б) страх потерять любимого человека, основанный на подозрении в неверности	чувство досады, вызванное превосходством, удачей другого;	желание обладать тем, что есть у другого
Чешский язык	*žárlivost*		*závist*
	1. 'ревность'	2. 'зависть'	'сильная зависть'
Польский язык	*zazdrość*		*zawiść*
	1. 'ревность'	2. 'зависть'	'сильная зависть'

Таким образом, *zawiść* – более сильное чувство, чем *zazdrość*. Кроме того, *zazdrość* (в значении 'зависть') толкуется в словарях через лексемы *przykrość* 'огорчение' и *żal* 'сожаление' (SJP: III; *978*), следовательно, это чувство огорчения, сожаления, направленное на себя и не связанное с агрессией. С другой стороны, польский психологический словарь определяет *zawiść* как «przykre uczucie specyficznego rodzaju **gniewu** w stosunku do innej osoby» (SP: *327*), т.е. «неприятное чувство особого рода **гнева** в отношении другого лица». Исходя из этого, можно рассматривать польское *zawiść* как агрессивное чувство, направленное на объект зависти. Характерна в этом смысле польская поговорка *Zawiść rodzi nienawiść* (зависть рождает ненависть), а также приводимые ниже примеры:

(49) Следующие два дня панна Изабелла была убеждена, что великий скрипач оказался ***жертвою*** зависти. Она твердила себе, что только он заслуживает ее

сочувствия и что она никогда, никогда его не забудет (Прус). - Przez następne dwa dni panna Izabela uważała wielkiego artystę jako *ofiarę* **zawiści**.

(50) И очами души он [Вокульский] увидел всю свою необычайную жизнь, как бы раздвоившуюся между Востоком и Западом. «Все, чему я научился, все, что я приобрел, все, что еще могу совершить, не на нашей земле родилось. Здесь встречал я лишь *оскорбления*, **зависть** или *сомнительное признание*, когда мне везло; но если бы удача изменила мне, меня растоптали бы те же самые ноги, которые сегодня расшаркиваются передо мной...» (Прус). - Tu znajdowałem tylko *upokorzenie*, **zawiść**, albo *wątpliwej wartości poklas*, gdy mi się wiodło.

(51) Следом за ним через десять минут прошел через Пост сияющий десятками окон пассажирский, с громадным паровозом. Тумбовидные, массивные, запакованные до глаз часовые-немцы мелькнули на площадках, мелькнули их широкие черные штыки. Стрелочники, давясь морозом, видели, как мотало на стыках длинные пульманы, окна бросали в стрелочников снопы. Затем все исчезло, и души юнкеров наполнились **завистью**, *злобой* и *тревогой*.

- У... с-с-волочь!.. - пронило где-то у стрелки, и на теплушки налетела жгучая вьюга (Булгаков). – польск. Potem wszystko to znikło, serca junkrów napełniły się **zawiścią**, *złością* i *niepokojem*.

Характеризуя семантические различия между лексемами *zawiść* и *zazdrość*, З.Кемпф отмечает, что характерной чертой эмоции *zazdrość* является защита своего, чертой же эмоции *zawiść* – желание узурпации чужого. Именно по этой причине, по мнению ученого, эмоция *zazdrość* обладает этическим превосходством (Kempf 1981: *176*).

В русских толковых словарях *зависть* обычно определяется через лексему *досада*:

«**Зависть** – чувство досады, вызванное превосходством, удачей другого; желание обладать тем, что есть у другого» (БАС: IV, 303).

Примечательно, что первая часть этого определения ближе к польскому *zazdrość* (в случае досады агрессия обычно направлена на себя), тогда как вторая часть отражает семантику польского *zawiść*.

Чувство зависти обладает свойством стереоскопичности. Эта эмоция возникает от несоответствия между желанием достичь успеха, которым пользуется Другой, и невозможностью это сделать. Следовательно, зависть существует в сознании человека до тех пор, пока он ощущает свое неравенство с Другим. Легко увидеть, что существуют два способа уравнять свой статус со статусом Другого: а) самому достичь такого же успеха (и тогда речь идет о так называемой «белой зависти»); б) уничтожить успех Другого («черная зависть»)[1]. Ср. контексты, приведенные в таблице 2.

Таблица 2.

Контекстные компоненты,
разграничивающие эмоции «черной» и «белой» зависти

«Белая зависть»	«Черная зависть»

(52) - Я знаю пять языков, кроме родного, - ответил гость, - английский, французский, немецкий, латинский и греческий. Ну, немножко еще читаю по-итальянски.
    - *Ишь ты*! - **завистливо** шепнул Иван (Булгаков).
    - польск. - *O, cholera*! - szepnął z **zazdrością** Iwan.
    - чешск. - *"Heleme se!"* zašeptal **závistivě** básník.
	(53) Всякий посетитель, если он, конечно, был не вовсе тупицей, попав в Грибоедова, сразу же соображал, насколько хорошо живется счастливцам - членам МАССОЛИТа, и **черная зависть** начинала немедленно *терзать* его. И немедленно же он обращал к небу горькие *укоризны* за то, что оно не наградило его при рождении литературным талантом, без чего, естественно, нечего было и мечтать овладеть членским МАССОЛИТским билетом, коричневым, пахнущим дорогой кожей, с золотой широкой каймой, - известным всей Москве билетом (Булгаков).
	    - польск. ... i z miejsca *opanowywała* go **czarna zawiść**.
	    - чешск. a v srdci mu počala *hlodat* **černá závist**.

(54) - *Черт*, какая память! - **завистливо**, но *с восхищением* произнес Николаев, углубляясь в свои тетрадки (Куприн). – польск. - *Do diabła*, co za pamięć! – z **zawiścią**, ale *z podziwem* powiedział Nikołajew.	(55) - Вы кумир всех женщин от двенадцати до семидесяти! - сказал официант и обратился к Ружене: - Все бабы глаза тебе от **зависти** *повыцарапают*! (Кундера). - Všechny ženské ti *vyškrábou* **závistí** oči!

---

[1] По наблюдениям Э.Лассан, в польском языке по этому же принципу противопоставлены *złośliwa zawiść* и *niezłośliwa zawiść*, а в литовском языке аналогом русской «белой зависти» является *sveikas pavydas* 'здоровая зависть' (Лассан 2005: *6, 14*).

«Белая зависть»	«Черная зависть»
(56) - Собираюсь в Париж, на выставку. - **Завидую** *вам*, - откликнулась панна Изабелла. - Я уже два месяца мечтаю о Парижской выставке, но папа не проявляет никакого желания ехать... (Прус). - **Zazdroszczę** *pani* – odezwała się panna Izabela.	(57) И Ромашов **со смутной завистью** и **недоброжелательством** почувствовал, что эти высокомерные люди живут какой-то особой, красивой, недосягаемой для него, высшей жизнью (Куприн). - польск. Romaszow z niejasną **zazdrością** i *niechęcią* poczuł...

Естественно, границы между «черной» и «белой» завистью весьма условны. Своеобразным индикатором «черной зависти» может служить наличие той или иной формы агрессии (см. *зависть начинала терзать, обращал укоризны, выцарапать глаза от зависти, с завистью и недоброжелательством*). «Белую зависть» маркируют лексемы и специфические идиомы, выражающие восхищение (см. *завистливо, но с восхищением; черт; ишь ты* и их соответствия в польском и чешском), наконец, прямое выражение чувства зависти в присутствии человека, по отношению к которому оно проявляется (см. примеры 52, 54, 56). Последнее невозможно в случае «черной зависти», которая считается порочной и греховной. Именно поэтому, по мнению С.Г.Воркачева, «сказать "Я завидую" означает по существу сознаться в собственной порочности» (Воркачев 1998: *42*).

Различия в синтаксическом оформлении ситуаций «завидования», с одной стороны, в русском, а с другой – в польском и чешском языках дает возможность увидеть различия в соответствующих фрагментах картины мира. Русский глагол *завидовать* требует в подобной ситуации двух распространителей: *кто завидует* и *кому/чему завидует*: *Она ей завидует; Он завидует его известности. Татьяна завидует, что у Ирины красивое платье.* Таким образом, русский язык предполагает в этой ситуации лишь двух участников.

Польская и чешская ситуация «завидования» похожи, скорее, на русскую ситуацию ревности, предполагающую трех участников. Подобно тому, как по-русски *кто-то ревнует кого-то к кому-то*, зависть в чешском и польском сознании предполагает субъект, объект и причину зависти. См. чешск. *Závidím mu jeho úspěchy; Závidí mu hodnou ženu* (ЧРС: *II; 651*) ; польск. *Zazdrościć komuś powodzenia, sławy, sukcesów* (SJP: *III; 978*). Таким образом, в польском и чешском сознании субъект, объект и причина зависти трактуются в качестве отдельных участников ситуации[1].

Зависть сближается с ревностью в том случае, когда последняя возникает вследствие осознания человеком того, что его соперник более счастлив в любви, чем он сам. См., например:

(58) Назанский не стал его [Ромашова] удерживать. Простились они не холодно и не сухо, но точно стыдясь друг друга. Ромашов теперь еще более был уверен, что письмо писано Шурочкой. Идя домой, он все время думал об этом письме и сам не мог понять, какие чувства оно в нем возбуждало. Тут была и **ревнивая зависть** к Назанскому - **ревность** к прошлому, и какое-то торжествующее *злое сожаление* к Николаеву, но в то же время была и какая-то новая надежда - неопределенная, туманная, но сладкая и манящая. Точно это письмо и ему давало в руки какую-то таинственную, незримую нить, идущую в будущее (Куприн). – польск. Była w tym i **zawiść rywala** w stosunku do Nazańskiego, **zazdrość** o przeszłość, tryumf i *złośćiwe współczucie* dla Nikołajewa.

О близости этих двух чувств свидетельствует то, что имя одного из них определяет в данном контексте имя другого (см. *ревнивая зависть*), а в польском переводе используются как лексема *zawiść*, так и лексема *zazdrość*. Этот вариант ревности проще всего было бы определить как зависть более счастливому в любви сопернику. Доминирующей эмоцией при этом виде ревности является гнев (в одном из своих проявлений). См., например:

(59) Потом он [Николаев] так дико **ревнив**. Он до сих пор мучит меня этим несчастным Назанским. Выпытывает каждую мелочь, делает такие чудовищные предположения, фу... Задает мерзкие вопросы. Господи! Это же был невинный полудетский роман! Но он от одного его имени приходит в *бешенство* (Куприн). – польск. Poza tym on jest tak dziko **zazdrosny**. Do dziś męczy mnie tym nieszczęśliwym Nazańskim. Wypytuje o najmniejszy szczegół, robi tak potworne przypuszczenia, że... Zadaje

---

[1] Эту мысль высказал в рецензии на автореферат моей докторской диссертации профессор Белорусского государственного университета Б.Ю.Норман.

ohydne pytania. Boże! Przecież to był zupełnie niewinny, na wpół dziecinny flirt. Ale on na samo wspomnienie o Nazańskiego wpada we *wściekłość*.

Другой вариант ревности основан на подозрении в неверности, именно это подозрение рождает стереоскопичность этого чувства: «партнер меня любит или не любит». См., например:

(60) А померещилось ему [Вокульскому], будто Старский как-то странно посмотрел на панну Изабеллу, а та вспыхнула...

«Да глупости, - успокаивал себя Вокульский, - зачем ей меня обманывать? Ведь я ей даже не жених!»

Кое-как он отделался от своих *страхов (przywidzeń)*, и ему только было слегка **неприятно** *(przykro)*, что Старский сидит рядом с панной Изабеллой. Так, самую малость...

«Не могу же я запретить ей садиться, с кем она хочет. И не стану унижаться до **ревности** *(zazdrości)*, чувства как-никак *подлого (podłego)*, которое чаще всего основывается на *подозрении (pozorach)*. Допустим даже, ей вздумалось бы полюбезничать со Старским, так не стала бы она делать этого на глазах у всех. *Сумасшедший (szaleniec)* я!» (Прус).

Как видно из (60), в этом случае доминирующей эмоцией является страх в его иррациональной разновидности, которую в русской психологической терминологии принято называть *плавающей тревогой*, а в польском и чешском языках для него выработались особые лексические средства – польск. *lęk*, чешск. *úzkost*. Показательно, что в психологических словарях *ревность, zazdrość* и *žárlivost* определяются именно через эти эмоции:

Ревность – слепая и страстная недоверчивость, мучительное сомнение в чьей-л. верности, любви (в отношении супруга, супруги, любовника, любовницы, сына, дочери и т.д.); эмоциональное состояние **тревоги** от недостаточной уверенности в привязанности того, кто любим, сочетающееся с неприязнью к конкуренту – индивиду, стремящемуся увлечь этот объект любви и отторгнуть его от ревнующего (Тысяча состояний души: *296*).

Zazdrość - przykre uczucie specyficznego rodzaju **lęku** przed utratą uczuć ukochanej osoby, która podejrzewa się o zdradę (SP: *327*), т.е. «неприятное чувство особого рода **страха** перед утратой чувств любимого человека, которого подозревают в измене».

Žárlivost – záporný emoční stav projevující se **úzkosti**, která vyverá z pocitu nejistoty a strachu z možné ztráty milované osoby (Hartl: *308*), т.е. «негативное эмоциональное состояние, проявляющееся в **тревоге**, которая возникает из-за ощущения неуверенности и страха перед возможной потерей любимого человека».

Именно страх потерять любимого или любимую, основанный на сомнениях в его (ее) верности, и заставляет человека ревновать:

(61) Она [Анна Сергеевна] жаловалась, что дурно спит и что у нее ***тревожно бьется сердце***, задавала одни и те же вопросы, волнуемая то **ревностью**, то *страхом*, что он недостаточно ее уважает (Чехов). - Anna narzekała, że źle sypia, że *serce jej nagle bije z lęku,* zadawała wciąż te same pytania, drecząc się to **zazdrością**, to *obawą*, że on ją nie dość szanuje.

Из-за этих страхов ревность нередко воспринимается как болезнь, ведущая человека к сумасшествию (см. пример 60). Болезненная ревность порой становится доминирующей эмоцией, определяющей психологию литературного героя. Героем, воплощающим в себе эту эмоцию, персонажем-синонимом ревности является, например, Отелло. Ревность оказывается и стержнем характера героини романа М.Кундеры «Вальс на прощание» Камилы.

Певица, чьей красотой не устают восхищаться мужчины, Камила постоянно (и не без оснований) подозревает своего мужа трубача Климу в изменах. Постепенно ревность и страх потерять мужа полностью овладевают ею, становятся главными эмоциями в ее жизни. Кундера очень точно описывает ревность Камилы как болезнь:

(62) Ничто не овладевает так человеком, как **ревность** (**žárlivost**). <…> *Боль* **ревности** (*bolest* **žárlivosti**) не перемещалась в пространстве, она, как бурав, вращалась вокруг единственной точки. Здесь не было никакого рассредоточения. Если смерть матери открывала двери будущего <…>, то боль, вызванная изменой мужа, не открывала никакого будущего, все концентрировалось в едином (неизменно присутствующем) образе неверного тела, в едином (неизменно присутствующем) укоре. Когда умерла мать, она могла слушать музыку, могла даже читать; когда она **ревновала** (**žárlila**), она вообще ничего не могла делать».

Ревность жены рождает ответную агрессию со стороны Климы:

(63) «Он [Клима] ***ненавидел*** (***nenáviděl***) ее [жену] всей безмерностью своей любви: она одна своей **ревностью** (**žárlivostí**), своей слежкой, своим недоверием <…>, своим *безотчетным страхом* (***nepřičetným strachem***) за их любовь разрушила все».

Размышляя о причинах болезненной ревности Камилы, автор находит ей объяснение в безмерности и, если можно так выразиться, в безальтернативности ее любви к мужу:

(64) «Она жила в ослеплении, не видя ничего, кроме одной фигуры, высвеченной резким прожектором **ревности** (**žárlivostí**). А если бы этот прожектор вдруг перестал светить? В рассеянном дневном освещении появились бы тысячи других фигур, и мужчина, который до этого казался ей единственным в мире, стал бы одним из многих».

Возвращаясь с мужем в Прагу, Камила вдруг задается вопросом:

(65) «...А, впрочем, любовь ли привязывает ее к Климе, или всего *лишь страх (strach)* потерять его? И если этот *страх (strach)* с самого начала был *тревожной формой любви (úzkostnou formou lásky)*, то не улетучилась ли со временем любовь (усталая и измученная) из этой формы? Не осталась ли в конце концов один *страх, страх* без любви? И что останется, если исчезнет и этот *страх*?».

И в конце концов понимает:

(66) «...если перестанет **ревновать** (**žárlit**), не останется ничего. Она мчалась на большой скорости, и ей представилось, что где-то впереди на дороге жизни прочерчена линия, которая обозначит разрыв с трубачом. И эта мысль впервые не пробудила в ней *ни тревоги, ни страха (ani úzkost ani strach)*.

Чаще всего ревность (как и черная зависть) переживается глубоко внутри, во всяком случае это чувство обычно сохраняют в тайне от объекта ревности. Однако ревнующий может сознательно обострить ситуацию, устроив так называемую «сцену ревности».

Типичный сценарий ревности обычно строится по следующей схеме. Субъект ревности (Икс) ревнует объект (Игрек) к «разлучнику» (Зет). Естественно, «разлучник» может быть неизвестен Иксу или Игреку или даже представляться потенциальным (ср. типичные в таких случаях фразы: *Мужики вокруг тебя, как мухи, вьются, Опять по девкам гулял!*). Подозревая Игрека в неверности, измене, Икс намеренно обостряет ситуацию, высказывая ему свои подозрения. Но делает он это с одной единственной целью: услышать, что его подозрения безосновательны, что он по-прежнему любим Игреком.

См., например, сцену ревности Кати и Смоковникова из романа А.Н.Толстого «Хождение по мукам»:

(67) - Превосходно! Ты не понимаешь? Ну, а вести себя, как уличная женщина, кажется, очень понимаешь? <...> Одним словом, я желаю знать подробности.

- Какие подробности?

- Не лги мне в глаза. <...> Я хочу знать – с кем это произошло?

- А я не знаю.

- Еще раз прошу не лгать…

- А я не лгу. Охота тебе лгать. Ну, сказала. Мало ли что я говорю со зла. Сказала и забыла.

Во время этих слов лицо Николая Ивановича было как каменное, но сердце его нырнуло и задрожало от радости: «Слава богу, наврала на себя». Зато теперь можно было безопасно и шумно ничему не верить – отвести душу.

С другой стороны, «сцена ревности» может стать средством выражения гнева вследствие обиды на объект ревности. В приводимом ниже эпизоде из романа М.Кундеры «Шутка» жена пытается разыграть сцену ревности из-за обиды на мужа за недостаток внимания к семье, а муж попросту уклоняется от полного «прогона» этой сцены:

(68) [Власта] спросила, не забыл ли я по дороге с работы зайти в прачечную за бельем. Я, конечно, забыл. «Другого я и не ждала», - сказала она и поинтересовалась, буду ли я наконец сегодня дома. Пришлось сказать, что не буду. В городе собрание. В райисполкоме. «Ты же обещал позаниматься сегодня с Владимиром».

Я пожал плечами. «А кто будет на этом собрании?» Я стал перечислять участников, но Власта прервала меня: «И Ганзликова?» «Ага», - сказал я. Власта сделала *обиженный* вид *(zatvářila uraženě)*. Дело труба. У Ганзликовой дурная репутация. Ходили слухи, что она спит с кем попало. Власта **была далека от подозрений** *(nepodezírala)*, что у меня может быть что-то с Ганзликовой, но упоминание о ней постоянно *выводило ее из себя (ji vždycky podráždila)*. Она *презирала (pohrdala)* собрания, в которых участвовала Ганзликова. Это всегда было яблоком раздора - и потому я предпочел поскорей улизнуть из дому.

Этимология рассматриваемых лексем позволяет увидеть мыслительные процессы, легшие в основу вербализации соответствующих концептов. Как лексема *зависть (zawiść, závist)*, так и польск. *zazdrość* этимологически мотивированы глаголами зрения (соответственно *видеть* и *зреть*[1]). В сочетании с приставкой *за-* данные глаголы исходно обозначали, по-видимому, способность видеть то, что находится за каким-либо препятствием, нечто скрытое. Переносные значения глаголов **зазьрѣти - зазирати** и **завидѣти**, а также их производных развивались, возможно, под влиянием верований в дурной глаз[2] (см. Черных 1993: *I; 313*). Так, сначала появились значения 'смотреть косо, зло' и 'видеть проступки', в результате в семантике глаголов зрения появился смысловой компонент агрессивности. Затем семантика данных лексем развивалась в сторону обозначения отрицательных этических понятий. Например, глагол **зазьрѣти - зазирати** мог иметь в древнерусском языке значения 'осуждать, порицать' и 'ревновать'; субстантив **зазоръ** обозначал 'грех, стыд, позор', 'подозрение', 'укор, упрек' и, наконец, 'зависть'; прилагательное **зазоривъ** имело значение 'завидный' (СлДРЯ: *III; 303-304*).

Русское слово *ревность* восходит к *rьva 'гнев' (Brückner: *476*), а данный корень в другой огласовке – *ruja* – означает время спаривания животных (Boryś: *526-527*), отсюда названия осенних месяцев (сентября или октября) в ряде славянских языков[3]. См.: др.-русск. *рюень, рувень*, с.-х. *рујан*, чешск. *říjen* (Фасмер: *III; 532*).

Наконец, чешское *žárlivost* связано с *žar и, следовательно, метафорически передает агрессивное, возбужденное состояние. Чешский этимолог Й.Рейзек не исключает, что это слово возникло в чешском под влиянием польск. *żarliwy* 'страстный' (Rejzek: *745*).

Из таблицы 1 видно, что в рассмотренном фрагменте трех языковых картин мира проанализированные концепты по-разному

---

[1] В польском *zazdrość* звук [d] является вставным, ср. русск. *без зазрения совести* (см. Brückner: *646*).

[2] Иную семантику приставки *za- усматривает в польск. *zawiść* и *zazdrość* З.Кемпф. По его мнению, они указывают на полный охват предмета соответствующим действием (Kempf 1981: *178*).

[3] Польский исследователь А.Гейштор приводит имя одного из славянских богов – *Руевита*. По мнению ученого, его имя происходит от корня ru-, выступающего в старопольских словах *rzwa* 'гнев', *rzwiec* 'рычать'; *Руя*, или время оленьего рыка, выступает и в русском названии осеннего месяца *руень*, на который выпадает время *руи* (Gieysztor 1982: *106*).

противопоставлены друг другу. Наиболее четко они противопоставляются в русской картине мира, что проявляется: а) на семантическом уровне (значения соответствующих лексем не пересекаются); б) на этимологическом уровне (лексемы, в которых вербализовались данные концепты, по-разному этимологически мотивированы). В чешской и польской картинах мира противопоставлены не *зависть* и *ревность*, а сильное чувство зависти, выражаемое лексемой *závist / zawiść*, и синкретическое, нерасчлененное чувство зависти-ревности, которое передается чешск. *žárlivost* и польск. *zazdrość*. При этом в польской картине мира (на фоне чешской) рассматриваемые эмоции представлены наименее расчлененно. Это проявляется: а) на семантическом уровне в том, что лексема *zazdrość* обладает двумя значениями ('зависть' и 'ревность'), а лексема *zawiść* противопоставлена ей главным образом с точки зрения интенсивности эмоции; б) на этимологическом и словообразовательном уровне в том, что обе лексемы, как *zazdrość* так и *zawiść*, мотивированы глаголами зрения и имеют одну и ту же приставку *za-*; в) в том, что слово *zawiść*, обнаруживая меньшую частотность употребления и словообразовательную активность по сравнению со словом *zazdrość*, оказывается на периферии рассмотренной польской микросистемы, тогда как последнее занимает господствующее положение.

Обращение к этимологии лексем, в которых вербализовались рассмотренные концепты, а также к типичным культурным сценариям ревности в трех лингвокультурах позволяет с известной долей упрощения утверждать, что для ревнующей русской языковой личности на первый план выходит гнев, для чешской – страсть, сопровождаемая страданием, для польской – зависть.

4.4. Lítost

Чешский концепт «LÍTOST» является лингвоспецифичным для чешской лингвокультуры на фоне русской и польской. Он занимает промежуточное положение между 'обидой', с одной стороны, и 'завистью' и 'ревностью' - с другой (см. таблицу 3 в конце настоящего параграфа). Это единственный из рассматриваемых в настоящем параграфе концептов, предполагающий не скрытую, а непосредственную агрессию, которая возникает практически мгновенно.

Чешские толковые словари выделяют два основных значения этой лексемы: 'грусть, печаль, скорбь' и 'сочувствие, жалость'. Однако эти чувства особого рода: это печаль от обиды, это жалость к самому себе из-за унижения, рождающие ответную агрессию.

Показательны в этом отношении эмоции героя романа М.Кундеры «Шутка» Людвика Яна. Исключенный из университета по надуманному политическому обвинению, он призван в армию и оказался в специальной воинской части для неблагонадежных. Какое-то время за компанию со своими сослуживцами он пытается общаться с девицами легкого поведения, но вскоре начинает испытывать к ним отвращение. Чувство, которое он при этом испытывает, автор называет *литостью*:

(69) Возможно, я был более чуток, чем другие, и мне опротивели проститутки? Вздор: меня пронзила **печаль** (lítost). **Печаль** (lítost) от ясновидческого осознания, что все случившееся было не чем-то исключительным, избранным мной из пресыщения, из прихоти, из суетливого желания изведать и пережить все (возвышенное и скотское), а основной, характерной и обычной ситуацией моей тогдашней жизни. Что ею был четко ограничен круг моих возможностей, что ею был четко обозначен горизонт моей любовной жизни, какая отныне отводилась мне, что эта ситуация была выражением не моей свободы (как можно было бы воспринять ее, случись она хотя бы на год раньше), а моей обусловленности, моего ограничения, моего осуждения. И меня охватил **страх** (strach). **Страх** (strach) перед этим жалким горизонтом, **страх** (strach) перед моей судьбой. Я чувствовал, как моя душа замыкается в самой себе, как отступает перед окружающим, и одновременно ужасался тому, что отступать ей некуда.

В отличие от типичной печали, вызываемой обычно разлукой, описываемое чувство героя рождено несправедливым осуждением. Если печаль – это обычно светлое чувство, в процессе которого печалящийся, пусть мысленно, но обретает чувство единения с теми, кого он покинул, то в данном случае печаль вызвана обидой и усугубляется страхом.

Особенности значения этой чешской лексемы связаны как с семантической историей слова, так и с происхождением соответствующего концепта в истории культуры. Чешское слово *lítost* этимологически родственно русскому слову с прямо противоположным значением: *лютость* 'жестокость'.

Подобное расхождение в значениях обычно принято объяснять энантиосемией. Так, этимолог польского языка А.Брюкнер рисует следующую семантическую историю данного корня: 'жестокость' → 'жалобы, сетования, вызванные этой жестокостью' (см. *Król lutał na nogę* 'король жаловался на боль в ноге') → 'жалость, сочувствие, милосердие (к пострадавшему от жестокости)' (Brückner: *300*). Чешский этимолог И.Рейзек предполагает, что подобные изменения произошли в результате семантической эволюции фразы *je mi líto* 'мне больно' → 'мне жаль' (Rejzek: *346*). Одновременно он высказывает предположение, что подобные изменения как-то связаны с табуированием.

В этом предположении, как кажется, есть серьезное рациональное зерно. По мнению С.Б.Бернштейна, *лютый зверь* у славян – одно из табуистических названий волка (Бернштейн 1961: *90*). Показательно в этом смысле название одного из западнославянских племён — *лютичи* (т.е. потомки Люта, от *лютъ* 'жестокий'), а также названия растения *лютик – волкобой*, который сербы называют также *вучији корен* 'волчий корень' (см. Потебня: *305*). Поэтому объяснять изменения семантики корня *ljut- 'жестокий' → 'милосердный' одной лишь энантиосемией было бы, пожалуй, весьма поверхностным. Причины этих изменений лежат в глубинных структурах мифологического сознания.

Праславянский концепт *ljutostь, по-видимому, синкретически совмещал в себе две несовместимых с точки зрения современного сознания эмоции – 'жестокость' и 'жалость'[1], и формировалось это чувство в процессе древнейшего обряда инициации и последующего воспитания в так называемом юношеском «песье-волчьем» коллективе. Пройдя через такое объединение, юноша получал права статусного мужа, а это означало, что он умеет социализировать свою агрессию, обладает способностью к психологическому «переключению кодов», проявляя жестокость по отношению к врагам в «диком поле», тогда как по отношению к членам своей общины его агрессивность оборачивается другой стороной - милосердием, жалостью. Показателен в этом плане обычай, до сих пор сохраняющийся у многих кавказских народов. В соответствии с ним хозяин обязан защищать от врагов гостя, пришедшего в «культурное пространство» его дома, даже в том случае, если тот является его «кровником», т.е. человеком, в отношении которого в «диком поле» он должен осуществлять «кровную месть». Ср. также реплику Хлопуши из пушкинской «Капитанской дочки»: «Я губил супротивника, а не гостя; на вольном перепутье да в темном лесу, не дома, сидя за печью; кистенем и обухом, а не бабьим наговором». Подробнее об истории соответствующего концепта см.: Агранович, Стефанский 2003: *88-122*.

Этот древнейший синкретизм подвергся в славянских языках семантической дифференциации. В восточнославянских языках господствующим является значение жестокости, тогда как в западнославянских – значение жалости, милосердия. Тем не менее, с одной стороны, в русском языке можно отметить рудименты значения 'милосердие'. Так, в переводном памятнике XIV века «Огласительные поучения Феодора Студита» встречается прилагательное **лютыи** в значении 'вызывающий сострадание, достойный сожаления', которое иллюстрируется следующим фрагментом из переводного памятника XIV

---

[1] Впрочем, у определенной категории людей эти качества вполне совмещаются и в современной культуре. Герой романа «Шутка» размышляет о своем армейском командире: «Однако упоение властью проявляется не только в **жестокости (krutosti)**, но и (пусть реже) в **милосердии (milosrdenstvím)**».

века: **мѹжи жєны старци прєстарѣи дѣтищи младєньци вєсь лютыи
възрастъ** (СДРЯ: *IV;488*). Поразительно, что *лютым* (т.е. вызывающим
сострадание) *возрастом* названы не только дети, младенцы и старцы, но и
взрослые, причем не только женщины, но и мужчины. В псковских
говорах глагол *лютиться* по отношению к детям обозначает
'капризничать, хныкать', т.е. проявление слабости, а не жестокости. С
другой стороны, в западнославянских языках сохраняются отголоски
значения 'жестокий'. Так, в польском языке субстантивированное
прилагательное *luty* обозначает февраль – самый суровый месяц года. В
чешском языке *lítý* означает 'бешеный, свирепый, яростный, дикий' (SSJČ:
XII; 1125). Словацкое *l'utica* обозначает неистовую, яростную, злобную
женщину, дьяволицу (вероятно, словацкий вариант русской *ведьмы*) (SSJ:
II; 68).

Праславянское **ljut* на индоевропейском уровне восходит к **lēu-*
'камень' (ср. в русском языке заимствованное слово *литосфера* с этим
корнем). В монографии «Миф в слове: продолжение жизни» мы вместе с
С.З.Агранович выдвинули гипотезу о том, что это связано с материалом, из
которого изготавливались все древнейшие колюще-режущие предметы, а
позднее (с возникновением металлического оружия) все ритуальные
орудия, использовавшиеся в обряде жертвоприношения (показательно в
связи с этим, что во многих южнославянских языках слова с корнем **ljut*
получили значение 'острый, режущий, смертоносный'; см. ЭССЯ: *XV, 231-
236*). На основе этого обряда, по-видимому, и возник миф о сотворении
мира первосуществом из кусков собственного тела. Жестокий, лютый акт
расчленения, разрубания тела каменным ножом или топором был
одновременно и животворящим актом структурирования, организации
обитаемого человеческого мира. Эта двойственность, синкретичность и
отразилась в праславянском **ljut* (см. подробнее Агранович, Стефанский
2003:*119-121*).

Чешское *lítost* в ее современном значении сохраняет древнейший синкретизм эмоции *ljutostь, совмещая в своей семантике жестокость и жалость. Очень точно толкует семантику этой чешской лексемы Анна А.Зализняк: 'чувство острой жалости к самому себе, возникающее как реакция на унижение и вызывающее ответную агрессию' (Зализняк 2006: *273*).

В романе «Книга смеха и забвения» Милан Кундера посвящает этой эмоции целый лингвокультурологический этюд. Он характеризует этот чешский концепт следующим образом: «*Литость* - мучительное состояние, порожденное видом собственного, внезапно обнаруженного убожества».

Поскольку многие концепты существуют в виде культурных сценариев, автор прибегает к описанию ситуаций, в которых возникает эта эмоция, и рассматривает варианты реакций индивида на *lítost*.

В одном случае молодой человек испытывает *lítost*, обнаружив перед любимой девушкой свое неумение хорошо плавать. Он избавляется от этого чувства внезапной агрессией:

(70) «Уязвленный и униженный, он ощущал неодолимое желание ее ударить. «Что с тобой?» - спросила его студентка, и он попенял ей: она же прекрасно знает, что на другой стороне реки водовороты, что он запретил ей туда плавать, что она могла утонуть, - и дал ей пощечину. Девушка расплакалась, и он, видя на ее лице слезы, проникся к ней сочувствием, обнял ее, и его *литость* рассеялась».

В данном случае говорящие по-русски назвали бы эмоцию, испытываемую молодым человеком, *завистью*. Однако это такая зависть, при которой желание уничтожить успех другого рождает мгновенную ответную агрессию.

В другом случае, когда противник сильнее, *lítost* снимается провокацией, путем удара исподтишка. Например, ребенка, обучающегося игре на скрипке, учитель попрекает за ошибки, а тот начинает делать их намеренно, чтобы вывести учителя из себя:

(71) «Мальчик так долго выводит на скрипке фальшивый звук, что учитель не выдерживает и выкидывает его из окна. Мальчик падает и на протяжении всего полета радуется, что злой учитель будет обвинен в убийстве».

Этот вариант *литости* более близок к русской эмоции *обида*. Однако порожденная ею претензия к другому включает механизм ответной агрессии.

Интересно в этом отношении сравнение *литости* с двухтактным двигателем, приводимое Кундерой: «*Литость* работает как двухтактный мотор. За ощущением страдания следует жажда мести. Цель мести - заставить партнера выглядеть таким же убогим». Эта аналогия весьма показательна. В ней очень емко заключен древний синкретизм семантики слова *ljutostь. Первый такт - жалость к самому себе вследствие чьей-то агрессии, второй такт - жажда мести, рождающая ответную агрессию. Эта аналогия дает возможность сделать вывод о том, что стереоскопичность эмоции *lítost* основана на осознании человеком собственного несчастья и торжества другого. Следовательно, данная эмоция может исчезнуть либо в результате того, что исчезнет ощущение собственного убожества (см. пример 70), либо если другой перестанет торжествовать (см. пример 71).

Параллельные русские тексты также подтверждают, что в русском сознании чешскому концепту «LÍTOST» могут соответствовать концепты «ЗАВИСТЬ», «РЕВНОСТЬ» или «ОБИДА». Ср., например:

Lítost ≈ зависть, ревность	*Lítost ≈ обида*
(72) Zatímco se Zemánek oddával chvalozpěvu na mladou generaci, díval jsem na slečnu Brozovou a **smutně** jsem zjišťoval, že je to dívka pěkná a sympatická, a cítil jsem **závistlivou lítost**, že mi nepatří.	(73) «Poslušně hlásím, pane obrlajtnant, že nepláču. Mně to přišlo jen tolik **líto**, že jsme voba nejnešťastnější lidi v týhle vojně i pod sluncem a voba že za nic nemůžem. Je to hroznej vosud, když si pomyslím, že jsem takovej starostlivej vodjakživa!»
В то время как Земанек пел хвалу молодому поколению, я смотрел на мадемуазель Брожову и, с **грустью** убеждаясь, что это красивая и симпатичная девушка, испытывал **завистливое сожаление**, что она принадлежит не мне (Кундера).	- Осмелюсь доложить, господин обер-лейтенант, я не плачу. Только очень уж мне **обидно**: мы с вами самые разнесчастные люди на этой войне и во всем мире, и оба в этом не виноваты. Как

(74) **Lítostivá žárlivost** opustila však dívku tak rychle, jako ji přepadla. - Впрочем, **горестная ревность** покинула девушку так же быстро, как и пронизала ее (Кундера).	жестока судьба, когда подумаешь, что я, отроду такой старательный... (Гашек).

Как видно из примеров, о близости семантики чешских лексем *lítost*, *závist* и *žárlivost* свидетельствует тот факт, что они могут определять друг друга (см. *závistlivá lítost*, *lítostivá žárlivost*).

Важно отметить, что, существуя в виде «культурного сценария», концепт «LÍTOST» легко угадывается даже в таких фрагментах дискурса, где не употребляется лексема *lítost*. Об этом свидетельствует, например, следующий фрагмент из рассказа М.Кундеры «Доктор Гавел двадцать лет спустя»:

(75) Сейчас [после разговора с Гавелом] с полной ясностью ему [редактору] открылось, что его девушка неинтересна, ограниченна и некрасива. <...>
[На следующий день при виде веселого доктора Гавела с красивой женщиной редактор] ощутил в душе **зависть** (*závist*), почти схожую с **ненавистью** (*zášti*). <...> В этом сиянии редактор почувствовал себя еще более **жалким** (*ubožejší*).

Налицо важнейшие составляющие культурного сценария *литости*: ощущение собственного убожества и жалость к себе, которая вызвана завистью к доктору Гавелу, женатому на столь эффектной женщине. Эта жалость к себе рождает одну из форм агрессии – ненависть.

Рассуждая о *литости* в романе «Книга смеха и забвения», Кундера пишет, что это чувство характерно «для возраста неопытности», что «это одно из украшений молодости». Писатель очень точно уловил, что данная эмоция «никогда не обходится без патетического лицемерия», иными словами, человек, испытывающий ее, лишь одному себе признается в истинных причинах неожиданной вспышки своей агрессии.

За 12 лет до «Книги смеха и забвения» Кундера смоделировал ситуацию *литости* в своем первом романе – «Шутка»:

(76) Я по-прежнему лежал на кровати голый, распростертый и неподвижный, а Люция сидела рядом и гладила меня шершавыми руками по лицу. И во мне росли

неудовольствие и **гнев** (**nelibost** a **hněv**): я мысленно припоминал Люции все опасности, которым подвергал себя, чтобы встретиться с ней сегодня; припоминал ей (опять же мысленно) всевозможные наказания, которыми грозил мне сегодняшний побег. Но это были лишь поверхностные укоры (поэтому - пусть молча - я и поверял их Люции). *Истинный источник гнева был гораздо глубже* (я постыдился бы открыть его): я думал о своей **убогости** (**ubohosti**), о печальной **убогости** (**ubohosti**) незадачливой молодости, **убогости** (**ubohosti**) бесконечных недель без утоления любовной жажды, об унижающей бесконечности неисполненных желаний; вспоминалось мое напрасное домогание Маркеты, уродство блондинки, восседавшей на жнейке, и вот снова - столь же напрасное домогание Люции. *И хотелось мне в голос завыть*: почему во всем я должен быть взрослым, как взрослый судим, исключен, объявлен троцкистом, как взрослый послан на рудники, но почему же в любви я не вправе быть взрослым и вынужден глотать все унижения незрелости? Я **ненавидел** (**nenáviděl jsem**) Люцию, **ненавидел** (**nenáviděl jsem**) ее тем сильнее, что знал: она любит меня, и потому ее сопротивление было еще бессмысленнее, непонятнее, ненужнее и доводило меня **до бешенства** (**k zběsilosti**). <...>

Вдруг меня охватило **безотчетное бешенство** (**nepříčetný vztek**). Мне казалось, какая-то сверхъестественная сила стоит поперек дороги и всякий раз вырывает у меня из рук то, ради чего я хочу жить, о чем мечтаю, что мне принадлежит, что это та самая сила, которая отняла у меня партию, и товарищей, и университет, которая каждый раз все отнимает и каждый раз ни за что ни про что, без всякого повода. И теперь эта сверхъестественная, противоборствующая сила воплотилась в Люции. Люция стала орудием этой нечеловеческой силы, и я **ненавидел** (**nenáviděl jsem**) ее; *я ударил ее по лицу* - мне казалось, это не Люция, а именно та вражья мощь; я кричал, что **ненавижу** (**nenávidím**) ее, не хочу ее видеть, что уже никогда не захочу ее видеть, уже никогда в жизни не захочу ее видеть.

Ни разу не употребив название данной эмоции, писатель очень точно объясняет повод и подлинную причину, породившие ее в сознании героя. Поводом становится отказ Люции переспать с ним, подлинной же причиной, вызвавшей *lítost*, оказывается ощущение собственной убогости из-за обрушившихся ударов судьбы. В этом отношении *lítost* сходна с *досадой*, поскольку может сниматься агрессией, направленной на человека, который не обязательно является ее источником (ср. примеры 25 и 75). Показательно, что в русском языке для обозначения подобного культурного сценария возникла фразеологическая единица *сорвать (выместить) злость (на ком-то)*.

В приведенном фрагменте автор подробно описывает динамику эмоций, сопровождающих *lítost*: ощущение убогости и жалость к себе → неудовольствие → гнев → ненависть → безотчетное бешенство, выливающееся в пощечину. В сущности герой «Шутки» теряет способность социализировать свои эмоции: он почти по-звериному хочет завыть. В этом отношении показательны фонетические ассоциации писателя, связанные с чешским словом *lítost*, которые он приводит в «Книге смеха и забвения»: «*Литость* – чешское слово, непереводимое на другие языки. Его первый слог, произнесенный под ударением и протяжно, звучит как стон брошенной собаки».

Рассуждая о провокативном снятии *литости*, М.Кундера считает, что подобный вариант встречается и в истории человечества:

(77) «Вероятно, все то, что наши наставники называли героизмом, было не чем иным, как формой литости, проиллюстрированной мною на примере мальчика и учителя по классу скрипки. Персы завоевывают Пеллопонес, и спартанцы совершают одну военную ошибку за другой. И так же, как мальчик отказывался взять верный звук, они, ослепленные слезами бешенства, отказываются предприянть что-либо разумное, не способные ни воевать успешнее, ни сдаться, ни спастись бегством, они во власти литости позволяют перебить себя всех до одного».

Кундера высказывает и гипотезу о том, почему концепт «LÍTOST» вербализовался именно в чешском языке:

(78) «Вовсе не случайно понятие *литости* родилось в Чехии. История чехов, эта история вечных восстаний против сильнейших, череда знаменитых поражений, во многом определивших ход мировой истории и обрекших на гибель собственный народ, и есть история *литости*».

Как видим, точного эквивалента этому чешскому слову в русском и польском языках нет. Вместе с тем соответствующий концепт в этих культурах существует в виде культурного сценария.

Начнем с примера, который можно рассматривать как скрытое цитирование фрагмента из «Книги смеха и забвения» М.Кундеры (см. пример 71) в романе польского писателя Ежи Сосновского «Апокриф

Аглаи». Пианист Адам вспоминает один из детских конфликтов с матерью:

(79) *Обида (obrażanie się)* матери, ее надменная холодность, несколько минут или часов обращения с ним как с пустым местом – он вспоминал это как *самый страшный кошмар (największy koszmar)* детства. Как-то – он учился еще в восьмилетке – в семнадцать часов по телевизору транслировали футбольный матч, о котором говорил весь класс, но это было время его упражнений; усаженный за рояль, который тогда появился в их квартире вместо пианино, *он чувствовал себя униженным, стал намеренно ошибаться и злиться (zaczął się specjalnie mylić, czuł się upokorzony i wściekły)*. «Сегодня она единственный раз могла бы уступить», - думал он, и это было словно мания, и Адам уже *не знал, нарочно он не попадает по клавишам или руки у него остекленели от злости (nie wiedział, czy celowo nie trafia w klawisze, czy naprawdę ręce zesztywniały mu ze złości)*; тут мать неожиданно встала, молча включила телевизор и вышла, а он эти полтора часа проплакал, убежденный, что она уже больше никогда не вернется.

Как видно из примера, «двухтактный двигатель *литости*» работает в сознании пианиста. Однако победителем в этой психологической схватке становится мать. Она уступает ему, но именно эта уступка становится страшным наказанием для мальчика.

В другом примере из этого романа, который уже никак не связан с описанными Кундерой вариантами *литости*, динамика эмоций героя-рассказчика, вызванных разводом с женой, строится по описанной М.Кундерой модели двухтактного двигателя: жалость к себе сменяется яростью.

(80) Poczułem się nagle wrzucony w tamtą sytuację sprzed miesiąca, w tamtą nocną rozmowę, i znów, jak wtedy, poczułem *rozżalenie* i **wściekłość**, że zarzuca mi przesłonięcie jej prawdziwej wyobrażeniami. - Я вдруг почувствовал себя ввергнутым в ту ситуацию месячной давности, в тот ночной разговор, и опять, как тогда, ощутил *уязвленность* и **ярость**, оттого что она обвиняет меня в том, будто я вижу ее воображаемую, а не такую, какая она есть на самом деле.

Как видно из примеров, в польском языке эмоция жалости к себе передается лексемой *rozżalenie*. Однако, в отличие от чешского *litost*, семантика этого польского слова не содержит даже потенциальной семы 'агрессия'. В русском слове *уязвленность*, использованном в переводе примера (80), такая потенциальная сема имеется.

Фрагмент повести русского писателя Г.Бакланова «Меньший среди братьев»[1] совпадает с приводимым М.Кундерой сценарием *литости*, снимаемой агрессией (см. пример 70) вплоть до отдельных деталей. В данном случае ни о скрытом цитировании, ни даже о знакомстве одного писателя с произведением другого говорить не приходится.

В повести описана ситуация, когда во время купания вместе с отцом сын, заплывший за буек, внезапно начал тонуть, а отец, вдруг испугавшийся за сына, струсил:

(81) Страх за сына не придал мне сил, а наоборот, обессилил меня. С ужасом я почувствовал в тот момент, что не спасу его и, если он сейчас исчезнет на моих глазах, я даже не нырну за ним, потому что не умею нырять, я буду только плавать наверху и поплыву один. «Плыви! Плыви!» - закричал я на сына, и он, привыкший мне подчиняться, выплыл.

В сущности, я сделал единственно правильное, что мог, но я никогда не забуду его взгляда, когда на берегу <...> он посмотрел на меня. **Он страшился своей догадки, еще не верил и посмотрел. А я закричал: мол, сколько раз ему говорилось, и так далее и тому подобное, я криком отпугивал его догадку, и он, маленький еще, понял. Он понял, что отец струсил, отдал его и не спас бы.**

С тех пор мне всегда жутко от этой прозрачной, затягивающей глубины, я заново ощущаю, как все могло быть. И нам с тех пор непросто смотреть друг другу в глаза, этого уже не переступить.

В данном случае догадка сына происходит во многом потому, что агрессия отца, вызванная собственной трусостью, выразилась в довольно мягкой форме упрека. Сын (в отличие от получившей пощечину девушки из примера Кундеры) не почувствовал себя униженным. Психологические позиции отца, почувствовавшего свою убогость, и сына не уравнялись. Именно поэтому снятия *литости* не произошло, а этот эпизод посеял недоверие между отцом и сыном на всю жизнь.

---

[1] Этот фрагмент в качестве примера парализующего страха, который «может отравить человеку всю последующую жизнь», приводит в своей книге «Психология страха» Ю.В.Щербатых (Щербатых 2004: *88-89*). Однако страх здесь - лишь одна из составляющих описанного Г.Баклановым типичного сценария *литости*.

Сценарий *литости*, снимаемой агрессией (см. пример 70), представлен и в следующем фрагменте повести Ю.Полякова «Апофегей».

Главному герою повести, действие которой происходит в середине семидесятых годов прошлого века, начинающему партийному функционеру Валерию Чистякову, грозят крупные неприятности из-за доноса, поступившего на него в партком. Его обвиняют, в частности, в том, что, находясь на научной конференции в ГДР, он якобы призывал разрушить Берлинскую стену. Рассказывая об этом своей невесте Наде Печерниковой, которая была с ним в поездке, Чистяков пытается выяснить, откуда все это стало известно человеку по прозвищу *Убивец*, составившему донос:

(82) «А про стену!» - **застонал** Чистяков. «Только ты **не сердись**, - попросила она, - про стену я ему сама рассказала... В шутку! Я же не знала, что он подлец...» «Ты?! В шутку?!!» - **заорал** Валера, **вскочил** с кровати и **затрясся**. «Не кричи, я же нечаянно...» «Нечаянно?» - передразнил он, гримасничая. «Если хочешь, считай, я сделала это нарочно, чтобы испортить тебе карьеру. Генсеком ты уже не будешь!» Чистяков размахнулся и **ударил** Надю так, что голова ее мотнулась в сторону и стукнулась о стену <...>

Чистяков ходил по комнате и **твердил себе, что поступил совершенно правильно**, что она продала его Убивцу и теперь заслуживает **ненависти** и **презрения**. Надя дождалась, пока перестанет идти из носа кровь, припудрилась перед зеркалом и ушла, так ничего и не сказав.

Чистяков лег спать, **ничуть не раскаиваясь** в содеянном, а ночью, часа в три, **вскочил от ужаса**. Такое с ним случалось в детстве, он просыпался **от внезапного страха смерти** и начинал беззвучно, чтобы не разбудить родителей, плакать. Нет, это была не та горькая, но привычная осведомленность о конечности нашего существования, а какое-то утробное, безысходное предчувствие своего будущего отсутствия в мире, делавшее вдруг жестоко бессмысленным сам факт пребывания на этой земле. В такие минуты он **очень жалел, что не верит в бога**. На этот раз Валера проснулся не от страха смерти - **от ужаса, что он потерял Надю**...

Как видим, в своей начальной стадии культурный сценарий *литости*, нарисованный чешским писателем, в повести русского прозаика воссоздан до мельчайших деталей. Чувствуя себя глубоко несчастным из-за грозящих ему неприятностей, Чистяков сознательно или ошибочно считает их причиной Надю. Чтобы «снять» свою *литость*, он стремится сделать такой же несчастной, как и он сам, свою невесту. Однако выполнить этого ему по большому счету не удается: гордо удаляясь, несомненно обиженная Надя делает все, чтобы не выглядеть в глазах Чистякова несчастной. Именно поэтому тот вынужден убеждать себя, что поступил правильно, и лишь ночью, ощутив иррациональный страх, смутно осознает, что Надя ушла от него навсегда.

Примечательно, что Надя пытается снять страх Чистякова перед неприятностями шуткой («Генсеком ты уже не будешь!»). Однако партийная карьера для Чистякова сакральна и не может быть объектом насмешек. Вот почему именно эти слова вызывают у него вспышку гнева и он наносит удар. Интересно, что в хронологически более ранней сцене, когда Чистяков испытывает страх перед неизвестностью, ожидая вызова в партком, шутка Наде удается:

(83) «Ты, Чистяков, станешь большим человеком, - **грустно** предсказала Надя. - У нас **любят пуганых**...»

Разобидевшийся Валера вскочил и стал одеваться. «Это разрыв?» - **тоскливо** спросила Надя, но он ничего не ответил, а только засопел в ответ. «Все кончено, меж нами связи нет!» - трагически продекламировала она. - Валера, если это разрыв, то можно обратиться к тебе с последней просьбой?» «Можно», - сквозь зубы ответил Чистяков. **«Валера, переодень, пожалуйста, трусы! Они у тебя наизнанку...»** **Чистяков захохотал первым, но обида осталась.**

Причина того, что шутка «проходит» и даже достигает цели, заключается в том, что она обращена к материально-телесному низу (чистяковским трусам наизнанку), что обычно всегда вызывает смех на генетическом уровне. Именно смех уничтожает страх Чистякова и не доводит ситуацию до состояния *литости*.

Случай, когда *литость* снимается агрессией, может быть также продемонстрирован известным анекдотом советского периода:

(84) Дети хвастаются положением своих родителей и подарками, которые те им преподнесли:

- У меня папа - директор завода, он подарил мне игрушечную железную дорогу.

- А у меня папа работает в министерстве, он привез мне из-за границы джинсы.

- А у меня... А мне... А я вам всем сейчас по башке дам!

Ощутив себя несчастным, ребенок, родители которого не имеют доступа к дефицитным товарам, проявляет агрессию, лишая других детей торжества и тем самым уравнивая их с собой.

С более мягким способом «снятия» *литости* – путем провокации - мы сталкиваемся в эпизоде между стариком Мелеховым и его снохой Дарьей из романа М.Шолохова «Тихий Дон». Оставшись во время Первой мировой войны без мужа, находившегося в действующей армии, Дарья, как пишет автор, «наверстывала за всю голодную безмужнюю жизнь». Столь вызывающее ее поведение не может остаться незамеченным. Однажды утром старик Мелехов видит, что «ворота, снятые с петель чьими-то озорными руками и отнесенные на середину улицы, лежали поперек дороги. Это был позор». Подобные бесчинства с воротами, как отмечается в энциклопедии «Славянские древности», «при контакте семьи и общины <…> имеют прежде всего коммуникативную и оценочную роль» (СД: *1; 439*). Оценка, вынесенная социумом путем снятия ворот, однозначна: Дарья неверна мужу. Получив такую «информацию», глава семейства творит над снохой с помощью «новых ременных вожжей» скорый и суровый суд, после которого «кофточка на спине ее была разорвана, виднелся на белом теле багрово-синий свежий подтек». Дарья готовит месть за нанесенную обиду («Подожди, проклятый!.. Я тебе припомню!»). Однако свекор сильнее ее физически и выше по своему социальному статусу. Поэтому ее месть носит провокативный характер:

(85) Старик подошел к ней вплотную. Дарья вдруг вскинула руки и, охватив шею свекра, скрестив пальцы, пятилась, увлекая его за собой, шепча:
- Вот тут, батя... Тут... мягко... <…>
Она, прижавшись к нему, упала на спину, повалила его на себя.
- Черт! Сдурела!.. Пусти!
- Не хочешь? - задыхаясь, спросила Дарья и, разжав руки, толкнула свекра в грудь. - Не хочешь?.. Аль, может, не могешь?.. Так ты меня не суди!.. Так-то! <…> Ты за что меня надысь побил? Что ж, аль я старуха? Ты-то молодой не таковский был? Мужа - его вот год нету!.. А мне, что ж, с кобелем, что ли? Шиш тебе, хромой! Вот на, выкуси!

Дарья сделала непристойное движение и, играя бровями, пошла к дверям. У дверей она еще раз внимательно оглядела себя, стряхнула с кофты и платка пыль, сказала, не глядя на свекра:

- Мне без этого нельзя... Мне казак нужен, а не хочешь - я найду себе, а ты помалкивай!

Путем подобной провокации Дарья превращает и физическую силу, и социальный статус старшего Мелехова в его слабость, делая его таким же несчастным. Именно поэтому после рассмотренного эпизода Дарья «торжествующе посмеивалась, а старик целую неделю ходил смущенный, растерянный, будто нашкодивший кот».

Для подобного провокативного поведения в русской разговорной речи существует специальное обозначение: «взять на слабо́».

Рассуждая о *литости*, М.Кундера считает, что в случае, когда эта эмоция не находит выхода, происходит *блокировка литости*. Такая ситуация описана в приведенном выше отрывке из повести Г.Бакланова (см. пример 81).

В подобном случае психологическим выходом из тупика может стать искусство:

(86) «... Когда нет возможности влепить быстро плавающей девушке пощечину или позволить персам истребить себя, когда нет никакого спасения от раздирающей душу *литости*, тогда к нам на помощь приходит милосердие поэзии».

Существует и еще один, характерный именно для русской языковой личности, способ избавления от *литости*. Об этом и о том, как концепт «LÍTOST» может стать «пружиной» сюжета в художественном дискурсе, – в третьей главе.

Обобщающая таблица 3 демонстрирует составляющие стереоскопических эмоций. Среди рассмотренных в настоящем параграфе эмоциональных концептов выделяются два лингвоспецифичных. Это русск. 'досада' и чешск. 'lítost'. Эмоция обиды имеет 3 способа выражения в польской и 2 - в чешской лингвокультуре, тогда как польск. *zazdrość* и чешск. *žárlivost* могут участвовать в выражении сразу двух эмоций – зависти и ревности. Источником, вызывающим сожаление или жалость, во всех рассмотренных эмоциях, кроме досады, является Другой. На него же обычно и направляется агрессия. Эта агрессия приобретает наиболее выраженный характер в чешской эмоции *lítost*, где она практически мгновенна.

∗∗∗

Рассмотренные во второй главе языковые средства, обозначающие важнейшие негативные эмоции в русском, польском и чешском языках, позволяют сделать следующие выводы об особенностях систем сравниваемых языков и специфике создаваемых ими языковых картин мира.

1. В русской, польской и чешской лингвокультурах сформировались концепты, обозначающие иррациональный, экзистенциальный страх, источники которого непонятны людям.

В *русской* лингвокультуре рассматриваемый концепт получил словесное обозначение лишь на уровне психологической терминологии (см. *плавающая тревога*). В общеязыковом же употреблении лексема *тревога* представляется стилистически ограниченной (книжной). Таким образом, лингвоспецифичность данного концепта в русском языке заключается прежде всего в его **обозначении стилистически ограниченной лексемой**. Кроме того, на периферии русского языка рассматриваемый вид страха может быть обозначен **грамматическими средствами** – формой множественного числа *страхи*. Тем самым в русской лингвокультуре концептуализировались мифологические представления об аффекте иррационального страха как результате вселения в душу человека злых духов (*страхов*). Подобная концептуализация данного вида страха в русской лингвокультуре, причем на грамматическом уровне, свидетельствует о том, что в **русской картине мира иррациональный страх воспринимается как болезнь, выходящая за рамки нормального поведения**.

Таблица 3

Стереоскопические эмоции и их составляющие

Эмоциональный концепт	Соответствия в других языках	Источник, вызывающий жалость, сожаление	Объект жалости, сожаления	Формы и цели агрессии	Стереоскопичность эмоции
«ДОСАДА»	лингвоспецифичный концепт (польск. ≈ szkoda, złość, niezadowolenie; чешск. ≈ mrzuté, zlost, nechut)	Внешняя неприятность	Невозможность изменить ситуацию	Злость на обстоятельства или на себя	1) положительная альтернатива; 2) отрицательная альтернатива
«ОБИДА»	а) польск. uraza, obraza, чешск. uražka; б) польск. krzywda. чешск. křivda; в) польск. żal	Несправедливость со стороны Другого	«Я»	Претензия к Другому	1) Другой относится ко мне хорошо; 2) Другой относится ко мне плохо
«LÍTOST» (чешск.)	лингвоспецифичный концепт (русск. ≈ обида, зависть, уязвленность; польск. ≈ rozžalenie)	Несправедливость со стороны Другого или успех Другого, в результате чего возникает ощущение собственного убожества	«Я»	Агрессия, направленная на Другого, с целью сделать его таким же убогим	1) Я несчастен; 2) Другой торжествует
«ЗАВИСТЬ»	а) польск. zawiść, чешск. závist; б) польск. zazdrość, чешск. žárlivost	Успех Другого	«Я»	а) достичь успеха самому («белая зависть»); б) уничтожить успех Другого («черная зависть»)	1) Я хочу сравняться с Другим; 2) Я не могу сравняться с Другим
«РЕВНОСТЬ»	польск. zazdrość, чешск. žárlivost	а) сомнение в верности со стороны партнера; б) успех Другого в любви	«Я»	а) получить заверения партнера в любви; б) достичь успеха в любви самому, тем самым уничтожив успех Другого	А. 1) Партнер меня любит; 2) Партнер меня не любит. Б. 1) Я хочу достичь успеха Другого в любви; 2) Я не могу достичь успеха Другого в любви

В **чешской** и **польской** лингвокультурах данный концепт вербализовался в виде общеупотребительных лексем (см. польск. *lęk*, чешск. *úzkost*). Специфика польской и чешской лексем заключается в их **внутренней форме**. Чешск. *úzkost* наиболее точно по форме, семантике и происхождению соответствует нем. *Angst* и другим обозначениям иррационального страха в романских и германских языках. Оно восходит к тому же индоевропейскому корню и мотивировано параметрическим прилагательным *úzký* 'узкий'. Польск. *lęk* также этимологически связано с идеей сжатия. В русском языке подобный метафорический перенос имеет место в виде авторских метафор (см. подробнее § 2 гл. 3).

В **польской** картине мира обычному страху, имеющему видимые причины, противопоставлен **не только иррациональный, но и надвигающийся страх**. Это противопоставление ярко выражено как в центре польской системы (с помощью лексем *strach - lęk – trwoga*), так и на ее периферии (с помощью слов *przestrach, przerażenie – niepokój*). На этом фоне **русский** и **чешский** язык различают иррациональный и надвигающийся страх лишь на периферии (ср. русск. *страхи – беспокойство*; чешск. *úlek - nepokoj, neklid*). См. подробнее таблицу 3 в § 1.

По-видимому, значительно бо́льшая употребительность и более богатый репертуар языковых средств со значением иррационального страха в польском и чешском языках объясняется нахождением этих языков в ареале Slavia Latina и, как следствие, влиянием немецкого и в целом западного менталитета с его вниманием к страху перед потусторонними силами и постоянной конкуренцией в обществе.

2. Экзистенциальный страх характеризуется такими чертами, как **безобъектность и иррациональность, детерминированность социально-психологическим опытом индивида и социума в целом, диффузность**. Эти свойства прямо или косвенно отражаются в особенностях вербализации концептов, обозначающих данный вид страха.

Так, безобъектность и иррациональность проявляются в том, что ситуация, в которой кем-либо овладевает экзистенциальный страх, может передаваться безличным предложением (см. *Чудится, Видится, Пугает*), а если объект страха все же персонифицируется, то он обозначается местоимением среднего рода *оно*. Детерминированность социально-психологическим опытом индивида и социума в целом находит отражение как в многочисленных паремиях (вроде русск. *В ком есть страх, в том есть и Бог*; *Всякий страх в доме хорош*; польск. *Jak trwoga, to do Boga*), так и в этимологической связи некоторых лексем, обозначающих положительные моральные качества, со словами, передающими различные виды страха (см. польск. устар. *bojaźń* 'послушность, уважение, скромность', чешск. *úzkostlivý* 'щепетильный, совестливый'). Диффузность проявляется в употреблении в контексте с лексемами, обозначающими экзистенциальный страх, слов, передающих и другие негативные эмоции.

3. Среди различных конситуаций, в которых человек испытывает иррациональный страх, для *русской* языковой картины мира **более важным оказывается страх перед социумом, выступающий как регулятор социальных отношений**. Для *польской* и *чешской* – страх **перед необъяснимыми, потусторонними явлениями**.

4. Страх, связанный с сексуальными отношениями, выступает в сравниваемых языках в форме стыда (русск. *стыд*, польск. *wstyd*, чешск. *stud*) и сходного с ним лингвоспецифичного для русской лингвокультуры на фоне польской и чешской чувства *срама*. За пределами интимной сферы стыд может сосредоточиваться на страхе перед социумом.

В эпоху ранней государственности, с возникновением личностного сознания, средством, управляющим отношениями между социумом и постепенно отделявшейся от него личностью, стало чувство позора (русск. *позор*, польск. *hańba*, чешск. *hanba, ostuda*). В сторону семантики позора эволюционировали и другие лексемы (русск. *стыд* и *срам*, польск. *wstyd*, чешск. *stud*). Большинство слов из рассматриваемого понятийного ряда мотивированы идеей холода, что, по-видимому, связано с обрядом инициации, который нередко проводился путем испытания холодом.

Вместе с тем понятие позора вербализовалось в сравниваемых языках по-разному: в *русской* картине мира **позор концептуализировался как публичное осуждение** взбунтовавшейся личности путем всеобщего обозрения; в *чешской* и *польской* – как ее **изгнание из общества**.

5. Совесть – средство гармонизации отношений между личностью и обществом. Однако в исследуемых лингвокультурах соответствующий фрагмент картины мира отличается своеобразием.

В *русской* языковой картине мира совесть предстает как нечто идущее от Бога и потому внешнее по отношению к человеку, его душе и телу (см. русск. *Ему совестно*, где угрызения совести предстают навязанными свыше). Она служит средством гармонизации (по пословице, является *порукой*) в сложных взаимоотношениях между душой и телом.

В *польской* языковой картине мира совесть (по-польски *sumienie*, этимологически связанное с русск. *сомнение*) предстает как более рациональное и подвижное чувство. Вместилищем совести здесь оказывается душа (см. пословицу *Co oko ciału, to sumienie duszy*). Особенность польского концепта «SUMIENIE» заключается также в том, что совесть вершит суд (ср. народную этимологию *sądmienie*), является свидетелем мыслей и поступков человека (см. *Sumienie świadek nieomylny, za wiele świadków stoi*), но одновременно, как и всякое мнение, она подвижна.

В *чешской* картине мира вместилищем совести (по-чешски *svědomí*) является сознание (ср. очень частотное в чешском языке выражение *svědomí a vědomí* 'совесть и сознание'). Чешск. *svědomí* (< страдательного причастия *sъvědomъ) – это информация о нравственности, усвоенная сознанием. Это, как и в польской лингвокультуре, рациональное чувство, которым можно управлять (см. чешск. *řídit svým svědomím*).

6. Фрагмент картины мира, связанный с эмоциональным состоянием печали, также отличается в исследуемых языках значительным своеобразием.

В *русской* картине мира *грусть* как более интимное, личностное и спонтанно возникшее чувство (см. возможность употребления данной лексемы в дативных конструкциях типа *Мне грустно*) противопоставлена *печали* как чувству, закономерно вызываемому смертью близкого человека или разлукой с ним. Печаль (по крайней мере генетически) - это коллективное и не зависящее от воли и настроения отдельной личности чувство. В силу того, что это своего рода иная форма контакта с умершим, печаль может осмысливаться в русской лингвокультуре и как светлое чувство. Одновременно *печали* противопоставлена *скорбь* как демонстративное переживание человеком разлуки с умершим.

В *чешской* картине мира в центре системы находится эмоция *smutek*. Этимологический корень соответствующей лексемы восходит к праславянскому *mǫt- - *męt-, передающему идею хаоса (в данном случае душевного). Данная лексема обозначает как уныние, не связанное со смертью, так и открытое, отчасти демонстративное переживание по поводу смерти близких (ср. переносные значения соответствующей лексемы, которые соотносятся с русскими *скорбь* и *траур*). Ей противопоставлена эмоция *žal* как печаль внутренняя. Наконец, длительный период осознания потери близкого человека и смирения с этим фактом связан с переживанием эмоции *zármutek*.

В центре *польской* картины мира также находится эмоция *smutek*, которая, однако, несколько отличается от одноименной чешской эмоции. Она обозначает общее уныние, подавленность, пустоту и оказывается ближе к русской эмоции *тоска*. Ей противопоставлена эмоция *żal*, передающая печаль, скорбь и траур по умершему.

Одновременно польская лексема *żal* в результате семантического развития приобрела множество других эмоциональных значений этического характера: 'огорчение', 'обида', 'сожаление', 'раскаяние'.

7. *Тоска* является своеобразным «семантическим мостиком», который соединяет функционально-семантические поля со значением «страха» и «печали». **Русская** *тоска* отличается самым широким спектром передаваемых эмоций. Это соединение печали с тревогой, душевной пустотой и угнетенным состоянием. Важнейшие смысловые компоненты, составляющие семантику русского концепта «ТОСКА», - 'тревога' и 'душевная пустота' – обусловлены этимологической связью соответствующей лексемы, с одной стороны, с глаголом *тискать*, выражающим идею сжатия (на основе которой развивается семантика иррационального страха), а с другой – с прилагательными *тощий* и *тщетный*, передающими идею пустоты.

В **чешской** картине мира эмоция тоски «прорисована» с особой тщательностью. Чешский язык на фоне русского и польского имеет в рамках указанного фрагмента важную **парадигматическую особенность**: он обладает весьма богатым репертуаром лексических средств с данным значением. Два важнейших семантических компонента русской тоски – 'иррациональный страх' и 'душевная пустота' - акцентируются в чешском языке с помощью разных лексем: чешск. *stesk* сосредоточивает внимание на душевной пустоте, тогда как чешск. *tíseň* – на иррациональном страхе, метафорически обозначенном через идею сжатия. Кроме того, чешская лексема *touha* маркирует жажду телесной любви. Следует подчеркнуть, что чешский глагол *stýskat se*, словообразовательно связанный с лексемой *stesk*, обнаруживает **синтагматическую специфику**. Он образует исключительно безличные дативные конструкции типа *Stýska se mi po tobě* (букв. тоскуется мне по тебе).

В **польском** *tęsknota* семантический компонент иррационального страха значительно приглушен, и в центре оказывается семантика печали.

Это имя эмоции и соотносящийся с ним глагол *tęsknić* также обладают **синтагматической особенностью** на фоне своих русских и чешских соответствий, управляя предложно-падежной формой *za + T.п.* со значением объекта тоски. В результате объект тоски предстает как расположенный за некой чертой, в ином мире.

Русск. *тоска*, польск. *tęsknota*, чешск. *stesk* в соответствии с установками традиционных культур должны способствовать соединению в вечности тоскующего с объектом его тоски. На этом фоне русская традиционная культура отличатся двумя моментами: тоске, по народным представлениям, подвержены не только живые, но и мертвые; тоска по многим причинам народным сознанием осуждается. Осуждая неумеренную тоску, русская традиционная культура предписывает вспоминать покойных в отведенные для этого дни и в соответствии с определенными ритуалами.

Польская *tęsknota* на фоне русской *тоски* может характеризоваться не страхом, а различными видами направленной на себя агрессии, которая позволяет избавиться от тоски.

8. В центре системы средств, передающих эмоциональное состояние *гнева*, в русском языке находятся четыре лексемы: *гнев, ярость, злоба* и *злость*, противопоставленные по двум линиям: с точки зрения ценностных характеристик и с точки зрения абстрактности-конкретности. В польской и чешской системах подобные противопоставления выражены не столь четко. В чешском языке конкретно-чувственный полюс представлен лишь эмоцией *zlost*, а отчасти соотносящаяся с русск. *ярость* лексема *zuřivost* из-за наличия в ее семантике значения психической болезни находится на грани центра и периферии чешской системы. В центре польской системы находятся лишь две лексемы – *gniew* и *złość*, причем даже по линии ценностных характеристик границы между ними достаточно зыбкие, поскольку *gniew* в польской лингвокультуре оценивается синкретически позитивно-негативно. И лишь на периферии польской системы этим

лексемам, обозначающим прямую, естественную агрессию, противопоставляются лексические средства со значением косвенной или болезненной агрессии (см. таблицы 2, 3, 4 в § 3).

Таким образом, в *польской* и *чешской* картине мира отрицательно оцениваются все **конкретно-чувственные проявления гнева**, которые **воспринимаются как аналог психического расстройства**. При этом в *польской* картине мира ни одна из эмоций гнева вообще не получает однозначно положительной оценки. На этом фоне в *русской* картине мира эмоции *гнев* и *ярость* оцениваются как справедливые и даже благородные и предстают в русской картине мира не столько как аффекты, сколько **как средства регулирования социальных отношений**. Более того, различные формы агрессии в русской лингвокультуре позволяют поднять (по крайней мере, ситуативно) собственный социальный или психологический статус.

9. На основе анализа периферийных микросистем со значением гнева можно выделить следующие особенности переживания обозначаемых ими агрессивных состояний.

Во всех трех лингвокультурах гнев, граничащий с психической болезнью, концептуализируется, с одной стороны, как **выход души из тела** (см. русск. *исступление, быть вне себя*, польск. *wyjść z siebie*, чешск. *být bez sebe*), а с другой – как **вселение в человека потусторонней силы** (см. русск. *бешенство, бес вселился в кого-то*, польск. *bies kogoś opętał*, чешск. *běs někoho chytil*).

В семантике, коннотациях и этимологии целого ряда лексем в языке сохраняется память о мифологическом герое, который в мифологии называется **трикстером**. Такие лексемы, как русск. *безумие* и *безумство* (и связанные с ними словообразовательно лексемы), польск. *szał* (и ее дериваты), этимологически соответствующая ей чешск. *šílenství*, а также чешск. *zuřivost* могут, во-первых, обозначать такое поведение, которое выходит за рамки общепринятых норм, а во-вторых, синкретически совмещать в своей семантике как позитивные, так и негативные ценностные характеристики.

В **чешской** микросистеме со значением гнева, перешедшего в чувство и отношение к человеку, наблюдается лингвоспецифичный концепт «ZÁŠŤ». На фоне трехчленных систем в русской (*неприязнь – враждебность - ненависть*) и польской (*niechęć – wrogość – nienawiść*) лингвокультурах этот концепт, дополняя аналогичную чешскую трехчленную систему (*nechuť – nepřátelství – nenávist*), обозначает своеобразный отложенный гнев, затаенную ненависть.

Чешская лингвокультура отличается своеобразием и в микросистеме, передающей гнев, направленный на демонстративную и публичную отрицательную оценку объекта. Чешская лексема *rozhořčení* целостно обозначает сразу два действия: огорчение и гневную реакцию на него.

10. Ряд эмоций с «этической» составляющей, такие, как *досада, обида, зависть, ревность*, чешск. *lítost,* обладают свойством стереоскопичности. Стереоскопичность эмоции означает, что человек переживает ее до тех пор, пока в его сознании одновременно существуют два различных – и противоречащих друг другу – взгляда на вещи. Как только один из этих взглядов пропадает, то пропадает стереоскопичность и эмоция исчезает. Каждая из перечисленных эмоций – это по сути целый сценарий, динамика которого предполагает несколько стадий: от жалости или сожаления до агрессии по отношению к объекту, вызывавшему данную эмоцию.

11. **Русский** концепт «ДОСАДА» лингвоспецифичен на фоне польской и чешской лингвокультур. Эмоция досады возникает, когда с человеком произошло нечто неприятное и в его мыслях появляется ясное осознание как отрицательной, так и положительной альтернатив развития событий. Объектом сожаления в ситуации досады является невозможность изменить обстоятельства. Это бессилие рождает ту или иную форму агрессии. Польские и чешские переводчики, передавая ситуацию досады, как

правило, описывают лишь эту агрессию, оставляя за скобками причины, которыми она вызвана.

12. Концепт «ОБИДА» в *русской* лингвокультуре вербализовался лишь в одной лексеме, скорее всего, в силу ее этимологии: *обида* (< *обвидеть* 'обойти вниманием'). Именно отсутствие внимания, сомнение в хорошем отношении Другого и вызывает обиду. *Польская* и *чешская* лингвокультуры вербализовали данный концепт в нескольких лексемах. При этом в каждой из них акцентируется один из аспектов, связанных с переживанием обиды. Польск. *uraza, obraza,* чешск. *uražka,* прямым значением которых является нанесение физического ущерба, передают эмоцию, близкую к русскому *оскорблению;* лексемы *krzywda (křivda)* акцентируют внимание на несправедливости нанесенной обиды, в польск. *żal* на первый план выходит внутреннее страдание человека, пережившего обиду и испытывающего жалость к себе, а в польск. *pretensja* – наоборот, агрессивная реакция, которую проявляет обиженный человек. В русск. *обида* соединены две этих последних эмоции: это и внутреннее переживание обиды ('жалость к себе'), и гневная (хотя и не всегда высказываемая вербально и непосредственно) апелляция к обидчику ('претензия'). Таким образом, ни один из указанных польских и чешских концептов со значением обиды не соответствует во всех нюансах русск. *обида,* что позволяет говорить о лингвоспецифичности этой русской эмоции.

13. Имена эмоций со значением зависти (см. русск. *зависть,* чешск. *závist,* польск. *zawiść, zazdrość*) мотивированы глаголами зрения. Приставка *за-,* присоединяясь к ним, образовывала глаголы, обозначающие способность видеть то, что находится за каким-либо препятствием, нечто скрытое. Позже переносные значения данных глаголов и их производных развивались, по-видимому, под влиянием верований в дурной глаз: взгляд, направленный за запретную черту, становился агрессивным. В результате

семантика данных лексем развивалась в сторону обозначения различных отрицательных этических понятий.

Эмоции *зависть* и *ревность* в **русской** картине мира достаточно четко разграничены. С другой стороны, в **чешской** и особенно в **польской** картинах мира противопоставлены не *зависть* и *ревность*, а сильное чувство зависти, выражаемое лексемой *závist / zawiść*, и синкретическое, нерасчлененное чувство зависти-ревности, которое передается чешск. *žárlivost* и польск. *zazdrość* (см. таблицу 1 в § 4).

Исходя из этимологии лексем, обозначающих ревность в сравниваемых лингвокультурах, можно с известной долей упрощения утверждать, что в **русской** языковой картине мира в сценарии ревности на первый план выходит **гнев**, в **чешской** – **страсть**, сопровождаемая страданием, в **польской** – **зависть**.

14. Чешский концепт «LÍTOST» оказывается лингвоспецифичным не только на фоне русского, где нет ни подобной лексемы, ни подобной семемы, но и на фоне польского, где, хотя и существует заимствованное из чешского слово *litość*, однако оно обозначает эмоцию 'жалость'. Чешск. *lítost* имеет значение 'чувство острой жалости к самому себе, возникающее как реакция на унижение и вызывающее ответную агрессию'. В русском языке этому чешскому слову чаще всего могут соответствовать лексемы *обида* или *зависть*.

Концепт «LÍTOST» легко угадывается даже в таких фрагментах чешского дискурса, где не употребляется лексема *lítost*, поскольку он может существовать и в виде культурного сценария (см. пример 74 в § 4). Не вербализовавшись в русском и польском языках, соответствующий концепт также может существовать в этих лингвокультурах в виде культурных сценариев (см. примеры 79 – 85).

Вместе с тем в русской и польской лингвокультурах сформировались периферийные средства, позволяющие передать основную семантику этого концепта. Так, в польском языке эмоция жалости к себе может передаваться лексемой *rozżalenie*. Однако, в отличие от чешского *lítost*, семантика этого польского слова не содержит даже потенциальной семы 'агрессия'. Такая потенциальная сема имеется в русском слове *уязвленность*. Кроме того, в русском языке для обозначения подобного культурного сценария возникла фразеологическая единица *сорвать (выместить) злость (на ком-то)*.

ГЛАВА III.

ХУДОЖЕСТВЕННЫЙ ДИСКУРС КАК КУЛЬТУРНЫЙ СЦЕНАРИЙ РЕАЛИЗАЦИИ ЭМОЦИОНАЛЬНЫХ КОНЦЕПТОВ В РУССКОЙ, ПОЛЬСКОЙ И ЧЕШСКОЙ ЛИНГВОКУЛЬТУРАХ

Эмоциональные концепты рассматриваются обычно в статике. Между тем не секрет, что многие эмоциональные концепты нередко существуют в виде культурных сценариев, поэтому дискурсивный анализ прецедентных текстов, фиксирующих типичные культурные сценарии, в которых реализуются те или иные эмоциональные концепты, представляется весьма плодотворным.

В этой связи весьма характерно, что научные тексты по психологии эмоций богато иллюстрированы фрагментами из произведений литературы и живописи, а в качестве приложений сопровождаются паремиологическим фондом соответствующего языка, в котором фигурируют имена эмоций (см., например, Ильин 2001; Щербатых 2004). Показательно при этом, что имена тех или иных литературных героев становятся практически синонимом эмоции, чувства, качества (Отелло – символ ревности, Пенелопа – верности, Шейлок или Плюшкин – скупости и т.д.).

С другой стороны, писатель, стремясь донести до читателей некий этноспецифичный концепт, стремится воспроизвести в художественном дискурсе типичный сценарий, в котором данный концепт реализуется. В этом отношении характерны произведения чешского писателя Милана Кундеры, в которых он создает лингвокультурологические этюды, посвященные таким чешским концептам, как *lítost* («Книга смеха и забвения»), *soucit* («Невыносимая легкость бытия»), *stesk* («Неведение»).

«С лингвистической точки зрения, - отмечает Анна А. Зализняк, - тексты М.Кундеры интересны необычайной чувствительностью писателя к значению слов и обилием оригинальных и метких металингвистических рассуждений, по существу весьма близких к тому, что лингвисты называют "концептуальным анализом"». По словам исследовательницы, «метаязыковая техника Кундеры состоит в том, что для ключевых понятий формулируется некоторое определение, каковое может быть без потерь переведено на другой язык, после чего нужное слово используется уже как вторичный знак, то есть как означающее этого определения; а такую функцию вполне адекватно может выполнять любой приблизительный эквивалент данного слова в иностранном языке» (Зализняк 2006: *374 - 375*).

Большое значение придается в современной науке и межъязыковому дискурсивному анализу. «Межкультурная коммуникация, - пишет польская исследовательница Анна Душак, - дает множество доказательств того, что аффективный уровень высказывания, отличный от ожиданий слушающего или читающего, может вызывать коммуникативные проблемы, приводить к этноцентричным оценкам и предубеждениям между партнерами, участвующими в коммуникации. В этом смысле степень и тип прагматической маркированности высказывания становится существенным элементом дискурсивной лингвистической компаративистики (контрастивного анализа дискурса), а с ее помощью важным аспектом выработки межкультурной компетенции» (Duszak 2003: *19*).

В настоящей главе будет предпринят дискурсивный анализ эпических произведений русской, польской и чешской литературы, относящихся к разным жанрам (рассказ, роман, повесть). При этом основное внимание будет сосредоточено на следующих моментах.

1. Исследование функций эмоциональных концептов в художественном дискурсе.

2. Выявление разноуровневых языковых средств, с помощью которых передается та или иная эмоция. При межъязыковом анализе данный подход позволит увидеть даже способы имплицитного выражения

отдельных эмоций, а также выявить в системах исследуемых языков лакуны, где рассматриваемые эмоции выражаться не могут.

3. Рассмотрение эмоциональных концептов с позиций сравнительно-исторического подхода, что даст возможность не только восстановить древнейшую языковую форму обозначения той или иной эмоции, но и гипотетически представить древнейшие ментальные структуры, сохранившиеся в современных языках лишь рудиментарно.

4. Установление национального своеобразия культурных сценариев, в которых реализуются некоторые эмоциональные концепты.

§ 1. СЮЖЕТООБРАЗУЮЩАЯ РОЛЬ ЭМОЦИОНАЛЬНЫХ КОНЦЕПТОВ В ХУДОЖЕСТВЕННОМ ДИСКУРСЕ РАССКАЗОВ М.КУНДЕРЫ ИЗ ЦИКЛА «СМЕШНЫЕ ЛЮБОВИ»

> Я научился ценить юмор во времена сталинского террора. Мне было тогда двадцать лет. Я всегда умел распознать человека, который не был сталинистом, человека, которого я не должен был бояться, – по тому, как он улыбался. Чувство юмора было достоверным опознавательным знаком. С тех пор меня всегда ужасал мир, который утрачивает чувство юмора (М.Кундера).

Разработанный в современной лингвистке принцип концептуального анализа текста утверждает, что «реальная действительность презентируется в ментальной деятельности индивида как система концептов, система континуальная и открытая, в зависимости от характера и условий деятельности порождающая внутри себя *функциональное поле определенной подсистемы концептов*» (Эмотивный код... 2003: *118*).

При анализе эмоциональных концептов опора на художественный дискурс, в котором они функционируют, тем более важна потому, что концепт, по словам В.А.Новосельцевой, «может быть представлен в художественном тексте без специального словесного обозначения и реализовываться через ряд ситуативных (контекстуальных) характеристик, раскрывающих его суть» (Новосельцева, 2003: *27*). Концепт может реализовываться в дискурсе в виде «сценариев», делающих акцент на развитии ситуаций. В случае с эмоциональными концептами в художественном дискурсе такие «сценарии» нередко становятся той «пружиной», которая движет сюжет художественного произведения.

Настоящий параграф как раз и будет посвящен анализу психологического механизма сменяющих друг друга эмоций, которые оказываются сюжетообразующим средством в трех рассказах чешского писателя Милана Кундеры из цикла «Смешные любови».

1.1. Динамика эмоций в рассказе «Никто не станет смеяться»

Движущей силой развития сюжета в рассказе «Никто не станет смеяться» являются такие эмоции, как *страх*, который *унижает* человека, испытывающего это чувство; *унижение*, рождающее желание восстановить свой статус-кво, социально подняться из униженного состояния. Этот подъем осуществляется путем проявления агрессии, находящей обычно выражение в *гневе*, который, в свою очередь, рождает *страх* в другом человеке.

Такова в общем виде психологическая схема движения сюжета в этом рассказе. Рассмотрим теперь, как «работают» перечисленных эмоциональные концепты в художественной ткани произведения.

Концепт страха является одним из господствующих в рассказе, события которого происходят в Чехословакии конца 50-ых - начала 60-ых годов прошлого века. Герой-рассказчик, искусствовед, преподающий в одном из пражских вузов, в самом начале упоминает о *седобородых и более осмотрительных редакторах журнала, из осторожности отвергнувших его статью* (в оригинале в обоих случаях употреблены однокоренные слова *opatrnější* 'более осмотрительный' и *opatrnost* 'осмотрительность'). Русское *осмотрительность* и чешское *opatrnost* мотивированы глаголами зрения и выражают стремление защититься от возможной будущей опасности. Таким образом, данные лексемы передают лишь потенциальный страх, выраженный в наименьшей степени.

Мотив страха усиливается, когда искусствовед-любитель Затурецкий обращается к герою-рассказчику с просьбой рекомендовать к печати свое исследование. Понимая, что статья Затурецкого - обычное графоманство от науки, главный герой рассказа, преподающий искусствоведение в одном из пражских вузов, не хочет писать положительный отзыв, но и написание отрицательной рецензии для него неприемлемо: «Почему именно *я* должен быть палачом пана Затурецкого?». Вначале он не испытывает страха, узнав, что его дожидается неизвестный господин, более того, Затурецкий оказывается «низкорослым человечком в поношенном черном костюме и белой рубашке». Маленький рост, тщедушность станут постоянными деталями, сопровождающими описание Затурецкого на протяжении всего рассказа (см. *недоросток*; *хилый, упрямый просящий человечек, маленький человечек*; в оригинале: *potenší mužík, malý mužíček*). Свое униженное (в прямом и переносном смысле) положение он и пытается компенсировать на социальном уровне причастностью к науке, а на психологическом - волевой целеустремленностью. Вот почему герой-рассказчик, у которого мужчины «не вызывают страха», вдруг испытывает это чувство, встретившись глазами с Затурецким:

«В короткий миг ясновидения *по моей спине пробежали мурашки*: морщина, упрямая в своей сосредоточенности, выдавала не только мыслительные потуги <…>, но и *недюжинные волевые способности*. *Утратив присутствие духа*, я не нашел ни одной толковой отговорки. Я точно знал, что отзыва не напишу, но знал и то, что у меня *нет сил сказать об этом* прямо в умоляющие глаза человечка».

Поняв, что Затурецкий будет назойливо добиваться своего, искусствовед вынужден *уйти в подполье* (в оригинале: *odejít do ilegality*), тайно перенеся свои лекции на другой день. На самом деле это своего рода пассивная агрессия, форма изощренной мести за утраченное на мгновение присутствие духа. Герой-рассказчик стремится избежать не опасности, а лишь неприятной ситуации, со смехом наблюдая, как Затурецкий безуспешно пытается его отыскать.

Уход героя в подполье пока кажется скорее смешным, чем страшным. Но недаром рассказ называется «Никто не станет смеяться». Назойливость и волевые способности Затурецкого, умноженные на особенности эпохи тоталитарного режима, рождают чувство страха у всех, с кем он сталкивается, стремясь разыскать своего рецензента.

Его первыми жертвами становятся секретарь кафедры пани Мария, которая, не выдержав агрессии Затурецкого, сообщает ему адрес искусствоведа, а затем и любовница героя-рассказчика Клара, дочь бывшего банкира, вынужденная ездить на работу в Прагу из отдаленной деревни, куда ее выслали вместе с отцом. Именно вечный страх, обусловленный ее положением «из бывших», зарождает у Клары тревогу, когда Затурецкий настойчиво стучит в двери квартиры искусствоведа, где она ждет героя-рассказчика:

> Но стук не прекращался, напротив, усиливался с размеренной и непостижимой настойчивостью. Клару *охватило беспокойство*; она вдруг представила себе, что за дверью стоит человек, который сперва медленно и многозначительно отвернет перед ней лацкан пиджака, а потом грубо накинется на нее: почему-де она не открывает, что утаивает и прописана ли она в этом доме. Она вдруг *почувствовала себя виноватой*; оторвав взгляд от потолка, торопливо стала искать брошенное где-то платье. Но стук был таким настойчивым, что она впопыхах не нашла ничего, кроме моего плаща-болоньи. Надев его, она открыла дверь.

Унижение Марии и Клары рождает *агрессию* и *гнев* в герое-рассказчике, невольно ставшем причиной их страха:

> На другой день пани Мария поведала мне о том, что как пан Затурецкий *угрожал* (*vyhrožoval*) ей, как, накричав на нее, пошел жаловаться; голос у нее *дрожал*, она чуть не *плакала*; во мне *вскипала злость* (*dostal jsem vztek*). Я прекрасно понимал, что секретарша <...> *чувствует себя* теперь *оскорбленной* и причину своих неприятностей, естественно, видит во мне. А когда к этому прибавились еще и раскрытая тайна моей мансарды, нескончаемый стук в дверь и *тревога* (*vylekání*) Клары, *моя злость переросла в сущую ярость* (*můj vztek rostl v zuřivost*).

В оригинале тревога Клары передана лексемой *vylekání* 'испуг, боязнь'. Корень *-lek-*, восходящий к праславянскому **lęk*, обозначает в западнославянских языках, как уже говорилось, иррациональный страх, своего рода фобию, не осознаваемую человеком. Именно такой полуживотный страх и рождаемое им чувство вины неизвестно за что испытывает человек в тоталитарном обществе. Интересно, что чешск. *zuřivost*, по мнению этимологов, родственно латыш. *auret* 'выть, кричать' (Фасмер: *IV, 533-534*), т.е. в конечном счете связана с чисто животной (и потому практически неконтролируемой) агрессией.

Вместе с тем творческий разум искусствоведа трансформирует этот гнев и ярость в «злонамеренную мысль». Поняв, что все в жизни Затурецкого «сплошная аскеза святого», герой-рассказчик решает обвинить его в домогательстве Клары. Теперь унижен уже Затурецкий:

- Это *оскорбление*, - *побледнев*, проговорил недоросток.

Унижение рождает в нем ответную агрессию:

- Возьмите свои слова обратно! - *угрожающе* произнес пан Затурецкий. <...> Что вы себе позволяете, товарищ! - крикнул мне *охваченный гневом* пан Затурецкий.

Стремясь восстановить свое доброе имя и добиться рецензии, Затурецкий и его жена начинают разыскивать Клару, вновь разматывая клубок ее тревог и страхов. Сначала они присылают ей записку, от которой Клара *приходит в ужас* (*byla vyděšená*), потом пытаются найти ее место работы, после чего Клара возвращается *в жутком волнении* (*div se netřásla*), и, наконец, являются в мастерскую, чтобы опознать Клару среди многочисленных работниц, отчего Клара просто *дрожит от страха* (*třásla se*). Как видим, в основе симптоматики, передающей чувства страха, в обеих лингвокультурах лежит дрожь.

В сцене опознания рассмотренный механизм *страх – унижение – агрессия – страх* вновь срабатывает, причем практически мгновенно:

Женщины, заметив, что их разглядывает какой-то тип <...> ощутили в глубине своих чутких душ что-то вроде *унижения*: начался тихий *ропот*, посыпались *насмешки*. А одна из них, молодая крепкая девушка, *не сдержавшись, и вовсе выпалила*:

- Он по всей Праге ищет ту стерву, что его обрюхатила. <...>

- Смотри в оба, - шепнула пани Затурецкая мужу, - и он угрюмо и *испуганно* (*plaše*) двинулся дальше, шаг за шагом, словно шел узкой улочкой под градом *оскорблений* и ударов (*uličkou hanby a ran*).

Не имея возможности проявить ответной агрессии, Затурецкие могут лишь оставаться «робкими и неприступными с каким-то поразительным достоинством». Возможно, именно этим их смятением объясняется то, что Затурецкий не смог узнать Клару.

«Последовательность и методичность», с которой Затурецкая стремится восстановить социальный статус-кво своего мужа, не может не вызывать смех у читателя. Ведь ради этого она готова предать гласности даже факт его мужской несостоятельности. Но героя-рассказчика от этой деятельности *охватывает ужас* (*obešla hrůza*), он понимает, что *дело принимает серьезный оборот* (*jde do tuhého*): из-за жалоб Затурецких ректору он, скорее всего, не будет переизбран на ассистентскую должность, а в университете вокруг него установилась полоса отчуждения; его делом занимается уличный комитет, имеющий право составить на него тайный донос в "соответствующие органы", и потому для встреч с Кларой ему приходится найти конспиративную квартиру (вот он, не мнимый, а настоящий уход в подполье!)[1].

Лишенный возможности подавить свой страх путем проявления агрессии, искусствовед пытается избавиться от него с помощью любви.

«Да, в эти *тревожные* дни я вдруг начал осознавать, что люблю свою модисточку и крепко привязан к ней».

---

[1] Концепт дома, семейного очага очень важен для М.Кундеры. В своеобразном словаре "Семьдесят три слова", где собраны значимые для его творчества концепты, он пишет: "*Domov* (по-чешски), *das Heim* (по-немецки), *home* (по-английски) означает: место, где я укоренен и которому я принадлежу. Топографические границы определяются только велением сердца: речь может идти об одной-единственной комнате, о местности, о стране, о вселенной (Кундера: www). Во многом сходные мысли он вкладывает в уста своего героя: «В тот день я встретился с ней у музея. Нет, не дома. Разве дом оставался еще домом? Разве дом - это помещение со стеклянными стенами? Помещение, охраняемое биноклями? Помещение, в котором приходится прятать любимую еще с большей осторожностью, чем контрабанду?».

Встреча с Кларой в мастерской друга-художника, казалось бы, на какое-то время освобождает главного героя от переживаний последних дней и разрывает порочный круг сменяющих друг друга страха, унижения и агрессии. Но от них не может освободиться Клара:

«Однако *тоска* (*tíseň*), оставившая меня, *всей своей тяжестью придавила* (*dopadla plnou vahou*) Клару».

Для нее *унизительно* встречаться с любимым в чужой квартире. Теперь агрессию, пускай и мягкую, проявляет уже Клара, уговаривая искусствоведа написать рецензию и тем самым избавиться от нападок Затурецких. Но отрицательный отзыв будет воспринят теперь как месть Затурецкому, а писать положительную рецензию он не хочет.

«Солги я здесь, я *унизил бы себя сам*, а это выше моих сил, не требуй от меня этого, это исключено», - говорит герой-рассказчик Кларе.

Итак, выход из ситуации путем самоунижения для него невозможен, ибо оно породит новую агрессию и новый страх. И потому искусствовед решает просто объясниться с Затурецкой, то есть находит *человеческий, не эмоциональный, а рациональный*, выход из тупика. Он сдерживает себя от гнева даже в тот момент, когда возникает необходимость сказать неприятную правду:

Сейчас настала минута, когда я мог бы *отомстить* за все и тем самым ублаготворить свой *гнев*, однако никакого *гнева* в эту минуту я не испытывал, и то, что я сказал, сказал лишь потому, что не было выхода:
- Пани Затурецкая, с этой рецензией не все так просто.<…>Дело в том, что работа его крайне слабая, не представляющая никакого научного интереса.

Анализируя в целом тот психологический механизм, который работает в рассмотренном рассказе, можно сказать, что в данном дискурсе реализуется особый концепт, вербализованный лишь в чешском языке в слове *lítost*. Хотя это слово ни разу не употреблено в оригинальном тексте рассказа, но поведение героев очень точно укладывается в характеристику этой эмоции, которую М.Кундера дает в романе «Книга смеха и забвения» (см. § 4 гл. 2).

Сюжет рассказа развивается благодаря тому самому «двухтактному двигателю литости», который работает то в сознании искусствоведа, то в сознании Затурецких, то в сознании Клары. Рациональный выход из конфликта как раз и заключается в том, чтобы остановить этот двигатель. В разговоре с Затурецкой герой-рассказчик стремится к тому, чтобы та ушла от него, не будучи униженной. Безусловно, доказательное объяснение того, что ее муж бездарен, не вызывает у нее приятных эмоций. Но эти неприятные эмоции другого типа. Она уходит, надевая пальто, похожее на военную шинель, и искусствовед понимает, что «эта женщина солдат, *печальный* (*smutný*) солдат, не способный осознать смысл приказов, но безоговорочно их выполняющий, солдат, который уходит побежденным, но не запятнанным».

Показательно, что в одном из вариантов анализируемого рассказа Кундера показывает, как разговор с Затурецкой не только приносит облегчение герою-рассказчику, но и наполняет его душу таким же светлым и благородным чувством:

«После нее в моем кабинете осталось что-то от ее усталости, от ее верности, от ее печали. Я вдруг забыл о себе, о своих огорчениях. Печаль, которая меня охватила в эту минуту, была лучше и чище, потому что плыла не из меня, а откуда-то извне, издалека».

Чувство печали, испытываемое Затурецкой, не из приятных. Как было показано в гл. 2, генетически оно вызывалось утратой, разлукой с человеком (временной или вечной - смертью), однако печаль изначально была лишь иной формой контакта с теми, кого нет, и потому это светлое чувство. Печаль героини вызвана утратой иллюзий относительно научных талантов ее мужа, но осознание выполненного долга (пусть и понимаемого весьма своеобразно) не дает ее негативным эмоциям выплеснуться в агрессию. Завод пружины, «двигавшей» сюжет, кончился и больше не возобновляется.

1.2. Эмоциональные концепты «стыд» и «ревность»
в художественном дискурсе рассказа «Игра в автостоп»

В центре рассказа «Falešný autostop» (на русский язык это название переводят либо как «Ложный автостоп», либо как «Игра в автостоп») две эмоции – *стыд* и *ревность*. На основе последней держится развитие сюжета в этом рассказе.

Рассматривая в главе 2 типичную схему сцены ревности (см. пример 67 в § 4), мы показали, что единственная цель ревнующего, который использует подобный культурный сценарий, – убедиться, что все подозрения в неверности любимой (любимого) безосновательны. В анализируемом рассказе М.Кундеры именно нежелание или неспособность героев следовать этому сценарию является двигателем сюжета.

Герои рассказа, молодой человек и девушка, имена которых автор намеренно не сообщает (подчеркивая тем самым «экспериментальность» сюжета), отправляются на машине в курортный городок. В какой-то момент между ними завязывается «игра в автостоп»: они вдруг начинают вести себя как незнакомые друг с другом шофер и девушка, путешествующая автостопом.

Чувство ревности возникает у девушки, когда она вдруг ужасается тому, «как он премило кокетничает с ней (с незнакомой попутчицей)». Ревность рождает в ней агрессию и ненависть:

Внезапно проникшись острой ненавистью к нему, она сказала:
- Не слишком ли много вы на себя берете?

Девушка ожидает, что молодой человек развеет ее подозрения и тем самым успокоит ее ревность. Тот поступает в соответствии со «сценарием»:

Склонившись к ней, он обнял ее за плечи и тихо произнес имя, которым обычно называл ее и которым хотел оборвать игру.

Но девушка нарушает «сценарий», она не хочет избавиться от своей ревности, желая продолжить игру, и потому остается в роли автостопщицы, лишь требуя от молодого человека «умерить пыл». Более того, она вдруг с удовольствием осознает, что, играя роль легкомысленной автостопщицы, «способна быть всеми женщинами сразу и своего любимого вот так целиком <…> может увлечь и поглотить».

Теперь чувство ревности пробуждается уже в молодом человеке. Наблюдая за девушкой в ресторане убогой гостиницы, он сначала ощущает легкое *раздражение* ее умением «выглядеть дешевкой»; потом *отвращение*, вызванное подозрением, что его девушка не притворяется развратной девкой, а, наоборот, становится самой собою; и, наконец, *гнев*, рождаемый невозможностью следовать «сценарию» ревности:

> Он видел свою девушку, соблазняющую постороннего мужчину, и обладал горьким преимуществом своего присутствия при этом; <…> он имел редкостную честь быть тем, с кем она ему изменяет.

Молодой человек не может «снять» свою ревность, устроив сцену, потому что он ревнует свою девушку к самому себе. Он лишь предлагает ей согласиться на скабрезные предложения подвыпивших посетителей ресторана, ожидая увидеть, что она не так развратна, как хочет казаться.

А девушка при всем желании не сможет уверить его в том, что ей дорог именно он, а не шофер попутной машины. И потому, продолжая играть, она терпит его вызывающее поведение, вместо того чтобы оскорбиться и уйти.

Ненависть молодого человека находит выход в стремлении унизить девушку во время сексуальной сцены. И здесь несколько попыток прекратить игру предпринимает уже девушка. Увидев протянутые ей пятьдесят крон и услышав слова «Большего ты не стоишь», девушка просит:

> - Так нельзя со мной! Надо как-то по-другому, хоть чуточку постарайся!
> Она обнимала его, пытаясь прильнуть губами к его губам. Но он положил ей на губы пальцы и, мягко оттолкнув, сказал:

- Я целуюсь только с женщинами, которых люблю.

- А меня ты не любишь?

- Нет.

- А кого ты любишь?

- Это тебя не касается. Раздевайся.

Попытка отделить себя от развратной автостопщицы не удается. Раздеваясь, она надеется, что «вместе с платьем сняла и притворство» и «молодой человек должен подойти к ней и сделать жест, которым сотрет все и за которым последует их сокровеннейшая любовь».

Но тот лишь сильнее жаждет ее унизить. Ее последняя попытка выйти из игры аналогична первой попытке молодого человека сделать то же самое: она обращается к нему по имени. Но тот запрещает ей называть себя столь доверительно.

Игра заканчивается после любовного акта. Но и ей, и ему уже трудно вернуться к прежним отношениям.

Другая эмоция – *стыд* – объясняет стремление героев играть в автостотоп.

Роль стыда как социального страха, регулирующего половое поведение героини рассказа «Falešný autostop», в тексте произведения показана очень ярко.

Описывая стыдливость девушки, автор замечает:

«Хотя она и гордилась тем, что красива и хорошего роста, эту гордость сразу же *осаживал стыд*: она отлично осознавала, что *в женской красоте* прежде всего *заложен сексуальный призыв*, и это тяготило ее».

Переводчик Н.Шульгина нашла очень точный и выразительный для художественного текста глагол: «эту гордость *осаживал* стыд». Между тем в оригинале у М.Кундеры эта регулирующая функция стыда передана в сущности в научных (психологических) терминах: «byla ta pýcha vždy hned *korigována* studem». Ср. в переводе В.Коваленина: «Эта гордость всегда *корректировалась* стыдливостью».

Стыдливость девушки в начале рассказа доходит до абсурда. Героиня, например, каждый раз стыдится, когда ей, чтобы справить нужду, приходится просить своего спутника остановить машину у ближайшего перелеска. «Она уже заранее **стыдилась** того, что ей **придется стыдиться**», - пишет Кундера. Стыд (т.е. социальный страх), как и обычный страх, рождает в ней агрессию: «Она всегда *сердилась* на него, когда он с наигранным удивлением спрашивал, почему ему нужно притормаживать». В оригинале эта агрессия передана еще сильнее: Кундера пишет, что девушка *měla* **vztek** (т.е. '*испытывала* **ярость**, *была в* **бешенстве**').

Бесстыдство в ее понимании равно бесстрашию и свободе. Ср.:

В оригинале у М.Кундеры	В переводе Н.Шульгиной	В переводе В.Коваленина
Často toužila po tom, aby se uměla cítit ve svém těle *volně*, *bezstarostně* a *neúzkostně*, tak jak to uměla většina žen kolem ní. <...> Často ji třeba napadlo, že jíné ženy (ty *neúzkostlivé*) jsou přitažlivejší a svůdnější.	Как часто хотелось ей уметь чувствовать себя *раскованной*, *беспечной* и *бесстрашной*, как это умеет большинство окружавших ее женщин. <...> Часто, например, ей приходила мысль, что другие женщины (те, **бесстрашные**) более притягательны и обольстительны.	Очень часто ей страстно хотелось чувствовать себя в своем теле **непринужденно**, **беззаботно** и **безбоязненно**, как это получалось у большинства женщин вокруг. <...> Часто ей казалась, что другие женщины, - те, *нестеснительные*, - гораздо притягательнее и соблазнительнее.

Показательно, что русскими словами *бесстрашный, безбоязненный, нестеснительный* переведены чешские лексемы *neúzkostně, neúzkostlivý*, образованные от слова *úzkost* 'подавленность, тревога, боязнь, испуг', которое, в свою очередь, мотивировано параметрическим прилагательным *úzký* 'узкий'. Эти лексемы очень точно обозначают отсутствие того иррационального страха, который постоянно испытывает героиня.

При всем том, что внимание писателя в анализируемом рассказе сосредоточено на внутреннем мире героев (читателю должно казаться, что они «выключены» из конкретно-исторического времени и подобная история может произойти где угодно и с кем угодно), автор тем не менее несколькими штрихами дорисовывает ту социально-политическую обстановку, в которой существуют его персонажи, и становится ясно, что несвобода в интимной сфере является следствием общей несвободы личности в условиях тоталитарного государства.

Героиня не только *с опаской (s úzkostlivostí) воспринимает свое тело и относится к молодому человеку*, но и вообще *не отличается ни крепкими нервами, ни уверенностью в себе* и потому *живет под властью тревог и страхов (propadala snadto úzkostem i strachu)*, вызванных тяжелой сверхурочной работой, нервозной обстановкой и болезнью матери.

Если внутренняя подавленность, зажатость, иррациональный страх девушки передается лексемой *úzkost*, мотивированной прилагательным *úzký*, то во многом схожее состояние молодого человека Кундера изображает уже с помощью развернутой метафоры дороги, «по которой гонят его, где все его видят, с которой он не может свернуть».

Точно так же, как девушке кажется, что мужчины на улице, глазеющие на ее грудь, тем самым «опустошают и *уголок сокровеннейшей жизни (kus nejtajnějšího soukromí)*, принадлежащий только ей и ее любимому», так и молодой человек, вынужденный, чтобы заказать номер в Татрах, обзавестись ходатайством своего предприятия, не спускавшего с него своего недреманного ока, не чувствует освобождения даже в отпуске.

Главная причина такого состояния – регламентация жизни, *вездесущая душа (všudypřitopná duše)* общества, проявляющего *внимание (pozornost* [1]), следящего за индивидом; и в конечном счете отсутствие того, что по-английски называется *privacy*, по-чешски – *soukromí*, а в русской лингвокультуре, вследствие ее коллективизма, имеет лишь приблизительное обозначение – *личная, частная жизнь*.

---

[1] Примечательно, что русским словом *позор* передается как раз демонстративно-осуждающее внимание общества к нарушителю нравственных принципов.

Как уже говорилось (см. § 1 гл. 2), преодоление стыда нередко воспринимается как преодоление границы между природой и культурой. Именно поэтому в анализируемом рассказе актуализируется пространственный концепт черты, границы. Упоминание об *уголке сокровеннейшей жизни* (*kusu nejtajnějšího soukromí*), который оберегает девушка от посторонних глаз – первая актуализация этого концепта[1]. Чешск. *soukromí* того же корня, что и русск. *укромный, скромный, кромка* (см. подробнее: Rejzek: *314, 591, 577*; Черных: *II; 287*).

Эта кромка, граница важна и для ее спутника. Нарушение девушкой этой пространственно-нравственной границы приводит к изменению эмоционального состояния молодого человека:

Ему всегда казалось, что ее существо *реально* лишь **в границах верности и чистоты** (**uvnitř hranic věrnosti a čistoty**) и что за этими **границами** (**hranicemi**) ее просто не существует; что за этими **границами** (**hranicemi**) она перестает быть самой собой, как вода перестает быть водой **за точкой кипения** (**za hranicí varu**) . И сейчас, видя, как она с естественной элегантностью **переступает эту чудовищную черту** (**tu úděšnou hranici**), он **переполнялся гневом** (**naplňoval ho hněv**).

В сущности «игра в автостоп» становится для обоих способом освободиться от тревог и страхов, раскрепоститься и обрести свободу, пусть и в очень интимной сфере.

Важно подчеркнуть, что эта раскрепощенность вовсе не является для героини рассказа возможностью стать на некоторое время развязной, общедоступной, развратной женщиной («дешевкой», «шлюхой», как кажется ее спутнику). Она играет в автостоп и становится *беспечной* (*neodpovědnou*) и *непристойной* (*neslušnou*[2]) женщиной только для него, потому что хочет «дать молодому человеку то, что до сих пор дать ему не умела: *легкость (lehkost), бесстыдство (necudnost)* и *раскованность (nevázanost)*».

---

[1] О роли концепта границы в художественном дискурсе см. в сб.: Рама и граница. Граница и опыт границы в художественном языке. Вып. 3. – Самара: Изд-во СаГА. – 2006.

[2] Показательно, что в чешской лингвокультуре качество человека, не прислушивающегося к нормам морали, называется *neslušný* 'неприличный'. Ср. в русском языке: *послушник* 'человек, готовящийся стать монахом' и просторечное *неслушник* 'о ребенке, отличающемся крайним непослушанием'.

Показательно, что в чешском оригинале рассказа для обозначения качества, которое в переводе Н.Шульгиной названо *бесстыдством*, выбрана лексема, словообразовательно не связанная со словом *stud* 'стыд' (хотя в чешском языке и существуют лексемы *nestoudnost, nestydatost*). Кундера использует слово *necudnost*, которое можно перевести как 'нецеломудренность', и потому выбранное другим переводчиком, В.Ковалениным, слово *нестыдливость*, обозначающее лишь отсутствие стеснения, скованности, представляется более точным для передачи чешского *necudnost*[1].

Играя, героиня оказывается посреди чужой жизни, жизни «без стыда, без биографических примет, без прошлого и будущего <...>; это была жизнь несказанно свободная». Если раньше она опасалась каждого своего последующего шага, то теперь идет по ресторану, *ощущая неприличную радость, даруемую телом*. Если раньше она стеснялась признаться своему спутнику, что ей нужно в туалет, то теперь ее раскованность проявляется и вербально:

- Пописать, если вам угодно, - ответила девушка. <...> Она была довольна, что так огорошила молодого человека словом, какого – несмотря на его невинность – никогда не произносила вслух .

И даже раздеваясь перед своим спутником в номере гостиницы, она впервые не чувствует робости, внутренней тревоги и замешательства, с удивлением обнаруживая в себе способность к медленному, дразнящему раздеванию. Но все это представление – только для него, и потому, сбросив с себя одежду, девушка перестает играть, а на ее лице появляется робкая и смущенная улыбка, которую так любит ее спутник.

Однако выйти из игры не так-то просто. Девушка поняла это, еще сидя в ресторане. Именно в эту минуту прозрения в рассказе вновь актуализируется концепт границы:

---

[1] Чешское *necudnost* имеет тот же этимологический корень, что и русское *чудо*. Чешский этимолог И.Рейзек рисует следующую семантическую историю лексемы *cudný* 'целомудренный': 'достойный удивления, чудесный' → 'красивый' → 'нравственно чистый' (Рейзек: *109*).

И в игре для нас таится несвобода; и игра - ловушка для игрока; не будь это игрой и сиди здесь действительно двое чужих людей, автостопщица могла бы давно оскорбиться и уйти; но из игры не уйдешь; команда до конца игры не может покинуть поле, шахматные фигуры не могут сбежать с шахматной доски, **границы** игровой площадки **непреодолимы** (**hranice jsou nepřekročitelné**). Девушка знала, что должна принять любую игру только потому, что это игра. Она знала: чем острее будет игра, тем больше станет игрой и тем покорнее придется в нее играть. И незачем было призывать разум и убеждать сумасбродную душу держаться в стороне от игры и не принимать ее всерьез. Именно потому, что это была всего лишь игра, душа не тревожилась, не противилась и опьяненно отдавалась ей.

Для молодого человека стыдливость девушки – как раз одно из самых привлекательных ее качеств: он очень любит мгновения ее стыда и нередко намеренно вызывает в ней это чувство, «желая увидеть смущение девушки».

Игра в автостоп, позволяя обрести то, чего герою так не хватало в жизни – *беззаботность* (*bezstarostnost*), заставляет его забыть о своем *заботливом* (*starostlivém*) отношении к девушке. Избавляясь от одних стереотипов, он попадает под власть других. Он осуществляет свою мечту стать *крутым* (*tvrdým*) парнем. Теперь стыдливая неуверенность девушки рождает в нем властолюбие. Но и его он стремится реализовать через стереотипы:

Молодой человек желал сейчас лишь одного: обращаться с ней как с продажной девкой. Но он никогда не имел ничего общего ни с одной продажной девкой, и представление о них составилось у него лишь по литературе и чьим-то рассказам. Воскресив в памяти эти образы, он первым делом увидел там женщину в черном белье <...>, танцующую на блестящей крышке рояля. В гостиничном номере рояля не было, был только небольшой столик <...> Он приказал девушке влезть на него.

Индикатором изменения чувств героя к девушке становится для автора не столько превращение любви в ненависть и животную похоть, сколько эмоция *soucit*, которую лишь весьма приблизительно можно передать по-русски словом *сочувствие*. В романе «Невыносимая легкость бытия» Кундера посвящает этой эмоции целый лингвокультурологический этюд.

По мнению писателя, в романских языках, где эта эмоция передается словами, обозначающими либо 'сострадание' (см. франц. *compassion*), либо 'жалость' (см. франц. *pitié*, итал. *pietá*), внутренняя форма соответствующих лексем «выражает какое-то худшее, второразрядное чувство, имеющее мало общего с любовью. Любить кого-то из сострадания – не значит любить его по-настоящему». Совершенно другая внутренняя форма у обозначений этой эмоции в славянских и германских языках, приставка со значением совместности присоединяется к слову «чувство» (см. чешск. *soucit*, польск. *współczucie*, нем. *Mitgefühl*, шведск. *medkänsla*).

«Тайная сила этимологии этого слова, - пишет Кундера, - озаряет его иным светом и придает ему более широкий смысл: сочувствовать (или же иметь сочувствие) – значит не только уметь жить несчастьем другого, но и разделять с ним любое иное чувство: радость, тревогу, счастье, боль. Такого рода "сочувствие" <...> означает, стало быть, максимальную способность эмоционального воображения, искусство эмоциональной телепатии. В иерархии чувств это чувство самое высокое».

Таким образом, чешское *soucit* означает не просто *сострадание* в постигшем несчастье, а *чуткость*, т.е. способность разделять и радость, и горе.

Именно такое чувство до начала игры в автостоп испытывает к девушке герой рассказа. Тело девушки существовало для него «v oblacích *soucitu*, *něhy*, *starostlivosti*, *láski* a *dojetí*», т.е. «в облаках *чуткости*, *нежности*, *заботливости*, *любви* и *умиления*».

Анна А. Зализняк, рассматривая приведенный этюд М.Кундеры о чешском слове *soucit* и анализируя семантику этой лексемы в тексте романа «Невыносимая легкость бытия», приходит к выводу, что это слово выступает в указанном романе «как в т о р и ч н ы й з н а к и его значение не совпадает со значением слова *soucit* в чешском языке», которое «реально употребляется в романе для обозначения способности к сопереживанию не любого чувства, а лишь отрицательных или болезненных ощущений» (Зализняк 2006: *386*). Однако приведенное предложение, где лексема *soucit* находится в контексте со словами, обозначающими приятные эмоции и чувства, позволяет утверждать, что она способна обозначать и сопереживание положительных эмоций. Именно поэтому использование в русском переводе Н.Шульгиной слова *сострадание* на месте чешск. *soucit* представляется неудачным, тем более что М.Кундера резко противопоставляет *сочувствие* и *сострадание*. Гораздо более адекватно передает это предложение В.Коваленин, употребляя в соответствии с чешск. *soucit* слово *отзывчивость*.

Реагируя на первую вспышку ревности и пытаясь прекратить игру, молодой человек чувствует к ней *жалость* (*lítost*) – эмоцию, по Кундере, имеющую мало общего с любовью.

Описывая постельную сцену с точки зрения девушки, Кундера опять актуализирует концепт границы:

В оригинале у М.Кундеры	В русском переводе[1]
Na loži byla proti sobě brzy dvě těla dokonale spojená, smyslná a sobě cizí. Bylo to nyní to právě to, čeho **se** dívka celý život nejvíce **děsila** a čemu se **úzkostlivě vyhýbala**: milování bez citu a bez lásky.Věděla, že **přestoupila zakázanou hranici, ale pohybovala se za ní** nyní už bez odmluv a v plné účastnosti; jenom kdesi daleko v koutku svého vědomí pociťovala **hrůzu** nad tím, že nikdy neměla takovou rozkoš a tolik rozkoše jako právě tentokrát – za tou **hranicí**.	Вскоре в постели оказались два тела, слившиеся воедино, сладострастные и чужие друг другу. Сейчас происходило то, чего девушка больше всего в жизни **боялась** и чего **старательно и с опаской избегала**: телесная близость без чувства и без любви. Она понимала, что **переступила запретную черту, но продолжала двигаться за нее все дальше и дальше**, теперь уже беспрекословно и вполне осознанно, лишь где-то в глубине души она почувствовала **ужас** оттого, что еще никогда не испытывала такого блаженства и стольких наслаждений, как сейчас – **за этой чертой**.

Итак, молодой человек, избавившись от одних стереотипов, попадает под власть других; девушка, преодолев запретную черту и избавившись от одних тревог и страхов, оказывается во власти других.

---

[1] Поскольку ни в варианте Н.Шульгиной, ни в варианте В.Коваленина точно не передана семантика преодоления границы, я решаюсь предложить собственный перевод этого фрагмента на русский язык.

В финале рассказа, стремясь преодолеть раздвоение личности, девушка бесконечно повторяет: «Я это я, я это я...». А молодой человек с огромным трудом из далекого далека призывает на помощь свою *чуткость (soucit)*, чтобы утешить девушку. И читателю остается только гадать, смогут ли они окончательно выйти из игры за оставшиеся тринадцать дней отпуска.

1.3. Эмоциональные концепты «смех» и «страх» в рассказе «Эдуард и Бог»

В рассказах, составляющих сборник «Смешные любови», социально-политическая обстановка, в которой действуют герои Кундеры, то выходит на первый план (как в рассказе «Никто не будет смеяться»), то микшируется (как в «Ложном автостопе»), то сходит на нет (как в рассказах «Золотое яблоко вечного желания» или «Доктор Гавел двадцать лет спустя»). И тем не менее «смешные любови», описываемые Кундерой, происходят в страшном мире тоталитарного коммунистического государства. Страх, как мы убедились, - одна из сюжетообразующих эмоций во многих рассказах цикла. Поэтому функция смеха в «Смешных любовях» сродни смеху средневековому.

В своей знаменитой книге о творчестве Франсуа Рабле М.М.Бахтин показал, что в серьезности официальной культуры всегда есть элемент страха и устрашения, тогда как с помощью смеха этот страх преодолевался.

«Особенно остро, - пишет исследователь, - ощущал средневековый человек победу над страхом. И ощущалась она не только как победа над мистическим страхом («страхом божиим») и над страхом перед силами природы, - но прежде всего как победа над моральным страхом, сковывающим, угнетающим и замутняющим сознание человека» (Бахтин: *104-105*).

В рассказе «Эдуард и Бог», завершающем цикл «Смешные любови», противостояние страха и смеха, развенчивающего официоз, достигает своего апогея.

Это противостояние задается уже в первой сцене, рассказывающей о том, как брат главного героя «продрыхнув, прохлопал день смерти Сталина», а на следующий день в институте, увидев свою однокурсницу Чехачкову, «застывшую в показном оцепенении посреди вестибюля, точно изваяние скорби, <...> трижды обошел ее, а потом дико расхохотался». Изгнанный из института за «политическую провокацию», он тем не менее счастлив, потому что благодаря этому случаю прекрасно устроился в жизни:

- Как земледелец я больше зарабатываю, а связь с природой спасает меня от хандры, что гложет горожан.

В сознании Эдуарда, главного героя рассказа, противопоставлены *обязательное* (*povinné*) и *необязательное* (*nepovinné*). Все обязательное кажется ему несерьезным по отношению к его собственной сущности и потому вызывает смех. К обязательному прежде всего он относит свое педагогическое образование и работу в школе:

Он не выбирал этой профессии. Ее выбрали обстоятельства: общественный строй, кадровые характеристики, аттестат средней школы, приемные экзамены. Совместные действия этих сил забросили его (как кран забрасывает мешок на грузовик) после средней школы на педагогический факультет. Идти туда не хотелось (факультет был суеверно отмечен провалом брата), но в конце концов он подчинился. Хотя и наперед понимал, что учительство станет еще одной случайностью в его жизни, что оно будет прилеплено к нему, как искусственная, вызывающая смех борода.

Необязательной и потому серьезной становится любовь Эдуарда к Алисе. Однако неожиданным препятствием в их любви становится религиозность девушки. Понимая, что его нежелание ходить в костел приведет к разрыву с Алисей, Эдуард уступает ей. Но, поскольку посещение костела становится обязательным, а значит, несерьезным, в момент, когда они стоят на паперти, душа Эдуарда сотрясается от смеха.

Смешное и страшное, обязательное и необязательное сменяют в рассказе друг друга, словно в калейдоскопе.

Эдуарда, посещающего костел, замечает директриса школы, и его поведение не может не вызвать ее недовольства. Но влечение к Алице становится для него сильнее, чем страх быть изгнанным с работы. Стремясь проникнуть в душу девушки, Эдуард использует религию, словно троянского коня. Он намеренно пытается утрировать свою религиозность, чтобы такой своеобразной пародией на свою подругу с помощью смеха победить официоз, заполнивший ее душу.

Но показная набожность Эдуарда становится предметом обсуждения школьной администрации. Одержать идеологическую победу над взявшей его под свою опеку директрисой Эдуард пытается с помощью своих мужских чар, понимая, что и ее скорбь по умершему Сталину, и страсть к заседаниям, и борьба против религии – «это лишь печальные запасные русла ее желаний, которым не дано было течь туда, куда их влекло».

В сексуальной сцене с ней страх Эдуарда перед Чехачковой как директрисой сменяется страхом перед ней как некрасивой женщиной, с которой он вынужден заниматься сексом, а затем страхом, что «этот вечер закончится для него величайшим позором». Кундера дважды отмечает, что у Эдуарда «от страха перехватило горло». В оригинале идея сжатия, сопровождающая страх, подчеркнута средствами чешского языка еще сильнее: «*Stáhlo mu úzkostí hrdlo*». Ее маркируют глагол *stáhlo* 'стянуло' и существительное *úzkost* 'страх', мотивированное параметрическим прилагательным *úzký* 'узкий'.

Но ужас Эдуарда сменяется гротеской сценой: стремясь выгадать несколько минут, чтобы преодолеть страх, сковавший его тело, он приказывает директрисе встать на колени и молиться, прося у Бога прощения за грех прелюбодеяния:

Коленопреклоненная худая голая женщина стала молиться <…>
Произнося слова молитвы, она возводила к нему глаза, словно он сам был Богом. Он наблюдал за ней с растущим удовольствием: перед ним была коленопреклоненная

директриса, униженная своим подчиненным; перед ним была нагая революционерка, униженная молитвой, перед ним была молящаяся дама, униженная наготой.

И если идеологическую борьбу с директрисой Эдуард выигрывает как мужчина (в стремлении отдаться ему она забывает и атеизм, и субординацию), то мужскую победу над Алицей ему помогает одержать ореол религиозного мученика, возникший вокруг него после судилища над ним в школе.

Страх заставляет героев Кундеры приспосабливаться к окружающим социально-политическим условиям. Именно их конформизм становится объектом осмеяния. Концептуальным выражением конформизма становится актуализирующийся и в этом рассказе пространственный концепт черты, разделительной линии, границы, которая постепенно размывается.

Если в «Ложном автостопе» этот концепт акцентировал границу между природой и культурой, то в рассказе «Эдуард и Бог» он приобретает политический и конкретно-исторический оттенок. Впервые этот концепт вербализуется как *линия фронта* (*strana fronty*), разделяющая чешское общество в 50-60-е годы прошлого века:

> …Люди, осуществившие то, что называлось революцией, пестовали в себе великую гордость, выражаемую словами: *стоять на правильной линии фронта* (*stát na správné straně fronty*) . Однако по прошествии десяти-двенадцати лет <…> линия фронта начинает размываться, а вместе с ней и ее правильная сторона. Неудивительно, что бывшие поборники революции, чувствуя себя обманутыми, торопливо начинают искать фронт запасной; теперь уже религия помогает им снова стать <…> на правильную сторону и так сохранить привычный и драгоценный пафос своего превосходства. <…>

> Точно так, как директриса хотела стоять на *правильной* стороне, Алица хотела стоять на стороне *противоположной*. В дни революции был национализирован магазин ее отца, и она ненавидела тех, кто совершил это. Но как она могла выразить свою ненависть? Взять нож и идти мстить за отца? В Чехии нет такого обычая. У Алицы была другая, лучшая возможность проявить свой протест: она начала верить в Бога.

В любой культуре черта, отделяющая «свое» от «чужого», «культурное» от «природного», играет важную роль. Антагонизму двух миров, «своего» и «чужого», в мифологическом сознании соответствовали антагонистические фигуры «культурного героя» и «трикстера». Одна из наиболее известных таких пар - Ромул и Рем. Как известно, трикстер Рем несет смеховое начало, пытаясь нарушить границу города, проведенную Ромулом. Именно за это Ромул его и убивает (см. подробнее Агранович, Стефанский 2003: *122-153*).

Трикстерские черты отчетливо видны и в фигуре Эдуарда. Оказываясь меж двух огней: религиозностью Алицы и атеизмом школьной директрисы, Эдуард выбирает единственно возможную для себя позицию - позицию конформизма. Он многократно преодолевает «линию фронта», поскольку вынужден сосуществовать с людьми по обе стороны баррикад. Но именно он не только внутренне подсмеивается и над атеизмом директрисы, и над религиозностью Алицы, но и, умело играя роль не до конца уверовавшего в желаемую для его собеседника идеологию, одерживает победу на всех «фронтах».

Конформизм Эдуарда сначала символически изображается во время посещения церкви:

Началась служба, все пели, и он пел со всеми; мелодия песни была ему знакома, а слов он не знал. Вместо этого он подбирал разные гласные, а звук нащупывал на долю секунды позже остальных, поскольку и мелодию знал нетвердо. Зато в ту минуту, когда убеждался, что попал в точку, давал своему голосу звучать в полную мощь и впервые в жизни обнаружил у себя красивый бас[1].

Точно так же он «нащупывает» верный тон в разговоре с Алицей и со школьной администрацией. В обоих случаях мысли и реплики Эдуарда текстуально почти совпадают. Ср.:

---

[1] Ср. знаменитую сцену «примерки гримас» Чичиковым в «Мертвых душах» Н.Гоголя: «Целый час был посвящен только на одно рассматривание лица в зеркале. Пробовалось сообщить ему множество разных выражений: то важное и степенное, то почтительное, но с некоторою улыбкою, то просто почтительное без улыбки; отпущено было в зеркало несколько поклонов в сопровождении неясных звуков, отчасти похожих на французские, хотя по-французски Чичиков не знал вовсе. Он сделал даже самому себе множество приятных сюрпризов, подмигнул бровью и губами и сделал кое-что даже языком; словом, мало ли чего не делаешь, оставшись один, чувствуя притом, что хорош, да к тому же будучи уверен, что никто не заглядывает в щелку. Наконец он слегка трепнул себя по подбородку, сказавши: «Ах ты мордашка эдакой!» - и стал одеваться».

В разговоре с Алицей	В разговоре со школьной администрацией
До сего времени мысль о Боге и в голову ему никогда не приходила. Но он понимал, что признаваться в этом ни к чему <...> Однако Эдуард не решался сказать Алице так просто: *Да, я верую в Бога*; он не был наглецом и стеснялся говорить неправду; <...> а уж коли ложь была неизбежной, он и в ней хотел оставаться как можно более правдивым. Поэтому он ответил голосом, полным раздумчивости: - <...> Я могу быть с тобой откровенным? - Ты должен быть откровенным <...>. - Иногда меня преследуют сомнения. <...> Иногда я сомневаюсь в том, существует ли Бог на самом деле.	Он смекнул <...>, что самое важное для него сейчас - оставаться верным правде, а точнее, соответствовать тем представлениям, какие у них сложились о нем; и если нужно в определенной мере исправить эти представления, он должен - в определенной же мере - сделать встречный шаг. Поэтому он сказал: - Товарищи, я могу быть с вами откровенным? - Конечно, - сказала директриса. – Для этого вы здесь! <...> - Я действительно верю в Бога. <...> Признаю, что вера в бога ведет нас к мракобесию. <...> Но что делать, если здесь, внутри, - он ткнул пальцем в сердце, - я чувствую, что Он есть.

Эдуард строит свою линию поведения, основываясь на морали знаменитой притчи о блудном сыне. Как в притче раскаявшийся грешник оказывается отцу дороже праведника, так и «обратившийся за одну ночь в убежденного революционера учитель не пользовался особым расположением директрисы и никак не хотел понять, что Эдуард, являвший собой объект трудный, но поддающийся перевоспитанию, обладает сейчас во сто крат большей ценностью для своих судей, чем он».

Анализируя мифологические истоки притчи о блудном сыне, С.З.Агранович и И.В.Саморукова отмечают, что в ней присутствуют следы мифа о двух братьях, один из которых демиург, а другой - трикстер. По мнению исследователей, поведение блудного сына может быть понято «как элемент поведения типичного трикстера с его невообразимой прожорливостью, антисоциальностью, стихийностью - народно-смеховыми элементами, сохраняющимися в редуцированном виде даже в серьезном каноническом тексте» (Агранович, Саморукова, 1997: *42*).

Характерно, что брат Эдуарда несет в себе черты демиурга: он занимается земледелием, ему чужд конформизм: «Я никогда не кривил душой и каждому в лицо говорил то, что думаю», - говорит он Эдуарду.

В споре с братом Эдуард уже идеологически объясняет свой конформизм как единственно возможный образ поведения в тоталитарном обществе:

- Представь себе, что встретишь безумца, утверждающего, что он рыба и все мы рыбы. Ты что, станешь спорить с ним? <...> Если ты скажешь ему чистую правду <...>, ты заведешь с безумцем серьезный разговор и сам станешь безумцем. Та же картина и с окружающим миром. <...> Я, братец, *должен* лгать, если не хочу серьезно относиться к безумцам и самому стать одним из них.

Однако конформизм свойствен не только Эдуарду. Конформисткой оказывается и директриса, предающая в сексуальной сцене все свои революционные и атеистические идеалы. Религиозность Алицы оказывается лишь показной набожностью, вызванной чувством протеста из-за национализации магазина ее отца. Ее вера в Бога существует в определенных границах: в костеле она не опускается на колени из страха порвать чулки, а из «туманного, расплывчатого и абстрактного Бога» создает для себя «совершенно определенного, понятного и конкретного *Бога Непрелюбодейства*».

И здесь на страницах рассказа во второй раз актуализируется концепт черты. Пытаясь определить для себя границу непрелюбодейства, Алица постепенно сдвигает ее: сначала она запрещает Эдуарду дотрагиваться до ее груди, потом проводит на уровне пупка «*безоговорочную линию (nekompromisní čáru)*, ниже которой простиралась земля, запретная для Моисея, земля священных заповедей и гнева Господня», а потом и эта линия утрачивает силу.

Проведя ночь с Алицей, Эдуард вдруг осознает, что ее образ *расплывается*: «она представлялась ему *расплывчатой линией на промокательной бумаге (jako čáru rozpitou v pijavém papíře)*: без контуров, без формы». Так в рассказе вновь возникает концепт черты.

Одержавший победы на всех «фронтах», Эдуард вдруг понимает, что конформизм не принес ему счастья: любовная история с Алицей «ничтожна, сплетена из случайностей и заблуждений, лишена всякой серьезности и значения». Все люди кажутся Эдуарду «лишь линиями, расплывшимися на промокашке», существами «с переменчивыми взглядами, существами нестойкого духа». А сам он, хотя и мимикрировал, каждый раз внутренне смеясь, «остается лишь тенью, подчиненной и зависимой, жалкой и пустой».

Осознав это, Эдуард сначала испытывает стыд, который сменяется яростью и гневом, включается «двухтактный двигатель» *литости*. Собственное унижение Эдуард пытается выместить на ни в чем неповинной Алице:

Эдуард начал ей что-то втолковывать и говорил так долго (употребив под конец слова *мерзость* и *физическое отвращение*), покуда не извлек из этого спокойного и нежного существа всхлипы, слезы и вздохи.

В идеале, по Кундере, после агрессии *литость* обычно исчезает, потому что оба участника конфликта чувствуют себя одинаково несчастными, и это заставляет их любовь продолжаться. Однако гнев Эдуарда спадает лишь несколько часов спустя после расставания с Алицей, когда ничего уже нельзя изменить.

Итак, линия, разделяющая и потому упорядочивающая мир, расплывается. Структурированный космос превращается в хаос. «Ни в своих любовях <...>, ни в своем учительстве, ни в своих взглядах Эдуард не нашел ничего существенного». И Кундера почти по-гоголевски восклицает: «Ах, дамы и господа, печально живется на свете человеку, когда он никого и ничего не воспринимает всерьез!».

В этой ситуации Бог оказывается единственной фигурой, которая избавлена «от расплывчатой обязанности *явить себя*». И потому Эдуард периодически заходит в костел и «*мучится сожалением* (*trápí se lítostí*), что Бога нет»[1]. Эта *литость* снимается средствами искусства (по Кундере, поэзией):

И именно в эту минуту его сожаление становится так велико, что из его глубин выплывает настоящий, *живой* Божий лик.

И тогда лицо главного героя озаряется не ернической, а счастливой улыбкой.

---

[1] Ср. практически полное текстуальное совпадение этого фрагмента в части, касающейся неверия в Бога, с примером (82) из § 4 гл. 2.

§ 2. КОНЦЕПТ *ljutostь

В ПОВЕСТИ А.КУПРИНА «ПОЕДИНОК» И МИФОЛОГИЧЕСКОЕ СОЗНАНИЕ ДРЕВНИХ СЛАВЯН

> Неофициальным знаком спецназа является волк, или, точнее, стая волков. <...> Взаимоотношения в отрядах спецназа очень похожи на таковые внутри волчьей стаи. <...> Не случайно римляне для центурий использовали волчицу как символ своей империи. Сильная, безжалостная и, в то же время, заботливая и нежная, волчица растила двух человеческих детенышей: может ли быть более впечатляющий символ любви и силы?
>
> (В.Суворов)

> Дифференциация, строго увязывающая мужской и воинский статус со «сроком службы», вообще характерна для европейских военных и военизированных структур - вплоть до отечественного армейского института «дедовщины», где первые полгода службы, находясь в статусе «молодого» или «духа», новобранец практически не имеет никаких прав и вообще не считается «человеком» <...> зато последние полгода, состоящие из одних только прав, не обремененных почти никакими обязанностями, <...> посвящены гипертрофированной идее «дембеля», то есть именно своеобразно переосмысленного «храма и дома».
>
> (В.Михайлин)

Повесть Куприна «Поединок» обычно принято оценивать как «правдивое изображение отсталой, небоеспособной армии, разложившихся офицеров, забитых солдат», которое объясняло причины поражения русской армии в войне с Японией. Нередко, анализируя восприятие повести в современной Куприну критике, приводят и мнение «реакционной военщины», обвинявшей писателя в натравливании простого народа на войско, солдат – на офицеров, офицеров – на правительство (Жегалов 1982: *445*). Между тем столь же диаметрально противоположными были и оценки появившихся почти век спустя произведений В.Войновича, Ю.Полякова, С.Каледина, посвященных армии в мирное время и изображавших ее отнюдь не так оптимистично, как телепередача «Служу Советскому Союзу».

Устойчивость, с которой повторяются черты, свойственные армии в мирное время, воспринимаемые людьми, далекими от военной службы, как безусловно негативные, а в самой армейской среде как неизбежная и даже необходимая часть воспитания воинов, заставляет предположить, что эти черты поведения военных воспроизводят какую-то древнейшую модель, сложившуюся еще в период родового строя.

Нельзя не заметить, что герои «Поединка», обсуждая роль армии в жизни общества, не раз обращаются к «детству человечества», когда

«...люди ходили вольными шайками, и война была общей хмельной радостью, кровавой и доблестной утехой. В начальники выбивался самый храбрый, самый сильный и хитрый, и его власть, до тех пор пока его не убивали подчиненные, принималась всеми истинно как божеская».

Этим рассуждениям Назанского созвучны и мысли капитана Осадчего, в котором Ромашову чудится «что-то напряженное, сдержанное и жестокое, что-то присущее не человеку, а огромному, сильному зверю». По мнению капитана, современное ему общество деградирует:

«Война выродилась. Все выродилось на свете. Дети родятся идиотами, женщины сделались кривобокими, у мужчин нервы. «Ах, кровь! Ах, я падаю в обморок!» - передразнил он кого-то гнусавым тоном. - И все это оттого, что миновало время настоящей, свирепой, беспощадной войны».

Он восторгом говорит о более древних временах:

«Ночной штурм. Весь город в огне. <...> Кровь и вино на улицах. О, как были веселы эти пиры на развалинах! Женщин - обнаженных, прекрасных, плачущих - тащили за волосы. Жалости не было. Они были сладкой добычей храбрецов. <...> Что это было за смелое, за чудесное время! А битвы! Когда сходились грудь с грудью и дрались часами, хладнокровно и бешено, с озверением и с поразительным искусством. Какие это были люди, какая страшная физическая сила! Господа! <...> Я пью один за радость прежних войн, за веселую и кровавую жестокость!».

В сущности в «Поединке» за социально-психологическими проблемами русской армии на рубеже XIX-XX вв. ясно вырисовывается рассматриваемая автором общечеловеческая проблема древнего и современного соотношения жестокости и жалости.

2.1. Структурообразующая роль славянского концепта *ljutostь в коллективном эмотивном поведении героев повести «Поединок»

Формирование древнего, синкретического, неразрывного соотношения жестокости и жалости, которое, по-видимому, вербализовалось в славянском концепте *ljutostь, относится к времени так называемых «волчье-песьих» союзов - постинициационных объединений юношей. Исследователь этого древнейшего института этнограф А.И.Иванчик отмечает: «В результате проведенных исследований установлена огромная роль, которую играл в мужских союзах образ пса-волка. Покровитель мужского союза, бог-воитель, почитался именно в этом образе, однако для нас гораздо важнее, что все члены союза также считались псами-волками. Инициация молодых воинов состояла в их магическом превращении в волков (обряд происходил с применением наркотических или опьяняющих веществ), которые должны были некоторое время жить вдали от поселений "волчьей" жизнью, т.е. воюя и грабя»[1] (Иванчик 1988: *40-41*). Согласно многочисленным исследованиям этнографов, историков, фольклористов, в первобытном обществе юноши, пройдя инициацию, в течение достаточно длительного времени не допускались в "культурное пространство" поселения, живя в «диком поле» юношеским воинским коллективом.

---

[1] Ср. зафиксированную в летописи формулу, которую деревляне применяют к Игорю: вяше муж твои аки волк восхищая и грабя. Именование Игоря *волком* многие исследователи считают не инвективой, а фиксацией его статуса — не правителя, собирающего с подданных дань, а предводителя «волчье-песьего» союза, захватывающего добычу (См. Петрухин 1993; Петрухин 2000: *141-145*; Агранович, Стефанский 2003: *21, 93-94*).

Пройдя «волчье-песью» стадию, юноша получал статус мужа, а вместе с ним право говорить на племенных собраниях[1], вступать в брак, носить оружие в пределах «культурного пространства». Этот древнейший институт в истории человечества зафиксирован, в частности, в верованиях разных народов в волков-оборотней (так называемых «волколаков», превращение в которых осмысливалось как превращение в тотемных животных). Другой обычай, о котором упоминают Вяч. Вс. Иванов и В.Н. Топоров, - индоевропейская юридическая формула, согласно которой человек, совершивший убийство, становится волком (Иванов 1975: *401*). Эти же ученые упоминают об обычае казнить убийцу у дерева, называемого «волчьим деревом». Показательно, что древнеисландское название волка-изгоя *vargr* этимологически родственно славянскому *враг*, которое в некоторых славянских языках может иметь значение 'убийца' (см. чешск. *vrah* 'убийца', *vražda* 'убийство', *vraždit* 'убивать'[2]). Тот же этимологический корень, но с другой огласовкой (*verg-) лежит в основе таких терминов славянского права, как *изверг, отверженный, отвергать* (Иванов, Топоров 1978: *239*). Исследователи мужских «волчье-песьих» союзов выделяют целый ряд характерологических черт, определявших модель поведения членов этих объединений: изолированность от «культурного пространства», ограниченность в правах, демонстративная жестокость[3].

Весьма показательно, что в произведениях об армии, написанных различными авторами различных эпох и разных народов, устойчиво повторяются в сущности те же типологические черты, свойственные армии

---

[1] Ср. этимологию слова *от-рок*, т.е. человек, которому *от-казано* в праве говорить на племенных собраниях. Примечательно, что отроками в русской летописи устойчиво называются воины княжеской дружины - своеобразной волчьей стаи, в которую эволюционировали "псы-волки" в период "военной демократии".

[2] Согласно словарю А.Брюкнера, термином *wróg* в польских переводах Библии также назывался убийца, термины *wróżda* и *wróżba* обозначали сначала кровную месть убийце, а затем денежный штраф, выплата которого происходила с особыми церемониями, по форме напоминающими казнь (Brückner 1998: *632*).

[3] См.: Михайлин 2000, 2001, Успенский 1997, Иванов, Топоров 1975, 1978, Агранович, Стефанский 2003.

в мирное время. К таким чертам можно отнести враждебность к гражданскому населению даже собственной страны, стремление вырваться из армейского микросоциума, ограничивающего в правах всех военных, немотивированную жестокость по отношению к сослуживцам.

В «Поединке» перечисленные черты выступают особенно отчетливо, фиксируя прорывы офицеров - героев повести в «волчью» маргинальность.

Прежде всего бросается в глаза презрительная, немотивированная **враждебность к гражданскому населению**, **носящая** в сущности **ритуальный характер**. Военные «задирают» гражданских не из-за конкретных обид, а потому что «так положено» в их среде:

Мир разделялся на две неравные части: одна - меньшая - офицерство, которое окружает честь, сила, власть, волшебное достоинство мундира и вместе с мундиром почему-то и патентованная храбрость, и физическая сила, и высокомерная гордость; другая - огромная и безличная - штатские, иначе шпаки, штафирки и рябчики; их презирали; считалось молодечеством изрубить или побить **ни с того ни с сего** штатского человека, потушить об его нос зажженную папироску, надвинуть ему на уши цилиндр; о таких подвигах еще в училище рассказывали друг другу с восторгом желторотые юнкера.

Одной из самых любимых тем в разговорах молодых офицеров являются рассказы о «случаях неожиданных кровавых расправ на месте и о том, как эти случаи проходили почти всегда безнаказанно».

Показательно, что офицеры воспринимают штатских как «враждебную стаю», неслучайно в рассказе об одной из безнаказанных офицерских расправ над «шпаками» упоминается, что «офицер застрелил, «как собаку[1]», штатского, который в ресторане сделал ему замечание».

Военная кастовость в подобных случаях одерживает верх над хронологически более поздней принадлежностью к дворянскому

---

[1] Этнографами описана ритуальная форма поведения, обозначаемая научным термином "бесчинства", которые заключаются обычно в перемещении тех или иных предметов обихода, пугании шумом либо ином ритуальном вредительстве. Как правило, бесчинства творят молодежные группы. Все подобные действия молодежи носят ритуальный (охранительный или матримониальный) характер. Показательно, что одним из народных названий бесчинств в польском языке является лексема *psota* 'озорство, проказа', мотивированная словом *pies*. (СД: *I;171-174*), а сербские молодежные группы, творящие бесчинства, могут называть себя *вуками* 'волками' (РСХКНЈ: *III;116*).

сословию:

- Ну, если он порядочный человек, дворянин и так далее... зачем же я буду на него, безоружного, нападать с шашкой? Отчего же я не могу у него потребовать удовлетворения? Все-таки люди культурные, так сказать...

- Э, чепуху вы говорите, Ромашов, - перебил его Веткин. - Вы потребуете удовлетворения, а он скажет: «Нет... э-э-э... я, знаете ли, вээбще... э-э... не признаю дуэли. Я противник кровопролития... И кроме того, э-э... у нас есть мировой судья..." Вот и ходите тогда всю жизнь с побитой мордой.

Особенно ярко эта ритуальная враждебность даже к знакомым штатским дворянам проявляется во время сцены в публичном доме. Показательно, что все офицеры находятся в состоянии пьяного возбуждения, своеобразного «священного безумия»[1]:

- К черту шпаков! Сейчас же вон! Фить!

В дверях стояло двое штатских - их знали все офицеры в полку, так как они бывали на вечерах в собрании.

Важно заметить, что выставляемые из офицерского общества штатские ассоциируют офицеров с опричниками - другим маргинальным сообществом, воспроизводящим, по словам В.Ю.Михайлина, «социальную матрицу» древних «волчье-песьих» союзов:

- Я этого так не оставлю! Мы командиру полка будем жаловаться! Я губернатору напишу. Опричники!

Все офицеры единодушны в своем стремлении **вырваться из ограничивающего их в правах армейского микросоциума**. Для героев «Поединка» он связан с «гадким местечком», которого «нет ни на одной географической карте». Стремясь покинуть это своеобразное «дикое поле», они мечтают о «культурном пространстве», которое для одних

---

[1] Одной из форм «священного безумия» было так называемое «боевое (песье) бешенство», свойственное членам "волчье-песьих" союзов. Рассматривая этот феномен, В.Ю.Михайлин приводит украинское слово *скажений* 'невменяемый, сошедший с ума', «этимологически четко выводящее на смысловое поле искажения, отступления от всего "нормального", "человеческого"» (Михайлин 2000: *354*). Характерно, что это слово образовано от глагола *казити* 'портить', который в чешском языке может иметь и значение 'развращать'. Того же корня и слова *наказание* и *проказа* (Фасмер 1986: *II;160*). В польском языке глагол *kazić* имеет значение 'искажать, портить'. Интересно, что его синонимом является глагол *psuć* (букв. псить). Он, в частности, используется во фразеологизме *Psuć komuś krew* (букв. портить кому-либо кровь), который исходно, по-видимому, имел значение 'портить кому-либо наследственность связью с "псами", чужаками'.

ассоциируется с Академией и службой в Генеральном штабе, для других - с местом земского начальника, жандарма или полицейского пристава в большом городе. Однако, несмотря на юридическое право покинуть службу, офицеры, подобно членам «волчье-песьих» союзов, фактически не имеют возможности сделать это. Размышляя об уходе в отставку, Ромашов думает:

«Попробуй-ка уйди. Тебя заклюют, ты сопьешься, ты упадешь на первом шагу к самостоятельной жизни. Постой. Кто из офицеров, о которых ты знаешь, ушел добровольно со службы? Да никто. Все они цепляются за свое офицерство, потому что ведь они больше никуда не годятся, ничего не знают».

Замкнутость пространства, в котором вынуждены жить герои повести, подчеркивается авторскими метафорами, основанными на идее «сдавливания». Так, рассказывая о стремлении молодых офицеров «обучать своих денщиков разным диковинным, необыкновенным вещам», автор объясняет это скукой и **узостью замкнутой жизни**. Назанский, вспоминая нехитрые ухаживания станционного телеграфиста за буфетчицей, говорит, что пошлый мотивчик, услышанный влюбленными в городском театре, - настоящий луч света в их бедной **узенькой-узенькой жизни, ограниченной** еще больше, чем нелепая жизнь военных [1].

Интересно, что эта авторская для русского языка метафора стала общеязыковой в чешском, где слово *úzkost* имеет значение 'подавленность, тревога, боязнь, испуг'. В этом плане показателен следующий контекст,

---

[1] Показательно, что одной из любимых форм досуга для героев повести становится посещение вокзала, когда там останавливается курьерский поезд. Для них это своеобразная грань миров. Характерно, что интерес героев, живущих в провинции, к поездам, а также провинциальный вокзал как центр культуры маленького городка стали в XIX-XX вв. литературными штампами. Видимо, неслучайно, что закрепившееся в русском языке название для этой реалии - *вокзал* - исходно обозначало место увеселений. Первым вокзалом (в современном понимании) стал вокзал в Павловске, который служил одновременно и пассажирским зданием, и залом, где давались концерты (Черных 1993: *1;162*). Характерно толкование слова *воксалъ* у В.И.Даля: «сборная палата, зала на гульбище, на сходбище, где обычно бывает музыка» (Даль: *1;232*). Здесь важно, что вокзал как место увеселений был временным загородным сооружением на грани цивилизованного и «дикого» мира. Английским словом *Vauxhall*, ставшим источником для заимствования в русский язык слова *вокзал*, также назывался загородный сад близ Лондона (владелицей которого была Джейн Вокс), предназначенный для увеселений, т.е., с точки зрения мифологического сознания, - для ритуальных магических действий на грани миров.

где метафорическая модель сдавливания прямо маркирует эмоцию страха:

«Гнев такой недосягаемо высокой особы, как корпусной командир, вдруг **придавил** общей тяжестью и офицера и солдата, обезличил и уравнял их и сделал в одинаковой степени **испуганными**, **растерянными** и **жалкими**».

Примечательно, что, когда жизненное пространство посаженного под домашний арест Ромашова сжимается до «крошечной комнаты», в его сознании возникает развернутая метафора, в основе которой лежат древнейшие пространственные представления о магической черте, разделяющей мир на «свой» и «чужой», и строгой прикрепленности индивидуума к одному из этих миров. Ромашов вдруг вспоминает о том, как в детстве мать наказывала его тем, что привязывала ниткой к кровати, а сама уходила. Нитка оказывала на него гипнотизирующее воздействие: это было «нечто вроде суеверного страха перед могущественными и непостижимыми действиями взрослых, нечто вроде почтительного ужаса дикаря перед магическим кругом шамана»[1].

Такой же суеверный страх, по мысли автора, испытывают офицеры перед оставлением службы. Например, Назанский говорит, что исполняет бессмысленные и жестокие приказы «ради животного страха жизни».

Жестокость по отношению к сослуживцам, намеренно культивируемая в армейской среде, оказывается еще одной чертой, сближающей модели поведения в «волчье-песьих» союзах и армии.

Полковник Шульгович призывает ротного командира капитана Сливу воспитывать молодых офицеров:

- Один из лучших офицеров в полку, старый служака - и так распускаете молодежь. Подтягивайте их, жучьте их без стеснения. Нечего с ними стесняться. Не барышни, не размокнут...

---

[1] Характерен в этом смысле ритуал присяги который проходит денщик Ромашова Гайнан. Этот ритуал должен магически «привязать» его к новой «стае». Черемис (т.е. мариец) по национальности и идолопоклонник (т.е. язычник) по вероисповеданию, он берет ртом кусок хлеба с солью, протянутого ему на острие шашки. Символический смысл этого обряда, по мысли автора, заключался в следующем: «вот я съел хлеб и соль на службе у нового хозяина, - пусть же меня покарает железо, если я буду неверен». Как отмечает В.Ю.Михайлин, запрет для вора брать оружие из рук власти также основан на том, что с магической точки зрения вор тем самым переходит во вражескую стаю, «причастившись» ее оружия (Михайлин, 1999: *366*). О фиксации ритуального жеста в словах *клятва* и *присяга* см.: (Мечковская 1998: *51*, Агранович и Стефанский 2003: *35, 75-76, 157-159*).

Прослуживший около года Ромашов быстро замечает, что армейские начальники «нарочно стараются поддерживать в отношениях между офицерами грубость, солдафонство, какое-то циничное молодечество». Автор пишет о том, как накануне полкового смотра эта намеренно культивируемая жестокость пронизывает сверху вниз все ступени армейской лестницы:

С силами солдат не считались, доводя людей до изнурения. Ротные жестоко резали и осаживали младших офицеров, младшие офицеры сквернословили неестественно неумело и безобразно, унтер-офицеры, охрипшие от ругани, жестоко дрались.

Сквернословие, одна из характерных черт, присущих такому замкнутому мужскому коллективу, как армейский, также унаследована из более древних эпох. Недаром, по мнению М.Кундеры, «сквернословие - самый глубокий корень, связывающий нас с родиной» (Кундера: www). Особые ритуальные практики, характерные для «волчье-песьих» союзов, нашли отражение и в особом языке их членов. По мнению лингвистов, этот особый язык дал начало русской (и – шире – славянской) обсценной лексике, в быту называемой «матом». В той или иной мере эта лексика сохранилась во всех славянских языках, однако инвективное именование *псом* оказалось наиболее характерным для польского языка, достаточно сказать, что одна из наиболее частотных польских инвектив *psia krew* (букв. 'песья кровь') хорошо известна носителям других языков как характерная примета польского. Показательно, что «песья» фразеология активно используется героями «Поединка» при общении с низшими по чину. Ср., например:

| - Ты, **собачья душа**, - повернулся Шульгович к Шарафутдинову, - кто у тебя полковой командир? <...> Капитан, Слива, извольте сейчас же поставить этого **сукина сына** под ружье с полной выкладкой. | - Ty, **psia duszo** – zwrócił się Szulgowicz do Szarafutdinowa – kto jest twoim dowódcą pułku? <...> Kapitanie Śliwa, pan będzie łaskaw postawić tego **sukinsyna** pod karabin w pełnym rynsztunku. |

При этом в польском переводе она порой возникает даже там, где ее нет в оригинале:

Русский оригинал	Польский перевод
- Делай у меня движения чисто, **матери твоей черт**! <...> Подтягивайся, **собачья морда**, подтягивайся-а!	- Żebyś mi ruchy porządnie robił, **pies z twoją matką tańcował** ! <...> Podciągajże, **pieskie nasienie** (букв. собачье семя), podciągaj!

Польская инвективная формула *Pies z twoją matką tańcował* (букв. 'пес с твоей матерью плясал') отражает, по-видимому, ситуацию ритуальной пляски на грани «дикого поля» и «культурного пространства». Как отмечает Н.Б.Мечковская, «древнейшая семиотическая функция танца состояла в сплочении племени (точнее, его мужчин) в одно большое тело, послушное ритму-движению. Танец (пляска) наполнял энергией сплоченности воинов и охотников <...>. В танце более всего проявлялась эмоциональная жизнь человека; одновременно танец был средством эмоциональной разрядки» (Мечковская, 2004: *180*).

Эти функции ритуальной пляски ярко проявляются в следующем примере из «Поединка»:

Русский оригинал	Польский перевод
В редкие минуты отдыха из палаток не слышалось ни шуток, ни смеха. Однако их все-таки заставляли по вечерам, после переклички, веселиться <...> Играли на гармонии плясовую, и фельдфебель командовал: - Грегораш, Скворцов, у круг! Пляши, **сукины дети**!.. Веселись! Они плясали, но в этой пляске, как и в пении, было что-то деревянное, мертвое, от чего хотелось плакать.	W rzaddkich chwilach wypoczynku w barakach nie słyszało się ani żartów, ani śmiechu. Jednakże po apelu wieczornym zmuszano żołnierzy do śpiewu, tańców <...> Harmonia grała do tańca, a sierżant komiendował: - Gregorasz, Skworcow! Do środka! Tańczcie, **psubraty**! Weselcie się! Żołnierze tańczyli, ale w tym tańcu, jak i w śpiewie, była jakaś nieruchawość, martwoła, coś, co pobudzało do płaczu.

Унтер-офицеры подсознательно чувствуют магически объединяющий, сплачивающий характер круговой пляски (ср. хоровод у русских или аналогичный танец, исполняемый в кругу у чеченцев), стремясь тем самым снять возникшую в течение дня усталость и взаимную враждебность.

Прорывы в «песье-волчью» маргинальность, в песье бешенство заметны не только в языке, но и в поведении героев «Поединка». Особенно часто это происходит с поручиком Бек-Агамаловым, черкесом по национальности, в «варварской душе» которого, по словам автора, «тайно дремала старинная, родовая кровожадность».

В самом начале повести, продемонстрировав свое искусство наносить удар шашкой, он «весь в эту минуту, с широко раскрытыми злобными глазами, с горбатым носом и с оскаленными зубами, был похож на какую-то хищную, злую и гордую птицу».

Другая вспышка агрессивности Бек-Агамалова происходит во время пикника как реакция на вдохновенную речь капитана Осадчего, посвященную тем временам, когда люди «сходились грудь с грудью и дрались часами, хладнокровно и бешено, с озверением и поразительным искусством». Эта реакция практически звериная: «Его глаза выкатились и бешено сверкали, крепко сжатые белые зубы были хищно оскалены <...> Он, с глазами, налившимися кровью, оглянулся кругом и, вдруг выхватив из ножен шашку, с бешенством ударил по дубовому кусту». Крики дам заставляют Бек-Агамалова обуздать свои эмоции и социализировать свое поведение, но мимика еще долго выдает его возбужденное эмоциональное состояние:

Он казался заметно сконфуженным за свой неистовый порыв, но его тонкие ноздри, из которых с шумом вылетало дыхание, раздувались и трепетали, а черные глаза, обезображенные гневом, исподлобья, но с вызовом обводили присутствующих.

В третий раз, в публичном доме, агрессия Бек-Агамалова оказывается вообще немотивированной. Его «родовая кровожадность» выходит из-под контроля вследствие экстатического возбуждения, вызванного алкогольным опьянением и известным раскрепощенным поведением окружающих, когда сексуальные инстинкты перестают сдерживаться[1]. В этот раз поведение Бек-Агамалова становится неконтролируемым.

---

[1] Подобное состояние священного безумия, по-видимому, зафиксировалось в глаголе *гулять* (этимологически родственном слову *гул* 'шум'), в значении которого синкретически совмещаются представления и об экстатическом возбуждении (*пить будем, гулять будем*), и о демонстративных формах сексуального поведения (*она от него гуляет*), и о ритуальном шествии по определенному маршруту (*по парку гуляли пары*). См. подробнее: (Агранович, Стефанский, 2003: *26-29*).

Показательно, что и описывается оно теперь исключительно как поведение зверя:

> Он точно потерял человеческие слова и ревел, как взбесившийся зверь, ужасным вибрирующим голосом <…> Вид всеобщего страха совсем опьянил его <…> Он все ниже и ниже сгибал ноги, весь съеживался и вбирал в себя шею, как зверь, готовый сделать прыжок.

Агрессия Бек-Агамалова нарастает вследствие того, что ему никто не оказывает сопротивления:

> Вид всеобщего страха совсем опьянил его. Он с припадочной силой в несколько ударов расщепил стол, потом яростно хватил шашкой по зеркалу <…> С другого стола он одним ударом сбил все стоявшие на нем бутылки и стаканы.

Обуздать эту агрессию удается не столько физической силой, сколько психологической демонстрацией того, что среди окружающих есть люди, способные проявить ответную агрессию и противостоять звериной ярости поручика.

Сначала ответную агрессию проявляет одна из проституток:

> «Дурак! Хам! Холуй! И никто тебя не боится!».

Вербальное содержание ее крика не так уж важно. Гораздо важнее невербальные составляющие ее речевого акта: поза («упираясь кулаками в бедра, вся наклонясь вперед»), интонация и тембр голоса («кричала без перерыва криком обсчитанной рыночной торговки»). В сущности это звериный рык и угрожающая поза, демонстрирующие ответную агрессию.

Затем в единоборство с Бек-Агамаловым вступает Ромашов. Его поединок с потерявшим над собой контроль сослуживцем вообще бессловесный, чисто звериный:

> В течение нескольких секунд оба офицера, не моргая, пристально глядели друг на друга, на расстоянии пяти или шести вершков. Ромашов слышал частое, фыркающее, как у лошади, дыхание Бек-Агамалова, видел его страшные белки и остро-блестящие зрачки глаз и белые, скрипящие движущиеся челюсти, но он уже чувствовал, что безумный огонь с каждым мгновением потухает в этом искаженном лице.

Столь же бессловесно несколькими минутами позже Бек-Агамалов выражает Ромашову и свою признательность:

И когда они уже сидели рядом <...> Бек-Агамалов ощупью нашел его руку и крепко, больно и долго сжал ее. Больше между ними ничего не было сказано.

Рассмотрев отражение типологических черт древних волчье-песьих союзов в *коллективном* поведении героев повести, обратимся теперь к *личностным* аспектам психологии военных, ключевую роль в которой играет эмоциональный концепт *ljutostь.

2.2. Проблема жестокости и жалости
как отражение синкретизма концепта *ljutostь
в личностном эмотивном поведении героев повести «Поединок»

В сущности смысл воспитания юноши в древнем «волчье-песьем» союзе заключался в обучении его обуздывать свои инстинкты, в том числе агрессивность, и направлять свою жестокость на врагов в «диком поле», а другую сторону агрессивности - милосердие, жалость – на соплеменников в пределах «культурного пространства».

Это синкретическое сочетание жестокости и жалости, агрессивности и милосердия, вербализовалось в славянском слове *ljutostь. Как уже отмечалось в § 4 гл. 2, многие лексемы, восходящие к корню *ljut в современных славянских языках, в той или иной мере сохраняют этот древнейший синкретизм. В главе второй уже были проанализированы различные культурные сценарии чешского эмоционального концепта «LÍTOST». Рассмотрим, как «работает» этот концепт, не вербализовавшийся в русской лингвокультуре, в сюжете повести «Поединок».

На протяжении всей повести мы сталкиваемся с разными проявлениями *литости* и несколькими способами избавления от нее. Куприн создает несколько специфических, характерных именно для русской языковой личности, культурных сценариев *литости*.

Сценарий освобождения от *литости* путем потенциальной, бессловесной, но все-таки самоубийственной провокации описан в сцене, когда полковник Шульгович принимает Ромашова в своем кабинете.

Еще находясь в приемной, Ромашов слышит, как полковник распекает одного из ротных командиров за растрату денег. Однако эмоции Шульговича меняются очень быстро:

> Жалобный голос говорил довольно долго. Когда он кончил, опять раскатился глубокий бас командира, но теперь уже более спокойный и смягченный, точно Шульгович уже успел вылить свой гнев в крике и **удовлетворил свою жажду власти видом чужого унижения**.

Более того, командир, сменив гнев на милость, одалживает проворовавшемуся офицеру деньги. Шульгович демонстрирует тем самым свойственную «статусному мужу» способность к психологическому переключению кодов. Умение менять гнев на милость, как уже говорилось, является одним из проявлений *лютости* в древнем понимании.

Затем разносу подвергается Ромашов. Не в силах сдержать унижения, Ромашов вдруг «поднял глаза кверху и в упор посмотрел прямо в переносицу Шульговичу с ненавистью, с твердым и - это он сам почувствовал у себя на лице - с дерзким выражением, которое сразу как будто уничтожило огромную лестницу, разделяющую маленького подчиненного от грозного начальника».

Ромашов оказывается победителем в этом бессловесном психологическом поединке. В сознании обоих участников этого своеобразного «коммуникативного акта» работает «двухтактный двигатель *литости*». Разнос Шульговича обижает Ромашова и рождает ответную агрессию: «Сейчас я его ударю», - думает Ромашов. Эта провокативная агрессия лишь потенциальна: Ромашов только демонстрирует готовность защищать свое достоинство. Одновременно Шульгович, столкнувшись с этим взглядом Ромашова, быстро меняет гнев на милость:

> В глазах Шульговича попеременно отразились удивление, страх, тревога, жалость... Безумная, неизбежная волна, захватившая так грозно и стихийно душу Ромашова, вдруг упала, растаяла, отхлынула далеко. Ромашов, точно просыпаясь,

глубоко и сильно вздохнул. Все стало простым и обыденным в его глазах. Шульгович суетливо показывал ему на стул и говорил с неожиданной и грубоватой лаской:

- Фу, черт… какой же вы обидчивый… Да садитесь же, черт вас задери! Ну, да… все вы вот так. Глядите на меня, как на зверя. Кричит, мол, старый хрен, без толку, без смысла, черт бы его драл. А я, — густой голос заколыхался теплыми взволнованными нотами, - а я, ей богу, мой милый, люблю вас всех, как своих детей. Что же вы думаете, не страдаю я за вас? Не болею?

Специфичность этого сценария заключается в том, что исчезновение психологического неравенства («огромной лестницы, разделяющей подчиненного и начальника»), которое и приводит к «снятию» *литости*, происходит в результате того, что резко активизировавшаяся работа совести пробуждает в сознании полковника сострадание.

Или другая ситуация. В роте капитана Осадчего происходит вполне реальное самоубийство. С точки зрения кундеровской теории *литости*, солдат, решивший свести счеты с жизнью, фактически сводит счеты со своими обидчиками. «Человек, одержимый *литостью*, - отмечает чешский писатель, - мстит за себя собственной гибелью» (Кундера, 2003: *219-220*). Эта месть достигает своей цели. Осадчий внутренне осознает свою вину, он понимает, что источником его душевного дискомфорта стал повесившийся солдат его роты, но самоубийство солдата лишило Осадчего любых способов снятия *литости*: он уже не может избавиться от собственной *литости* ни путем агрессии, ни путем провокации, ни путем сострадания. Происходит то, что Кундера называет *блокировкой литости*. Осадчий находит успокоение лишь в беспрерывном пьянстве и шутовском пении панихиды, во время которой он поносит циничными словами имя самоубийцы.

«Русский» же сценарий избавления от *литости* заключается не в том, чтобы сорвать зло на другом, а в том, чтобы избавиться от собственной агрессии через сострадание другому. Весьма характерны с этой точки зрения еще две сцены, в которых участвует Ромашов.

В самом начале повести он получает грубый публичный разнос от полковника Шульговича за то, что осмелился вступиться за солдатататарина, не понимающего по-русски. Этот разнос вызывает у Ромашова обиду. Однако подпоручик не может проявить ответную агрессию в отношении полковника. Одновременно Шульгович делает выговор ротному командиру Ромашова капитану Сливе. Вид человека, который так же несчастен, как и он сам, избавляет Ромашова от *литости* (т.е. от жалости к себе), превращая ее в жалость к другому:

> Ромашов поглядел ему вслед, на его унылую, узкую и длинную спину, и вдруг почувствовал, что в его сердце, сквозь горечь недавней обиды и публичного позора, шевелится сожаление к этому одинокому, огрубевшему, никем не любимому человеку.

Описывая состояние Ромашова после неудачи на строевом смотре и разговора с Николаевым, потребовавшим не бывать у него дома, автор пишет:

> «...Он вдруг почувствовал себя таким оставленным всем миром и таким внезапно одиноким, как будто от его жизни только что отрезали что-то самое большое, самое главное».

Вернувшись домой, Ромашов пытается сорвать зло на своем денщике Гайнане, т.е. «снять» *литость* путем агрессии:

> - Твоя не обедал? - спрашивал он с участливой фамильярностью. - Небось, голодный? Сейчас побегу в собранию, принесу тебе обед.
>
> - Убирайся к черту! - визгливо закричал на него Ромашов. - Убирайся, убирайся и не смей заходить ко мне в комнату. И кто бы ни спрашивал – меня нет дома. Хоть бы сам государь император пришел.

Однако чувство подавленности и тоски не проходит. Не имея возможности преодолеть свою *литость*, он думает о самоубийстве и о том, как все будут его жалеть после смерти: «Было так отрадно воображать себя оплакиваемым, несправедливо обиженным». Но вот он встречается с таким же несчастным - избитым солдатом Хлебниковым, готовым совершить самоубийство. Глядя на него, Ромашов думает: «Вот этот самый человек вместе со мной принес сегодня неудачу всему полку. **Мы одинаково несчастны**». Понимание того, что не один он несчастен, превращает *литость* Ромашова в сострадание к Хлебникову:

Бесконечная скорбь, ужас, непонимание и глубокая, виноватая жалость переполнили сердце офицера и до боли сжали и стеснили его. И, тихо склонясь к стриженой, колючей грязной голове, он прошептал чуть слышно:
- Брат мой!

Как видим, русский путь избавления от *литости* заключается не в том, чтобы сделать другого таким же несчастным, а в том, чтобы сострадать тому, кто так же или еще более несчастен. Этот путь, по мнению Куприна, наиболее гуманистичен:

«И хотя это сознание одинаковости положений и внушало Ромашову колючий стыд и отвращение, но в нем было также что-то необычайное, глубокое, истинно человеческое».

На примере Ромашова прослеживается и еще один путь избавления от *литости*, описанный М.Кундерой, – с помощью «милосердия поэзии»[1]. Именно искусство становится для главного героя повести средством, позволяющим уйти от суровой армейской действительности. В самые трудные минуты, терзаемый обидами, он размышляет о самом себе в третьем лице словами шаблонных романов. Мечтая об уходе со службы, Ромашов приходит к выводу о том, что «существуют только три гордых призвания человека: наука, искусство и свободный физический труд». Более того, он даже пытается написать повесть об ужасе и скуке военной жизни.

Для Назанского средством избавления от *литости* становится пьянство. Но для него это время «свободы духа, воли и ума». Это время философствования, время, когда он может горячо почувствовать чужую радость или чужую скорбь.

Вопрос о роли введенных в армии офицерских поединков как средства воспитания лютости оказывается в центре внимания героев повести.

Капитан Осадчий, являющийся воплощением лютого воина, способный «делать из самых распущенных, захудалых команд нечто

---

[1] По-видимому, поэзия как средство снятия *литости* тоже является отголоском древней «песье-волчьей» модели. Как отмечает В.Ю.Михайлин, скандинавский бог Óдин наделяет одного из «вечных маргиналов» - Старкада - поэтическим даром. (Михайлин 2000: *292*).

похожее по стройности и исполнительности на огромную машину, пропитанную нечеловеческим трепетом перед своим начальником», исходя из древней модели, видит в дуэли средство разрешения любых межличностных конфликтов. Именно поэтому он считает, что «дуэль непременно должна быть с тяжелым исходом, иначе это абсурд <...>, дурацкая жалость».

Шурочка Николаева, выступая против излишней жестокости поединков, против публичных дуэлей в присутствии полковых дам и фотографов[1], тем не менее видит в поединках средство воспитания смелости воинов и чести офицеров: «Для чего офицеры? Для войны. Что для войны раньше всего требуется? Смелость, гордость, умение не сморгнуть перед смертью. Где эти качества всего ярче проявляются в мирное время? В дуэлях. <...> И потом, что за нежности: боязнь выстрела! Ваша профессия - рисковать жизнью». Поединки, по ее мнению, больше всего нужны именно русским офицерам, поскольку они будут сдерживать их от некорректных поступков. Она издевательски называет противников дуэлей сентиментальными презренными либеральными трусами[2]. Таким образом, Шурочка лишь слегка модернизирует древнейшую модель поведения, приспосабливая ее к новому историческому времени.

Наконец, Назанский, отговаривая Ромашова от участия в дуэли с Николаевым, говорит о наступающих новых временах и переоценке ценностей. С его точки зрения, убийство на дуэли ничем не отличается от обычного убийства. Для него неприемлемы как наигранное мужество и гордая честь военных, оборачивающаяся жестокостью, так и лицемерная

---

[1] Вольно или невольно Шурочка опирается в своих рассуждениях на древнюю модель поведения, в соответствии с которой из конфликтной ситуации исключались все «магически несовместимые» с ней участники и обстоятельства: поединок происходит вне «культурного пространства», в отсутствие женщин и детей. См. подробнее: (Михайлин, 1999: *356*).

[2] Отвергая шутливое обвинение Ромашова в кровожадности, Шурочка говорит: «Не кровожадна, - нет! Я жучка́, который мне щекочет шею, сниму и постараюсь ему не сделать больно». Показательно совпадение этой детали, демонстрирующей диалектику жестокости и жалости, с фрагментом романа «Тихий Дон», где Григорий Мелехов, привыкший за годы войны к жестокости, между выстрелами «успевает осторожно ссадить выползшую на рукав его гимнастерки рябую божью коровку»..

жалость монахов, оборачивающаяся религиозным смирением и в конечном счете презрением к личности. Он мечтает о том времени, когда «не телячьи жалости к ближнему, а божественная любовь к самому себе» соединит усилия каждой личности с усилиями других равных ей по духу людей.

Рассматривая развитие основной сюжетной линии повести и любовный треугольник «Николаев – Шурочка – Ромашов», мы вновь неизбежно должны будем обратиться к поведенческим моделям древнейших «волчье-песьих» союзов. Отношения офицеров с женщинами строятся во многом по этим моделям. Анализируя статус женщины в мужских «песье-волчьих» союзах, В.Ю.Михайлин отмечает, что «женщина, попавшая на маргинальную, охотничье-воинскую территорию без сопровождения родственников-мужчин, есть именно женщина **заблудшая, блудящая, гулящая** и т. д. вне зависимости от обстоятельств, по которым она туда попала[1]. Она лишается всех и всяческих территориально обусловленных магических (статусных) оберегов и становится законной добычей любого **пса**» (Михайлин, 2000: *357. Выделено автором. – Е.С.*).

По мнению исследователя, персонаж женщины-валькирии в традиционном для эпических сюжетов любовном треугольнике «статусный муж» - «герой» - «женщина, связанная со статусным мужем, но проявляющая интерес к герою» восходит к такого рода женской фигуре. В.Ю.Михайлин выделяет две ключевых магических характеристики данного персонажа: во-первых, девственность как социально-магический статус, как запрет на брак и деторождение; во-вторых, женщина выполняет по отношению к герою активную, провокативную роль: «герой» никогда не овладевает ею как законной женой, но только как «заклятой подругой», тогда как «статусный муж» лишен в отношении валькирии каких-либо

---

[1] Подобная ситуация отражается в многочисленных фольклорных сюжетах о жизни мужских коллективов, в которые попадает единственная женщина. Эти сюжеты стали хорошо известными благодаря литературным переложениям (например, «Белоснежка и семь гномов», «Сказка о мертвой царевне и семи богатырях»).

шансов на успех (Михайлин, 2001: *282-303*).

Если посмотреть с этой точки зрения на офицерских жен в «Поединке», то большинство из них «статусными женщинами» не являются: ведь их мужья, в силу принадлежности к армии, - маргиналы, «статусными мужами» они смогут стать, лишь перейдя на службу в Генштаб или получив должность в полиции. Таким образом, значительная часть офицерских жен становятся «полковыми дамами» - своеобразными валькириями.

Об одной из таких женщин - Раисе Петерсон - сообщается, что «ее многочисленные романы со всеми офицерами, приезжавшими на службу, были хорошо известны в полку, так же, впрочем, как и все любовные истории, происходившие между всеми семьюдесятью пятью офицерами и их женами и родственницами».

Автор подчеркивает провокативный, вызывающий характер ее поведения. Раиса, не таясь, «гуляет» от мужа, открыто завязывая мелкие любовные интрижки, потому что особую гордость для «полковой дамы» как раз и составляет возможность быть «лишний раз скомпрометированной». Муж Раисы капитан Петерсон вынужден смириться с образом жизни своей жены и потому ведет «нежную, слащавую и фальшивую дружбу со всеми ее поклонниками».

Неудивительно, что многие офицеры видят «полковых дам» во всех женщинах и строят свое отношение к ним на ритуальном цинизме. Так ведет себя, например, по отношению к женщинам штабс-капитан Диц. Он может довести до слез своим цинизмом юных сестер Михиных, и даже Назанский полагает, что если бы собаки понимали человеческую речь, то, услышав циничные рассуждения Дица, ушли бы из комнаты со стыда. Объясняя его цинизм, Назанский говорит: «Он стыдится иначе говорить о женщинах, стыдится из боязни потерять свое реноме циника, развратника и победителя. Тут какой-то общий обман, какое-то напускное мужское молодечество, какое-то хвастливое презрение к женщине».

Несколько другую, но тоже валькирическую функцию выполняет в «Поединке» Шурочка Николаева. Ее цель - стать «статусной женщиной», сделав карьеру мужу («Я хочу быть всегда прекрасно одетой, красивой, изящной, я хочу поклонения, власти»). Она разрывает отношения с Назанским («Если бы от меня зависело, я бы таких людей стреляла, как бешеных собак»), поскольку тот не может сделать карьеру, оставаясь из-за своего алкоголизма вечным маргиналом. Она не хочет развивать свой роман с Ромашовым, потому что он слаб и жалок («Ромочка, зачем вы такой... слабый! <...> Зачем вы такой жалкий! Ведь жалость - сестра презрения»)[1].

Идея с поступлением Николаева в Академию принадлежит только ей, именно она готовит его к экзаменам, зная военную науку лучше будущего офицера Генштаба. Николаев для нее - средство для достижения цели. Она для него не столько жена, сколько «боевая подруга». Показательно, что Шурочка не хочет иметь от Николаева детей и с омерзением говорит об интимной близости с ним.

Итак, в «Поединке» в упомянутом сюжете на первый план выходит стремление «валькирии» Шурочки стать «статусной женщиной». Как отмечает В.Ю.Михайлин, для перехода «валькирии» в статус жены и матери необходим поединок между «псом» (т.е. героем, прошедшим инициацию, но пока не получившим прав «статусного мужа») и «волком» (т.е. героем, удаленным за пределы «культурного пространства» для прохождения инициации). Победу в таком поединке одерживает «пес», получающий в результате права «статусного мужа» и «валькирию» в жены (Михайлин, 2000: *297*).

---

[1] Диалектика жестокости и жалости очень тонко отражается в семантике, сочетаемости и прагматике слова *жалость*. Анализируя его, И.Б.Левонтина отмечает, что это слово «особенно тесно связано со всей совокупностью культурных представлений». Именно в силу этого указанное слово оказывается «прагматически небезопасным», нередко приобретая оттенок оскорбительности для человека. Этот оттенок, по словам исследовательницы, особенно силен в устойчивом наречном сочетании *из жалости* и, напротив, ослаблен в сочетании *без жалости*, а в слове *жалкий* он непосредственно входит в семантику лексемы – 'вызывающий жалость и в силу этого - презрение' (см. Зализняк, Левонтина, Шмелев 2005: *274-275*).

Позицию «пса» в повести Куприна замещает Николаев. Он уже опытный офицер, проведший в армии не один год и готовящийся к последнему испытанию (экзамену в Академию), который позволит ему стать «статусным мужем». Позицию «волка» замещает Ромашов. Он не проходит обряда инициации ни в военном (провал на строевом смотре), ни в интеллектуальном (книги и журналы, выписанные для подготовки к Академии так и остались неразрезанными) отношении.

Соперничество Ромашова и Николаева Куприн описывает как борьбу двух самцов. Переставший по просьбе Николаевых бывать у них, Ромашов, проходя мимо их дома чувствует, как «в душе его вместе с нежностью, с умилением и с самоотверженной преданностью **ворочалась слепая животная ревность созревшего самца**». Их ссора в собрании предваряется трансформированной «песьей лаей». В ответ на намек Ромашова о прежних отношениях Шурочки и Назанского Николаев, как и положено «псу», кричит на него «высоким, **лающим** голосом», а Ромашов, как и положено «волку», кидается на него «с протяжным, **звериным воем**». В звериной дикости, в неспособности социализировать свои эмоции упрекает Ромашова в ночь перед дуэлью и Шурочка: «Но неужели в то время, когда **в вас проснулся дикий зверь**, вы не могли хотя бы на минуту вспомнить обо мне и остановиться».

Исходом дуэли Николаева и Ромашова может быть только смерть последнего: при любом другом исходе Шурочка не сможет достичь своей главной цели - стать статусной женщиной: «Если ты его убьешь или если его отставят от экзамена - кончено! Я в тот же день, когда узнаю об этом, бросаю его и еду - все равно куда - в Петербург, в Одессу, в Киев».

Дуэль Николаева с Ромашовым не может закончиться отказом Ромашова и, как следствие, его уходом со службы (как это предлагает Назанский), не может она завершиться и примирением противников. «В дуэли, окончившейся примирением, всегда остается что-то <...> сомнительное, что-то возбуждающее недоумение и разочарование...», -

говорит Ромашову Шурочка, интуитивно чувствующая древнюю модель разрешения такого конфликта. Но, предлагая ему сделку («Никто из вас не будет ранен»), в которой якобы участвует и ее муж, она прекрасно понимает, что дуэль должна закончиться смертью Ромашова.

Более того, Николаев, скорее всего, в этой сделке не участвует: он достаточно благороден, чтобы отвергнуть ее. Субъективно он выходит на поединок, рискуя жизнью[1].

Дуэль заканчивается поражением Ромашова со всех точек зрения. С точки зрения «древней» модели, он гибнет в открытом поединке; с позиции современной ему морали, он оказывается ничтожеством, потому что сознательно идет на сделку (ведь выслушав предложение Шурочки, Ромашов «почувствовал, как между ними незримо проползло что-то тайное, гадкое, склизкое, от чего пахнуло холодом в его душу»); с позиции наступающего «нового, чудного, великолепного времени» (о котором говорит Назанский), он нарушает принцип всеобщей любви, участвуя в дуэли, то есть в санкционированном убийстве.

Авторы коллективной монографии «Эмотивный код языка и его реализация» подчеркивают, что «эмотивный код особенно важен в формировании *глубинного смысла текста*. Он возникает в процессе усвоения читателем содержательно-концептуальной информации, включая подтекстовую, на основе найденных адресатом ключей не только к *предметному*, но и к *коммуникативному*, *эмотивному* и *эстетическому кодам* текста» (Эмотивный код...: *136*). Такими «ключами»,

---

[1] Вообще в подобных сюжетах «пес» и «волк» сходятся обычно в честном и открытом бою. Для них является неприемлемым убить противника исподтишка или просто оставить его в смертельной опасности: ведь они члены одного воинского союза. Так, Григорий Мелехов в «Тихом Доне», рискуя жизнью, спасает от смерти своего «лютого врага» Степана Астахова. Причина их вражды, как известно, - «валькирия» Аксинья. Но и обязанный Григорию жизнью, Степан так и не может с ним примириться. И даже герой недавнего армейского телесериала «Граница. Таежный роман» Никита Голощекин (чей «волчий» статус настойчиво подчеркивается в фильме и средствами грима, и поединком с настоящим волком) спасает своего соперника сначала из болота, потом из горящей бани и лишь в финале сходится с ним в открытом поединке. Аналогично в многочисленных боевиках о противостоянии спецназа террористам бывший спецназовец, возглавляющий террористов, сходится с героем, спасающим мир, один на один в рукопашном бою.

определяющими эмотивное поведение героев повести А.Куприна «Поединок», как раз и являются древнейшая модель поведения воинов в мужских «песье-волчьих» союзах и сформировавшийся на ее основе эмоциональный концепт *ljutostь.

§ 3. «ПОБЕЖДЕННОЕ СМЕХОМ СТРАШНОЕ...» В РОМАНАХ М.БУЛГАКОВА «МАСТЕР И МАРГАРИТА» И Е.СОСНОВСКОГО «АПОКРИФ АГЛАИ»

> Страх – это крайнее выражение односторонней и глупой серьезности, побеждаемой смехом (М. Бахтин).

Проблемы, которые можно положить в основу анализа романов М.Булгакова «Мастер и Маргарита» и Е.Сосновского «Апокриф Аглаи», казалось бы, находятся на поверхности. Это и судьба человека искусства (писателя и пианиста) в тоталитарном обществе; и роль «музы» художника в его творчестве, это, наконец, и теоретико-литературная проблема «матрёшечной» (роман в романе) композиции обоих произведений и взаимосвязи нескольких временных пластов.

Однако при внимательном взгляде легко увидеть, что книга польского писателя в известной мере отвергает сложившиеся стереотипы в решении данных проблем. Герои романа в романе «Визит без приглашения» - пианист Адам, потерявший любимую на излете тоталитаризма из-за происков спецслужб, и литературовед Войтек, от которого ушла жена уже в посткоммунистическое время, - испытывают в сущности одни и те же чувства: страха, тоски, уязвления, ярости. Возлюбленная Адама не одухотворяет, а отлучает его от творчества, тогда как его мать, сделавшая смыслом своей жизни музыкальную карьеру сына, похожа скорее на монстра, чем на музу. А функция романа в романе заключается не столько в том, чтобы, намеренно сгустив краски в выдуманной реальности, намекнуть на негатив в реальности настоящей, сколько в том, чтобы показать, что реальная жизнь оказывается гораздо более суровой, чем в любом лихо закрученном романе: эксперимент спецслужб искалечил жизнь и пианисту, и его родителям, и женщине, работавшей оператором эротического робота.

Для автора «Апокрифа Аглаи» Ежи Сосновского конкретно-историческая составляющая конфликта его романа вторична. «По-настоящему меня интересует проблема любви, или, если быть точнее, проблема души и тела. То есть конфликт внутренний, не социальный», - говорил он в интервью российскому журналисту Владимиру Иткину (Иткин: www). Отвечая на вопросы читателей на одном из польских Интернет-форумов, Е.Сосновский выразился еще яснее. Эмоции для него – это общечеловеческая ценность, позволяющая понять любую личность вне временных и национальных рамок: «Меня захватывает контакт с эмоциями другого человека через слово и то, как разные люди (авторы) справляются с чувством одиночества и бессмысленности, которые, как мне кажется, неприятны везде» (Spotkanie: www).

Размышления польского автора рубежа XX-XXI века во многом перекликаются с чувствами русского писателя первой трети XX века. Доминирующие эмоции, которые испытывает в то время автор «Мастера и Маргариты», - страх одиночества, тоска, подавленность. «К началу весны я совершенно расхворался: начались бессонницы, слабость и, наконец, самое паскудное, что я когда-либо испытывал в жизни, страх одиночества, то есть, точнее говоря, боязнь оставаться одному», - писал Булгаков В.В.Вересаеву в июле 1934 года (Булгаков 1990: *V, 515-516*).

Можно долго рассуждать о том, в какой степени это душевное состояние создателя «Мастера и Маргариты» было вызвано травлей в прессе, в какой обусловлено наследственной болезнью, а в какой спровоцировано описанием сходных эмоций его героев. Но показательно, что и автор «Апокрифа Аглаи», живущий в другую эпоху, в другой стране и в другой атмосфере, принявшись за изучение эмоций своих героев, сталкивается с теми же проблемами собственной психики, противопоставляя им, как и Булгаков, смех: «И когда я принялся за сборник рассказов «Ночной маршрут» («Linia nocna»), меня охватила такая депрессия, что я чуть было не утопился. Единственный выход я нашел в чувстве юмора» (Иткин 2005).

В своем знаменитом письме Правительству СССР Булгаков выделил основные черты своего творчества: «…Черные и мистические краски (я – МИСТИЧЕСКИЙ ПИСАТЕЛЬ), в которых изображены бесчисленные уродства нашего быта, яд, которым пропитан мой язык <…>, а самое главное – изображение страшных черт моего народа, тех черт, которые задолго до революции вызывали глубочайшие страдания моего учителя М.Е.Салтыкова-Щедрина» (Булгаков 1990: *V, 446*).

Для Е.Сосновского эмоциональная составляющая словесного искусства – важнейший эстетический критерий оценки как собственных, так и чужих произведений: «Мне пишется эмоциями. Меня больше интересует чувственность, ассоциирующаяся с Дионисом, чем рациональное начало, связанное с Аполлоном. Литература, лишенная безумства, сильных эмоций, чувственности, интуиции, - это мозговая литература (…) Я люблю ту, что написана кровью» (Dudziak: www).

Попытка рассмотреть художественные дискурсы двух романов с точки зрения эмоций, переживаемых персонажами, будет предпринята в настоящем параграфе. Страх, тоска и противостоящий им смех оказываются в центре анализа по нескольким причинам.

Во-первых, страх – один из древнейших факторов социализации индивида. Несмотря на конкретно-исторические реалии, окружающие героев обоих произведений, мы сталкиваемся в них с ментальными структурами, сложившимися еще в мифологическом сознании, а фантастические элементы, присутствующие в романах, актуализируют эти мифологические структуры.

Во-вторых, в русской и польской (а также чешской[1]) лингвокультурах концепты «ТОСКА» и «СТРАХ» обладают определенной спецификой, а разноуровневые языковые средства, передающие данные эмоции, - национальным своеобразием, поэтому анализ художественного дискурса, в котором эти концепты доминируют, позволяет выявить особенности национальных менталитетов в переживании данных эмоций.

В-третьих, смех с момента возникновения человека был «единственной медитативной единицей с честным лицом в лукавом и двусмысленном мире человеческого сознания» (Агранович, Березин 2005: *214*), поэтому в процессе анализа будет выявлена роль смеха как маркера границы между добром и злом.

3.1. «Необоснованный, но столь сильный страх»

Появление Воланда и его свиты в «культурном пространстве» Москвы сопровождается беспричинным страхом, который окружающие испытывают даже тогда, когда «нечистая сила» еще не успела сделать им ничего плохого.

На первых же страницах «Мастера и Маргариты» Берлиоза сначала охватывает «*необоснованный*, но столь сильный *страх*», что ему хочется «тотчас же бежать с Патриарших без оглядки», а потом, после видения возникающего из воздуха Коровьева, им овладевает *смятение*, в его глазах прыгает *тревога* и дрожат руки.

Такой же страх испытывают посетители ресторана в Грибоедове перед известием о смерти Берлиоза и появлением лишившегося рассудка Ивана Бездомного:

«Но нет, нет! Лгут обольстители-мистики, никаких Караибских морей нет на свете, и не плывут в них отчаянные флибустьеры, и не гонится за ними корвет, не

---

[1] Наряду с параллельными русско-польскими текстами оригинала и перевода романов «Мастер и Маргарита» и «Апокриф Аглаи» для сопоставления привлекался и чешский перевод булгаковского романа. Это, во-первых, позволило расширить круг исследуемых лингвокультур, а во-вторых, как будет видно из дальнейшего изложения, выявить некоторые особенности булгаковского словоупотребления и семантический потенциал ряда русских лексем в выражении эмоций.

стелется над волною пушечный дым. Нет ничего, и ничего и не было! Вон чахлая липа есть, есть чугунная решетка и за ней бульвар... И плавится лед в вазочке, и видны за соседним столиком налитые кровью чьи-то бычьи глаза, и *страшно, страшно*...(чешск. *úzko*) О боги, боги мои, яду мне, яду!..»

Тревогу испытывает Степа Лиходеев во время разговора с Воландом. *Тревогу* и даже *печаль* (польск. *lęk* a nawet *smutek*) обнаруживает в глазах Римского Варенуха во время бесконечной череды телеграмм из Ялты. На протяжении сеанса черной магии в варьете Римский стоит *бледен*, а во время сцены с вампиром Варенухой его охватывает *страх* задолго до обнаружения того, что Варенуха не отбрасывает тени. И даже знаменитый пес Тузбубен во время осмотра кабинета Римского, где побывала накануне нечистая сила, «зарычал, оскалив чудовищные желтоватые клыки, затем лег на брюхо и с каким-то выражением *тоски* и в то же время ярости в глазах пополз к разбитому окну. Преодолев свой *страх*, он вдруг вскочил на подоконник и, задрав острую морду вверх, дико и злобно завыл».

Во всех перечисленных случаях мы сталкиваемся с проявлениями так называемого экзистенциального страха – состояния, причины которого, как уже говорилось в § 1 гл. 2, неизвестны и непонятны людям. Одна из важнейших черт этого страха – безобъектность – подчеркивается в русском языке синтаксическими средствами. См., например, безличную модель, которую использует, рассказывая о гибели Берлиоза, поэт Рюхин:

- Секретаря МАССОЛИТа Берлиоза сегодня вечером задавило трамваем на Патриарших.

Говоря о той колоссальной роли, которую играют в русском языке безличные предложения различных типов, А.Вежбицкая подчеркивает, что конструкции типа *Его переехало трамваем* или *Стучит!* рисуют мир как «сущность непознаваемую и полную загадок, а истинные причины событий неясны и непостижимы» (Вежбицкая 1996: *73*). Именно в таких конструкциях, по мысли исследовательницы, проявляется иррациональность русской души. В конечном счете, «субъектом действия» и соответственно объектом страха в таких конструкциях является непознанная сверхъестественная сила[1].

С точки зрения традиционного сознания славян, устрашение людей – одна из основных функций нечистой силы. Это устрашение нередко оказывается «реакцией мифологического персонажа на неправильное поведение человека, нарушение им запретов» (Из СД: *61*).

В романе «Апокриф Аглаи» эсхатологические и хтонические мотивы, вызывающие экзистенциальный страх (по-польски *lęk*), связаны с советской подводной лодкой, на которой героиня романа Ирена, оператор эротического робота, сначала отправляется на секретную подводную базу, а потом, будучи похищенной, несколько месяцев находится в качестве пленницы на грани жизни и смерти, в то время как в СССР и Польше окончательно рушится коммунистическая система.

Ирена описывает погружение подводной лодки как спуск в преисподнюю:

«...Морская болезнь прихватывает вас еще до выхода из порта, буквально через несколько минут, а потом происходит **что-то ужасное** (*coś okropnego*): вы себя чувствуете как в самолете, который идет на посадку, пол убегает у вас из-под ног, боль в ушах, и вдруг – никакой качки и смертельный покой <...> Вам кажется, что становится душно, но это нервное: вы по-прежнему погружаетесь. Этакое длящееся часами [2] приземление, только без облаков за иллюминатором; вместо него металлическая стена, и вы можете лишь **с тревогой** (*z niepokojem*) думать, какое давление оно выдержит <...> А в конце внезапный толчок; они нас вроде предупреждали, но все равно **сердце ушло в пятки** (*serce w gardle*), оттого что это может быть конец. Мы приплыли на какую-то военную базу».

---

[1] Иронизируя над высказыванием академика В.В.Виноградова о том, что в подобных конструкциях «языковая техника... использовала как материал отжившую идеологию», А.Вежбицкая замечает: «Вся ирония тут состоит в том, что языковые конструкции, о которых идет речь, показывают, что "отжившая идеология" не только не проявляет признаков утраты продуктивности, но, напротив, продолжает развиваться, вытесняя из многих районов тех своих конкурентов, которые не предполагают, что природа событий может быть непознаваемой» (Вежбицкая 1996: *74*).

[2] Возможно, что одной из причин иррационального страха в данном случае является невозможность структурировать время. Психологи в качестве одной из фобий выделяют *боязнь нечленимого времени* (чешск. *úzkost z nečleněného času*). «Эта фобия, - пишет чешский психолог П.Гартль, - время от времени постигает каждого, кто однажды научился мыслить; мышление нельзя остановить, люди неустанно планируют и структурируют время, поэтому нечленимое время вызывает неприятные эмоциональные состояния» (Hartl 2004: *287*).

С другой стороны, возвращение с подводной базы, когда испытания роботов были завершены и их предстояло проверить «в боевых условиях», Ирена воспринимает как воскресение и обретение могущества:

«Подъем лодки со дна – особенный опыт, чрезвычайно патетический: это словно вознесение, полет к поверхности моря, к свету; все те же ощущения, о которых я уже рассказывала, только в обратном порядке и с противоположным психическим вектором. *Мы как бы рождались, исполненные страха (jakbyśmy się rodzili z lękiem)*, но и силы, и, знаете, было в этом что-то от Вагнера».

Объектом воздействия роботов, по замыслам спецслужб, должны были стать диссиденты. Таким образом их пытались отвлечь от политической борьбы. Однако испытания эротического киборга под кодовым названием *Аглая* было решено провести на абсолютно аполитичном, лишенном серьезного социального и сексуального опыта 25-летнем пианисте Кшиштофе (во вставном романе «Визит без приглашения» он назван Адамом).

При всем техническом антураже, сопровождающем марионетку Аглаю, этот персонаж уходит корнями в мифологические представления о кукле, которые имеют в Польше глубокие традиции. В народных верованиях кукла воспринималась как заместитель человека, его «модель» и одновременно как иномирное существо, подобие нечистой силы, способное принести зло. Например, в некоторых селах под Хелмом родители не позволяли детям слишком долго играть с куклой, утверждая, что «w lalce często złe siedzi» (в кукле часто сидит злой дух). Таких злых духов, вредящих детям, поляки называли *марудой, мамуной* или *богинкой*. В одном из народных рассказов причиной внезапной смерти ребенка оказывается кукла, с которой тот любил спать; когда ее бросили в костер, то послышался писк и стоны «маруды», пребывающей в кукле. Кукла могла использоваться и для того чтобы наслать порчу, страх на человека или его жилище. Так, согласно одной из русских быличек, строители дома, недовольные оплатой, подложили под балку куклу, из-за чего хозяева дома слышали каждую ночь детский плач. Им пришлось снимать крышу:

«Нашли там куколку. Ма-аленька така, из тряпочек сшита; бросили ее в печь – и пугать перестало» (см. подробнее СД: *III; 27-31*).

Кукла Аглая, с которой спал «большой ребенок» Кшиштоф, вырвала его «из-под материнской опеки, из заклятого круга материнской мечты» о музыкальной карьере сына. Он перестал быть ведомым, управляемым матерью, но так и не смог стать полноценным человеком.

Эта кукла как иномирное существо создана государством. В тоталитарном обществе именно государство, выполняющее демиургические функции, становится источником экзистенциального страха и одновременно избавителем от него. Показательно, что Ирена, находясь на подводной лодке, испытывает не только страх, но и ощущение безопасности:

«И, знаете, иногда, в минуты депрессии, мне казалось, что я просто-напросто с удовольствием, укрытая от всего мира, жила бы в полной безопасности в такой лодке только ради того, чтобы изредка переживать такие вот моменты всплытия на поверхность».

Эти слова, сказанные во время исповеди перед писателем Анджеем Вальчаком, удивительным образом перекликаются с желанием героев «Мастера и Маргариты», пострадавших от нечистой силы, чтобы их «спрятали в бронированную камеру и приставили … вооруженную охрану».

3.2. «Меня слишком пугали...»

Как известно, в одном из вариантов финала своего романа Булгаков вложил в уста Воланда оценку Сталина. Покидающая Москву свита «князя тьмы» замечает приближающийся к ним истребитель:

«Тут вдалеке за городом возникла темная точка и стала приближаться с невыносимой быстротой. Два-три мгновения, точка эта сверкнула, начала разрастаться. Явственно послышалось, что всхлипывает и ворчит воздух.

- Эге-ге, - сказал Коровьев, - это, по-видимому, нам хотят намекнуть, что мы излишне задержались здесь. А не разрешите ли мне, мессир, свистнуть еще раз?

- Нет, - ответил Воланд, - не разрешаю. – Он поднял голову, всмотрелся в разрастающуюся с волшебной быстротою точку и добавил: - У него мужественное лицо, он правильно делает свое дело, и вообще все кончено здесь. Нам пора!» (цит. по: Соколов 2006: *73*).

Обычно этот отрывок приводят в качестве доказательства оценки Булгаковым «сатанинской сущности» сталинского режима, который получает одобрение от самого дьявола. Однако и без этой сцены любой тиранический режим в окончательном тексте романа оценивается весьма недвусмысленно.

Еще до того, как в «нехорошей квартире» поселилась свита Воланда, из нее начали исчезать люди: одного *попросили* зайти в милицию расписаться, другого *увезли* на работу в служебной машине.

Эта всесокрушающая сила власти подчеркивается непределенно-личными конструкциями, которые намеренно нагнетаются при обозначении действий сотрудников «одного из московских учреждений». См., например:

- Сейчас же, Иван Савельевич, лично отвези. Пусть там *разбирают*;
- Ровно через десять минут после этого, без всяких звонков, квартиру *посетили*, но не только хозяев в ней не *нашли*, а, что было уж совсем диковинно, не *обнаружили* в ней и признаков барона Майгеля;
- К нему [Ивану Бездомному] самому *пришли* именно затем, чтобы выслушать его повесть о том, что произошло в среду вечером;
- Через четверть часа после того, как она покинула меня, ко мне в окна *постучали*;[1]
- Этого гражданина уже *ждали*, и через некоторое время незабвенный директор Варьете, Степан Богданович Лиходеев, предстал перед следствием;
- А вот интересно, если вас *придут* арестовывать? - спросила Маргарита.
  - Непременно *придут*, очаровательная королева, непременно! – отвечал Коровьев, - чует сердце, что *придут*, не сейчас, конечно, но в свое время обязательно *придут*. Но полагаю, что ничего интересного не будет.

Подобно тому, как безличные конструкции обозначают действия неопознанной сверхъестественной силы, неопределенно-личные

---

[1] В чешском языке неопределенно-личные предложения практически отсутствуют (подробнее см. Žaža 1999: *72*), поэтому при переводе этой фразы использована двусоставная конструкция: «Za čtvrt hodiny po tom, co odešla, zaklepal kdosi na okno....» (букв. Через четверть часа после того, как она ушла, постучал кто-то в окно). Легко заметить, что имплицитное обозначение ареста, легко угадывающееся в русской фразе, в чешском переводе теряется.

предложения в русском языке передают ситуации, субъектом которых, в конечном счете, является социум. Его действия не персонифицированы, однако сомневаться в источнике, направляющем их, не приходится: это все, кто обладает властью, законной или незаконной, формальной или реальной (ср. характерные для современной российской прессы заголовки газет, обозначающие интерес правоохранительных органов к тем или иным людям или структурам: *В фирму «Ромашка» пришли, Сидорова привлекли, Иванова не отпустили*). Показательно, что обозначение всего, что связано с властью (аналогично потусторонним силам), подвергается во многих языках табуированию и эвфемизации. См. такие эвфемизмы, как русск. *куда Макар телят не гонял, куда ворон костей не таскал, в местах не столь отдаленных, сообщить куда надо, небо в клеточку, казённая квартира*; польск. *być pod dobrą opieką* (букв. быть под хорошей опекой), *bezpłatny pensjonat* (букв. бесплатный пансионат), *darmowe wczasy* (букв. бесплатный курорт); исп. *casa de tia* (букв. дом тетки), *la casa blanca* (букв. белый дом); англ. *Sheriff's hotel* (букв. гостиница шерифа) , *cross bar hotel* (букв. гостиница с решетками); нем. *zur Kur fahren* (букв. уехать лечиться на курорт), *Staatspension* (букв. казенная гостиница). См. об этом подробнее: Dąbrowska 1994: *175-177*.

Эта эвфемизация проявляется и в обозначениях карательных учреждений одним словом – *органы*, и в жестком регламентировании номинации лиц, обладающих властью: *Президент, генеральный (секретарь, прокурор, директор), хозяин, сам, папа* (как применительно к Римскому Папе, так и в современном разговорном языке применительно к любому влиятельному лицу), *гражданин начальник, командир, фюрер, дуче, вождь, государь, игемон* и т.п. без использования личного имени носителя власти. Так язык на разных своих уровнях сближает восприятие сверхъестественных и земных сил, обладающих властью. Показательно, что на страницах «Мастера и Маргариты» читатель сталкивается с первым проявлением власти государства, если можно так выразиться, именно в языковой сфере: Понтий Пилат требует объяснить с применением насилия арестованному Иешуа Га-Ноцри, что прокуратора нужно называть только *игемоном*.

Другим важнейшим средством демонстрации сатанинской сущности тиранической власти становится сходство тех эмоций, которые испытывают люди при столкновении с нечистой силой и с силой государства. В обоих случаях это экзистенциальный страх, маркируемый в русском языке словом *тревога*, в польском – *lęk, lękać się*, в чешском – *úzkost* и *lekát*.

Первым страх перед властью испытывает ее носитель – Понтий Пилат. Прочитав в донесении о высказываниях Иешуа по поводу кесаря, Пилат ужасается тому, что, отпустив бродячего философа, сам будет обвинен в «оскорблении величества»:

«И со слухом совершилось что-то странное, как будто вдали проиграли негромко и грозно трубы и очень явственно послышался носовой голос, надменно тянущий слова: «Закон об оскорблении величества».

Мысли понеслись короткие, бессвязные и необыкновенные: *«Погиб!»*, потом: «Погибли!..» И какая-то совсем нелепая среди них о каком-то долженствующем непременно быть - и с кем?! - бессмертии, причем бессмертие почему-то вызывало нестерпимую *тоску*.

Пилат напрягся, изгнал видение, вернулся взором на балкон, и опять перед ним оказались глаза арестанта.

- Слушай, Га-Ноцри, - заговорил прокуратор, глядя на Иешуа как-то странно: лицо прокуратора было грозно, но глаза **тревожны**, - ты когда-либо говорил что-нибудь о великом кесаре? Отвечай! Говорил?».

На примере Мастера автор показывает, как газетная травля, чреватая в тоталитарном государстве арестом, приводит к экзистенциальному страху в его фобической форме. При этом даже смех не способен спасти от страха:

«Статьи не прекращались. Над первыми из них я *смеялся*. Но чем больше их появлялось, тем более менялось мое отношение к ним. Второй стадией была стадия удивления. Что-то на редкость фальшивое и неуверенное чувствовалось буквально в каждой строчке этих статей, несмотря на их грозный и уверенный тон. Мне все казалось, - и я не мог от этого отделаться, - что авторы этих статей говорят не то, что они хотят сказать, и что их ярость вызывается именно этим. А затем, представьте себе, наступила третья стадия - *страха*. Нет, не страха этих статей, поймите, а *страха перед другими*, совершенно не относящимися к ним или к роману *вещами*. Так, например, я стал *бояться темноты*. Словом, наступила стадия психического заболевания. Стоило мне перед сном потушить лампу в маленькой комнате, как мне казалось, что через оконце, хотя оно и было закрыто, влезает какой-то спрут с очень длинными и холодными щупальцами. И спать мне пришлось с огнем».

Согласно народным верованиям, «человек, напуганный нечистой силой, может заболеть, сойти с ума, умереть» (Из СД: *62*).

Страх, внушаемый нечистой силой, сделал пациентами дома скорби Ивана Бездомного, Бенгальского, Никанора Ивановича Босого. Столкнувшись с Воландом и его свитой, помутились рассудком Римский, Варенуха, Лиходеев. Но задолго до визита сатаны в Москву, столкнувшись с государством, стал душевнобольным Мастер.

Герои романа «Апокриф Аглаи» испытывают несколько видов страха. Ирена, работая оператором Аглаи, чувствует не столько страх, сколько возбуждение, «как во время игры, состязаний». В момент, когда марионетку попытались похитить агенты ЦРУ, она переживает «страшно запутанное чувство»:

«Чувствовать угрозу и в то же время не чувствовать ее, потому что, когда похитители схватили меня, я *боялась* за Аглаю, *боялась* за свое тело (так я ее воспринимала), и в то же время была уверена, что при самом худшем исходе я выйду из упряжи и пойду спать, и пусть дальше беспокоятся другие. У меня были две жизни, как в компьютерных играх».

Настоящий страх перед государством, граничащий с помешательством, Ирена испытывает после окончания эксперимента с Аглаей и побега из закрытого дома отдыха, где она проходила психологическую реабилитацию. Чувствуя свою вину перед Кшиштофом, она пытается найти его в приморских городах и постоянно испытывает страх быть пойманной:

«Временами мне приходило, что, прежде чем гэбисты схватят меня, меня прихватит нормальная паранойя. Вы знаете, до чего *страшно жить в страхе* (*strasznie żyć w strachu*)?»

Самый сильный страх Ирена ощущает во время ареста на побережье:

«Я представляла себе, как поверху идут целые легионы их, поглядывают на меня с обрыва: «Ну как она там, идет еще? - Так точно, идет. Может, камнем ее, товарищ?» Так что ко всем моим *страхам* (do wszystkich moich *lęków*) прибавился еще и этот, угроза таилась всюду: позади, слева, справа, наверху».

Для пианиста, влюбившегося в марионетку, страх всегда настоящий. И обусловлен он происходившими в Польше в 1980-е годы похищениями и убийствами по политическим мотивам, самым известным из которых стала расправа над ксёндзом Ежи Попелушко. Поэтому главный герой романа обеспокоен слежкой за своей невестой, а в момент попытки ее похищения «...*страх* и *бешенство* (*strach* i *furia*) придали ему энергии, и он с размаху молотил похитителя кулаками».

Но разговор с агентом ЦРУ Хэлом Стерлингом, объявившим ему, что его возлюбленная – всего лишь созданный советскими спецслужбами эротический робот, едва не сводит его с ума. Однако еще больше он боится потерять любимую. Поэтому его обдает *волна страха* (*przypływ lęku*) от того, что ее могут похитить. Одновременно, несмотря на предупреждения, пианист никак не может «начать ее бояться». Для него как похищение Аглаи, так и получение доказательств того, что она робот, означает одно: потерю любимой. Именно поэтому он боится распаковать принесенную Стерлингом коробку, в которой находится похожая на Аглаю голова другого робота:

- Я бросил еще раз: "Вы с ума сошли", - и дал деру.

В сущности это бегство от страшного прозрения, от страшной правды.

Что происходит с человеком, пережившим иррациональный страх? Оба произведения дают два варианта ответа на этот вопрос – фантастический и реальный.

Мастер, преодолев страх, говорит Маргарите: «Меня слишком *пугали* и ничем более *напугать* не могут» (чешск. Příliš dlouho mě zastrašovali, takže už se ničeho *nelekám*), находя вместе с возлюбленной приют в вечном покое.

Пианист, подстрекаемый страхом и любопытством, проявляя смелость и смекалку, находит законсервированный центр управления марионетками и именно благодаря своему музыкальному таланту находит пароль, приводящий систему в действие.

Но реальность оказывается куда менее оптимистичной: реальный Мастер умирает в своей палате для душевнобольных, реальный пианист спивается от тоски.

3.3. Когда в мире тесно и жизнь пуста

Другой важнейшей эмоцией, переживаемой героями обоих романов, становится *тоска*. Как уже отмечалось, внутренняя форма этого слова, с одной стороны, основана на идее сжатия.

Эта сторона тоски и связанная с нею метафорическая модель сжатия сопровождает состояние необъяснимого страха, которое испытывают почти все герои романа «Мастер и Маргарита». Так, именно с тоской сочетаются страх и тревога Берлиоза в начале романа. Тоской сопровождается страх и помешательство практически всех героев, встретившихся со свитой Воланда, - от Ивана Бездомного и Римского до соседа Маргариты Николая Ивановича, использовавшегося Наташей «в качестве перевозочного средства», и пса по кличке Тузбубен.

Особенно ярко метафорическая модель сжатия «работает» в сцене, когда Каифа в разговоре с Пилатом отказывается помиловать Иешуа:

Показалось смутно прокуратору, что он чего-то не договорил с осужденным, а может быть, чего-то не дослушал.

Пилат прогнал эту мысль, и она улетела в одно мгновение, как и прилетела. Она улетела, а *тоска* осталась необъясненной, ибо не могла же ее объяснить мелькнувшая как молния и тут же погасшая какая-то короткая другая мысль: «Бессмертие... пришло бессмертие...» <...>

Теперь его уносил, удушая и обжигая, самый *страшный гнев, гнев бессилия*.

- *Тесно* мне, - вымолвил Пилат, - *тесно* мне![1]

Он холодною влажною рукою рванул пряжку с ворота плаща, и та упала на песок.

---

[1] Показательно, что в чешском переводе этой фразе соответствует «Je mi **úzko**, **úzko** je mi! », которая может быть понята и как «Страшно мне, страшно!».

- Сегодня душно, где-то идет гроза, - отозвался Каифа. <...>

- Нет, - сказал Пилат, - это *не* оттого, что *душно*, а *тесно* мне стало с тобой, Каифа, - и, *сузив* глаза, Пилат улыбнулся и добавил: - Побереги себя, первосвященник.

Другую сторону тоски – духовное опустошение - испытывают лишь главные герои обоих произведений: Маргарита и Мастер у Булгакова и пианист Кшиштоф-Адам и Ирена у Сосновского.

У булгаковских героев это опустошение происходит из-за непомерного бремени испытаний, выпавших на их плечи.

Познакомившись с Мастером, Маргарита объясняет ему, что, не будь этой встречи, «она отравилась бы, потому что *жизнь ее пуста*».

Не получив никакой благодарности за мучения на балу и собираясь уйти от Воланда, Маргарита испытывает черную тоску и отчаяние:

- Благодарю вас, мессир, - чуть слышно сказала Маргарита и вопросительно поглядела на Воланда. Тот в ответ улыбнулся ей вежливо и равнодушно. *Черная тоска как-то сразу подкатила к сердцу Маргариты. Она почувствовала себя обманутой*. Никакой награды за все ее услуги на балу никто, по-видимому, ей не собирался предлагать, как никто ее и не удерживал. А между тем ей совершенно ясно было, что идти ей отсюда больше некуда. Мимолетная мысль о том, что придется вернуться в особняк, вызвала в ней внутренний взрыв *отчаяния*.

Общаясь со своим возлюбленным после его «извлечения», Маргарита безошибочно ставит ему психологический диагноз:

- Ах, ты, ты, - качая растрепанной головой, шептала Маргарита, - ах, ты, маловерный, несчастный человек. Я из-за тебя всю ночь вчера тряслась нагая, я потеряла свою природу и заменила ее новой, несколько месяцев я сидела в темной каморке и думала только про одно - про грозу над Ершалаимом, я выплакала все глаза, а теперь, когда обрушилось счастье, ты меня гонишь? Ну что ж, я уйду, я уйду, но знай, что ты жестокий человек! *Они опустошили тебе душу!* <...> *Смотри, какие у тебя глаза! В них пустыня... А плечи, плечи с бременем... Искалечили, искалечили*, - речь Маргариты становилась бессвязной, Маргарита содрогалась от плача.

Опустошенность героев Сосновского связана с исчезновением у них целей в жизни, с переоценкой ценностей. Мама пианиста, оградив сына от всех социальных невзгод тоталитарного режима, потому что «мир слишком омерзителен, чтобы участвовать в его строительстве», сделала смыслом его жизни музыку. Но мать стремится изолировать сына и от общечеловеческих радостей, в том числе и от общения с противоположным полом, объясняя ему, что «если женщина не может его оценить, то она недостойна его внимания». Даже отец главного героя, услышав от жены эти наставления сыну, единственный раз в жизни накричал на нее, сказав, что «она растит монстра (dziwolaga)».

Объясняя замысел своего романа, Ежи Сосновский говорил в интервью: «Однажды мне приснился сон о роботах, управляемых людьми-операторами. Я никак не мог его забыть, и, в результате, понял, что мне нужно написать роман. О сумасшедшей любви, распотрошившей жизнь моего главного героя. О том, какая часть его собственной природы управляет им. Каков истинный объект его страсти - Аглая ("тело") или Ирена ("душа")? Где границы его собственного Я? Не робот ли он сам, взращенный в "лаборатории" своей семьи?» (Иткин: www).

Оператор эротического робота Ирена, понимая, что у пианиста «была *пустота внутри*», видит для себя сверхзадачу этого страшного эксперимента в том, чтобы из робота, в которого превратила его мать, сделать его полноценным человеком. Показательна языковая форма, в которую она облекает свои рассуждения, используя как метафору сжатия, так и метафору пустоты:

«И я подумала: когда он вот так погрузится в себя, свернется, спустится ниже всех возможных норм и задач, которые ставились ему извне… Когда он будет в состоянии реализовать все желания, даже самые инфантильные, *сожмется до точки* (*zredukuje się do punktu*), до чистого хотения, то, может, там найдет себя <…> Я пыталась это сделать, но, знаете, попытки эти стали для меня страшным разочарованием, потому что он действительно ушел очень глубоко в себя – и там и осталась <…> Он словно бы стал некой *черной дырой* (*czarną dziurą*) – представляете? – которая никогда уже не будет излучать свет».

Любовь действительно снимает с пианиста тот тонкий слой социализации, сводившейся в сущности к музыкальным экзерсисам, и обнажает его чисто животные инстинкты. Показательно, что, впервые встретившись с объектом своей любви, он почти по-звериному хочет завыть:

«Знаешь, ощущение было такое, словно осыпалась штукатурка и из-под нее вылезла корявая, чудовищно растрескавшаяся стена; вот точно так же передо мной предстало все, чем в течение долгих лет я занимался под материнским надзором, и казалось оно таким несущественным, а единственной реальностью была эта женщина, которая снова разговаривала с кем-то внизу. *Мне хотелось выть (Chciało mi się wyć)*».

Этот же инстинкт срабатывает, когда после окончания эксперимента возлюбленная пианиста исчезает окончательно. Тоска пробуждает в нем ту же реакцию:

«И я блуждал по Варшаве, искал ее. Господи, как я хотел ее найти! Ведь без нее я был инвалидом. На ночь я возвращался на улицу Желязну и *выл (wyłem)*, умоляя ее вернуться».

Тоска, которую испытывает после окончания эксперимента Ирена, – гораздо более сложное чувство. Прожив несколько лет в состоянии стресса, испытывая раздвоение личности, она неожиданно узнает о том, что эксперимент окончен, и это вызывает у нее ступор:

«Я стояла как громом пораженная. Техники даже смеяться стали: «Гляньте, как она зависла! Иренка, где у тебя кнопка, чтобы включить?».

Ирена довольно быстро понимает, что главная причина ее психологического состояния в том, что ее «вырвали из самого средоточия некоей жизни, пусть странной, основанной на лжи, но жизни, которая <…> была по-своему притягательна». Это опустошение вызывает у нее целый комплекс эмоций:

«Я поддалась чувствам и подолгу плакала <…>, и уже не знала, почему я плачу, - *от радости (z radości)*, что все наконец закончилось, или *от стыда (ze wstydu)*, а может, *от тревоги и тоски (z niepokoju i tęsknoty)*».

Избавление от тоски может прийти в результате покаяния, как это происходит с Пилатом у Булгакова и Иреной у Сосновского. Если же тоска не проходит, то это неизбежно ведет к деградации личности, как в случае со спившимся пианистом или с Мастером, попавшим в дом скорби.

3.4. «Не верь, не бойся, не проси!»

Одной из важнейших составляющих проблематики романа «Мастер и Маргарита» становится проблема преодоления страха в его тревожной, фобической форме. Не случайно средствами сюжета, а порой и напрямую, устами своих героев, автор доносит до своего читателя неписаный закон советского концлагеря: «Не верь, не бойся, не проси!».

Доверчивость Мастера к Алоизию Могарычу приводит его к аресту. Создатель романа о Пилате рассказывает Ивану Бездомному:

- А со мной случилась оригинальность, как нередко бывало в моей жизни... У меня неожиданно завелся друг. Да, да, представьте себе, я в общем не склонен сходиться с людьми, обладаю чертовой странностью: схожусь с людьми туго, *недоверчив*, подозрителен. И - представьте себе, при этом обязательно ко мне проникает в душу кто-нибудь непредвиденный, неожиданный и внешне-то черт знает на что похожий, и он-то мне больше всех и понравится.

Перед балом Сатаны Коровьев советует Маргарите:

- Я позволю себе смелость посоветовать вам, Маргарита Николаевна, *никогда и ничего не бояться*. Это неразумно.

Наконец, после бала Воланд учит ее:

- *Никогда и ничего не просите*! Никогда и ничего, и в особенности у тех, кто сильнее вас. Сами предложат и сами все дадут!

Испытание страхом – одна из главных проверок, которую устраивает Булгаков своим героям.

Понтий Пилат, приговорив бродячего философа к смерти, не проходит этого испытания. Афраний передает ему слова Иешуа, которые становятся критерием оценки всех булгаковских героев:

- Единственное, что он сказал, это, что в числе человеческих пороков одним из самых главных он считает *трусость*.

По большому счету, единственным героем романа, которому не свойствен этот порок, является Маргарита. Ей ведом страх, но она способна преодолевать его, как это происходит, например, при общении с Азазелло, которого она принимает за сотрудника «одного московского учреждения»:

- А между тем я к вам послан по дельцу.
Маргарита *побледнела и отшатнулась*.

- С этого прямо и нужно было начинать, - заговорила она, - а не молоть черт знает что про отрезанную голову! Вы меня хотите арестовать?

Маргарита сохраняет самообладание и душевное спокойствие, сталкиваясь как с государством, так и с «нечистой силой». Описывая ее душевное состояние после бала Сатаны и «извлечения Мастера», автор замечает:

«Интересно отметить, что душа Маргариты находилась в полном порядке. Мысли ее не были в разброде, ее совершенно не потрясало то, что она провела ночь сверхъестественно. Ее не волновали воспоминания о том, что она была на балу у сатаны, что каким-то чудом Мастер был возвращен к ней, что из пепла возник роман, что опять все оказалось на своем месте в подвале в переулке, откуда был изгнан ябедник Алоизий Могарыч. *Словом, знакомство с Воландом не принесло ей никакого психического ущерба*».

Следующее далее описание того психического ущерба, который принесло общение с Воландом и его свитой всем москвичам, построено на контрасте с этими строками:

Обнаруженный прячущимся в платяном шкафу четыреста двенадцатого номера «Астории» Римский был немедленно арестован и допрошен в Ленинграде же. После чего в Москву пришла телеграмма, извещающая о том, что *финдиректор Варьете оказался в состоянии невменяемости*, что на вопросы он путных ответов не дает или не желает давать и просит только об одном, чтобы его спрятали в бронированную камеру и приставили к нему вооруженную охрану <...>

Но вот Иван Николаевич Бездомный следователя заинтересовал чрезвычайно. Дверь Иванушкиной комнаты N 117 отворилась под вечер пятницы, и в комнату вошел молодой, круглолицый, спокойный и мягкий в обращении человек, совсем непохожий на следователя, и тем не менее один из лучших следователей Москвы. Он увидел лежащего на кровати, побледневшего и осунувшегося молодого *человека, с глазами, в которых читалось отсутствие интереса к происходящему вокруг, с глазами, то обращающимися куда-то вдаль, поверх окружающего, то внутрь самого молодого человека* <...>

На московском аэродроме совершил посадку шестиместный пассажирский самолет, прилетевший из Крыма. Среди других пассажиров из него высадился один очень странный пассажир. Это был молодой гражданин, дико заросший щетиною, дня три не мывшийся, *с воспаленными и испуганными глазами*, без багажа и одетый несколько причудливо. Гражданин был в папахе, в бурке поверх ночной сорочки и синих ночных кожаных новеньких, только что купленных туфлях <...> Через некоторое время незабвенный директор Варьете, Степан Богданович Лиходеев, предстал перед следствием <...> Между прочим, Лиходеев, по собственной его просьбе, был заключен в надежную камеру, и перед следствием предстал Варенуха, только что арестованный на своей квартире, в которую он вернулся после безвестного отсутствия в течение почти двух суток <…> Лишь после того, как администратору сказали, что он своим поведением, глупым и безрассудным, мешает следствию по важному делу и за это, конечно, будет отвечать, Варенуха разрыдался и зашептал дрожащим голосом и озираясь, что он *врет исключительно из страха, опасаясь мести Воландовской шайки*, в руках которой он уже побывал, и что он просит, молит, жаждет быть запертым в бронированную камеру.

Если Булгаков, транслируя формулу «Не верь, не бойся, не проси!», делает акцент на «не бойся», то главным для Сосновского становится первая из составляющих этого императива. Этот акцент задается уже самим названием произведения – «Апокриф Аглаи». Объясняя смысл заглавия своего романа, польский писатель говорил в интервью: «Апокриф, как вы знаете, это текст, близкий Святому Писанию, но написанный позже и не канонизированный. Я стремился придать повествованию религиозную окраску, и, в то же время, хотел показать, что ряд сюжетных линий не сообщают нам истину. В романе приводятся несколько версий, причем какая-то обязательно должна быть правдивой, а какая-то нет... Хочу тут добавить еще один «смысл». Его придумал не я, а один польский критик, но я с ним согласен. Идея в том, что любовь по сути своей апокрифична. Иллюзорна. Подобно словам о Святой и Единственной Любви. Но мы, тем не менее, влюбляемся еще и еще» (Иткин: www).

Эта иллюзорность любви особенно ярко подчеркивается в романе циничными размышлениями Ирены об алгоритме обольщения пианиста:

«Вы не думаете, что любовь – это нечто такое, что приходит в движение при помощи предсказуемых процедур? Алгоритм действий: доведение мужчины до неистовства. Первый шаг: обратить на себя внимание. Второй шаг: грациозно изгибаться, когда на меня смотрят. Третий шаг: слушать его сосредоточенно, буквально впитывая каждое слово. Рекомендуется широко распахивать глаза. Четвертый шаг: сказать ему, что он самый замечательный мужчина, какого я знаю, а потом отойти, чтобы он обдумал эту информацию».

Своеобразным символом обмана, дающим ключ к пониманию поведения героев романа, оказывается использованный при создании куклы-марионетки кинематографический эффект Кулешова.

«Вы, наверное, слышали об этом эксперименте времен немого кино, - рассказывает Ирена, - одно и то же лицо актера было смонтировано с кадрами, изображающими тарелку супа, женщину и кладбище, - и зрители восхищались тем, как актер тонко-мимически модулирует чувство голода, желания и скорби. Оказалось, что и в реальной жизни этот эффект тоже действует. Это обстоятельство и воображение Кшиштофа придавали лицу Аглаи выражение».

По словам теоретиков современного кино, «монтаж – средство манипулирования зрительским восприятием. Основа киноязыка. Способ выразить нечто такое, что выше каждого кадра в отдельности, – возникает мысль, тенденция, образ» (Кичин 2004).

В сущности этим же эффектом пользуется мать пианиста, которую тот называет *my coach*. Короткими репликами-командами она влияет на эмоции сына лишь для того, чтобы стимулировать его неустанно упражняться на рояле. Так же ведет себя «ангел-хранитель» пианиста агент ЦРУ Хэл Стерлинг. Стремясь сделать его своим союзником в добывании секретного робота, американец то пытается логически доказать пианисту, что его возлюбленная – робот («не избегает ли она манипулировать с очень маленькими предметами?», «может быть, она не чувствует скверных запахов?»), то пробует вызвать в нем банальную ревность («но вы уверены, что у нее нет там любовника?»).

Показательно, что замутненным сознанием пианиста и его возлюбленная, и Стерлинг вдруг воспринимаются как иномирные существа, от влияния которых можно освободиться только заклинанием:

«И почему я должен верить, что вы существуете? – смутно подумал он. – Что вы не являетесь продуктом моего затуманенного мозга? <…> Может, стоит попросить, чтобы это наконец кончилось? Простейшее заклятье: провалитесь вы все к чертовой матери. И всё – вас нету». Но у него не хватило смелости додумать до конца, кто скрывается за словом *вы*.

«Эффект Кулешова» срабатывает во время вхождения в чудовищный эксперимент и в сознании Ирены. Сначала ей, талантливой студентке-программистке, предлагают заниматься исследованиями в области бионики в интересах военных, потом ее увлекает сложность технической задачи и простое любопытство. Позже Ирена понимает, что знает так много, что ей просто так не дадут «выйти из игры». Сама Ирена называет тот психологический механизм, который привел ее к участию в этом эксперименте, «техникой маленьких шажков, постепенных уступок», «механизмом воздержания от принятия решений, которое и так осуществляется без вас»:

«Если бы во время учебы мне кто-нибудь вдруг сказал: доведи мужчину до откровенных признаний, обнажи его физически и психически и пусти это всё на экран для пяти человек, я бы, конечно, ответила «нет». Но после нескольких лет, в течение которых я входила в это всё глубже и глубже… <…> Вы не говорите ни «да», ни «нет», а в результате всё идет так, словно вы сказали «да». Но всё это происходит как бы вне вас».

Проблему действительности и иллюзорности происходящего приходится решать во время общения с Иреной и писателю Анджею Вальчаку. Вначале он воспринимает Ирену как героиню своего романа, сошедшую со страниц книги, выражаясь его словами, как «электрокофеварку, которая вдруг заговорила», и его собеседнице приходится напоминать ему: «А ведь мы действительно жили, неужто вы этого не понимаете?». Потом писатель сомневается в правдивости ее слов и целях встречи с ним:

«А вдруг Ирена была сумасшедшая? Или же агентом иностранной разведки, подосланной ко мне, чтобы своей фантастической историей скрыть правду, к которой я случайно подошел слишком близко?»

Выходом из этого заклятого круга сомнений для Вальчака становится «только то, что не вызывает никаких сомнений». Пробираясь в вечерних сумерках по криминогенному району Варшавы, опасаясь возможной слежки, писатель набирает в телефоне-автомате номер своего приятеля и в ответ на «исполненное тревоги "алло"» произносит только одно слово: «Jestem».

Вот как комментирует этот финал сам Ежи Сосновский: «Ну а «Апокриф Аглаи» кончается словом «jestem», я не знаю, как это будет по-русски, но в польском языке оно означает обычное начало телефонного звонка. Если перевести его, получится: «это я» или «я существую». Когда я писал это, я верил, что мы оба - я и мой герой - нашли лазейку, которая может привести нас к Правде» (Иткин 2005).

3.5. Мир смеется

Автор «Апокрифа Аглаи» на вопрос о том, что бы он испытал, если бы фантастика, описанная в его романе, оказалась реальностью, ответил в духе бахтинской монографии о Рабле: «Наверное, это был бы и страх, и счастье одновременно. Ведь миропорядок двойственен - он дает одновременно ощущение безопасности и порабощенности. Ну да, я бы испытал страх и ощущение свободы!» (Иткин: www). Чтобы показать эту двойственность, писатель насыщает роман гротескными ситуациями.

Анализируя в книге «Homo amphibolos / Человек двусмысленный» мифологические истоки гротеска, С.З.Агранович и С.В.Березин видят их в древнейшей оппозиции хаоса и космоса: «Гротеск можно рассматривать как недоструктурированные, недоразъятые «фрагменты», куски хаоса, прорвавшиеся в только что возникший космос и там продолжающие переживать метаморфозы» (Агранович, Березин 2005: *288*).

Возникновение представлений о хаосе в формировавшемся сознании наших «волосатых предков» исследователи связывают с развитием у них рефлексивной функции:

«Человеческий разум только формировался и еще не успел выстроить мифологическую модель Вселенной, границы были неустойчивы, бинарные оппозиции только складывались. Все это, вероятно, не могло не вызывать невротическую дезориентацию и мучительную неопределенность. Может быть, это и был хаос?» (там же: *287-288*).

С возникновением мифов творения хаос загоняется в подземный мир. «Хтонический хаос, - пишут С.З.Агранович и С.В.Березин, - сохраняет в себе черты первичного хаоса, такие, как непознаваемость, **источник тревоги, страха и опасности** <...> На границе космоса и хаоса всегда пребывает **смех**, маркируя извечность оппозиции и неразрушимость бинарной модели» (там же: *295. - Выделено мною. Е.С.*).

Эта же древнейшая оппозиция, по мнению исследователей, определяет и прямо противоположные эмоциональные состояния (страх и смех), и рефлексию по поводу границы, вызываемые гротеском у воспринимающего его индивида.

Три главных героя «Апокрифа Аглаи» постоянно рефлектируют по поводу границы между реальным и ирреальным.

Анджей Вальчак проводит эту границу вокруг собственного «Я»: я существую, а всё остальное в этой истории запутанно и малопонятно. Но даже произнесенное им слово *jestem* в силу его неоднозначности в речевой ситуации телефонного разговора сохраняет неопределенность границы.

Главная психологическая проблема Ирены заключается в том, что она не может «выработать однозначного эмоционального отношения к миру»:

Я думала: «Мне хорошо», - и одновременно: «Я этого не заслуживаю». Мне недоставало тех устройств и приборов, того пространства, и, когда я уже готова была разрыдаться от *тоски* (*z tęsknoty*), неожиданно разражалась *смехом* (*śmiechem*), до того нелепым все это мне казалось. *Я испытывала гордость* (*czułam się dumna*), и в то же время мне хотелось спрятаться со *стыда* (*ze wstydu*) в какую-нибудь мышиную норку.

Эта двойственность, по существу гротескность сознания людей, столкнувшихся с миром, который так или иначе представляется им чуждым и потому ирреальным, оборачивается гротескной ситуацией в финале вставного романа «Визит без приглашения».

Пианист Адам и герой-рассказчик Войтек в изрядном подпитии приходят поздним вечером в школу, где оба работают, и проникают в центр управления куклами-марионетками, замаскированный под школьную обсерваторию. Показательно, что в описании этого центра присутствуют типичные черты хтонического чудовища:

«...Адам <...> наклонился над устройством. Оно оказалось куда больше, чем нам показалось поначалу, и занимало три стены обсерватории. Справа оно *оскалилось* (*szczerzyła się*) черно-белой клавиатурой, смахивающей на клавиатуру небольшого синтезатора».

Пианист быстро догадывается, что кодом доступа к системе должна быть какая-то мелодия, сыгранная на этой клавиатуре. Перебрав множество композиций, он активирует систему с помощью марша из кинофильма «Веселые ребята», который известен в Польше под названием «*Świat się śmieje*» («Мир смеется»). Услышав звуки этой мелодии, герой-рассказчик, осознавший гротескность всей ситуации, думает про себя, что в данных обстоятельствах эта мелодия звучала «особенно издевательски». Активированная система запускает роботов, которые обладают всем необходимым антуражем гротескных хтонических существ:

«Во дворе <...> стали появляться в тусклом свете единственного фонаря какие-то силуэты <...> Люди вылезали по одному, по двое *из маленьких подвальных окошек над самой землей* <...> С такого расстояния они выглядели, *как маленькие фигурки из теста, еще мягкие, до конца не вылепленные, но уже оживленные случайным заклятием* <...> Никто из нас слова не вымолвил, точь-в-точь как если бы мы увидели целую *процессию призраков*».

Страшное заклятье, наложенное на пианиста иномирной куклой, снимается смехом:

- Представляешь, - наконец заговорил он, - эти автоматы... Эротические киборги, - голос у него задрожал, словно он сдерживал смех, - они, оказывается, стареют. Пыльные. Залежавшиеся. Облезлые. Просроченные. В вышедшей из моды одежде. Заплесневелые и грязные. *Уже почти мертвые. Вот уж поистине «Веселые ребята»* (в оригинале: *Świat się śmieje*).

Сопоставляя в своей знаменитой книге о Рабле возрожденческий гротескный реализм с гротеском, свойственным эпохе Романтизма, М.М.Бахтин объясняет истоки образа куклы-марионетки: «Для романтизма в этом мотиве на первый план выдвигается представление о ч у ж д о й нечеловеческой силе, управляющей людьми и превращающей их в марионетки, представление, совершенно не свойственное народной смеховой культуре. Только для романтизма характерен и своеобразный гротескный мотив т р а г е д и и к у к л ы» (Бахтин 1990: *48-49. – Везде разрядка автора*).

О том, каким был образ куклы в традиционной народной культуре можно судить по описанию циркового номера «Мото-фозо» (очевидно, искаженное *метафорфоза*), который приводит в своей книге «Ни дня без строчки» Юрий Олеша. Артист ведет себя на арене как кукла («не какая-нибудь экстравагантная кукла – страшная или комическая – нет, это просто <…> юный франт с голубо-розовым, как у куклы, лицом»), он даже падает навзничь, если его перестают поддерживать. Когда куклу проносят по кругу партера, то на «его застывшей маске» появляется «маска смеха», дружески общающаяся со зрителями. В финале номера артист «оживал» и «от радости, что ожил» убегал с арены (см. Олеша 1989: *311-312*). Комментируя этот фрагмент, С.З.Агранович и С.В.Березин отмечают, что описанный номер, который заимствован цирковыми артистами из архаических ритуальных практик, «воспроизводит в чистом виде изначальную модель отношений жизни и смерти и роль смеха, разделяющего и соединяющего оппозиционные полюса этой кардинальной модели» (Агранович, С.В.Березин 2005: *278*). Следует вспомнить и еще одну куклу Ю.Олеши – точную копию девочки Суок из «Трех Толстяков», сказки, наполненной духом карнавальности. Роль этой куклы тоже двойственна: ее изготовляют для наследника Тутти, чтобы тот не видел живых детей и тем самым не развивался эмоционально, но благодаря сходству с куклой Суок проникает во дворец Трех Толстяков и помогает восставшим.

Роль марионетки Аглаи, управляемой оператором Иреной, в романе Е.Сосновского столь же двойственна. Сцены любви марионетки и пианиста наполнены лиризмом и тем самым сакрализованы. Гротескно сталкивая их с циничными рассуждениями Ирены об алгоритме обольщения или технических особенностях управления марионеткой, автор иронически снижает, профанирует их. А границей сакрального и профанного становится смех, зачастую непроизвольный:

- …А кроме того, как бы это деликатнее выразиться, вся работа оператора ночью заключалась в том, чтобы вести марионетку от одного включения программы «Эрос» к другому…

Я захохотал.

- Простите, чисто нервное. Жаль, что вы не слышали, как он мне рассказывал про это. Для него то были главнейшие минуты в жизни. Вся ваша команда была шайкой подлых сукиных детей.

В блестящем исследовании, посвященном гротеску в романе «Мастер и Маргарита», Л.Б.Менглинова подчеркивает, что Булгаков переосмысливает романтическую гротескную традицию. Это переосмысление, по мысли исследовательницы, идет по многим линиям. Главное же заключается, с одной стороны, в пародийной десакрализации канонизированного всесилия Бога (Иешуа постоянно повторяет, что всё было не так, как записывал Левий Матвей), а с другой – в лишении «нечистой силы» традиционных для романтизма демонических черт (булгаковские бесы, говоря словами Рабле, «славные ребята и отличные собутыльники»). Таким образом, Булгаков на новом, реалистическом, витке возвращается к возрожденческому гротеску. «Очевидная в романе ирония над образами Бога и Дьявола, - пишет   Л.Б.Менглинова, - изменила поэтику страха в булгаковском гротеске. Мотив страха, безусловно, присутствует в утопии Булгакова, но источником его являются не фантастические силы, а люди, их мысли и поступки» (Менглинова 1991: 77).

Если в начале романа «нечистая сила» предстает в виде страшного «оно», а тоталитарное государство в виде коварных «они», что, как мы видели, активно подчеркивается синтаксическими средствами, то затем на протяжении всего романа «они» и «оно», говоря словами Бахтина, «развенчивается и превращается в смешных страшилищ» (Бахтин 1990: 58). Сеанс черной магии разоблачает сначала пошляка Бенгальского и развратника Семплеярова, а затем буквально *раз*-облачает, раздевает всю публику, поддавшуюся соблазну бесплатно приодеться. *Раз*-облачению наоборот подвергается грозный Прохор Петрович: от него остается только пустой костюм, выкрикивающий, подобно органчику в голове щедринского градоначальника, бюрократические приказы.

Смех маркирует в романе границу между добром и злом, структурирует отношения между «светом» и «тьмой», проводит черту, разделяющую радость и грусть, спокойствие и тревогу. В этом отношении весьма показательной выглядит сцена прощания Мастера и Маргариты с Москвой:

«Прервал молчание соскучившийся Бегемот.

- Разрешите мне, мэтр, - заговорил он, - свистнуть перед скачкой на прощание.

- Ты можешь *испугать* даму, - ответил Воланд, - и, кроме того, не забудь, что все твои сегодняшние безобразия уже закончились.

- Ах нет, нет, мессир, - отозвалась Маргарита, сидящая в седле, как амазонка, подбоченившись и свесив до земли острый шлейф, - разрешите ему, пусть он свистнет. Меня охватила *грусть* перед дальней дорогой. Не правда ли, мессир, она вполне естественна, даже тогда, когда человек знает, что в конце этой дороги его ждет *счастье*? *Пусть посмешит он нас, а то я боюсь, что это кончится слезами, и все будет испорчено перед дорогой!*»

Свист Бегемота, а затем и Коровьева маркирует окончание московской жизни Мастера и Маргариты, полной тоски и страха, и их переход к покою.

На фоне этой структурирующей роли смеха не таким уж «биномом Ньютона» выглядит и трансформация Коровьева-Фагота в финале романа, которая, по словам Г.Лесскиса, «убедительного объяснения до сих пор не получила» (Лесскис 1990: *648*).

Летящая к вечному покою Маргарита замечает, что «на месте того, кто *в драной цирковой одежде* покинул Воробьевы горы под именем Коровьева-Фагота, теперь скакал, тихо звеня золотою цепью повода, темно-фиолетовый рыцарь *с мрачнейшим и никогда не улыбающимся лицом*». Воланд объясняет ей, что «рыцарь этот когда-то *неудачно пошутил* <...>, его *каламбур*, который он сочинил, разговаривая *о свете и тьме*, был не совсем хорош. И рыцарю пришлось после этого прошутить немного больше и дольше, нежели он предполагал. Но сегодня такая ночь, когда сводятся счеты. Рыцарь свой счет оплатил и закрыл!»

Пошутив по поводу «света» и «тьмы», «темно-фиолетовый рыцарь» нарушил границы между мирами, поступив как типичный шут-трикстер. Воланд обрекает его на вечное выполнение трикстерских функций, нарядив в «драную цирковую одежду». Закрыв свой счет, рыцарь отправляется в мир тьмы «с мрачнейшим и никогда не улыбающимся лицом», ибо в мире мертвых улыбка есть не что иное, как признак, по которому опознается живой.

Но места смеху нет и в страшном мире тоталитарного государства. В древних мифах и эпических сказаниях гротескное хтоническое чудовище (дракон, сфинкс, Соловей-разбойник) после поражения от героя и осмеяния им проваливалось в подземный мир, а герой воцарялся. В реалистическом же литературном произведении в подземный мир вынуждены уйти победители: Воланд со свитой, а также Мастер и Маргарита. А уделом тех, чей душевный мир после встречи со страшным изменился, остается тоска, как это происходит с Иваном Николаевичем Поныревым у Булгакова и с Иреной у Сосновского. Если в возрожденческом гротескном реализме, согласно Бахтину, «победа над страхом <...> есть одновременно и его развенчание, и его обновление, его переход в веселье» (Бахтин, 1990: *105*), то в реализме XX века мир, отсмеявшись, погружается в прежний страх, усиленный тоской.

***

Дискурсивный анализ эмоциональных концептов в трех лингвокультурах, предпринятый в данной главе, позволил рассмотреть художественный дискурс как культурный сценарий реализации эмоциональных концептов. Функционируя в художественном дискурсе, эмоциональные концепты играют существенную роль в структуре художественного произведения. Так, культурные сценарии эмоций могут стать структурной основой сюжета эпического произведения, основой эмотивного поведения его героев, а межличностный конфликт в сюжете произведения может дополняться конфликтом тех или иных эмоций в душе героев.

В процессе дискурсивного анализа шести произведений русской, польской и чешской литературы, относящихся к разным жанрам (рассказ, повесть, роман), были выявлены следующие **функции эмоциональных концептов в художественных дискурсах рассмотренных произведений**.

1. Описанная в рассказе М.Кундеры «Никто не станет смеяться» динамика порождающих друг друга эмоций: *страх → унижение → гнев → страх* - фиксируется в исследуемых лингвокультурах в виде концепта 'жалость к самому себе вследствие унижения, вызывающая ответную агрессию'. Данный концепт вербализовался в чешском языке в лексеме *lítost*. Однако в анализируемом рассказе он реализуется лишь в виде культурного сценария. Культурный сценарий *литости* играет в данном рассказе сюжетообразующую роль, оказываясь своеобразной «пружиной», движущей сюжет этого произведения. Обрыв «цепочки» порождающих друг друга эмоций означает исчерпанность сюжета рассказа.

2. В рассказе М.Кундеры «Игра в автостоп» двигателем сюжета оказывается нежелание или неспособность героев следовать типичному культурному сценарию ревности, в соответствии с которым цель ревнующего – убедиться, что все подозрения в неверности любимой (любимого) безосновательны (см. пример 67 в § 4 гл. 2).

3. Эмоциональные концепты в рассказах М.Кундеры «Игра в автостоп» и «Эдуард и Бог» взаимодействуют с пространственным концептом черты, границы.

В первом из них данный концепт актуализируется как граница между природой и культурой, которую героине рассказа нужно перешагнуть, чтобы избавиться от излишнего стыда и иррационального страха. Эмоции, переживаемые героями «Игры в автостоп», кроме того, тесно связаны с особым чешским концептом «SOUKROMÍ» 'частная жизнь' (букв. 'то, что отделено кромкой'), не имеющим однословного соответствия в русском языке и пока не сформированным в русской лингвокультуре вследствие ее коллективизма.

Концепт черты как линии фронта, разделяющей чешское общество в 1950-1960-ые годы, актуализированный в рассказе «Эдуард и Бог», становится концентрированным выражением конформизма его героев, который вызван в конечном счете страхом перед тоталитарным обществом.

4. Концепт иррационального страха, вербализовавшийся в чешск. *úzkost*, польск. *lęk* и с некоторыми оговорками в русск. *тревога*, в проанализированных произведениях М.Кундеры, М.Булгакова, Е.Сосновского актуализируется в связи со страхом их героев перед тоталитарным государством. В романах «Мастер и Маргарита» и «Апокриф Аглаи» на него накладывается еще и страх перед непознанной сверхъестественной силой. Два этих источника, вызывающих иррациональный страх, в романе М.Булгакова актуализированы и на грамматическом уровне – за счет нагнетания безличных (актуализирующих страх перед «нечистой силой») и неопределенно-личных (актуализирующих страх перед государством) предложений.

5. Эмоциональным антиподом страха в трех указанных произведениях оказывается смех (недаром рассказ М.Кундеры включен в цикл «Смешные любови», роман Булгакова является сатирическим, а Е.Сосновский и его герои находят выход из психологического тупика в чувстве юмора). На уровне художественных приемов это противостояние смеха и страха реализуется в насыщении всех трех произведений гротескными ситуациями. На уровне культурных концептов – в рефлексии по поводу границы. Границы реального и ирреального, добра и зла, своего и чужого.

6. В романах М.Булгакова и Е.Сосновского актуализируется концепт «ТОСКА» и метафорические модели сжатия и пустоты, отражающие важнейшие семантические компоненты и этимологию соответствующей лексемы. Если первая модель реализуется при описании тоски,

сопровождающей страх практически всех героев данных произведений, то метафорическая модель пустоты используется лишь при описании духовного опустошения центральных героев обоих романов: Мастера, Маргариты, пианиста, Ирены.

***

Рассматривая древнейшие миромоделирующие бинарные оппозиции в славянских языках и культурах, Вяч. Вс. Иванов и В.Н.Топоров отмечали, что некоторые черты в творчестве больших писателей и художников можно было бы понять как порой бессознательное обращение к изначальному фонду древнейших языковых и ментальных структур и его возрождение (Иванов, Топоров 1965: *238*).

Предпринятый в процессе анализа эмоциональных концептов в художественном дискурсе **сравнительно-исторический подход** позволил рассмотреть в диахронии не только и **не столько языковые единицы, сколько** обозначаемые ими **культурные явления и ментальные структуры**, сохраняющиеся на периферии коллективного сознания в виде *социальной матрицы* (термин В.Михайлина) и актуализирующиеся в некоторые моменты исторического развития или в некоторых субкультурах. Результаты такого подхода к дискурсивному анализу выражаются в следующем.

1. Предпринятый в процессе анализа эмоциональных концептов в повести А.Куприна «Поединок» сравнительно-исторический подход позволил не только восстановить древнейшую языковую форму обозначения той или иной эмоции, но и гипотетически представить древнейшие ментальные структуры, рудиментарно сохранившиеся в современных языках. В частности, этот подход позволил восстановить мифологические истоки и древнюю семантику славянского концепта *ljutostь. Данный концепт передавал синкретически нерасчлененную семантику жестокости-жалости. Эта эмоция формировалась в древности в процессе обряда инициации молодых воинов и их дальнейшего воспитания

в «песье-волчьих» воинских союзах. Смысл такого воспитания заключался в обучении их обуздывать свои инстинкты, в том числе агрессивность, и направлять свою жестокость на врагов в «диком поле», а другую сторону агрессивности - милосердие, жалость – на соплеменников в пределах «культурного пространства». В сущности в повести А.Куприна за социально-психологическими проблемами русской армии на рубеже XIX-XX вв. ясно вырисовывается рассматриваемая автором общечеловеческая проблема древнего и современного соотношения жестокости и жалости.

2. Древний славянский концепт *ljutostь, несмотря на то, что в современной русской лингвокультуре соответствующий концепт не вербализовался, играет важную структурообразующую роль в эмотивном поведении героев повести «Поединок». Такие особенности их поведенческих установок, как враждебность к гражданскому населению даже собственной страны; стремление вырваться из армейского микросоциума, ограничивающего в правах всех военных; немотивированная жестокость по отношению к сослуживцам, - позволяют утверждать, что в их сознании срабатывает своеобразная «социальная матрица», сформированная в мифологическую эпоху.

3. Другая древнейшая социальная матрица, реализовавшаяся в сюжете повести, - отношения в любовном треугольнике «статусный муж» - «герой» «женщина, связанная со статусным мужем, но проявляющая интерес к герою». Данная матрица проецируется на отношения между Ромашовым, Шурочкой и Николаевым. Противостояние офицеров, заканчивающееся дуэлью, оказывается в сущности поединком «пса» и «волка» из-за «валькирии». При этом со всех точек зрения (древней, современной ему и будущей морали) Ромашов в результате дуэли терпит поражение.

4. В рассказе М. Кундеры «Эдуард и Бог» в образе главного героя реализуется образ мифологического трикстера, подкрепленный другой его ипостасью, возникшей уже в христианском сознании, - образом

евангельского блудного сына. Трикстерские черты в приложении к общественно-политической ситуации в Чехословакии в 1950-ые-1960-ые годы оказываются не чем иным, как конформизмом, позволяющим сохранить ироническую дистанцию по отношению к обеим противоборствующим сторонам.

5. В романе Е.Сосновского «Апокриф Аглаи» за техническим антуражем, сопровождающим марионетку Аглаю, отчетливо просматривается богатейшая культурная традиция и семиотический комплекс как мифологических, так и более поздних представлений, связанных с образом куклы. Эти представления двойственные, поскольку кукла в народных верованиях кукла воспринималась как заместитель человека, его «модель» и одновременно как иномирное существо, подобие нечистой силы, способное принести зло. Столь же двойственной оказывается и роль куклы-марионетки в романе Е.Сосновского. С одной стороны, сцены любви марионетки и пианиста наполнены лиризмом и тем самым сакрализованы. Благородна и сверхзадача, которую ставит перед собой в страшном эксперименте оператор куклы Ирена: из робота, в которого пианиста превратила мать, сделать его полноценным человеком. С другой стороны, гротескное столкновение сцен любви с циничными рассуждениями Ирены об алгоритме обольщения или технических особенностях управления марионеткой, иронически снижает, профанирует их.

***

«Дискурс , - полагает Н.Г.Блохина, - отражает ментальность участников процесса коммуникации: этнографические, психологические социокультурные правила и стратегию порождения и понимания речи в тех или иных условиях» (Блохина 2003: 3). Как пишет В.И.Шаховский, «видовой и индивидуальный когнитивный опыт языковой личности в сочетании с эмоциональным дейксисом и определяют содержание культурного референта той/иной социальной эмоции, концептуализованной и лексикализованной в данном этносе, в отличие от его содержания в другом/других этносах» (Шаховский, 2003: *310*). Дискурсивный анализ эмоциональных концептов как раз и позволил выявить **национальное своеобразие русской, польской и чешской лингвокультур в выражении ряда негативных эмоций**. Это своеобразие можно свести к следующим моментам.

1. В рассказе «Игра в автостоп» актуализирован чешский эмоциональный концепт – «SOUCIT». Рассматривая его в романе «Невыносимая легкость бытия», М.Кундера подчеркивает его лингвоспецифичность для чешской лингвокультуры и самое высокое положение в иерархии чувств. Наиболее точным его вербальным соответствием в русском языке является не словарный эквивалент *сочувствие*, а, как удалось установить в процессе анализа, слово *чуткость*, обозначающее, как и чешск. *soucit*, способность разделить не только неудачу, но и радость партнера.

В сущности в основе конфликта рассказа – конфликт эмоций *soucit* и *lítost*. Первая сопровождает любовь героев произведения до начала «игры в автостоп». Вторая, как и в рассказе «Никто не станет смеяться», стремительно раскручивает развитие сюжета. Открытый финал «Игры в автостоп» - это вопрос о том, сможет ли молодой человек призвать на помощь свою *чуткость (soucit)*, чтобы сначала победить в себе *lítost*, а затем утешить девушку и восстановить с ней прежние отношения.

2. Анализ индивидуально-авторских метафор страха в повести А.Куприна «Поединок» позволяет сделать вывод о том, что, если в польском и чешском языках метафорический перенос, основанный на сжатии, стал общеязыковым (см. чешск. *úzkost*, польск. *lęk*), то русском языке он может реализоваться в виде авторской метафорической модели. См. у Куприна метафоры *ограниченная узенькая жизнь, узость замкнутой жизни* и антоним к ним – *оттяжка* (ср. в современном молодежном жаргоне *оттянуться* 'весело провести время').

3. В повести «Поединок» Куприн создает несколько специфических, характерных именно для русской языковой личности, культурных сценариев эмоции, которая не вербализовалась в русской лингвокультуре, а по-чешски называется *lítost*. Исходя из этих сценариев, русский путь избавления от *литости* заключается не в том, чтобы сделать другого таким же несчастным, а в том, чтобы сострадать тому, кто так же или еще более несчастен.

4. При всем сходстве актуализации концепта иррационального страха в романах М.Булгакова «Мастер и Маргарита» и Е.Сосновского «Апокриф Аглаи» каждый из писателей делает акцент на наиболее важном для соответствующей лингвокультуры аспекте этого концепта. Для польского писателя наиболее важным становится процесс переживания иррационального страха его героями, влияние этой эмоции на психику их личности, стремление провести границу между реальным и ирреальным. В центре внимания русского писателя оказываются межличностные связи, отношения личности и общества, как вызывающие страх, так и помогающие его преодолеть. Способность преодолевать страх — важнейший критерий оценки Булгаковым своих героев, который сформулирован словами Иешуа о том, что один из главных человеческих пороков – трусость.

ЗАКЛЮЧЕНИЕ

Лингвокультурологический и дискурсивный анализ эмоциональных концептов в трех славянских языках, предпринятый в настоящей монографии, позволил выявить роль мифа и ритуала в их формировании.

Миф и ритуал не только социализировали простейшие эмоции, подчиняя их интересам нарождающегося социума, но и способствовали их формированию.

Так, в процессе обряда инициации (посвящения подростков в статусные члены социума), который нередко проводился путем испытания холодом, формировалось чувство стыда (см. русск. *стыд*, польск. *wstyd*, чешск. *stud*, которые этимологически связаны со словами *стужа, застыть* и несут идею холода), т.е. иррационального страха перед социумом за нарушение ритуала и налагаемых в его процессе табу. Иногда такой обряд проводился в форме изгнания от костра или из пещеры. Акт изгнания из социума закрепился в польск. *hańba* и чешск. *hanba* 'позор', мотивированных глаголом *ganiti 'гнать'.

Погребальный обряд, проводившийся первоначально в форме трупосожжения с последующим захоронением праха в особых пещерах, а с появлением рукотворных жилищ и печей в них – под печью либо в специальных нишах, печурках, сформировал представления о печали (русск. *печаль* < *печь*, польск. *żal*, чешск. *žal* < *žar*).

Поскольку погребальный ритуал – это коллективное действие, то печаль осмысливалась как в определенной степени коллективная эмоция, а также как специфическая форма контакта с умершим и потому не только тяжелое, но и светлое чувство.

В мифологической картине мира, основанной на многочисленных бинарных оппозициях, которые в конечном счете восходят к оппозиции *хаос - космос*, связанной с мифом творения, складывались отразившие представления о хаосе эмоции, имена которых передаются корнем *mǫt- -

*męt- (см. русск. *смущение, смятение, муторный, мутный, смутный,* польск. *smutek, smętek,* чешск. *smutek, zármutek*).

На основе ритуала жертвоприношения возник миф о сотворении мира первосуществом из кусков собственного тела. Этот жестокий, лютый акт расчленения, разрубания тела каменным ножом или топором был одновременно и животворящим актом структурирования, организации обитаемого человеческого мира. На основе данных мифо-ритуальных практик возник древнейший эмоциональный концепт *ljutostь, обозначавший синкретическую, нерасчлененную эмоцию жестокости-жалости, имя которой восходит к и.-е. *lēu- 'камень'. Этот синкретизм семантики слов, восходящих к корню *ljut, до сих пор в той или иной степени ощущается во всех славянских языках.

В мифах творения хаос «загоняется» в подземный мир. Связанный с этим миром хтонический хаос (так же, как и вышедшие из этого мира сверхъестественные хтонические существа) становится источником иррационального страха. В языке концептуализируется безотчетный страх как следствие вселения в человека сверхъестественных хтонических существ – *страхов* (см. русск. *Он не в силах бороться с собственными страхами, Страх овладел ею* и под.).

Основополагающие пространственные концепты (например, *черты, границы, линии, межи, рубежа, ограды*) в мифах творения актуализируются и приобретают сакральный смысл как ритуально непреодолимые препятствия между своим и чужим, природой и культурой – в конечном счете между хаосом и космосом (ср. чешск. *čara* 'черта, линия' и *čary* 'чары, волшебство, колдовство', *čarovat* 'чаровать, колдовать'). См. Rejzek: *112.*

Одновременно формируется такая мифологическая фигура, как трикстер, - демонически-комический дублер культурного героя, наделенный чертами плута, озорника (например, дублер Ромула Рем, попытавшийся перепрыгнуть через магическую черту, намечавшую границу будущего Рима, что равносильно нарушению, а значит, и разрушению границы и культурного локуса в целом). Двойственность, амбивалентность фигуры трикстера породила многочисленные имена эмоций (и соотносящиеся с ними названия действий, признаков и лиц) со значением гнева, имеющие синкретические, нерасчлененные позитивно-негативные ценностные характеристики (см. русск. *ярость, безумие, безумство, шалить, шальной, шалопут, шалава*, чешск. *zuřivost, šílenství*, польск. *szał, szaleństwo, szalony*). Священное безумие, беспорядочное движение, ритуальное вредительство, развратность, одним словом, антиповедение – все это черты, присущие трикстеру. Позднее семантика этих корней эволюционировала от синкретического состояния священного безумия во время ритуальных действ к различным формам неестественного поведения, в том числе к гневу и сумасшествию.

Таким образом, смеховая фигура трикстера, балансируя на грани миров, актуализирует смех как маркер неразрушимости бинарной модели хаоса и космоса. Одновременно она является предтечей многочисленных литературных шутов и плутов – от евангельского блудного сына и средневековых героев Рабле до Швейка и Остапа Бендера.

Древнейшая оппозиция хаоса и космоса порождает и такой литературный прием, как гротеск, а также вызываемые им прямо противоположные эмоциональные состояния (страх и смех) и рефлексию по поводу границы. В языке данная оппозиция породила такую стилистическую фигуру, как оксюморон (см. *горячий снег, живой труп, обыкновенное чудо*).

Семантическим аналогом хаоса в традиционной культуре была пустота. Семантический компонент пустоты, имеющийся в русск. *тоска*, польск. *tęsknota*, чешск. *stesk* (который возник вследствие этимологической связи этих слов с *тощий* и *тщетный*), отражает семиотику пустоты, возникающую в социуме вследствие смерти одного из его членов. Присутствующая в их значении сема 'сжатие' (благодаря этимологическому родству данных лексем с *тискать*) маркирует и семантику иррационального страха, неизбежно возникавшего у социума в результате «прорыва» хтонической пустоты в «культурное пространство» вместе со смертью близкого человека.

В синтаксисе современного польского языка отражена эта связь двух миров, возникающая в результате тоски. Польск. *tęsknota* сочетается с предложно-падежной формой *za* + Т.п., в результате объект тоски предстает как расположенный за некой чертой, в ином мире.

Традиционная культура осуждает неумеренную тоску именно потому, что осмысливает ее как прорыв хтонического хаоса в обитаемый, человеческий мир. Предписывая вспоминать покойников только в строго определенные дни и в соответствии с определенными ритуалами, социум стремится с помощью обрядов, с одной стороны, защитить «культурное пространство» от чуждого мира мертвых, а с другой – установить гармонию взаимоотношений между этими мирами.

Складывавшаяся социальная организация первобытного общества и ритуалы, маркирующие переход его членов из одного социального статуса в другой, ритуализируют и сезонный процесс преодоления черты между «своим» культурным пространством и «чужим» диким полем. Воины и охотники, покидавшие весной общинные поселения, а затем осенью возвращавшиеся в культурное пространство, проходили определенные обряды, которые были призваны «перекодировать» их поведение.

Так, готовясь к переходу в «дикое поле», юноши в первобытном обществе проходили магическо-религиозные испытания, в процессе которых их нередко доводили до «боевого бешенства» с помощью наркотических средств. «Надевание шкуры хищника, - пишет польский этнограф А.Гейштор, - должно было изменять их психику, освобождая от человеческих норм поведения» (Gieysztor 1982: *230*). Очевидно, что распространенные у славян верования в так называемых волколаков (волков-оборотней) связаны с данным обрядом. Члены подобных охотничье-воинских коллективов должны были осмысливать себя и регулировать свое поведение исходя из того, что они являются воплощением тотемного зверя.

В данных коллективах формировались и особые речевые практики, мужской обсценный код. Как отмечали в своих исследованиях Б.А.Успенский и В.Ю.Михайлин, эта особая ритуально-идентификационная знаковая система в современной культуре трансформировалась в мат. В своей знаменитой книге о Рабле М.М.Бахтин подчеркивал амбивалентность, двунаправленность слова в матерной речи: «…В смысловых и ценностных системах новых языков и новой картине мира эти выражения совершенно изолированы: это – обрывки какого-то чужого языка, на котором когда-то можно было что-то сказать, но на котором теперь можно только бессмысленно оскорбить. Однако было бы нелепостью и лицемерием отрицать, что какую-то степень обаяния … они еще продолжают сохранять. В них как бы дремлет смутная память о былых карнавальных вольностях и карнавальной правде» (Бахтин 1990: *35*). Параллельно с этими ритуальными практиками и ритуальной жестокостью формировалось, по-видимому, и представление о гневе как регуляторе социальных отношений.

Возвращение «псов» и «волков» в «культурное», «человеческое» пространство сопровождалось обрядами очищения, поскольку, по словам В.Ю.Михайлина, они по определению являются носителями хтонического начала, магически "мертвы" и как таковые попросту "не существуют". По словам исследователя, во время очистительных обрядов, например, в Спарте бывшие "волки" «претерпевали весьма болезненные испытания, заливая своей кровью жертвенник Афродиты» (Михайлин 2000: *353-354*). Не в последнюю очередь данный обряд, по-видимому, способствовал психологическому и социальному «переключению кодов», когда синкретичная эмоция *ljutostь должна была при переходе «культурное пространство» превратиться из жестокости в милосердие, жалость.

На фоне этих сезонных пересечений границы «культурного» и хтонического пространства убийство Ромулом Рема, по мнению В.Ю.Михайлина, может быть осмыслено как пресечение первым «собачье-волчьей» сезонности и причисление трикстера, маргинала Рема к лику героев (Михайлин 2001: *302*).

С возникновением личного пространства (города, двора, дома) все внешнее по отношению к нему также осмысливается как хаос (ср. обычаи не разговаривать через порог с гостем; подавать еду во время колядования не через дверь, а через окно, оставаясь под защитой дома). «Чужой», связанный с силами хаоса, мог нанести вред даже взглядом, направленным из-за границ «культурного пространства». Под влиянием этой веры в «дурной глаз» понятие зависти вербализовалось в русском, польском и чешском языках в лексемах *зависть / zawiść / závist*, мотивированных глаголами зрения. Кроме того, в польском языке сформировалось синкретическое, нерасчлененное понятие зависти-ревности, вербализовавшееся в лексеме *zazdrość*.

***

Чешский писатель Милан Кундера в эссе 1984 года «Похищенный Запад, или Трагедия Центральной Европы» рассматривает восприятие России и русской судьбы польским писателем Казимежем Брандысом:

«Казимеж Брандыс рассказывает поучительную историю о том, как один польский писатель встретил великую русскую поэтессу Анну Ахматову и стал жаловаться ей на свое тяжелое положение (его запретили печатать). Ахматова прервала его: "Вам грозит арест?". - Поляк ответил отрицательно. – "Вас выгоняют из Союза?" – "Нет". "Тогда о чем идет речь?" - искренне удивилась Ахматова.

Брандыс комментирует: "Таково утешение по-русски. По сравнению с русской судьбой ничто не должно казаться страшным. Происходит, однако, иначе. Русская судьба не вписана в наше сознание, она является для нас чем-то чужим, мы не чувствуем себя родственными ей или ответственными за нее. Она довлеет над нами, но не является нашим наследием. Я всегда это чувствовал в русской литературе. Я боялся ее. По сей день я боюсь некоторых рассказов Гоголя и всего Салтыкова-Щедрина. Я предпочел бы не знать их мира, не знать, что он существует"».

Объясняя такой образ России в сознании польского писателя, Кундера пишет:

«Брандыс не отвергает искусства Гоголя, но его пугает мир, который это искусство вызывает: он очаровывает и притягивает нас, когда находится далеко, и отталкивает всей своей страшной чуждостью, когда окружает нас вблизи; у него другие (бо́льшие) размеры несчастья, другой образ пространства (такого огромного, что в нем исчезают целые народы), другой (медленный и терпеливый) ритм времени, другой способ смеяться, жить и умирать» (Kundera$_2$: www).

Думается, что подобное восприятие России польским и чешским писателями лишь в некоторой степени обусловлено «исторической памятью» и тем негативным влиянием, которое оказала в XX веке Россия на судьбы их стран. Во многом этот образ России в ментальности писателей, позиционирующих свою принадлежность к культуре Запада, оказывается отголоском древнейшей оппозиции *хаос – космос*, которая в современном сознании трансформировалась в противопоставление *Востока* и *Запада*.

Как уже отмечалось, многими лингвистами, историками и культурологами был сделан вывод о приоритете индивидуума в культуре Запада и коллектива – в русской культуре. Думается, что результаты анализа эмоциональных концептов, предпринятого в настоящей монографии, убедительно подтверждают доминанту личностного начала в проявлении рассмотренных негативных эмоций в чешской и польской лингвокультурах, как лингвокультурах западных, принадлежащих к группе Slavia Latina, и приоритет коллективного начала, определяющего проявления данных эмоций в русской лингвокультуре.

Так, выражение иррационального **страха** в *русском* языке грамматическими средствами (формой мн.ч. *страхи*) концептуализирует на грамматическом уровне представления об этом виде страха как результате вселения в душу человека злых духов (*страхов*). В результате в русской лингвокультуре иррациональный страх воспринимается как болезнь, выходящая за рамки нормального поведения. Одновременно в русской языковой картине мира бо́льший удельный вес имеет страх перед социумом, выступающий как регулятор социальных отношений.

Напротив, *польскому* и **чешскому** языку свойственны бо́льшая употребительность и более богатый репертуар языковых средств со значением иррационального страха (см. польск. *lęk, przestrach, przerażenie*; чешск. *úzkost, úlek*). Одновременно в польской и чешской лингвокультурах более важным оказывается страх перед необъяснимыми, потусторонними явлениями. Именно на этом индивидуалистическом страхе зачастую концентрируется личность, оставляя на периферии социальные страхи.

В этом отношении весьма показательны результаты дискурсивного анализа концептов иррационального страха в романах М.Булгакова «Мастер и Маргарита» и Е.Сосновского «Апокриф Аглаи». Если в романе польского писателя акцентируется переживание иррационального страха центральными героями произведения и стремление провести границу между реальным и ирреальным, то в романе русского писателя главным становятся межличностные связи, отношения личности и общества, как вызывающие страх, так и помогающие его преодолеть. Таким образом, каждый из писателей акцентирует внимание на наиболее важном для соответствующей лингвокультуры аспекте концепта иррационального страха.

С этими различиями в проявлениях страха коррелируют особенности выражения эмоции **гнева**. В *русской* картине мира гнев, как и страх, оказывается средством регулирования социальных отношений: многие виды гнева имеют однозначно положительную ценностную характеристику (см. *праведный гнев, ярость благородная*). Параллельно для русской ментальности характерна положительная оценка различных проявлений авторитаризма, а также в определенных ситуациях и таких речевых практик, как мат. Различные формы агрессии (в том числе и с использованием обсценной лексики) в русской лингвокультуре позволяют поднять (по крайней мере, ситуативно) собственный социальный или психологический статус.

В *польской* и *чешской* картинах мира все конкретно-чувственные проявления гнева воспринимаются как аналог психического расстройства (см. польск. *wściekłość, szał, pasja, furia*, чешск. *zuřivost*, которые могут использоваться как для обозначения гнева, так и для описания психической болезни), а в польской лингвокультуре ни одна из эмоций гнева вообще не получает однозначно положительной характеристики. Одновременно в данных лингвокультурах гнев воспринимается как унижение личности.

Во всех трех сравниваемых лингвокультурах сформировалось представление о **позоре** как способе наказания взбунтовавшейся личности. Однако в *русской* картине мира *позор* (< *зреть*), т.е. публичное осуждение взбунтовавшейся личности путем всеобщего обозрения, воспринимается как ее понуждение к смирению и урегулированию своих отношений с коллективом. В *польской* и *чешской* картинах мира позор – это изгнание личности из общества (польск. *hańba*, чешск. *hanba* 'позор' < *ganiti 'гнать').

В *русской* лингвокультуре эмоция *печали*, выражающая **уныние в связи со смертью близкого человека**, до сих пор воспринимается как эмоция в значительной степени коллективная (ср. невозможность использования лексемы *печаль* в дативных конструкциях типа **Мне печально*). В *польской* и *чешской* лингвокультурах возникающие в аналогичных ситуациях эмоции *smutek* и *żal / žal* воспринимаются как более личностные, интимные или отчасти демонстративные.

Эмоция **тоски** в *русской* языковой картине мира на первый взгляд кажется очень личностной: причины, ее вызывающие, могут быть любыми, формы, в которых она может проявляться, - весьма многообразными (от депрессии и тихого запойного пьянства до бурных агрессивных проявлений). Между тем весьма примечательно, что тоска другого человека воспринимается окружающими как нечто извинительное даже в тех случаях, когда внешние проявления этой тоски грозят им серьезными неудобствами. Это, пожалуй, один из немногих случаев, когда общество в русской лингвокультуре относится к личности с пониманием и чуткостью. Следовательно, тоска в известной степени не разрывает, а, наоборот, укрепляет межличностные связи. С другой стороны, сама тоска на самом деле не столько личностное, сколько социальное чувство (это, в частности, отличает *тоску* от *грусти*). В самом деле, тоска по умершему или отсутствующему человеку – это стремление восстановить утраченные социальные связи. Безобъектная тоска (*Мне тоскливо*) на самом деле вызвана тем или иным разрывом с обществом (потерей работы, неудовлетворенностью карьерой, проблемами в семье, отсутствием цели в жизни). Даже в тех случаях, когда тоска вызвана потерей вещи (семейной реликвии, фотографии, подарка), то в конечном счете это тоже тоска по людям, с которыми человек был связан через эту вещь.

На этом фоне в ***чешской*** языковой картине мира тоска предстает как более личностное чувство. Это проявляется в многообразии лексических средств, обозначающих тоску (см. чешск. *stesk, tíseň, tesknota, touha*), каждое из которых акцентирует внимание на том или ином аспекте переживания данной эмоции, а также в специфической синтагматике глагола *stýskat se*, который является безличным, употребляется только в дативных конструкциях (типа *Stýska se mi po tobě*), маркирующих спонтанность наступления тоски.

Польская тоска на фоне русской и чешской лингвокультур занимает промежуточное положение. В отличие от чешского языка эмоция тоски передается в польском языке лишь одной лексемой *tęsknota*. Однако более личностный характер тоски в польской лингвокультуре в отличие от русской проявляется в том, что польск. *tęsknota* может сопровождаться различными видами направленной на себя агрессии, которая позволяет избавиться от тоски.

Обида в *русской* языковой картине мира двунаправлена: это и внутреннее переживание, и гневная апелляция к обидчику. Таким образом, русская языковая личность, пережив обиду, так или иначе нацелена на переоценку своих отношений в обществе. В **польской** и **чешской** языковых картинах мира эта эмоция «прорисована» очень тщательно. Обе лингвокультуры стремятся акцентировать различные аспекты обиды в соответствующих лексических парадигмах (см. польск. *uraza, obraza, krzywda, żal, pretensja*; чешск. *urażka, křivda*). При этом в чешской лингвокультуре акцент делается именно на том личностном ущербе, которое нанесла человеку обида. Польская лингвокультура занимает промежуточное положение, сближаясь с чешской переживанием личностного ущерба, несправедливости и жалости к себе, а с русской – агрессивной реакцией на обиду, выражаемой лексемой *pretensja*.

В сценарии **ревности** (< *rьva 'гнев') в *русской* языковой картине мира на первый план выходит гнев, который, выступая в качестве регулятора социальных отношений, гипотетически позволяет отомстить «разлучнику» и восстановить связи с объектом ревности. Для **чешской** языковой картины мира главное в ревности (чешск. *žárlivost* < *žar 'жар') – страсть, сопровождаемая страданием, а для **польской**, где лексемой *zazdrość* обозначается синкретическое, нерасчлененное чувство зависти-ревности, - зависть. Таким образом, русская эмоция ревности направлена на восстановление социальных связей, аналогичные эмоции в польской и чешской лингвокультурах замыкаются на личностных переживаниях.

В **чешской** лингвокультуре сформировался и вербализовался лингвоспецифичный концепт «**LÍTOST**», обозначающий жалость к себе вследствие несправедливости, обиды или зависти и мгновенную агрессивную реакцию, направленную на источник данной эмоции или вообще на постороннее лицо. Хотя в польской и русской лингвокультурах данный концепт не вербализовался, он может существовать в русской и польской ментальности в виде культурного сценария. Типичный сценарий снятия *литости* - прямая или провокативная агрессия. Однако в русской лингвокультуре выработался еще один сценарий. *Русский* путь избавления от *литости* заключается не в том, чтобы сделать другого человека таким же несчастным, а в том, чтобы сострадать тому, кто так же или еще более несчастен. Таким образом, русская *литость* направлена не столько на то, чтобы самоутвердиться, сколько на гармонизацию отношений с обществом.

В сравниваемых лингвокультурах фрагмент языковой картины мира, связанный с эмоциями, складывался и **под влиянием исторической судьбы народов**. В проанализированном материале в этом отношении особенно показательны два эмоциональных концепта в *чешской* лингвокультуре. Это уже упоминавшийся концепт «**LÍTOST**», сложившийся и вербализовавшийся в чешской лингвокультуре в силу того, что история Чехии была бесконечной историей сопротивления тем, кто сильнее, неминуемо приводя к поражениям – то есть, по Кундере, историей *литости*.

Другой эмоциональный концепт, на возникновение которого оказала влияние история чешского народа, - это концепт «**ZÁŠŤ**». Обозначая чувство враждебности, которое рождается из подавленной и потому бессильной злобы, она передает своеобразный отложенный гнев, затаенную ненависть. Как правило, это происходит, когда человек, испытывающий злобу, не может излить ее на объект (который обычно сильнее его или удален от него). Данный концепт сформировался, по-видимому, в результате потери независимости и угнетенного положения чехов на протяжении веков.

На *русскую* идеологию огромное влияние оказало **православие**. Весьма показательна оценка этого влияния с точки зрения идеологии Запада, которую приводит в одном из своих интервью писательница Светлана Алексиевич: «На Западе я слышала такое мнение: мол, ваши проблемы - в ортодоксальности вашей православной церкви. Для нас как бы неважно земное, у нас нет дома, нам подавай Вселенную... Возьмите русскую философию. Там только о жизни Духа. Совершенно унижена плоть, унижено все материальное. Это, по-моему, опасно для человека. Жизнь человека сразу обесценивается. И человек говорит: „Если я буду жить там, то мне совсем недорого все здесь"» (цит. по: Тер-Минасова 2000: *209*).

Оставляя в стороне оценочный аспект этого суждения, следует отметить, что православное сознание как раз и пытается гармонизировать отношения между духовным и материальным с помощью такой категории, как **совесть**. В статье «Русская языковая картина мира и православное сознание» Е.В.Петрухина подчеркивает: «Внутренняя форма слова *совесть* (*со-весть*) толкуется как 'общее, совместное знание о нравственном законе, Добре, Боге'» (Петрухина: www). *Русский* фрагмент языковой картины мира, построенный по тернарной модели, представляет совесть как нечто идущее от Бога и потому внешнее по отношению к человеку, его душе и телу (см. русск. *Ему совестно*, где угрызения совести предстают навязанными свыше, а также пословицу *Глаза – мера, душа – вера, совесть - порука*).

Соответствующие фрагменты польской и чешской картин мира построены по бинарной модели. Совесть находится в самом человеке: в чешской языковой картине мира – в его сознании (см. выражение *svědomí a vědomí*), в польской – в душе (см. пословицу *Co oko ciału, to sumienie duszy*). Совесть в этих картинах мира подвижна (см. определение А.Брюкнера: «*sumienie* – od *są* i *mnieć* 'mniemać tak i siak'»), ею можно управлять (см. чешск. *řídit svým svědomím*).

*   *
*

В статье «Предисловие к вариации», опубликованной в 1985 году, Милан Кундера, объясняя, почему в разгар событий 1968 года он отказался работать над инсценировкой «Идиота» Достоевского, написал, что это не было антирусской реакцией чеха на советскую интервенцию. Причиной оказался художественный мир русского писателя. «В Достоевском, - пишет Кундера, - меня непосредственно раздражал климат его произведений: мир, где все обращается в чувства; иными словами, где чувства возводятся в ранг ценностей и истин» (Kundera[1]: www). Вся статья Кундеры проникнута идеей, о том, что возведение чувств в ранг ценностей и истин и есть важнейшая особенность русского менталитета, совершенного непохожего на менталитет западный. Опираясь на мысли, высказанные в речи перед выпускниками Гарвардского университета Александром Солженицыным, Кундера пытается обосновать принадлежность России к иной, не западной, цивилизации: «В известной гарвардской лекции Солженицын отнес начало кризиса Запада к эпохе Ренессанса. В таком случае Россия выражает и объявляет себя как отдельная цивилизация. Действительно, ее история отличается от истории Запада тем, что там не было Ренессанса и духа, который был им создан. Поэтому в русской ментальности существует другое соотношение между рациональностью и чувственностью, в этом соотношении и заключается тайна русской души (ее глубины и ее брутальности)» (Kundera[1]: www).

Полемизируя с суждением чешского писателя о том, что тип человека, описанный Достоевским, только на родине Достоевского и обитает, Иосиф Бродский отметил, что этот факт свидетельствует лишь о неспособности

Запада создать писателя, «равного - по докапыванию до глубин – Достоевскому» (цит по: Кузнецов: www).

Завершая упомянутую Кундерой гарвардскую лекцию, в которой еще в 1978 году были сформулированы важнейшие вызовы XXI века, Солженицын говорил: «Если не к гибели, то мир подошёл сейчас к повороту истории, по значению равному повороту от Средних Веков к Возрождению, - и потребует от нас духовной вспышки, подъёма на новую высоту обзора, на новый уровень жизни, где не будет, как в Средние Века, предана проклятью наша физическая природа, но и тем более не будет, как в Новейшее время, растоптана наша духовная» (Солженицын: www).

Как видим, русский писатель попытался решить важнейшую, по его мнению, проблему нашего времени на основе тернарной модели: чтобы гармонизировать отношения между физическим и духовным, нужно подняться «на новую высоту обзора». Что это за высота – осталось за пределами лекции. Но в русской языковой картине мира этой высотой, этой «порукой» является совесть.

СПИСОК ИСПОЛЬЗОВАННОЙ ЛИТЕРАТУРЫ

1. Научная литература

Агранович, С.З., Рассовская Л.П. Историзм Пушкина и поэтика фольклора / С.З. Агранович, Л.П. Рассовская. – Куйбышев: Изд-во Саратовского университета, Куйбышевский филиал, 1989. – 192 с.

Агранович, С.З. Миф, фольклор, история в трагедии «Борис Годунов» и в прозе Пушкина / С.З. Агранович, Л.П. Рассовская. – Самара: Изд-во «Самарский университет», 1992. – 216 с.

Агранович, С.З. Гармония – цель – гармония: Художественное сознание в зеркале притчи / С.З. Агранович, И.В. Саморукова – М: Международн. ин-т семьи и собственности, 1997. - 135 с.

Агранович, С.З. Двойничество / С.З. Агранович, И.В. Саморукова – Самара: Самар. ун-т, 2001. - 135 с.

Агранович, С.З. Миф в слове: продолжение жизни / С.З. Агранович , Е.Е. Стефанский – Самара: Изд-во СаГА, 2003. – 168 с.

Агранович, С.З. Homo amphibolos / Человек двусмысленный: Археология сознания / С.З. Агранович, С.В. Березин. - Самара: ИД «Бахрах – М», 2005. – 344 с.

Агрессия в языке и речи: Сб. научных статей / Сост. и отв. ред. И.А.Шаронов. – М.: РГГУ, 2004. – 288 с. (Агрессия в языке и речи)[1]

Алефиренко, Н.Ф. Поэтическая энергия слова. Синергетика языка, сознания и культуры / Н.Ф. Алефиренко. – М.: Academia, 2002. – 394 с.

Алефиренко, Н.Ф. Проблемы вербализации концепта: Теоретическое исследование / Н.Ф. Алефиренко. - Волгоград: Перемена, 2003. - 96 с.

Алефиренко, Н.Ф Язык, познание и культура: когнитивно-семиологическая синергетика слова: монография / Н.Ф. Алефиренко. - Волгоград: Перемена, 2006. - 228 с.

---

[1] Здесь и далее после библиографического описания сборников статей и коллективных монографий в скобках приводятся их сокращенные обозначения, под которыми они упоминаются в тексте настоящей монографии.

Аллахвердиева, Л.Г. Эмоциальный концепт «страх» и его объективация в художественном тексте / Л.Г. Аллахвердиева [Электронный ресурс]. Режим доступа: http://pn.pglu.ru/index.php?module=subjects&func=printpage&pageid=296&scope=page

Антология концептов / Под ред. В.И.Карасика, И.А.Стернина. – М.: Гнозис, 2007. – 512 с.

Антонова, И.А. Материалы к парадигме эмоционального состояния / отношения / И.А. Антонова // Язык, сознание, коммуникация: Сб. статей. М.: Диалог-МГУ, 1999. Вып. 7. С. 57-70.

Антонова, Л.Е., К проблеме семантической интерпретации и категоризации эмоций (на примерах дискомфортных состояний стыда и сомнения) / Л.Е. Антонова, И.Г. Никольская // Вестник МАПРЯЛ 2007, № 54 С. 32-39.

Апресян, В.Ю. Метафора в семантическом представлении эмоций / В.Ю. Апресян, Ю.Д. Апресян // Апресян Ю.Д. Избранные труды. В 2-х тт. Т. II. М.: Школа «Языки русской культуры», 1995. С. 453-465.

Апресян, Ю. Д. Образ человека по данным языка: попытка системного описания / Ю.Д. Апресян // Апресян Ю.Д. Избранные труды. В 2-х тт. Т. II. М.: Школа «Языки русской культуры», 1995. С. 348-388.

Арутюнова, Н.Д. Предложение и его смысл / Н.Д.Арутюнова. – М.: Наука, 1976. – 383 с.

Арутюнова, Н.Д. О *стыде* и *совести* / Н.Д. Арутюнова // Логический анализ языка: Языки этики. М.: Языки русской культуры, 2000. С. 54-78.

Арутюнова, Н.Д. О стыде и стуже / Н.Д. Арутюнова // Вопросы языкознания, 1997, № 2. С. 59-70.

Бабаева, Е.В. Концептологические характеристики социальных норм в немецкой и русской лингвокультурах: Монография / Е.В. Бабаева. - Волгоград: Перемена, 2003. - 171 с.

Багдасарова, Н.А. Эмоциональный опыт в контексте разных культур / Н.А. Багдасарова [Электронный ресурс]. Режим доступа: http://courier.com.ru/homo/ho0505bagdasarova.htm

Базылев, В.Н. Феноменология эмоций: гнев / В.Н.Базылев // Язык, сознание, коммуникация: Сб. статей. М.: Диалог-МГУ, 1999. Вып. 7. С. 71-84.

Базылев, В.Н. Когнитивная структура эмоций: русско-японские параллели / В.Н. Базылев // Язык, сознание, коммуникация: Сб. статей. М.: Диалог-МГУ, 2000. Вып. 11. С. 9-19.

Байбурин, А.К. Жилище в обрядах и представлениях восточных славян А.К. Байбурин. – 2-е изд., испр. - М.: Языки славянской культуры, 2005. – 224 с.

Байбурин, А.К. Тоска и страх в контексте похоронной обрядности (к ритуально-мифологическому подтексту одного сюжета) / А.К.Байбурин // Труды факультета этнологии. СПб., 2001. Вып. 1. С. 96 - 115.

Бартминьский, Е. Языковой образ мира: очерки по этнолингвистике / Е. Бартминьский. – М.: «Индрик», 2005. – 528 с.

Бахтин, М.М. Творчество Франсуа Рабле и народная культура средневековья и Ренессанса / М.М. Бахтин. – 2-е изд. – М.: Художественная литература, 1990. – 543 с.

Бахтин, М.М. Эстетика словесного творчества / М.М. Бахтин. – М.: Искусство, 1979. – 423 с.

Бернштейн, С.Б. Очерк сравнительной грамматики славянских языков / С.Б. Бернштейн. - М.: Изд-во АН СССР, 1961 – 350 с.

Бернштейн, С.Б. Очерк сравнительной грамматики славянских языков: Чередования. Именные основы / С.Б. Бернштейн - М.: Наука, 1974. – 378 с.

Блохина, Н.Г. Роль дискурса в формировании и реализации концепта / Н.Г. Блохина // Проблемы вербализации концептов в семантике языка и текста: Материалы международного симпозиума. Волгоград, 22-24 мая 2003 г.: В 2 ч. Ч. 2. Тезисы докладов. Волгоград: Перемена, 2003. С. 3-5.

378

Богданова, Л.И. Эмоциональные концепты и их роль при описании глаголов с позиции «активной» грамматики / Л.И. Богданова // Язык, сознание, коммуникация: Сб. статей. М.: Филология, 1998. Вып. 3. С. 36-43.

Бородкина, Г. С. Концепты "ANGST" и "FREUDE" в семантическом пространстве языка (на материале немецкого языка и его австрийского варианта) / Г.С. Бородкина // Вестник ВГУ, Серия «Лингвистика и межкультурная коммуникация», 2004, № 1. С. 128-130.

Брагина, Н.Г. Память в языке и культур / Н.Г. Брагина. – М.: Языки славянских культур, 2007. – 520 с.

Будянская, О.О. Сопоставление средств описания эмоций в английском и русском языках (на примере страха) / О.О. Будянская, Е.Ю. Мягкова [Электронный ресурс]. Режим доступа: http://tpl1999.narod.ru/WEBLSE2002/BUDMYAGKOVALSE2002.HTM

Булыгина, Т.В., Грамматика позора / Т.В. Булыгина, А.Д. Шмелев // Логический анализ языка: Языки этики. М.: Языки русской культуры, 2000. С. 216-234.

Булыгина, Т.В. Перемещение в пространстве как метафора эмоций / Т.В. Булыгина, А.Д. Шмелев // Логический анализ языка. Языки пространств. М. : Языки русской культуры, 2000. С. 277-288.

Бутенко, Е. Ю. Концептуализация понятия «страх» в немецкой и русской лингвокультурах: АКД / Е.Ю. Бутенко. – Тверь: ТГУ, 2006. – 16 с.

Бычкова, Т.А. Репрезентация концепта «СТРАХ» в текстах произведений Михаила Зощенко / Т.А. Бычкова [Электронный ресурс]. Режим доступа: // http://www.ksu.ru/f10/bibl/resource/articles.php?id=6&num=14000000

Валханова, М. Експресивна лексика за изразяване на негативни емоции в словашки и в български език – проблеми на еквивалентността /

М. Валханова // Wyrażanie emocji. Łódź: Wyd-wo un-tu Łodzkiego, 2006. S. 573-580.

Вежбицкая, А. Русский язык / А. Вежбицкая // Вежбицкая А. Язык. Культура. Познание. М.: Русские словари, 1996. С. 33-88.

Вежбицкая, А. Сопоставление культур через посредство лексики и прагматики / А. Вежбицкая. – М.: Языки славянской культуры, 2001. - 272 с.

Вежбицкая, А. Русские культурные скрипты и их отражение в языке / А.Вежбицкая // Зализняк Анна А, Левонтина И.Б., Шмелев А.Д. Ключевые идеи русской языковой картины мира: Сб. ст. М.: Языки славянской культуры, 2005. С. 467-499.

Воденичаров, П. Емоции и стилове в автобиографичното представя / П. Воденичаров // Wyrażanie emocji. Łódź: Wyd-wo un-tu Łodzkiego, 2006. S. 581-590.

Водяха, А.А. Эмоциональная картина мира: реализация эмоционального кода / А.А. Водяха // Acta linguistica Vol. 1 (2007), Р. 25 – 32.

Волостных, И.А. Эмоциональные концепты «страх» и «печаль» в русской и французской языковых картинах мира (лингвокультурологический аспект): АКД / И.А. Волостных. – Краснодар: КГУ, 2007. – 19 с.

Воркачев, С.Г. Зависть и ревность: К семантическому представлению моральных чувств в естественном языке / С.Г. Воркачев // Известия ОЛЯ. 1998. Т. 57. № 3.

Воркачев, С. Г. Концепт счастья: понятийный и образный компоненты / С.Г. Воркачев // Известия РАН. Серия лит-ры и языка, 2001. Т. 60, № 6. С. 47-58.

Воркачев, С. Г. Концепт счастья в русском языковом сознании: опыт лингвокультурологического анализа / С.Г. Воркачев. – Краснодар: КГУ, 2002. - 142 с.

Воркачев, С. Г. Сопоставительная этносемантика телеономных концептов «любовь» и «счастье» (русско-английские параллели): Монография / С.Г. Воркачев. - Волгоград: Перемена, 2003. - 164 с.

Воркачев, С.Г. Счастье как лингвокультурный концепт / С.Г. Воркачев. – М.: Гнозис, 2004. – 236 с.

Воркачев, С.Г. Любовь как лингвокультурный концепт / С.Г. Воркачев. – М.: Гнозис, 2007. – 284 с.

Воробьева, И.А. Психосемантический анализ переживания тоски: АКД / И.А. Воробьева. – Хабаровск: ДВГУПС, 2006. – 25 с.

Гачев, Г. Национальные образы мира / Г.Гачев. – М.: Советский писатель, 1988. – 448 с.

Гвоздева, А.А. Языковая картина мира: лингвокультурологические и гендерные особенности / А.А. Гвоздева: АКД. – Краснодар: 2004. – 16 с.

Голованивская, М.К. Французский менталитет с точки зрения носителя русского языка / М.К. Голованивская. - М.: Диалог МГУ, 1997. – 280 с.

Горелов, И.Н. Основы психолингвистики / И.Н.Горелов, К.Ф.Седов. – М.: Лабиринт, 1997. – 224 с.

Греймас, А.Ж., Фонтаний, Ж. Семиотика страстей. От состояния вещей к состоянию души: Пер с фр. / Предисл. Зильберберга. – М.: Изд-во ЛКИ, 2007. – 336 с.

Гудков, Д.Б. Межкультурная коммуникация: проблемы обучения / Д.Б.Гудков. – М.: Изд-во МГУ, 2000. – 120 с.

Гудков, Д.Б. Телесный код русской культуры: материалы к словарю / Д.Б.Гудков, М.Л.Ковшова. – М.: Гнозис, 2007. – 288 с.

Гуревич, А.Я. Категории средневековой культуры / А.Я. Гуревич. – М: Мысль, 1972. – 319 с.

Данилов, С.Ю. Речевой жанр *проработки* в тоталитарной культуре: АКД / Данилов. – Екатеринбург: УрГУ, 2001. – 16 с.

Дженкова, Е.А. Концепт «стыд» в русской наивной и научной картинах мира (опыт анализа словарных дефиниций) / Е.А. Дженкова // Аксиологическая лингвистика: проблемы языкового сознания: Сб. науч. тр. / Под ред проф. Н.А.Красавского. Волгоград, «КОЛЛЕДЖ», 2003. С. 31-36.

Дженкова, Е.А. Лингвокультурологическая характеристика эмоционального концепта «SHULD» в немецкой лексикографии // Антропологическая лингвистика: проблемы лингвоконцептологии, лингвистической гендерологии, лингвистики текста, семантики и стилистики. Сб. науч. тр. Вып. 3. - Волгоград, «Колледж», 2004. - С. 10-17.

Дженкова, Е.А. Концепты «стыд» и «вина» в русской и немецкой лингвокультурах: АКД / Е.А. Дженкова. – Волгоград: ВГПУ, 2005. – 13 с.

Димитрова, Е.В. Языковые средства трансляции эмотивных смыслов русского концепта «тоска» во французскую лингвокультуру: АКД / Е.В. Димитрова. – Волгоград: ВГПУ, 2001. – 16 с.

Дунина, О.Д. Этимологический анализ лексем семантического поля «эмоции» в английском и русском языках / О.Д. Дунина // Вестник МГОУ. Серия «Лингвистика». № 1. 2007. М.: Изд-во МГОУ. С. 255-263.

Залевская, А.А. Психолингвистический подход к проблеме концепта / А.А. Залевская // Методологические проблемы лингвистики. – Воронеж: ВГУ, 2001. - С. 36 – 44

Зализняк, Анна А. Заметки о метафоре / Анна А. Зализняк // Слово в тексте и словаре. М.: Языки русской культуры, 2000. С. 82 – 90.

Зализняк, Анна А. Многозначность в языке и способы ее представления / Анна А. Зализняк. – М.: Языки славянских культур, 2006. – 672 с.

Зализняк, Анна А. Языковая картина мира / Анна А. Зализняк [Электронный ресурс]. Режим доступа: http://www.krugosvet.ru/articles/77/1007724/print.htm

Зализняк, Анна А. Ключевые идеи русской языковой картины мира: Сб. ст. / Анна А. Зализняк, И.Б. Левонтина, А.Д. Шмелев. – М.: Языки славянской культуры, 2005. – 544 с.

Заяц, И.Г. Особенности вербализации эмоционального концепта «горе» в средневерхненемецкий период / И.Г. Заяц [Электронный ресурс]. Режим доступа: http://zhurnal.ape.relarn.ru/articles/2006/101.pdf

Иванов, Вяч. Вс. Славянские языковые моделирующие системы / Вяч. Вс. Иванов, В.Н. Топоров. – М.: Наука, 1965. – 246 с.

Иванов, Вяч. Вс. Реконструкция индоевропейских слов и текстов, отражающих культ волка / Вяч. Вс. Иванов // Известия АН СССР. Серия литературы и языка. Т.34, № 5, 1975, С. 399-408.

Иванов, Вяч. Вс. О языке древнего славянского права / Вяч. Вс. Иванов, В.Н. Топоров // Славянское языкознание. VIII Международный съезд славистов. Доклады советской делегации. М., 1978. С. 221-240.

Иванов, Вяч. Вс. Примечания / Вяч. Вс. Иванов // Леви-Стросс К. Структурная антропология. М.: Наука, 1985. С. 340-364.

Иванчик, А.И. Воины-псы. Мужские союзы и скифские вторжения в Переднюю Азию / А.И. Иванчик // Советская этнография, 1988, № 5, С. 35-45.

Изард, К.Э. Психология эмоций / К.Э. Изард. – СПб.: Питер, 2006. – 464 с.

Ильин, Е.П. Эмоции и чувства / Е.П. Ильин. - СПб: Питер, 2001. – 752 с.

Ионова, С.В. Лингвистика эмоций: основные проблемы, результаты и перспективы / С.В. Ионова // Язык и эмоции: личностные смыслы и доминанты в речевой деятельности. Сб. науч. трудов / ВГПУ. Волгоград: Изд-во ЦОП «Центр», 2004. С. 4-24.

Иорданская, Л.Н. Попытка лексикографического толкования группы русских слов со значением чувства / Л.Н. Иорданская // Машинный перевод и прикладная лингвистика. Вып. 13, М., 1970. С. 3-25.

Иткин, В. Ежи Сосновский: «Книга должна быть умной, но не занудной!» / В. Иткин // Книжная Витрина, 2004, № 12. С. 2-3.

Калакуцкая, Е.Л. Лексико-семантическая тема «уныние – меланхолия – задумчивость – забвение» в русском языке и культуре второй половины XVIII века / Е.Л. Калакуцкая // Логический анализ языка. Избранное 1988-1995. М.: Индрик, 2003. С. 350-357.

Калимуллина, Л.А. Семантическое поле эмотивности в русском языке: синхронный и диахронический аспекты (с привлечением материала славянских языков): АДД / Л.А. Калимуллина. – Уфа: БГУ, 2006. – 41 с.

Каменькова, Ю.А. Глагольная метафора в процессе языковой объективации мира эмоций и чувств (на материале литературного чешского языка): АКД. / Ю.А. Каменькова. - М.: МГУ, 2007. -23 с.

Каменькова, Ю.А. Глагольная метафора в процессе языковой объективации мира эмоций и чувств (на материале литературного чешского языка) // Славянский вестник. Вып. 2. М.: МАКС Пресс, 2004. С. 145 – 157.

Каменькова, Ю.А. Глагольная лексическая сочетаемость как экспликация особенностей семантической структуры абстрактных имен существительных эмоционально-чувственного восприятия (на материале чешского языка) / Ю.А. Каменькова // Материалы научных чтений памяти заслуженных профессоров МГУ Р.Р.Кузнецовой и А.Г.Широковой / Под ред. В.Ф.Васильевой и А.Г.Машковой. М.: МАКС Пресс. С. 14-17.

Карасик, В.И. Языковой круг: личность, концепты, дискурс / В.И. Карасик – Волгоград: Перемена, 2002. – 477 с.

Карасик, В.И. Лингвокультурный концепт как единица исследования / В.И.Карасик, Г.Г.Слышкин // Методологические проблемы лингвистики. – Воронеж: ВГУ, 2001. - С. 75-80.

Карасик, В.И. Концепты-регулятивы / В.И. Карасик // Язык, сознание, коммуникация: Сб. статей. М.: МАКС Пресс, 2005. Вып. 30. С. 95-108.

Карасик, В.И. Лингвокультурологический типаж «английский чудак» / В.И. Карасик, Е.А. Ярмахова. – М.: Гнозис, 2006. – 240 с.

Карасик, В.И. Языковые ключи /В.И. Карасик. - Волгоград: Парадигма, 2007. - 520 с.

Карасик, В.И. Лингвокультурные концепты и скрипты / В.И. Карасик // Русистика и современность. Том 1. Материалы X международной научно-практической конференции. СПб.: Издательский дом «МИРС», 2008. – С. 36-42.

Караулов, Ю.Н. Русский язык и языковая личность / Ю.Н. Караулов. – Изд. 2-е, стереотипн. – М.: Едиториал УРСС, 2002. – 264 с.

Кириллова, Н.В. Концептуализация эмоции страха в разноструктурных языках (на материале русского, английского и чувашского языков): АКД / Н.В. Кириллова. – Чебоксары: ЧГУ, 2007. – 30 с.

Кичин, В. Два часа в канализационном люке / В.Кичин // Российская газета. – 2004, 25 сентября.

Клобуков, П.Е. Метафора как концептуальная модель формирования языка эмоций / П.Е. Клобуков // Язык, сознание, коммуникация: Сб. статей. М.: Филология, 1997. Вып. 2. С. 41-47.

Клобуков, П.Е. Эмоции, сознание, культура (особенности отражения эмоций в языке) / П.Е. Клобуков // Язык, сознание, коммуникация: Сб. статей. М.: Филология, 1998. Вып. 4. С. 110-123.

Клобукова, Л.П. Феномен языковой личности в свете лингводидактики / Л.П. Клобукова // Язык, сознание, коммуникация: Сб. статей. М.: Филология, 1997. Вып. 1. С. 25-31.

Клочко, Н. Ценностные оппозиции в фокусе эмоций (на материале современных славянских политических дискурсов) / Н. Клочко [Электронный ресурс]. Режим доступа: http://filologija.vukhf.lt/2-7/klochko.htm

Коваль, О.А. Понятие и культурный концепт в лингвистике / О.А. Коваль // Вестник МГОУ. Серия «Лингвистика». № 1. 2007. М.: Изд-во МГОУ. С. 39-44.

Колесов, В.В. Древняя Русь: наследие в слове. В 5 кн. Кн.1: Мир человека/ В.В. Колесов. – СПб.: Филологический факультет СПбГУ, 2000. – 326 с.

Колесов, В.В. Древняя Русь: наследие в слове. В 5 кн. Кн. 3: Бытие и быт / В.В. Колесов. – СПб.: Филологический факультет СПбГУ, 2004. – 400 с.

Колесов, В.В. Русская ментальность в языке и тексте / В.В. Колесов. – СПб.: Петербургское Востоковедение, 2006. – 624 с.

Колпащикова, Ф.К. Русская вербализация эмоциональных состояний на фоне англо-американской (коммуникативно-ситуативный, лингвокогнитивный и социокультурный аспекты): АКД / Ф.К. Колпащикова. – Новосибирск 2007. – 28 с.

Колшанский, Г.В. Объективная картина мира в познании и языке / Г.В. Колшанский. – М.: Наука, 1990. – 108 с.

Корнилов, О.А. Языковые картины мира как производные национальных менталитетов / О.А. Корнилов. - М.: МГУ, 1999. - 342 с.

Красавский, Н.А. Эмоциональные концепты в немецкой и русской лингвокультурах / Н.А. Красавский. – Волгоград: Перемена, 2001. – 495 с.

Красных, В.В. Когнитивная база vs культурное пространство в аспекте изучения языковой личности (к вопросу о русской концептосфере) / В.В. Красных // Язык, сознание, коммуникация: Сб. статей. М.: Филология, 1997. Вып. 1. С. 128-144.

Красных, В.В. Этнопсихолингвистика и лингвокультурология: Курс лекций / В.В. Красных. – М.: ИТДГК «Гнозис», 2002. – 284 с.

Красных, В.В. Свой среди чужих. Миф или реальность? / В.В. Красных. – М.: Гнозис, 2003. – 375 с.

Крылов, Ю.В. Эмотивный концепт «злость» в русской языковой картине мира: идентификация и разграничение ментальных и языковых структур: АКД / Ю.В. Крылов. - Новосибирск: НГПУ, 2007. – 22 с.

Кузнецов, П. Эмиграция, изгнание, Кундера и Достоевский / П. Кузнецов [Электронный ресурс]. Режим доступа: http://www.zvezdaspb.ru/index.php?page=8&nput=2006/9/losev.htm

Кундера, М. Семьдесят три слова / М. Кундера [Электронный ресурс]. Режим доступа: www.magazines.russ.ru/ural / Пер. Н.Санниковой.

де Лазари, А. Польская и русская душа – взаимное восприятие / А. де Лазари // Dusza polska i rosyjska: spojrzenie współczesne / Pod red. A. de Lazari i Romana Bäckera. Łódź: Ibidem, 2003. S. 9-14.

Лакофф, Дж. Женщины, огонь и опасные вещи: Что категории языка говорят нам о мышлении / Дж. Лакофф. – М.: Языки славянской культуры. – 2004. – 792 с.

Ларин, Б.А. Из славяно-балтийских лексикологических представлений / Б.А. Ларин // Вестник ЛГУ. 1958. №14. - С.150-158.

Ларина, Т.В. Выражение эмоций в английской и русской коммуникативных культурах / Т.В. Ларина // Язык и эмоции: личностные смыслы и доминанты в речевой деятельности. Сб. науч. трудов / ВГПУ. Волгоград: Изд-во ЦОП «Центр», 2004. С. 36-46.

Ларионова, А.С. Речевая агрессия как вид эмоционального реагирования / А.С. Ларионова // Вестник МГОУ. Серия «Лингвистика». № 1. 2007. М.: Изд-во МГОУ. 45-49.

Лассан, Э. Еще раз о зависти: общечеловеческой и русской / Э. Лассан // Respectus Philologicus, 2005, № 8 (13) С. 184-199.

Лассан, Э. О некоторых русских концептах сквозь призму оси координат // Э. Лассан // Un om, un simbol: In honorem magistri Ivan Evseev. – Bucureşti: Editura C R L R, 2007. P. 342 – 346.

Левитов, Н.Д. Фрустрация как один из видов психических состояний / Н.Д. Левитов [Электронный ресурс]. Режим доступа: http://flogiston.ru/library/frustration

Левкиевская, Е.Е. Агрессия как форма защитной магии в славянской традиционной культуре / Е.Е. Левкиевская // Агрессия в языке и речи: Сб. научных статей. – М.: РГГУ, 2004. – 81-105.

Лесскис, Г. Последний роман Булгакова / Г. Лесскис // Булгаков М.А. Собр. соч. В 5-ти тт. Т.5. Мастер и Маргарита. Письма. М.: Художественная литература, 1990. С. 607 – 664.

Липатов, А.В. Государственная система и национальная ментальность (Русско-польская альтернатива) / А.В. Липатов // Dusza polska i rosyjska: spojrzenie współczesne / Pod red. A. de Lazari i Romana Bäckera. – Łódź: Ibidem, 2003. - S. 81-88.

Лишаев, С.А. Эстетика Другого / С.А. Лишаев. – Самара: Изд-во СаГА, 2000. – 366 с.

Лотман, Ю.М. О семиотике понятий "стыд" и "страх" в механизме культуры // Лотман Ю.М. Семиосфера. СПб.: Искусство, 2000. С. 664-666.

Маркина, М.В. Лингвокультурологическая специфика эмоционального концепта «гнев» в русской и английской языковых картинах мира: АКД / М.В. Маркина. - Тамбов, 2003. – 16 с.

Маслова, А.Ю. Языковые способы выражения эмоций (на материале русского и сербского языков) /А.Ю. Маслова. // Зборник матице српске за славистику, Књ. 65-66. Нови Сад 2004. С. 101-120.

Маслова, В.А. Лингвокультурология / В.А. Маслова.. – М.: Академия, 2001. – 208 с.

Маслова, В.А. Когнитивная лингвистика / В.А. Маслова. – Минск: ТетраСистемс, 2004. – 256 с.

Маслова, В.А. Homo lingualis в культуре: Монография / В.А. Маслова. – М.: Гнозис, 2007. – 320 с.

Мелетинский, Е.М. Поэтика мифа / Е.М. Мелетинский. – М.: Наука, 1976. – 408 с.

Мелетинский, Е.М. О литературных архетипах / Е.М. Мелетинский. – М., 1994. – 133 с.

Менглинова, Л. Б. Гротеск в романе «Мастер и Маргарита» / Л.Б. Менглинова // Творчество Михаила Булгакова: Сб. статей. Томск, 1991. С. 49 – 78.

Мечковская, Н.Б. Язык и религия / Н.Б. Мечковская. - М.: Агентство «ФАИР», 1998. – 352 с.

Мечковская, Н.Б. Семиотика: Язык, Природа, Культура: Курс лекций / Н.Б. Мечковская. - М.: Издательский центр «Академия», 2004. – 432 с.

Михайлин, В.Ю. Русский мат как мужской обсценный код: проблема происхождения и эволюция статуса / В.Ю. Михайлин // Новое литературное обозрение № 43 (2000). С. 347 - 393.

Михайлин, В.Ю. Между волком и собакой: Героический дискурс в раннесредневековой и советской культурных традициях / В.Ю. Михайлин // Новое литературное обозрение № 47 (2001). - С. 278 - 320.

Мягкова, Е.Ю. Эмоциональный компонент значения слова / Е.Ю. Мягкова. – Курск: Изд-во Курск. гос. пед. ун-та, 2000 (а). – 110 с.

Мягкова, Е.Ю. Проблемы и перспективы исследования эмоционального значения / Е.Ю. Мягкова // Язык, сознание, коммуникация: Сб. статей. М.: Диалог-МГУ, 2000(б). Вып. 11. С. 20-23.

Никишина, И.Я. Понятие концепта «гнев» в современном английском языке / И.Я. Никишина // Язык, сознание, коммуникация: Сб. статей. М.: МАКС Пресс, 2003. Вып. 23. С. 33-37.

Новосельцева, В.А. О соотношении понятий «содержание художественного концепта» и «лексическое значение художественного слова» /В.А. Новосельцева // Проблемы вербализации концептов в семантике языка и текста: Материалы международного симпозиума.

Волгоград, 22-24 мая 2003 г.: В 2 чч. Ч. 2. Тезисы докладов. Волгоград: Перемена, 2003. С. 26-28.

Опарина, С.И. Страх как лингво-психологическая составляющая языковой картины мира / С.И. Опарина // Язык, сознание, коммуникация: Сб. статей. М.: МАКС Пресс, 2004. Вып. 27. С. 26-35.

Павлючко, И.П. Эмотивный и когнитивный аспекты творческой языковой личности / И.П. Павлючко // Язык и эмоции: личностные смыслы и доминанты в речевой деятельности. Сб. науч. трудов / ВГПУ. Волгоград: Изд-во ЦОП «Центр», 2004. С. 205-215.

Пеньковский, А.Б. *Радость* и *удовольствие* в представлении русского языка / А.Б. Пеньковский // Логический анализ языка. Избранное 1988-1995. М.: Индрик, 2003. С. 375-383.

Перфильева, С. Ю. Исследование словарных дефиниций слов – названий эмоций / С.Ю. Перфильева // Язык, сознание, коммуникация: Сб. статей. – М.: Филология, 1998. – Вып. 5. – С. 116-124.

Перфильева, С.Ю. Употребление слов-эмономов в тексте. Попытка интерпретации эксперимента / С.Ю. Перфильева // Язык, сознание, коммуникация: Сб. статей. М.: Диалог-МГУ, 2000. Вып. 11. С. 24-29.

Петлева, И.П. Этимологические заметки по славянской лексике. XVII / И.П. Петлева // Этимология 1988-1990: Сб. статей. – М.: Наука, 1972.

Петрухин, В.Я. Из древнейшей истории русского права. Игорь старый – князь-«волк» / В.Я. Петрухин // Philologia slavica. – М.: Наука, 1993. С. 125-133.

Петрухин, В.Я. Древняя Русь: Народ. Князья. Религия / В.Я. Петрухин // Из истории русской культуры. В 2 тт. Т. I. (Древняя Русь). М.: Языки русской культуры, 2000. С.13 - 412.

Петрухина, Е.В. Аспектуальные категории глагола в русском языке в сопоставлении с чешским, словацким, польским и болгарским языками. / Е.В. Петрухина. - М., Изд-во МГУ, 2000. - 256 с.

Петрухина, Е.В. Доминантные черты русской языковой картины мира (в сравнении с чешской) / Е.В. Петрухина // Русское слово в мировой культуре. Материалы X Конгресса МАПРЯЛ. Санкт-Петербург, 30 июня – 5 июля 2003 г. Пленарные заседания: сборник докладов. В 2-х тт. Т. I. – СПб.: Политехника, 2003. – С.426 – 432.

Петрухина[1], Е.В. Русская языковая картина мира и православное сознание / Е.В. Петрухина [Электронный ресурс]. Режим доступа: http://www.portal-slovo.ru/rus/philology/russian/585/11677/

Петрухина[2], Е.В. Семантические доминанты представления динамических явлений в русской языковой картине мира в сопоставлении с чешской / Е.В. Петрухина // [Электронный ресурс]. Режим доступа: http://www.unc.edu/depts/seelrc/2002abstracts/2petruxinaturkuabs.pdf

Петрушкин, А.И. Неизвестный Хемингуэй / А.И. Петрушкин, С.З. Агранович. – Самара: Самарский Дом печати, 1997. – 224 с.

Пивоев, В.М. Мифологическое сознание как способ освоения мира / В.М. Пивоев. – Петрозаводск: Карелия, 1991. – 111 с.

Пименова, М.В. Этногерменевтика языковой наивной картины внутреннего мира человека / М.В.Пименова. - Кемерово: Кузбассвузиздат; Landau: Verlag Empirische Padagogik, 1999. (Серия "Этнориторика и этногерменевтика". Вып.5). - 262с.

Пименова, М.В. *Душа* и *дух* : особенности концептуализации / М.В. Пименова. – Кемерово: ИПК «Графика», 2004. – 386 с.

Пименова, М.В. Концепт *сердце*: Образ. Понятие. Символ: монография / М.В. Пименова. - Кемерово: КемГУ, 2007. - 500 с.

Пименова, М.В. Концептуализация внутреннего мира человека посредством гендерных признаков / М.В. Пименова. [Электронный ресурс]. Режим доступа: http://sofik-rgi.narod.ru/avtori/konferencia/pimenova.htm

Плас, П. Неколико аспеката символике вучjих уста у српским обичаjима и веровањима / П.Плас [Электронный ресурс]. Режим доступа: http://www.rastko.org.yu/antropologija/pplas-vucja_usta_c.html

Погосова, К. О. Концепты эмоций в английской и русской языковых картинах мира: АКД / К.О. Погосова. - Владикавказ 2007. – 24 с.

Погосова, К.О. Картина мира и ее виды / К.О. Погосова [Электронный ресурс]. Режим доступа: http://www.viu-online.ru/science/publ/bulleten17/page40.html

Покровская, Я.А. Отражение в языке агрессивных состояний человека (на материале англо- и русскоязычных художественных текстов): АКД / Я.А. Покровская. – Волгоград: ВГПУ, 1998. – 16 с.

Попова, З.Д. Очерки по когнитивной лингвистике / З.Д. Попова, И.А. Стернин. – Изд. 2-е, стереотипн. - Воронеж: ВГУ, 2002. – 192 с.

Попова, З.Д. Язык и национальная картина мира / З.Д. Попова, И.А. Стернин.- Воронеж: ВГУ, 2003. – 60 с.

Попова, З.Д. Семантико-когнитивный анализ языка: монография / З.Д.Попова, И.А. Стернин. - Воронеж: Истоки, 2006. - 226 с.

Потебня, А.А. Символ и миф в народной культуре / А.А. Потебня. - М.: Лабиринт, 2000. – 480 с.

Потсар, А. Стиль Ельцин / А.Потсар [Электронный ресурс]. Режим доступа: http://www.politcensura.ru/filologicheskij_kruzhok/stil_el_cin

Прохоров, Ю.Е. Действительность. Текст. Дискурс: Учебное пособие / Ю.Е.Прохоров. – М.: Флинта: Наука, 2004. – 224 с.

Прохоров, Ю.Е. К проблеме «концепта» и «концептосферы» / Ю.Е.Прохоров // Язык, сознание, коммуникация: Сб. статей. М.: МАКС Пресс, 2005. Вып. 30. С. 74 – 94.

Рама и граница. Граница и опыт границы в художественном языке. Вып. 3 / Науч. ред. Н.Т.Рымарь. – Самара: Изд-во СаГА. – 2006. – 374 с.

Роль человеческого фактора в языке: Язык и картина мира / Б.А.Сербренников, Е.С.Кубрякова, В.И.Постовалова и др. – М.: Наука, 1988. – 216 с. (РЧФЯ)

Семиотика безумия: Сб. статей / Сост. Н. Букс. – Париж-Москва: Изд-во Европа, 2005. – 312 с.

Скитина, Н.А. Эмоциональное состояние человека по данным анализа фразеологических единиц с зоонимным компонентом (на материале русского, английского и немецкого языков) / Н.А. Скитина // Вестник МГОУ. Серия «Лингвистика». № 1. 2007. М.: Изд-во МГОУ. С. 287-293.

Слышкин, Г.Г. Смеховой текст как средство реализации агрессии (на материале концепта «ТЕЩА») / Г.Г. Слышкин // Антропологическая лингвистика: проблемы лингвоконцептологии, лингвистической гендерологии, лингвистики текста, семантики и стилистики. Сб. науч. тр. Вып. 3. - Волгоград, «Колледж», 2004. - С. 56-72.

Соколов, Б. Расшифрованный Булгаков. Тайны «Мастера и Маргариты» /Б. Соколов. – М.: Яуза, Эксмо, 2006. – 608 с.

Соловьев, В. Д. Контрастивный анализ структуры семантического поля эмоций в русском и английском языках / В.Д. Соловьев [Электронный ресурс]. Режим доступа: http://194.85.240.194/tat_ru/universitet/fil/kn1/index.php?sod=21

Степанов, Ю.С. Константы: Словарь русской культуры / Ю.С. Степанов. - Изд 2-е, испр. и доп. - М.: Академический Проект, 2001.- 990 с.

Стернин, И.А. Структура концепта в семантико-когнитивном направлении когнитивной лингвистики / И.А. Стернин // Probleme de filologie slavă. XV, Timişoara: Editura Universităţii de Vest, 2007. – P. 343-354.

Стернин, И.А. Национальное коммуникативное сознание и его исследование / И.А. Стернин // Зборник матице српске за славистику. Књ. 65-66. Нови Сад 2004. С. 7-29.

Тананина, А.В. От любви до ненависти (опыт контекстуального анализа) / А.В. Тананина // Язык, сознание, коммуникация: Сб. статей. М.: МАКС Пресс, 2003. Вып. 24. С. 54-60.

Тер-Минасова, С.Г. Язык и межкультурная коммуникация / С.Г. Тер-Минасова. - М.: СЛОВО/SLOVO, 2000. – 624 с.

Тер-Минасова, С.Г. Война и мир языков и культур: вопросы теории и практики / С.Г. Тер-Минасова. - М.: АСТ: Астрель: Хранитель, 2007. – 286 с.

Толстая, С.М. Постулаты московской этнолингвистики / С.М. Толстая [Электронный ресурс]. Режим доступа: http://www.rastko.org.yu/rastko/delo/11734

Топоров, В.Н. О ритуале: Введение в проблематику / В.Н. Топоров // Архаический ритуал в фольклорных и ранне-литературных памятниках. М.: Наука, 1988. С. 7-60.

Тхорик, В.И. Лингвокультурология и межкультурная коммуникация / В.И. Тхорик, Н.Ю. Фанян. – Изд. 2-е. – М.: ГИС, 2006. – 260 с.

Урысон, Е.В. Голос разума и голос совести / Е.В. Урысон // Логический анализ языка: Языки этики. – М.: Языки русской культуры, 2000. – С. 184-189.

Успенский, Б.А. Мифологический аспект русской экспрессивной лексики / Б.А. Успенский // Успенский Б.А. Избранные труды. В 3-х тт. Т.2. М.: Языки русской культуры, 1997. С.67-161.

Уфимцева, Н.В. Сопоставительное исследование языкового сознания славян / Н.В. Уфимцева // Методологические проблемы когнитивной лингвистики - Воронеж: Изд-во ВГУ, 2001. - С. 65 – 71.

Франк, С. Светлая печаль / С.Франк [Электронный ресурс]. Режим доступа: http://www.magister.msk.ru/library/philos/frank/frank005.htm

Чернейко, Л.О. Абстрактное имя и система понятий языковой личности / Л.О. Чернейко // Язык, сознание, коммуникация: Сб. статей. М.: Филология, 1997. Вып. 1. С. 40-51.

Чернейко, Л.О. Базовые понятия когнитивной лингвистики в их взаимосвязи / Л.О. Чернейко // Язык, сознание, коммуникация: Сб. статей. М.: МАКС Пресс, 2005. Вып. 30. С. 43-73.

Чечетка, В.И. Концепт «страх» в средневековой картине мира / В.И. Чечетка [Электронный ресурс]. Режим доступа: http://lingvomaster.ru/files/399.pdf

Черниш, Т. До питання про развитток псл. *пекть у слов'янських мовах та диалектах / Т. Черниш // Kontakty językowe polszczyzny na pograniczu wschodnim. Warszawa, 2000. - S.37 - 45.

Шабалина, Т. Трикстер / Т. Шабалина [Электронный ресурс]. Режим доступа: http://www.krugosvet.ru/articles/119/1011926/1011926a1.htm

Шаклеин, В.М. Семантическое поле концепта *стыд* в русской языковой картине мира / В.М. Шаклеин, Р.В. Лопухина // РЯЗР, 2003, № 4. С. 32-37.

Шамне, Н.Л. Актуальные проблемы межкультурной коммуникации / Н.Л. Шамне. – Волгоград: Изд-во Волгогр. гос. ун-та, 1999. – 208 с.

Шамне, Н.Л. Категория пространства в русском и немецком языках / Н.Л.Шамне // Язык – Культура – Сознание: Международный сборник научных трудов по лингвокультурологии. Самара: Изд-во СаГА, 2005. – С. 139 – 144.

Шамне, Н.Л. Глаголы движения как средство выражения субъектно-объектных отношений в немецком и русском языках / Н.Л.Шамне // Язык – Культура – Сознание: Международный сборник научных трудов по лингвокультурологии. Самара: Изд-во СаГА, 2005. – С. 177-182.

Шаховский, В.И. Категоризация эмоций в лексико-семантической системе языка / В.И. Шаховский. – Воронеж: ВГУ, 1987. – 192 с.

Шаховский, В.И. Эмоция как межкультурный референт / В.И. Шаховский // Коммуникация: теория и практика в различных социальных контекстах: Материалы .межд.научно-практической конференции. ч.1. – Пятигорск, 2002 (а). – С. 92-94.

Шаховский, В.И. Языковая личность в эмоциональной коммуникативной ситуации / В.И. Шаховский // Филологические науки, 2002 (б), № 4. С. 59-67.

Шаховский, В.И. Эмоции и когниция: концептуализация и лексикализация эмоций (вопросы теории) / В.И. Шаховский // Проблемы вербализации концептов в семантике языка и текста: Материалы международного симпозиума. Волгоград, 22-24 мая 2003 г.: В 2 ч. Ч. 2. Тезисы докладов. - Волгоград: Перемена, 2003. - С. 305-312.

Шаховский, В.И. Эмоции во лживой коммуникации / В.И. Шаховский // Язык, сознание, коммуникация: Сб. статей. – М.: МАКС Пресс, 2005. Вып. 30. С. 133-146.

Шаховский, В.И. Некоторые механизмы эмоционального резонирования в межкультурной коммуникации / В.И. Шаховский [Электронный ресурс]. Режим доступа: http://tverlingua.by.ru/archive/006/section_1_6/1_3_6.htm

Шаховский, В.И. Лингвистическая теория эмоций / В.И. Шаховский. – М.: Гнозис, 2008. – 416 с.

Шмелев, А.Д. Русская языковая модель мира: Материалы к словарю / А.Д. Шмелев. – М.: Языки славянской культуры, 2002. – 224 с.

Шмелев, А.Д. Широта русской души / А.Д. Шмелев [Электронный ресурс]. Режим доступа: http://lib.ru/CULTURE/SHMELEW_A/shirota.txt

Щербатых, Ю. Психология страха: популярная энциклопедия / Ю. Щербатых. – М.: Изд-во Эксмо, 2004. – 512 с.

Эмотивный код языка и его реализация: Кол. монография / ВГПУ . – Волгоград: Перемена, 2003. – 175 с. (Эмотивный код)

Эмоции в языке и речи: Сб. научных статей / Под ред. И.А.Шаронова. – М.: РГГУ, 2005. -342 с. (Эмоции в языке и речи)

Яковлева, Е.С. К описанию русской языковой картины мира / Е.С. Яковлева [Электронный ресурс]. Режим доступа: http://www.nspu.net/fileadmin/library/books/2/web/xrest/article/leksika/aspekts/yak_art01.htm

Anatomia gniewu: emocje negatywne w językach i kulturach świata / Pod red. A. Duszak i N. Pawłak. – Warszawa: Wyd-wo un-tu Warszawskiego, 2003. – 230 s. (Anatomia gniewu)

Aouil, B. W świetle psychologii lęku / B. Aouil [Электронный ресурс]. Режим доступа: www.zdrowemiasto.pl/psyche/online/007.html

Apresjan, V. Ju. Russian and English Emotional Concepts / V. Ju. Apresjan [Электронный ресурс]. Режим доступа: http://www.dialog-21.ru/dialog2008/materials/html/3.htm

Bartmiński, J. Językowe podstawy obrazu świata. – Lublin, 2006.

Bečka, J.V. Česká stylistika / J.V. Bečka. – Praha: Academia, 1992. – 468 s.

Bednařikova, L. Obraz hněvu v českem jazyce / L. Bednařikova // Čestina doma a ve světě. 2003. 1-2. S. 32-36.

Borek, M. Predykaty wyrażające dyskomfort psychiczny w jezyku rosyjskim w konfrontacji z językiem polskim / M. Borek . – Katowice: Wyd-wo Un-tu Śląskiego, 1999. – 144 s.

Borkowski, I. Śmierci tajemnicze wrota. Językowy świat inskrypcji nagrobnych / I. Borkowski // Język a Kultura. T. 13. Wrocław: Acta Universitatis Wratislavensis No 2218, 2000. S. 343-354.

Danaher, D.S. The semantics of *pity* and *zhalost'* in a literary context / D.S. Danaher [Электронный ресурс]. Режим доступа: http://seelrc.org/glossos/

Dąbrowska, A. Eufemizmy współczesnego języka polskiego / A. Dąbrowska. - Wrocław: Wyd-wo Un-tu Wrocławskiego 1994. – 226 s.

Dudziak, P. Jerzy Sosnowski / P. Dudziak [Электронный ресурс]. Режим доступа: http://www.culture.pl/pl/culture/artykuly/os_sosnowski_jerzy

Dusza polska i rosyjska: spojrzenie współczesne / Pod red. A. de Lazari i Romana Bäckera. – Łódź: Ibidem, 2003. – 340 s. (Dusza polska i rosyjska)

Duszak, A. O emocjach bez emocji. Gniew w perspektywie lingwistycznej / A. Duszak // Anatomia gniewu. Emocje negatywne w językach i kulturach świata. Warszawa: Wyd-wo Un-tu Warszawskiego, 2003. S. 13-23.

Eliade, M. Obrazy i symbole / M. Eliade [Электронный ресурс]. Режим доступа: www.rusinst.uni.lodz.pl/rusinst/files/dwr.pdf

Gieysztor, A. Mitologia Slowian / A. Gieysztor. - Warszawa: Wyd-wa artystyczne i filmowe, 1982. – 272 s.

Haškovcová, H. Thanatologie / H. Haškovcová [Электронный ресурс]. Режим доступа: http://www.pohreb.cz/clanky/?text=4-jak-dlouho-je-treba-drzet-smutek

Jakubowicz, M. Etymologia i ewolucja nazw uczuć w językach słowiańskich /M. Jakubowicz // Slavia 63, 1994. S. 419-424.

Jędrzejko, E. Opis formalnopowierzchniowych realizacji struktur z czasownikami strachu / E. Jędrzejko // Polonica IX, 1983. S.135-147.

Jędrzejko, E. O językowych wykładnikach pojęcia WSTYD w różnych koncepcjach opisu / E. Jędrzejko // Język a kultura: Uczucia w języku i tekście. T. 14 / pod red. I. Nowakowskiej-Kempnej, A. Dąbrowskiej i J. Anusiewicza – Wrocław, 2000. – S. 59-77.

Język a kultura: Uczucia w języku i tekście. T. 14 / pod red. I. Nowakowskiej-Kempnej, A. Dąbrowskiej i J. Anusiewicza – Wrocław, 2000. – 300 s. (Język a kultura)

Jordanskaja, L. Próba leksykograficznego opisu znaczeń grupy rosyjskich słów oznaczających uczucia / L. Jordanskaja // Semantyka i słownik. – Warszawa: Zakład Narodowy im. Ossolińskich. S. 105-123.

Karlíková, H. Phonetische Entsprechungen expressiver Wörter (am Beispiel der das Weinen bezeichnenden Ausdrücke) / H. Karlíková // Slavia 59, 1990 [1]. – S. 22-27.

Karlíková, H. Typy a původ sémantických změn výrazů pro pojmenování citových stavů a jejich projevů ve slovanských jazycích / H. Karlíková // Slavia, 67, 1998 [1-2]. - S. 49-56.

Karlíková, H. Hněv ve staročeském lexiku / H. Karlíková // Verba et historia. Igoru Němcovi k 80. narozeninám. Eds.: Petr Nejedlý, Miloslava Vajdlová, za spolupráce Borise Lehečky. ÚJČ AV ČR. - Praha 2005. - S. 161-165.

Karlíková, H. Lexikalische Verflechtung von psychischen und atmosphärischen Erscheinungen / H. Karlíková // Ad fontes verborum. Исследования по этимологии и исторической семантике. К 70-летию Жанны Жановны Варбот. М.: Индрик, 2006. С. 150-160.

Karlíková, H., Lexikální vyjádření škodolibosti v evropském areálu / H. Karlíková // Словенска етимологија данас: Зборник симпозијума одржаног од 5. до 10. септембра 2006. године. Београд 2007. -С. 241-248.

Kaszewski, K. Wyrażanie emocji w dyskusji radiowej (na przykładzie audycji "Za, a nawet przeciw" w Programie III PR) / K. Kaszewski // Wyrażanie emocji. Łódź: Wyd-wo un-tu Łodzkiego, 2006. S. 307-316.

Kedron, K. Národní obraz světa a národní mentalita - případ Běloruska / K. Kedron [Электронный ресурс]. Режим доступа: http://www.cepsr.com/clanek.php?ID=285

Kempf, Z. Zawiść i zazdrość / Z. Kempf // Język Polski, 1981, N 3-5 (LXI), S. 175 - 179.

Krzyżanowska, A. Objawy smutku utrwalone w języku (polsko-francuska analiza porównawcza) / A. Krzyżanowska // Wyrażanie emocji. Łódź: Wyd-wo un-tu Łodzkiego, 2006. S. 561-572.

Krzyżanowska, A. Polskie 'zmartwienie' i francuski 'chagrin' (próba porównania) / A. Krzyżanowska // Язык на перекрестке культур:

Международный сборник научных трудов по лингвокультурологии. – Самара: Изд-во СаГА, 2007. С. 72-77.

Kundera₁, M. Wprowadzenia do wariacji / M. Kundera [Электронный ресурс]. Режим доступа: http://www.milankundera.webpark.pl/wariacje/w_do_wariacji2.htm

Kundera₂, M. Zachód porwany albo tragedia Europy Środkowej / M. Kundera [Электронный ресурс]. Режим доступа: http://www.milankundera.webpark.pl/wariacje/zachod_porwany.htm

Libura, A. Analiza semantyczna wyrazów nazywających NIENAWIŚĆ i inne uczucia negatywne / A. Libura // Język a kultura. Acta Iniversitatis Wratislaviensis No 2229, T. 14. Wrocław, 2000. S. 135 - 151.

Marešová, I. Jazykový obraz strachu v češtině / I. Marešová // [Электронный ресурс]. Режим доступа: http://litenky.ff.cuni.cz/clanek.php/id-2003

Mikołajczuk, A. Gniew we współczesnym języku polskim (analiza semantyczna) / A. Mikołajczuk. - Warszawa: Energela, 1999.-328 s.

Mikołajczuk, A. Problem ocen w analizie wybranych polskich nazw uczuć z klasy semantycznej gniewu / A. Mikołajczuk // Język a kultura. Acta Iniversitatis Wratislaviensis No 2229, T. 14. Wrocław, 2000. S. 117- 134.

Mikołajczuk, A. Konceptualizacja gniewu w polszczyźnie w perspektywie porównawczej / A. Mikołajczuk // Anatomia gniewu: emocje negatywne w językach i kulturach świata. Warszawa: Wydawnictwo uniwersytetu Warszawskiego, 2003. – S. 111-124.

Miodek, J. Śląskie zawiścić 'zazdrościć' / J. Miodek // Język polski, 1983. N 1-2 (LXIII), S. 113 - 114.

Poljak, N. Izražavanje emocionalnih stanja i osjećaja u ruskom i hrvatskom jeziku / N. Poljak // Концептосфера – дискурс – картина мира: Международный сборник научных трудов по лингвокультурологии. - Самара: Изд-во СаГА, 2006. – С. 71-77.

Przestrzenie lęku: Lęk w kulturze i sztuce XIX-XX wieku. - Słupsk: Akademia Pedagogiczna, 2006. – 367 s. (Przestrzenie lęku)

Siatkowska, E. Rozwój polskiego i czeskiego słownictwa określającego emocje proste na przykładzie pola semantycznego „gniew" / E. Siatkowska // Paralele w rozwoju słownictwa języków słowiańskich. Wrocław, 1989. S. 119-131.

Siatkowska, E. Nazwy uczuć pozytywnych i niegatywnych w języku polskim i czeskim (Analiza porównawcza materialu historycznego i współczesnego) / E. Siatkowska // Studia z filologii polskiej i słowiańskiej 27. Warszawa 1991. S. 219-225.

Sławski, F. Prasłowiańskie *gněvъ (uwagi metodyczne) / F. Sławski // Philologia slavica. М.: Наука, 1993. С. 399-400.

Soukupová, T. Umíme ještě truchlit? / T. Soukupová [Электронный ресурс]. Режим доступа: http://www.vasedeti.cz/clanky.php?nazev=Um%C3%ADme%20je%C5%A1t% C4%9B%20truchlit?&clanek=1867

Spagińska-Pruszak, A. Język emocji: Studium leksykalno-semantyczny rzeczownika w języku polskim, rosyjskim i serbsko-chorwackim / A. Spagińska-Pruszak. – Łask: Leksem, 2005. – 166 s.

Spotkanie z Jerzym Sosnowskim [Электронный ресурс]. Режим доступа: // http://rozmowy.onet.pl/artykul.html?ITEM=1024840&OS=32979 (Spotkanie)

Tomczak, K. Wyrażenia z leksemami strach i bać się we współczesnej polszczyźnie / K. Tomczak // Semantyczna struktura słownictwa i wypowiedzi. – Wyd-wo Un-tu Warszawskiego, 1997. – S. 173-197.

Urbańczyk, S. Przerażenie i inne wyrazy związane z pojęciem strachu / S. Urbańczyk // Język polski, 1984, N 1-2, S. 90-95.

Vaňková, I. Lingvistika mysli a těla / I. Vaňková [Электронный ресурс]. Режим доступа: http://www.vesmir.cz/clanek.php3?CID=2458

Vrabcová, M. Ztráta, zármutek a Huna / M. Vrabcová [Электронный ресурс]. Режим доступа: http://www.wai.estranky.cz/clanky/huna-s-marjankou/ztrata_-zarmutek-a-huna

Wierzbicka, A. Kocha, lubi, szanuje. Medytacje semantyczne / A. Wierzbicka - Warszawa: Wiedza Powszechna, 1971. – 280 s.

Wierzbicka, A. *Duša* (≈soul), *toska* (≈yearning), *sud'ba* (≈fate): three key concepts in Russian language and Russian culture / A. Wierzbicka // Metody formalne w opisie języków słowiańskich. Białystok, 1990. S. 13-32.

Wierzbicka, A. The theory of mental lexicon / A. Wierzbicka [Электронный ресурс]. Режим доступа: http://www.ali2006.une.edu.au/Wierzbicka_Mental_lexicon.pdf

Wyrażanie emocji / Pod red. K.Michalewskiego. - Łódź: Wyd-wo un-tu Łodzkiego, 2006. – 600 s. (Wyrażanie emocji)

Zawilska, K. Oblicza strachu w warstwie słownikowej języku / K. Zawilska // Przestrzenie lęku: Lęk w kulturze i sztuce XIX-XX wieku. Słupsk: Akademia Pedagogiczna, 2006. S. 235-243.

Žaža, S. Ruština a čeština v porovnávacím pohledu / S. Žaža. – Brno: Masarikova iniverzita, 1999. – 122 s.

2. Словари, энциклопедии, справочники[1]

Википедия: свободная энциклопедия [Электронный ресурс]. Режим доступа: // www.wikipedia.org (Wikipedia)

Григорьева, С.А. Словарь языка русских жестов / С.А. Григорьева, Н.В. Григорьев, Григорьев Г.Е. Крейдлин. – Москва-Вена: Языки русской культуры; Венский славистический альманах, 2001. – 256 с. (СЯРЖ)

Даль, В.И. Словарь живого великорусского языка: в 4-х тт. / В.И. Даль. - М.: Русский язык, 1989 - 1991. (Даль)

Из словаря «Славянские древности // Славяноведение, 2004, № 6. – С. 48-80. (Из СД)

Краткий словарь когнитивных терминов / Под общ. ред. Е.С.Кубряковой. – М.: МГУ, 1996. – 245 с. (КСКТ)

Летягова, Т.В. Тысяча состояний души: краткий психолого-филологический словарь / Т.В. Летягова, Н.Н. Романова, А.В. Филиппов – М.: Флинта: Наука, 2005. – 424 с. (Тысяча состояний души)

Ожегов С.И. Словарь русского языка / С.И. Ожегов. - Изд. 20-е. - М.: Русский язык, 1988. – 750 с. (Ожегов)

Мифология: Большой энциклопедический словарь / Гл. ред. Е.М.Мелетинский. – 4-е издание. – М.: Большая Российская энциклопедия, 1998. – 736 с. (Мифология)

Преображенский, А.Г. Этимологический словарь русского языка: в 2 тт. / А.Г. Преображенский. - М., 1910 - 1914. (Преображенский)

Речник српскохрватског књижевног и народног језика. - Београд, 1965. (РСХКНЈ)

Славянские древности: Этнолингвистический словарь: в 5 томах. – М.: Международные отношения, 1999 – 2004 (СД).

---

[1] В скобках после библиографического описания приводится сокращенное обозначение, под которым данное издание упоминается в тексте.

Словарь древнерусского языка (XI-XIV вв.): В 10 тт. - М.: Русский язык, 1988. (СДРЯ)

Словарь русского языка: в 4-х тт. – 4-е изд., стереотипное. – М.: Русский язык, Полиграфресурсы, 1999. (МАС).

Словарь русского языка XI-XVII вв. – М.: Изд-во Наука, 1982. (СлРЯ XI-XVII)

Словарь современного русского литературного языка. В 17 тт. – М.-Л., 1952-1962. (БАС)

Старославянский словарь. - М.: Русский язык, 1994. - 842 с. (ССС)

Толковый словарь русского языка. / Под ред. Д.Н.Ушакова. В 4-х тт. – М.: Астрель, 2000 (Ушаков).

Учебный словарь сочетаемости слов русского языка. – М.: Русский язык, 1978. – 688 с. (УСССРЯ)

Фасмер, М. Этимологический словарь русского языка: в 4 тт / М.Фасмер. - М., 1987. (Фасмер)

Черных, П.Я. Историко-этимологический словарь русского языка: в 2 тт. / П.Я. Черных. - М.: Русский язык, 1993. (Черных)

Чешско-русский словарь: в 2-х тт. – Изд. 2-е, стереотип. – М. – Прага, 1976. (ЧРС)

Шанский, Н.М. Этимологический словарь русского языка / Н.М. Шанский, Т.А. Боброва. - М.: Прозерпина, 1994. – 400 с. (Шанский, Боброва)

Этимологический словарь славянских языков / Под ред. О.Н.Трубачева. М.: Наука, 1980-2008. (ЭССЯ)

Bańkowski, A. Słownik etymologiczny języka polskiego:w 3 tt. / A. Bańkowski. — Warszawa: PWN, 2000. (Bańkowski)

Boryś, W. Słownik etymologiczny języka polskiego / W. Boryś. – Kraków, 2005. – 864 s. (Boryś)

Brückner, A. Słownik etymologiczny języka polskiego / A. Brückner. - Warszawa: Wiedza Powszechna, 1974. – 806 s. (Brückner)

Długosz-Kurczabowa, K. Nowy słownik etymologiczny języka polskiego / K. Długosz-Kurczabowa. – Warszawa: PWN, 2003. – 658 s. (Długosz-Kurczabowa)

Hartl, P. Stručný psychologický slovník / P. Hartl. – Praha: Portál, 2004. – 312 s.

Idee w Rosji: Leksykon rosyjsko-polsko-angielski: w 6 tt. / Pod red. A. de Lazari – Łódź: Ibidem, 1999-2007. (Idee w Rosji)

Korpus Języka Polskiego Wydawnictwa Naukowego PWN [Электронный ресурс]. Режим доступа: http://korpus.pwn.pl/ (KJP)

Rejzek, J. Český etymologický slovník / J. Rejzek. - Praha: Leda, 2001. - 752 s. (Rejzek)

Słownik psychologii. – Kraków: Zielona Sowa, 2005. – 479 s. (SP).

Słownik języka polskiego / Red. naukowy M.Szymczak. W 3 tt. - Warszawa, 1981. (SJP).

Slovník slovenského jazyka. - Bratislava, 1960. – 617 s. (SSJ).

Slovník spisovného jazyka českého. – Praha: Nakladatelství Československé Arademije Věd, 1960. – 1020 s. (SSJČ)

Slovník spisovné češtiny. – Praha: Akademia, 2004. – 648 s. (SSČ).

3. Художественные тексты

Бабель, И. Избранное / И.Бабель. - Кемерово: Кемеровское книжное издательство, 1966. – 318 с.

Бунин, И.А. Собр. соч.: в 5 тт. / И.А. Бунин. - М.: Правда, 1956.

Булгаков, М.А. Собр. соч. В 5-ти тт. Т.5. Мастер и Маргарита. Письма / М.А. Булгаков. – М.: Художественная литература, 1990. – 734 с.

Булгаков, М. Избр. произведения. В 2 тт. Т.1 Белая гвардия; Мастер и Маргарита: Романы /М. Булгаков. – Минск: Мастацкая літаратура, 1991. – 656 с.

Войнович, В. Жизнь и необычайные приключения солдата Ивана Чонкина. Книга I. Лицо неприкосновенное. Книга II. Претендент на престол / Владимир Войнович. – М.: Эксмо, 2007. – 608 с.

Войнович, В. Жизнь и необычайные приключения солдата Ивана Чонкина. Книга III. Перемещенное лицо / Владимир Войнович. – М.: Эксмо, 2008. – 320 с.

Гашек, Я. Приключения бравого солдата Швейка. – Кишинев: Картя молдовеняскэ, 1972. – 744 с.

Гоголь, Н.В. Собр. соч. В. 4-х тт. – М.: Правда, 1968-1970.

Горький, М. Коновалов / М.Горький // Горький М. Полн. собр. соч. Художественные произведения: В 25 тт. Т.3. М.: Наука, 1969. С. 7-60.

Кундера, М. Смешные любови / Пер. Н.Шульгиной. - СПб: Азбука, 2001. – 224 с.

Кундера, М. Игра в автостоп / Пер. В.Коваленина [Электронный ресурс]. Режим доступа: http://mindspring.narod.ru/lib/kundera/kundera2.html#_1_8.

Кундера, М. Шутка / Пер. Н.Шульгиной. – СПб: Азбука-классика, 2003. – 416 с.

Кундера, М. Вальс на прощание / Пер. Н.Шульгиной. - СПб.: Азбука-классика, 2003. – 288 с.

Кундера, М. Невыносимая легкость бытия / Пер. Н.Шульгиной. - СПб.: Азбука-классика, 2003. – 352 с.

Кундера, М. Книга смеха и забвения / Пер. Н.Шульгиной. — СПб.: Азбука-классика, 2003. – 336 с.

Кундера, М. Неведение / Пер. Н.Шульгиной. – СПб: Азбука-классика, 2004. -192 с.

Куприн, А.И. Поединок / А.И Куприн // Куприн А.И. Собр. соч. В 5 тт. — М.: Правда, 1982, Т.2, С.216-439.

Олеша, Ю.К. Зависть. Три толстяка. Ни дня без строчки / Ю.К. Олеша. – М.: Художественная литература, 1989. – 495 с.

Поляков, Ю.М. Апофегей / Ю.М. Поляков. – М.: Литфонд РСФСР, 1990. – 160 с.

Прус, Б. Кукла / Пер. Н.Модзелевской. - М.: ЭКСМО, 2003. – 736 с.

Пушкин, А.С. Полн. собр. соч. В 10 тт. / А.С. Пушкин - М.: Художественная литература, 1972-1978.

Салтыков-Щедрин, М.Е. Господа Головлевы. История одного города. Избранные сказки. – Пермь: Пермское книжное издательство, 1971. – 540 с.

Сенкевич, Г. Огнем и мечом / Пер. А.Эппеля и К.Старосельской. – М.: Орбита, 1989. – 624 с.

Сосновский, Е . Апокриф Аглаи / Пер. Л.Цывьяна. – СПб: Азбука-классика, 2004. – 352 с.

Толстой, А.Н. Хождение по мукам: Трилогия. В 2-х тт. / А.Н. Толстой. – Куйбышев: Куйбышевское книжное издательство, 1976.

Чехов, А.П. Собр. соч. В 8 тт. / А.П. Чехов. – М.: Правда, 1970.

Шолохов, М.А. Тихий Дон. Роман в четырех книгах. - Ростов-на-Дону: Донское книж. изд-во, 1971.

Babel, I. Utwory wybrane / Tłumaczyli: M. Binom, Z. Fedecki, S. Pollak, J. Pomianowski, K. Pomorska, M. Toporowski, W. Woroszylski. – Warszawa: Czytelnik, 1961. – 286 s.

Bulgakov, M. Mistr a Markétka / Přeložila Alena Morávková. - Praha: Kma, 2003. – 317 s.

Bułhakow, M. Mistrz i Małgorzata / Przekład I. Lewandowskiej i W. Dąbrowskiego. - Warszawa: MUZA SA, 2004. – 290 s.

Bułhakow, M. Biała gwardia / Przełożyli I. Lewandowska i W. Dąbrowski. – Warszawa: Muza SA, 2002. – 376 s.

Bunin, I. Wieś / Tłumaczyła Z. Petersowa. – Warszawa: Czytelnik, 1979. – 210 s.

Czechow, A. Moje życie i inne opowiadania: w 2 tt. / Przeł. J.Wyszomirski, J. Iwaszkiewicz, I. Bajkowska. – Warszawa: Czytelnik, 1979.

Gogol, N.V. Mrtvé duše / Přeložila Naděžda Slabihoudová. – Praha: Levné Knihy, 2002. – 411 s.

Hašek, J. Osudy dobrého vojáka Švejka za světové válký / J. Hašek. – Praha: OTTOVO nakladatelství, 2000. – 512 s.

Kundera, M. Směšné lásky / M. Kundera. - Brno: Atlantis, 2000. – 208 s.

Kundera, M. Śmieszne miłości/ Przełożyła Emilia Witwicka. – Warszawa: PIW, 2001. – 200 s.

Kundera, M. Žert / M. Kundera. - Brno: Atlantis, 1996. – 328 s.

Kundera, M. Valčík na rozloučenou / M. Kundera. - Brno: Atlantis, 1997. – 248 s.

Kuprin, A. Pojedynek / Tłumaczyła H.Rogala. - Warszawa: Czytelnik, 1980. – 350 s.

Prus, B. Lalka / B. Prus. - Kraków: Zielona Sowa, 2002. – 596 s.

Puszkin, A. Córka kapitana. Dama pikowa / Tłumaczyli T.Stępniewski, S.Pollak. – Warszawa: Książka i Wiedza, 1989. – 224 s.

Sienkiewicz, H. Ogniem i mieczem / H. Sienkiewicz. – Warszawa: PWN, 1997. – 383 s.

Sosnowski, J. Apokryf Agłai / J. Sosnowski. – Warszawa: WAB, 2004. – 375 s.